OPPA SWÄNZSKO OC OPPA DANSKO

AMSTERDAMER BEITRÄGE ZUR ÄLTEREN GERMANISTIK

Begründet von
Cola Minis†

In Verbindung mit
A.D. Kylstra, A.H. Touber

herausgegeben von
Erika Langbroek, Arend Quak,
Annelies Roeleveld und Paula Vermeyden

Band 62 — 2006

Rodopi

Amsterdam - New York, NY 2006

OPPA SWÄNZSKO
OC OPPA DANSKO
Studien zum Altostnordischen

Herausgegeben von

Harry Perridon und Arend Quak

Anschrift der Redaktion:

Dr. Arend Quak
Instituut voor Oudgermanistiek
Scandinavisch Seminarium
Spuistraat 134
1012 VB Amsterdam

The paper on which this book is printed meets the requirements of "ISO 9706: 1994, Information and documentation - Paper for documents - Requirements for permanence".

ISSN: 0165-7305
ISBN-10: 90-420-2116-0
ISBN-13: 978-90-420-2116-7

Printed in The Netherlands

INHALT

VORWORT

Die 'Amsterdamer Beiträge zur älteren Germanistik' haben es sich zur guten Gewohnheit gemacht, regelmäßig Sonderbände zu bestimmten Teilgebieten der älteren Germanistik in weitestem Sinne herauszugeben. Nach Beiträge zum Altfriesischen, Altsächsischen und Altniederländischen schien es angebracht, auch die skandinavischen Sprachen etwas stärker ins Licht zu rücken. Da sich aber die Forschung zum Altnordischen gewöhnlich auf das Altwestnordische richtet, dürfte in den Augen der Redaktion ein Sonderband zum Altostnordischen interessant sein, um gerade diese etwas vernachlässigte Seite der Nordistik hervorzuheben. Die Reaktionen in der Forschung waren vielversprechend, obwohl letztendlich einige Forscher wegen Krankheit oder anderweitigen Verpflichtungen absagen mussten. Es freut die Herausgeber dieses Bandes, dass es doch gelungen ist, acht Beiträge zum Altdänischen und Altschwedischen von Forschern aus Dänemark, Deutschland und den Niederlanden zusammenzubringen.

Wir sprechen die Hoffnung aus, dass der Band einen Beitrag zur weiteren Erforschung dieses Bereichs der Nordistik sein möge.

Harry Perridon & Arend Quak

Amsterdamer Beiträge zur älteren Germanistik 62 (2006), 3-24

DIE BEDEUTUNG DES SCHÄDELFRAGMENTS VON RIBE FÜR DIE KÜRZUNG DER ÄLTEREN RUNENREIHE

von Michael Schulte — Kristiansand

Die Bedeutung des Schädelfragments von Ribe für die Kürzung der älteren Runenreihe wurde von der Forschung erst in jüngster Zeit in ihrer Tragweite erkannt. Dabei kann dieses Zeugnis auf der Grundlage der dendrochronologischen Datierung um 725 n.Chr. neues Licht auf die Entstehungsfrage des jüngeren Futharks werfen (vgl. Stoklund 1996; 2003). Aus meiner Sicht ist hierbei folgender Fragenkatalog vorrangig zu klären:

1. Gibt es Gründe für die Annahme einer gemeinnordischen Zwischenstufe des jüngeren Futharks, etwa in Form eines 15-typigen Futharks nach Stroh-Wollin (2002) oder eines 16-typigen Futharks nach Birkmann (1995)?
2. Gibt es eine kontinuierliche Überlieferung oder einen 'Bruch' zwischen älterem und jüngerem Futhark (vgl. Ohlsson 1994)?
3. Ist die allgemeine Annahme einer bewussten Reform, also eines planerischen Eingriffs in die Runenreihe, zwingend?
4. Haben die Kurzzweigrunen eine signifikante Bedeutung für die Ausbildung des jüngeren Futharks?
5. Welche numerischen, runographischen oder linguistischen Faktoren motivieren den Übergang vom älteren zum jüngeren Futhark?[1]
6. Inwieweit kann das um 725 n.Chr. datierte Schädelfragment von Ribe neues Licht auf diesen Problembereich werfen (vgl. Stoklund 1996)?
7. Gibt es Prinzipien der Verschriftung, die den Wandel vom älteren zum jüngeren Futhark bestimmen und steuern?

Dieser Fragenkatalog soll im folgenden auf der Grundlage des Beitrags von Ulla Stroh-Wollin (2002) diskutiert werden. Ich möchte hier einmal nach Art eines mathematischen Widerspruchsbeweises durch Widerlegung einzelner Hypothesen zum plausibelsten Grundansatz fortschreiten. Von diesem Hintergrund aus wird die Gegenthese zu Stroh-Wollin (2002) - und überhaupt zur *communis opinio* - gewagt,

[1] Der im folgenden verwendete Begriff der 'Runographie', den ich Klaus Düwel verdanke, bezieht sich auf alle graphischen Aspekte der Runenschrift (vgl. Schulte 2006a).

dass die Annahme einer eigentlichen Runenreform unnötig ist. Es wird argumentiert, dass der systematische Ausbau eines multifunktionalen Systems eine Schlüsselrolle spielt, wobei folgerechte Entwicklungen und Konstanten der Verschriftung im Vordergrund stehen. Der Beitrag greift inhaltliche Argumente auf, die an anderer Stelle ergänzt werden sollen (siehe Schulte 2006c).

1. *Der Neuansatz von Stroh-Wollin 2002*

In ihrem Aufsatz "Den 15-typiga futharken" postuliert Ulla Stroh-Wollin (2002) eine Vorstufe zum jüngeren Futhark, die in ihrem Grapheminventar nur 15 Runen aufweist. Gegenüber dem älteren Futhark und dem ersten jüngeren Futhark soll dieses Grapheminventar in normierter Form wie folgt aussehen (siehe 1.b):

Abb. 1. Oben: das normierte 24-Zeichen-Futhark. Mitte: die postulierte Vorstufe zum jüngeren Futhark mit nur 15-Zeichen. Unten: das erste 16-Zeichen-Futhark (vereinfacht nach Stroh-Wollin 2002: 223, 225).

a. ᚠ ᚢ ᚦ ᚨ ᚱ ᚲ ᚷ ᚹ ᚺ ᚾ ᛁ ᛃ ᛇ ᛈ ᛉ ᛊ ᛏ ᛒ ᛖ ᛗ ᛚ ᛜ ᛞ ᛟ
f u þ a r k g w h n i j p ï R s t b e m l ng d o

b. ᚠ ᚢ ᚦ ᚬ ᚱ ᚴ ᚼ ᚾ ᛁ ᛅ ᛋ ᛏ ᛒ ᛘ ᛚ
f u þ ą r k h n i A s t b m l

c. ᚠ ᚢ ᚦ ᚬ ᚱ ᚴ ᚼ ᚾ ᛁ ᛅ ᛋ ᛏ ᛒ ᛘ ᛚ ᛦ
f u þ ą r k h n i A s t b m l R(y)

Das Bestimmende dieses Neuansatzes ist die kurzzeitige Ausmusterung der 15. Rune mit den Runennamen *ælgR, elgR* (**algiz*) bzw. *ýR* (an. *ýr*).[2] Diese Rune nimmt im jüngeren Futhark die Endposition, d.h. Platz 16 der Runenreihe ein (vgl. Abb. 1.c). Stroh-Wollin (2002: 225) sieht daher die Notwendigkeit einer bewussten Reform, die auch sonst von der Forschung aus anderen Gründen geteilt wird:

> Denna hypotetiska runrad, som jag ska argumentera för i det följande, kallar jag den femtontypiga futharken. Den bör ha tilkommit som resultatet av en m e d v e t e n a l f a b e t i s k r e f o r m, gissningsvis runt sekelskiftet 700. (Stroh-Wollin 2002: 223; meine Sperrung)

---

[2] Nebenbei bemerkt erscheint es anachronistisch, den Namen "ýr-runa" schon für das 6. und 7. Jh., zu beanspruchen, wie Stroh-Wollin (2002) dies tut. Hier sollte vielmehr von einer *ælgR*-(**algiz*-)Rune oder schlicht von einer **R**(**z**)-Rune die Rede sein. Zur *ýR*-Rune vgl. auch Larsson (2002).

Aus meiner Sicht sind allerdings verschiedene Einwände gegen diese Grundannahme vorzubringen. Ich beginne mit der Überlieferungssituation und gehe dann zu phonologischen Gesichtspunkten über. Zunächst fällt auf, dass die Runenüberlieferung keine Zwischenstufe mit weggefallener **R**-Rune zu erkennen gibt. Alle sogenannten 'Übergangsinschriften' des 6. und 7. Jahrhunderts einschließlich der Blekinger Steine (600-650 n.Chr.) und der Inschrift von Eggja (um 700 n.Chr.) haben die **R**-Rune in der Form ᛉ bzw. ᛦ (vgl. Schulte 2006a). Wie Stroh-Wollin (2002: 224) selber feststellt, weist auch die etwas spätere Inschrift von Ribe (um 725 n.Chr.) diese Rune im wesentlichen in regulären Stellungen auf. Zur Ribe-Form **uiþR** 'wider' vgl. Nielsen (2000: 258) und Marold (2003: 405) sowie das Folgende.

Im übrigen würde die Umsetzung einer solchen gesteuerten Reform eine gewisse Zeit beanspruchen, wenn sie weite Bereiche Skandinaviens erfasst haben soll. Vor allem aber bleibt offen, welche Gründe ein 'Reformer' hätte, diese Rune in seinem runographischen System auszumustern, um sie dann offenbar ein oder zwei Jahrzehnte später wieder einzuführen? Hier wird eine planerische Reform in Anschlag gebracht, um eine ohnehin zirkuläre Argumentation zu untermauern.

Aus phonologischer Sicht erscheint eine Übergangsrunenreihe ohne die **R**-Rune ebenfalls bedenklich. Stroh-Wollin argumentiert, dass "ýr-runan ströks eftersom uttalet, enligt reformatorn, lika gärna kunde tecknas med s-runan" (Stroh-Wollin 2002: 231). Die Herleitbarkeit des palatalen *R* aus stimmlosem *s* wird historisch mit dem Vernerschen Gesetz begründet. Nebenbei bemerkt wird die Palatalität des Block-*R* durch den sogenannten *R*-Umlaut, d.h. *R*-Palatalisierung, im Nordgermanischen erwiesen (vgl. Peterson 1983; ferner Schulte 1998: 247f. mit weiterer Literatur).

Die Autorin lässt in ihrer Argumentation allerdings den Prozess der 'urnordischen Auslautverhärtung' außer Acht. Ottar Grønvik (2001: 42-5) hatte dieses Argument in die Debatte eingeführt, um die Standardtransliteration ᛉ = **R** gegenüber **z** schon in den ältesten Runeninschriften zu begründen (vgl. Schulte 2002: 93). Wenn der nordische Rhotazismus nicht schon eingetreten wäre, müsse laut Grønvik das stimmhafte *-z* wieder zu *-s* entstimmt werden. Dies ist aber bekanntlich nicht geschehen. Dass *R* in der Übergangszeit nicht synchronisch über [z] aus **s* derivierbar ist, zeigt auch eine umgekehrte Schreibung wie **AfatR** (mit **R** statt **r** nach Apikodental) sowie die Rhotazismusformen **AR** (**ist*) und **sAR** (**sa+es*) in den Blekinger Inschriften (siehe ausführlich Schulte 2005a: 175-7). Vgl. nochmals die Form

uiþR der Inschrift von Ribe gegenüber got. *wiþra* (< germ. **wiþara*). Diese Belege bekunden abgeschlossene Phonologisierungen und sogar den partiellen Zusammenfall des palatalen *R* mit uvularem *r* nach Apikodental, wie er dann in der Wikingerzeit konsequent durchgeführt ist (vgl. DR 1003-5; ferner Makaev 1996: 100). Das Kriterium der synchronen Analysierbarkeit von *R* als 'stimmhaftes *s*' ist auf dieser Stufe, d.h. 650-700 n.Chr., keineswegs erfüllt. So weit ich sehe, werden **s** und **R**(**z**) von den Runenschreibern auch nie verwechselt.

Ihre Verschiebung vom Platz 15 des älteren Runenalphabets auf den letzten, sechzehnten Platz des jüngeren Futharks verdankt die **R**(**z**)-Rune sicher distributionellen Gründen, genauer ihrer typischen Funktion als Auslautmarker (siehe Schulte 2006 a/b). Begünstigt wurde diese Umplazierung sicher durch ein numerisches Symmetriestreben zwischen der zweiten und dritten *Ætt* mit je fünf Runen statt sechs versus vier (vgl. oben Abb. 1.c). Aus dem Runenalphabet verschwunden ist **R**(**z**) in der Übergangsperiode indes nicht. Nebenbei bemerkt handelt es sich um ein Graphem, das nicht dem 'akrophonischen Prinzip' folgt, ganz einfach darum, weil ngerm. *R* (< germ. **z*) nicht am Wortanfang vertreten ist. (Dagegen kann die ŋ-Rune ◇ immerhin silbenbildend gelesen und akrophonisch mit dem Runennamen **ingwaz* zur Deckung gebracht werden.)

2. *Zwei Reformen, eine oder keine Reform?*

Wie viele 'Runenreformen' sind nun für die ältere Geschichte des skandinavischen Futharks vorauszusetzen? Eine, zwei oder keine? Mit den obigen Vorüberlegungen wird zunächst die Annahme eines gemeinnordischen 15-Zeichen-Futharks ohne **R**-Rune entkräftet. Damit wird zugleich die Notwendigkeit einer gezielten Reform im Sinne Stroh-Wollins (2002) überflüssig.[3] Weiterhin stellt sich die grundsätzliche Frage, ob die Alphabetreform anderer Forscher wie Aslak Liestøl (1981a/b) und Michael Barnes (1987) zwingend erscheint.

In der Forschungsliteratur wird gängiger Weise mit einem 'Bruch' zwischen dem älterem und dem jüngeren Futhark gerechnet, der gleichzeitig eine bewusste Reform rechtfertigt (vgl. ausdrücklich Ohlsson 1994). Bezeichnend ist weiterhin, dass Michael Barnes (1987: 39) eine Reform erst gegen Ende des 8. Jahrhunderts einplant, um

[3] Gleichzeitig sei an dieser Stelle aber hervorgehoben, dass Stroh-Wollins Beitrag von 2002 - obschon der Leitgedanke dieser Darstellung hier nicht geteilt wird - verschiedene interessante und ausbaufähige Ansatzpunkte aufweist, die teils noch zu besprechen sind.

eine direkte Entwicklungslinie vom älteren Futhark zur Überlieferung der Kurzzweigrunen herzustellen. Dieser späte Zeitansatz wird nicht zuletzt durch das Schädelfragment von Ribe in Frage gestellt (s.u.).

Wenn konstante Entwicklungsprinzipien des Futharks, auf die gleich näher einzugehen sein wird, in den Vordergrund rücken, tritt die Notwendigkeit einer bewussten Reform durchaus in den Hintergrund. Zu Recht betont Stroh-Wollin, dass der Reformgedanke für die Forschung zwar bestimmend ist, doch kaum hinterfragt wurde (siehe Stroh-Wollin 2002: 225 mit Anm. 3; ferner Ohlsson 1994: 89). In ihrer Arbeit nimmt die Autorin schon richtungsweisend eine Differenzierung zwischen zwei Reformaspekten vor, d.h. einer (runo-) graphischen und einer alphabetischen Reform. Eine eigentliche Runenreform mit dem Resultat eines 15-typigen Futharks wurde hier bereits aus verschiedenen Gründen abgewiesen. Es bliebe die Berechtigung einer (runo-)graphischen Reform im Sinne der formalen Vereinfachung einzelner Runengrapheme. Mit Stroh-Wollin:

> ett flertal olika tecken har s a m t i d i g t förenklats efter en övergripande princip (jfr f.ö. Loman 1965). Men denna grafiska reform är alltså, som jag ser det, s e k u n d ä r i förhållande till den alfabetiska reform som resulterade i den 15-typiga futharken. (Stroh-Wollin 2002: 226; meine Sperrung)

Aber auch hierbei bleibt zu fragen, ob nicht eher mit einer folgerechten Entwicklung zu rechnen ist, insbesondere nach dem Leitprinzip der Vermeidung von Graphemverschmelzungen. Dies stellt die Autorin an anderer Stelle im Hinblick auf das Schädelfragment von Ribe ausdrücklich fest:

> Ribekraniet och andra tidiga ristningar tyder på att normalrunradens förenklade tecken för *h*-, *a*- och *m*-runorna har tillkommit senare. Sannolikt har dessa grafiska förenklingar skett s p o n t a n t och successivt, troligen i ordningen *a, m, h.* Under alla omständigheter måste *a*-runan först ha etablerats med en enda bistav (ᚽ) innan det tecken som tidigare stod för *a* (ᚼ) kunde börja användas som *h*-runa. (Stroh-Wollin 2002: 225; meine Sperrung)

Vom System der Langzweigrunen aus gesehen, erscheint damit die Annahme einer zielgerichteten alphabetischen wie (runo-)graphischen Reform im Prinzip unbegründet. Vielmehr ist von einer sukzessiven und folgerechten Entwicklung auszugehen. In ihrer weiteren Argumentation leitet die Autorin - meines Erachtens überzeugend - das

System der Kurzzweigrunen direkt aus den Langzweigrunen ab (siehe Abb. 2). Ihr zufolge liegt hier eine konsequente formale Entwicklung vor, die erstmals als (runo-)graphische Reform bezeichnet werden könnte. Doch soll diese Entwicklungsstufe der eigentlichen Kürzung der älteren Runenreihe zeitlich nachgeordnet sein:

*Abb. 2. Kurzzweigrunen im Vergleich zum 16-Zeichen-Futhark. Oben: das erste 16-Zeichen-Futhark mit vereinfachter **A**-Rune. Unten: System der Kurzzweigrunen (nach Stroh-Wollin 2002: 226).*

a.	ᚠ	ᚢ	ᚦ	ᚬ	ᚱ	ᚴ	ᚺ	ᚾ	ᛁ	ᛅ	ᛋ	ᛏ	ᛒ	ᛗ	ᛚ	ᛦ
b.	ᚠ	ᚢ	ᚦ	ᚭ	ᚱ	ᚴ	ᚽ	ᚿ	ᛁ	ᛆ	ᛌ	ᛐ	ᛓ	ᛙ	ᛚ	ᛧ
	f	**u**	**þ**	**ą**	**r**	**k**	**h**	**n**	**i**	**A**	**s**	**t**	**b**	**m**	**l**	**R (y)**

Damit distanziert sich Stroh-Wollin (2002: 226) von Aslak Liestøl (1981 a/b) und Michael Barnes (1987), welche die Entwicklung der Kurzzweigrunen als zentralen Vorgang für die Ausbildung des jüngeren Futharks ansahen.[4] Liestøl und Barnes zufolge wären die Kurzzweigrunen unmittelbar aus dem älteren Futhark entwickelt. Die Runen **g** ᚷ und **d** ᛞ wären mit Barnes (1987: 42) erst durch den Erfinder der Kurzzweigrunen entfernt worden. Das Augenmerk dieser Forscher liegt dementsprechend auf dem Endpunkt der Entwicklung:

> the final stage must have been a conscious reform. [...] there was only one major reform: the creation of a system of 16 short twig runes which competed for some time with the older futhark (Liestøl 1981a: 266; meine Sperrung)

Diesen Ansatz verfolgend, kommt Michael Barnes (1987: 39) zu dem Ergebnis, die Reform müsse "some time before A.D. 800" durchgeführt sein. Aus meiner Sicht ist Stroh-Wollins Kritik gegenüber dieser Annahme durchaus gerechtfertigt (vgl. auch Birkmann 1995: 216 f.). Denn rein formaler (d.h. runographischer) Wandel führt *per definitionem* nur zur formalen Vereinfachung, nicht aber zur Ausmusterung von Runengraphemen. Beide Vorgänge sind daher methodisch zu trennen.

---

4 Siehe ausdrücklich Stroh-Wollin (2002: 226 Anm. 4): "Aslak Liestøl (1981 a/b) har föreslagit att kortkvistrunorna skapades direkt på basis av den urnordiska futharken och att normalrunraden är sekundär till kortkvistraden, en linje som Michael Barnes (1987) har anslutit sig till. Jeg delar således inte deras uppfattning i denna fråga." Zu dieser Kritik vgl. ebenfalls Birkmann (1995: 216 f.) mit zentralen Einwänden.

Als Zwischenergebnis bleibt festzuhalten, dass innerhalb des Systems der Langzweigrunen kein zwingender Grund für eine bewusste Reform vorliegt. Ebenso ist aber auch die späte Reformstufe im Modell von Liestøl und Barnes schon aus Gründen der relativen Chronologie bedenklich. Denn überlieferungsgeschichtlich sind die Kurzzweigrunen deutlich später bezeugt als die Langzweigrunen, d.h. frühestens ab 800 n.Chr. Siehe das Holzstäbchen I von Haiðaby, Schleswig (vgl. Barnes 2001; ferner Düwel 2001: 91f. mit Literatur). Zur weiteren Klärung dieser Fragen soll die schon angesprochene Inschrift von Ribe, die offenbar eine obere Zeitgrenze für den Übergang vom älteren zum jüngeren Futhark markiert, systematisch ausgewertet werden.

3. *Das Schädelfragment von Ribe*

Der mit einer Inschrift versehene Schädelknochen von Ribe, der erst 1973 entdeckt wurde (Moltke 1973), diente ursprünglich als Amulett; dies könnte die Lochung zwischen Rune 23 ᚾ **n** und Rune 24 ᛒ **b** erklären (vgl. auch Anm. 5). Indes gibt es keinen Hinweis auf Abnutzungserscheinungen an der Lochung (siehe Benner Larsen 2004: 45). Aufgrund der dendrochronologisch gesicherten Datierung um 725 n. Chr. spielt diese Inschrift in der Debatte zum jüngeren Futhark eine zentrale Rolle. (Zur folgenden sprachlichen Deutung vgl. Stoklund 1996 und 2003; ferner Marold 2003.)

Abb. 3. Inschrift auf dem Schädelfragment von Ribe (Südjütland, Dänemark, um 725 n.Chr.)

[A] **→ulfuRAukuþinAukHutiuR HiAlbburiisuiþR**
[B] **→þAimAuiArkiAuktuirkunin** [Loch] **buur**

[A] UlfR auk Ōðinn auk Hō-tiuR. Hjalp buri es viþR
[B] þæima værki. Auk dverg[R] unninn. Bōurr.

[A] "Ulfr (=Fenrir?) und Odin und Hoch-tiur (=Týr?).[5]
buri ist Hilfe gegen
[B] diesen Schmerz. Und der Zwerg [Nom. Sg.?] (ist) besiegt.
Bóurr."

---

[5] Diese drei Namen hat Marold (2003) ansprechend gedeutet. Sie sieht in **ulfuR** (*UlfR*) den die Krankheit verursachenden Zwerg, in **uþin** (*Ōðinn*) und **hutiuR** (*HōtiwR*) diejenigen, die die Krankheit besiegen, indem sie den Zwerg durch das Loch des Schädelknochens zwingen. Es könnte sich hierbei aber auch um eine Göttertrias handeln.

In chronologischer Sicht markiert Ribe das Ende der Übergangszeit. In seiner Monographie *Von Ågedal bis Malt* hatte Birkmann (1995: 207, 230 f.) das Schriftsystem dieser Inschrift als "gemeinnordisches jüngeres Futhark" identifiziert:

> Wenn man die archäologische Datierung des Knochens akzeptiert, dann hätten wir hier wie vielleicht auf Skabersjö und dem Kupferblech von Hallbjäns einen der frühesten Beleg [sic] für das ausgebildete Jüngere Fuþark in der von von Friesen [1933; M.S.] postulierten g e m e i n n o r d i s c h e n Form [...]. (Birkmann 1995: 231; meine Sperrung)

Folgende Diagnosekriterien sind gesondert anzusprechen:
3.1. In linguistischer Sicht hat die Inschrift von Ribe das Stadium der Übergangsinschriften verlassen, da diverse nordische Lautwandelprozesse durchgeführt sind. Im einzelnen zu nennen sind: (1) Schwund von /w/ vor /u/ in **unin, ulfuR** (vgl. dagegen das Namenelement °**wulf-/wolf-** in den Blekinger Inschriften), (2) *i*-Umlaut mit digraphischer Umlautlennung **-iA-** für /æ/ in **uiArki** /wærki/ < */warki-/ (vgl. an. *verk-r*, norw. *verk* 'Schmerz')[6], (3) Brechung in **hiAlp** = an. *hialp* (mit a-Brechung) bzw. *hiǫlp* (mit u-Brechung), (4) a-Synkope in **uþin** (germ. **wōðinaz* ~ *°-anaz*, an. *Óðinn*), (5) frühe Vokalepenthese in **ulfuR** 'Wolf' gegenüber an. *ulfr*, isl. *úlfur* (vgl. Birkmann 1995: 180, 230; dazu Marold 2003: 405).
3.2. Im Hinblick auf die Phonem-Graphem-Korrespondenzen weist Ribe die typischen Mehrfachzuweisungen des jüngeren Futharks auf (zur systematischen Multifunktionalität s.u.). Dabei verwendet der Runenschreiber von Ribe alle 16 Grapheme des jüngeren Futharks bis auf die **ą**-Rune:

> **b** bezeichnet /p/ und /b/, **t** bezeichnet /t/ und /d/, **k** steht für /k/ und /g/ (**tuirk**, an. *dverg-* 'Zwerg'), **þ** bezeichnet stimmloses /θ/ ebenso wie stimmhaftes /ð/, **i** steht für /i/, aber auch für mittelhohes /e/ in **tuirk** (an. *dverg-*) und **is** (Auxiliar an. *er, es*), **u** bezeichnet /u/ ebenso wie langes /o:/ (z.B. **uþin**, an. *Óðinn*) und den Halbvokal

6 Siehe Bjorvand & Lindeman (2000: 1041) s.v. *verk²*. Anders Marold (2003: 405), die **uiArki** mit germ. **werk-* zur Deckung bringt (vgl. daneben aber **tuirk** = an. *dverg-* < germ. *dwerga-*). Noch unwahrscheinlicher ist die Annahme eines Brechungsdiphthongs *-ia-* < **-e-*. Vgl. auch Stoklund (2001: 114, 119 f.) gegenüber DR 945 und Grønvik (1999: 112f.).

/w/ (**uiArki**, an. *verk-r* 'Schmerz', **uiþR**, got. *wiþra*, nhd. *wider*). Trotz bestehender Deutungsschwierigkeiten indiziert Ribe ein jüngeres Futhark unter Ausschluss der alten Runen **g**, **d**, **e**, **o**, **w** nebst **ï**, **ŋ** und **p**. Wie gesagt ist die *ansuz*-Rune ᚨ (**ą**) in der Inschrift von Ribe ebenfalls nicht vertreten.[7]

3.3. Auch nach den Bestimmungskriterien von Michael Barnes (1998) erfüllt Ribe nicht die Bedingungen einer Übergangsinschrift. Sein Hauptkriterium ist der Gebrauch der *jāra*-Rune (ᛡ) mit Primärwert /a/ gegenüber /j/ in Verbindung mit einer oder mehreren der später ausgemusterten Runen, d.h. **g, d, e, o, w, ï, ŋ, p** (s.o. Punkt 3.2). Damit ist ein eindeutiges Negativergebnis im Hinblick auf Ribe und andere dänische Inschriften dieser Epoche möglich: "None of the above [e.g. Helnæs, Ribe, and Sölvesborg; M.S.] conform to my explicit criteria for transitional inscriptions, and several (e.g. Ribe, Helnæs, Flemløse I, Snoldelev) exhibit forms or usages that indicate they are written in the younger fuþark" (Barnes 1998: 454).
3.4. In runographischer Sicht wurde bereits festgestellt, dass Ribe noch die komplexen Formen der Runen **h**, **m** und **A** aufweist, d.h. ᚻ ᛗ ᛡ (s.o.). D.h., die Übergänge ᚻ → ᛡ (**h**), ᛗ → ᛘ (**m**), und ᛡ → ᚾ (**A**) sind noch nicht vollzogen. Dabei weist Stroh-Wollin (2002: 225) zu Recht darauf hin, dass die Vereinfachungen der Runen ᚻ (**h**) und ᛡ (**A**) sukzessive stattfinden mussten, um Graphemverschmelzungen zu vermeiden. Kommen wir damit zu einem Zwischenergebnis zum Status der Ribe-Inschrift.

4. *Linguistischer, graphematischer und runographischer Status von Ribe*

Diese vorläufige Auswertung bestätigt, dass die Entwicklung eines multifunktionalen Systems (mit den für das jüngere Futhark typischen Mehrfachzuweisungen) nicht direkt mit der Vereinfachung von Runenformen verbunden ist. Denn im Grapheminventar der Inschrift von Ribe sind - abgesehen von der nicht vertretenen *ansuz*-Rune – offenbar 8 Runen ausmustert, ohne dass damit konsequente Vereinfa-

[7] Dies kann allerdings reiner Zufall sein, da die Inschrift von Ribe (zumindest in der obigen Interpretation; vgl. Stoklund 1996) kein Beispiel für nasales /ą/ aufweist, sei es in betonter oder unbetonter Stellung. Im übrigen ist das Verteilungsbild der beiden **a**-Runen auch in den Übergangsinschriften keineswegs einheitlich. Während etwa die Inschrift von Björketorp kein **ą**, sondern nur **A** aufweist, findet sich **ą** neben **A** in den Inschriften von Stentoften, Gummarp und Istaby – allerdings mit verschiedenen Funktionen (vgl. Schulte 2004: 50 mit Abb. 6).

chungen aller Runenformen verbunden wären (s.o. Punkt 3.4). Runographische und systembezogene Aspekte dürfen daher nicht ohne weiteres gekoppelt werden, da beide im Prinzip unabhängig voneinander sind. Damit wird die Bedeutung formaler, d.h. runographischer Argumente für die Ausbildung des jüngeren Futharks weitgehend eingeschränkt.

Aus der Perspektive Stroh-Wollins (2002) ist auch die zentrale Bedeutung der Kurzzweigrunen in den Modellen von Aslak Liestøl (1981 a/b) und Michael Barnes (1987) in Frage zu stellen. Die schon in chronologischer Sicht angemeldeten Bedenken gegen diesen Ansatz werden hiermit aus methodischer Sicht bestätigt. Nach dem Zeugnis des Schädelfragments von Ribe erscheint es demnach methodisch vorteilhaft, Kurzzweigrunen nicht primär aus dem älteren Futhark, sondern sekundär aus den Langzweigrunen abzuleiten, wie Stroh-Wollin (2002) dies tut. Die Entwicklung zum jüngeren Futharks mit nur noch 16 Graphemen wäre somit bereits zwischen 500 und 700 n.Chr. anzusetzen, und keineswegs später. Bevor dieses Erklärungsmodell - das ohne die Annahme einer weitreichenden Reform auskommt - weitergeführt wird, sollen noch numerische und zahlenmagische Argumente angesprochen werden.

5. *Numerisch-magische Strukturprinzipien?*

Eine Reihe von numerischen und zahlenmagischen Ansätzen wurden entwickelt, um die Struktur des älteren und jüngeren Futharks in ihrer Relation zueinander zu erklären.[8] In seinem umfassenden Überblick nennt Klaus Düwel (1998: 275) fünf magische Erklärungsansätze, die in diesem Rahmen relevant sind: 1. Zahlenmagie, 2. Gematrie (numerische Struktur), 3. Runenmagie, 4. Astromagie und 5. Symbolmagie. Eines der klassischen Werke zahlenmagischer Deutungen ist Magnus Olsens *Om Troldruner* von 1917. In verschiedenen Arbeiten richtete Magnus Olsen den Fokus auf die *Acht*, welche ihm zufolge eine ebenso bedeutungsvolle wie magische Zahl war (vgl. Olsen 1908: 21). Als numerisches Strukturprinzip soll sie auch das Ergebnis der 'Runenreform' mitbestimmt haben:

> Reformen var, utvortes betraktet, radikal, men der blev ikke rørt ved det som var l i v s n e r v e n i den gamle runeskrift:

[8] Zu einem älteren Forschungsreferat siehe von Friesen (1933: 35-9); dazu aus neuerer Sicht Nielsen (1985) sowie Düwel & Heizmann (2006) mit ausführlicher Bibliographie. Ich zitiere daher die Forschungsliteratur nicht *in extenso*.

> futharkens anvendelighet i magisk øiemed led intet avbrekk, idet den også i sin nye skikkelse (jfr. senere innskrifters 'tilsiktede tallforhold' bygget på 16-tallet) kom til å inneholde et multiplum av 8. Ad indirekte vei får vi således en bekreftelse på at ikke bare 24-tallet, men også 8-tallet fra gammelt har vært hellig. (Olsen & Shetelig 1933: 85 f.; meine Sperrung)

Diese durchaus interessante Diskussion soll hier aus Raumgründen abgekürzt werden (zu weiterführenden Aspekten der älteren Futhark-Inschriften siehe Düwel und Heizmann 2006). Einerseits bestehen gute Gründe, numerische Strukturprinzipien auf der Grundlage der Zahl *Acht* anzuerkennen, andererseits muss ihre Relevanz für das vorliegende Problem sogleich eingeschränkt werden. Ich möchte drei wesentliche Einwände geltend machen:

5.1. Die *Acht* im Altrunischen konkurrierte von Hause mit der *Neun*, die nicht zuletzt beim Übergang vom Heidentum zum Christentum eine große Bedeutung hatte (vgl. de Vries 1957: 422). Im übrigen spielt *nío* in der eddischen Überlieferung eine zentrale Rolle (siehe allgemein Lange 1955; zur *Völuspá* vgl. Schulte 2005: 208-12). Der Status der *Acht* ist damit keineswegs unangefochten.

5.2. Selbst wenn ein numerisches Strukturprinzip auf der Grundlage der *Acht* anerkannt wird, muss offen bleiben, warum die ältere Dreiergliederung (3x8) zugunsten einer Zweiergliederung (2x8) aufgegeben wurde. Dieser reduktive Wandel erscheint aus numerisch-magischer Sicht - trotz Olsens Fokus auf der *Acht* – unmotiviert.

5.3. Schwerer als diese Bedenken wiegt das Gegenargument, das sich auf die spätere runische Überlieferungssituation beruft. Denn in mittelalterlichen Futhark-Inschriften wird offensichtlich das Drei-Ættir-System im wesentlichen fortgesetzt, d.h. numerisch ausgedrückt: 6:5:5 und nicht 8:8. Aus dem Material von Bryggen in Bergen wären besonders zu nennen: B 17 Runenstäbchen [B-Seite] **f.uþork:hnias.tbmly** und B 490 Schulterknöchel eines Schafs **fuþork•hnias•tblm(y)** sowie möglicherweise B 26 Runenstäbchen [B-Seite] **f̣uþ<o>rk|hnisæ|tb<m>ly** (siehe besonders Knirk 1994: 179; ferner Seim 1999: 88f., 114).[9]

Hieraus kann gefolgert werden, dass weder formale (d.h. runographische) noch numerisch-magische Prinzipien für den Übergang vom älteren zum jüngeren Futhark bestimmend sind. Im Zusammenhang

[9] Vgl. dazu auch Spurkland (2005: 80).

mit der bereits hinterfragten Reform verfolgen wir stetig das Kernproblem: die Frage nach den Erklärungsfaktoren der verkürzten Runenreihe.

6. *Akrophonie und Lautwandel*

Spätestens mit den Arbeiten Aslak Liestøls wurde die zentrale Bedeutung des 'akrophonischen Prinzips' der Runennamen für den Übergang vom älteren zum jüngeren Futhark erkannt. (Einen Überblick über Runennamen und Runenreihen geben Seim 2003 und Nedoma 2003). Neben der Runenschrift stützt sich übrigens auch das Ogam auf dieses zentrale Prinzip der Verschriftung (siehe McManus 1988; 1989). Auch die Buchstaben der klassischen Alphabete, die sich teils aus semitischen Buchstabennamen ableiten lassen (z.B. griech. *alpha* 'Rind', *beta* 'Haus', *delta* 'Türflügel', *jota* 'Hand'), sind von Haus aus lautlich auf ein Beispielwort bezogen (siehe Hammarström 1920; ferner Gordon 1973).

In seinem Beitrag "The transitional inscriptions" begründet Michael Barnes (1998: 458 f.) die 'Akrophonie' der Runennamen mit den folgenden Argumenten:

6.1. Das Faktum, dass die *jāra*-Rune im Zuge des *j*-Schwunds den Primärwert /a/ wiedergibt, zeigt die unmittelbare Relevanz dieses Konzepts.

6.2. Die vierte Rune mit dem Namen **ansuz* bezeichnet nasales /ą/ sowie teils /o/ im Einklang mit der Entwicklung **ansuz* > **ą̄ss* > *óss* (vgl. auch Stroh-Wollin 2002).

6.3. Die ursprünglich fünfzehnte Rune des älteren Futharks, die primär /R/ (< /z/) wiedergibt, bezeichnet später auch /y/ (entsprechend ihrem Namen *ýR*) sowie /æ/ und /e/ (entsprechend dem Runennamen **algiz* und seinen Kontinuanten **ælgR, *elgR*). Für ᛉ ᛦ = /æ/ und /e/ siehe Larsson (2002).

6.4. Die siebente Rune des jüngeren Futharks, *hagall* 'Hagel' aus **hagalaz*, bezeichnet /a/ in einigen Teilen Schwedens, in denen /h/ in dieser Position geschwunden ist (vgl. den Stein von Sälna, U 323).

Die weitreichenden Konsequenzen des Lautwandels für das System der nordischen Runennamen wurden von der Forschung hinlänglich betont.[10] Typischerweise wird dieser Kausalnexus eindrucksvoll

---

[10] Siehe Liestøl (1981a/b), ferner Barnes (1987) und (1998), Quak (1982), Spurkland (2005: 81 ff.) sowie Schulte (2004) und (2006a); zustimmend auch

anhand des Vokal- und Semivokalbereichs dargestellt. Indes ist diese Ratio im konsonantischen Bereich weit weniger einsichtig, zumal die Anlautoppositionen /d/ : /t/ und /g/ : /k/ in den Runennamen ****dagaz*** : ****tīwaz*** bzw. ****gebu*** : ****kauna(n)*** – ungeachtet der Restrukturierung bei den Plosiven und Frikativen – nicht angetastet werden. Vgl. dagegen die unmittelbaren Folgen des w-Schwunds und der Brechung für die Runen **w** w und **e** e mit den alten Runennamen **wunjō* und **ehwaz*.

Insgesamt muss festgestellt werden, dass die Forschung dieses Problem trotz verschiedener Ansätze zum Konsonantensystem (z.B. Trnka 1939, Quak 1982 und Stroh-Wollin 2002) nicht gelöst hat. Bezeichnenderweise wird eine 'Runenreform' gerade mit dem Ausfall der beiden Runen **d** ᛞ und **g** ᚷ begründet (vgl. Barnes 1987: 42 ferner Barnes 2006). Auf die Gefahr eines Zirkelschlusses wurde bereits hingewiesen.

7. *Systematische Multifunktionalität*

An dieser Stelle möchte ich die These aufstellen, dass das jüngere Futhark die Endstufe einer konsequenten Entwicklung darstellt, die seit dem 6. Jahrhundert zu verfolgen ist. Im Rahmen von Vokalentwicklungen wie Reduktion, Umlaut und Brechung entsteht spätestens auf der Blekinger Inschriftenstufe ein multifunktionales System, das bis zum Ende des 7. Jahrhunderts systematisch weiter ausgebaut wird. Ein prototypischer Vertreter dieser Mehrfachbelastungen ist die *jāra*-Rune, die meiner Analyse zufolge in der Inschrift von Istaby vier und in der Björketorper Inschrift sogar fünf Lautwerte vertritt (siehe Schulte 2004: 50 mit Abb. 6).

Selbst meine Kritiker müssen einräumen, dass Umlaute in diesen Inschriften Phonemstatus erlangt haben.[11] Vgl. besonders die Björketorper Form **bArutR** 'er bricht', die gegenüber an. *brýtr* keine graphematische Umlautkennung aufweist. (Dagegen ist der Umlaut markiert

---

Stroh-Wollin (2002). Zum Stand der Forschung siehe noch Birkmann (1995: 208-17).

[11] Siehe im einzelnen meine *Grundfragen der Umlautphonemisierung* von 1998 nebst den Rezensionen von Rasmussen (2000), Spurkland (2001) und Liberman (2001). Obschon unzählige Detailfragen des *i*-Umlauts von der Forschung völlig uneinheitlich beurteilt werden, ist als heutiger Grundkonsens – gegenüber der älteren, von Axel Kock geprägten Forschung – festzuhalten, dass die wesentlichen Phonologisierungen dem Vokalschwund, d.h. der *i*-Synkope, deutlich vorausgehen. Insofern markieren die Blekinger Inschriften einen *Terminus post quem non*. Zur strukturellen Begründung der frühen Phonemisierung von Umlaut und Brechung siehe auch Hans Frede Nielsen (2000: 121, 261f.) mit weiterer Literatur.

mit dem Digraph **-iA-** für /æ/ in **uiArki** in der Inschrift von Ribe). Dementsprechend wäre der Umlaut auch mit einem anderen Wurzelvokal, z.B. **-a-* > *-œ-*, in einer entsprechenden schweren Wurzel -vCC- oder -v̄C- durchgeführt. Ich halte es weiterhin für wesentlich, dass Schwa auf dieser Stufe eine phonetische Realität ist, die meist mit **A** (teils auch mit **a**) wiedergegeben wird: vgl. die Björketorper Form **fAlAhAk** 'ich verbarg' und die Istaby-Form **hAriwulafa** (siehe Schulte 1998: 152-58; vgl. auch Birkmann 1995: 134; Boutkan 1995: 37). Daraus ergeben sich auf dieser Stufe zwangsläufig Mehrfachzuweisungen, wie sie dann später für das jüngere Futhark bestimmend sind.

Zentral ist hierbei die Relation zwischen Umlautprodukten und Grundvokalen im Flexionssystem und in der Wortbildung, z.B. /æ/ ↔ /a/, /y/ ↔ /u/ oder /ø/ ↔ /o/. Im Altnordischen beispielsweise lautet der Dat. Sg. des *u*-Stammes *sunr/sonr* 'Sohn' *syni,* oder der Dat. Sg. des Wurzelnomens *maðr* (germ. **mannz*) 'Mensch' *mennr* (**mœnnr*). Entsprechendes gilt für den Verbalbereich: vgl. Prät. Konj. *tǿki* 'nähme', *kǿmi* 'käme' zum Prät. Ind. Plur. *tóku* 'nahmen', *kómu* 'kamen' (zu den Infinitiven *taka* 'nehmen', *koma* 'kommen'). Auch die *jan*-Klasse der sogenannten 'Rückumlautsverba' vom Typ an. *telja* - *talða* ist hier zu nennen.

Ausgehend von einer Frühdatierung des Umlauts, wurde die Multifunktionalität der Runen spätestens um 600-650 n.Chr. im sprachlichen System paradigmatisch verankert. Hiermit wurden Korrespondenzregeln geschaffen, die das multifunktionale System förderten. Im übrigen trug auch die Wortbildung dazu bei; vgl. an. *īn*-Stamm *leti* (< **latīn*) 'Faulheit' neben dem Adjektiv *latr* 'faul' usw. In diesem Licht sind die phonologischen Entwicklungen im Vokalbereich für die Ausbildung des jüngeren Futharks entscheidend, eben weil sie ohne graphematische Konsequenzen bleiben. Doch welche Bedingungen liegen dieser schriftgeschichtlichen Entwicklung zugrunde?

8. *Nordisches fuþark — Anglofriesisches fuþorc*

Zur Beantwortung dieser Frage soll das nordische 16-typige *fuþark* dem angelsächsischen (oder weiter gefasst: anglofriesischen) *fuþorc* mit seinem bis auf 33 Grapheme erweiterten Zeicheninventar gegenübergestellt werden. Vgl. den *Thames Scramasax* und den *Vienna Codex* mit immerhin jeweils 28 Runengraphemen (siehe Elliott 1996: 338 Abb. 25.8).

Für die divergierenden Entwicklungen der beiden Graphemsysteme sehe ich drei wesentliche Gründe:

8.1. Insgesamt erweist sich die Verschriftung des Umlauts in den altgermanischen Sprachen als ein langwieriger Vorgang, der zunächst verschiedenen Bedingungen und Inkonsequenzen der Schrift unterworfen war. Vgl. nur ahd. *hōren* = nhd. *hören* als Entsprechung zu got. *hausjan* (zum Althochdeutschen siehe Antonsen 1964: 191; Penzl 1982; dazu Schulte 1998: 24f. mit weiterer Literatur). Das ältere Futhark des 6. und 7. Jahrhunderts verhält sich in dieser Hinsicht also nicht unerwartet. Zum 'etymologischen Notationsprinzip' der älteren Runeninschriften siehe Schulte (1998: 79-82 und 2004: 47 f.) mit Belegmaterial.

8.2. Die angelsächsischen (oder anglofriesischen) Runen sind eine 'Importschrift', die von Südskandinavien nach England und zum Kontinent überführt wurde. Ray Page sieht im Gesamtkontext zwei mögliche Wanderwege:

> (i) runes came to England from south Scandinavia, developed a couple of individual forms here and were then exported to those lands on the Continent where the West Germanic inscriptions occur, or (ii) runes came to England from south Scandinavia, but also travelled south from that region by some land route which left a large area of north-west Germany virtually free of them; on the Continent certain new forms developed and these too spread over the Channel to England where they eventually superseded the North Germanic types. (Page 1999: 19 f.)

Ohne die beiden Alternativen (i) und (ii) hier weiter zu verfolgen, ist in diesem Zusammenhang die Anpassung der 'Importschrift' an die aktuellen Bedürfnisse des neuen Sprachraums wesentlich. Dementsprechend wurde ein ideales Graphem-Phonem-Verhältnis, d.h. ein 'near-perfect fit' im Sinne von René Derolez (1998) gesucht, wie es auch das ältere Futhark in den ersten Jahrhunderten seiner Überlieferungsgeschichte noch aufwies. Diese Situation ist daher im Prinzip mit der Neueinführung einer Schrift vergleichbar, so dass hier tatsächlich von einer bewussten Reform auszugehen ist (vgl. Bammesberger & Parsons 1998, ferner Parsons 1999).

In Skandinavien war dieser Weg in späteren Jahrhunderten schon deshalb verbaut, weil das nordische Futhark alten, bodenständigen Schreibertraditionen verhaftet war. Diese mussten einem Ausbau des Graphemsystems selbst dann entgegenstehen, wenn das Phonemsystem durch Umlaut und andere Lautwandelprozesse expandierte. Die Notationsprinzipien wurden somit unverändert fortgesetzt, obwohl das sprachliche System im Nordgermanischen wie im Frühaltenglischen grundlegende Veränderungen durchmachte.

8.3. Als entscheidender Zusatzfaktor förderte die lateinische Schriftkultur eine Neugestaltung der anglofriesischen Runen mit Hilfe der Lateinschrift (d.h. Palaeographie und Epigraphik). Dies zeigt sich etwa an der Kombination neuer Runengrapheme wie ᚣ für das *i*-Umlautprodukt von *u* (siehe Derolez 1998: 107; ferner Ohlsson 1994: 85; Schulte 2004: 48). In ihrer Arbeit *Texts and Contexts of the Oldest Runic Inscriptions* hebt Tineke Looijenga diesen Umstand deutlich hervor:

> Runic writing in England became closely connected with the Latin scriptoria, demonstrated by ecclesiastical runic monuments and an abundant use of runes in manuscripts. (Looijenga 2003: 273 f.)

Wie bereits Trnka (1939) betonte, ist diese Bedingung im Norden im entscheidenden Zeitraum von 500-700 n.Chr. in dieser Form nicht erfüllt. In Skandinavien ergibt sich eine vergleichbare Situation erst bedeutend später mit der Einführung der punktierten Runen im Mittelalter, die dann auch in alphabetischer Ordnung zusammengestellt werden, z.B. auf dem Alphabetstein von Øster Marie, Bornholm, DR 396 (vgl. Düwel 2001: 94). Zwar wird oft darauf hingewiesen, dass das jüngere Futhark ebenso wie das Lateinische keine eigenen Grapheme für die Semivokale aufwies, doch sind derartige Parallelen kaum als Indizien des 'Schriftkontakts' zu werten, wie dies oft geschehen ist, sondern vielmehr im Rahmen des 'akrophonischen Prinzips' direkt auf den Wandel der Runennamen **wunjō* und **jāra* zurückzuführen (s.o.). Aus dieser allgemein-kontrastiven Sicht wird die Relevanz konstanter Verschriftungsprinzipien für die nordische Runenüberlieferung also bestätigt.

9. *Exkurs zu Braunmüller 2004*

Es muss hier festgestellt werden, dass dieses Gesamtbild mit dem von Kurt Braunmüller entworfenen Kontaktszenario nicht vereinbar ist. In zwei inhaltlich parallelen Beiträgen postuliert Braunmüller (2004a/b) direkte Einflüsse des Lateinischen auf die älteren Runeninschriften mitsamt den Übergangsinschriften. Diese kontaktinduzierten Einwirkungen betreffen die folgenden Bereiche: 1. magische Wirkabsichten von Runeninschriften nach der lateinischen Epigraphik (sog. *defixio-*

nes), 2. rhetorisch-stilistische Parallelen zwischen dem Latein und den älteren Runeninschriften, und 3. morphosyntaktische Parallelstrukturen. Wie ich an anderer Stelle ausgeführt habe, halte ich diese Argumentation aus verschiedenen Gründen nicht für tragfähig und teilweise sogar spekulativ (siehe Schulte 2005a).

Dies gilt insbesondere für die sprachlichen Züge von Runeninschriften des 5. bis 7. Jahrhunderts, die Braunmüller (2004a: 43-6; 2004b: 72-5) durch morphosyntaktischen Einfluss des Latein erklären möchte. Leider erweist sich die vom Autor herangezogene Parallele zwischen lat. *voco-vocor* und altrunisch *haite-haiteka* nur als oberflächlich (zur *eka*-Klise mit **haitan* siehe das Amulett von Lindholmen **hateka** und den Brakteaten von Seeland II-C **haitika**). Denn in diametralem Gegensatz zum *sk*-Mediopassiv hatte die *eka*-Klise im Nordgermanischen nie eine passivierende Funktion; vgl. nur Stentoftens **felAhekA** 'ich verberge', nicht mit Braunmüller: 'von mir wird verborgen' o.ä. Ausgehend von einer klitisch gebrauchten Nominativform *-eka* erscheint eine Passivierung im germanischen Sprachsystem von vornherein ausgeschlossen, sodass dem Autor bei seiner Analyse ein grammatischer Verstoß nachzuweisen ist (siehe ausführlich Schulte 2005a: 169f. mit weiterer Literatur).[12]

Methodisch ist an Braunmüllers Ansatz besonders zu bemängeln, dass er verschiedene Überlieferungsphasen undifferenziert zusammen bringt, d.h. die Entstehung des älteren Futharks am Anfang unserer Zeitrechnung, die ältere und älteste Überlierungsphase bis 500 n.Chr. sowie die Übergangsperiode des 6. und 7. Jahrhunderts. Da auf dieser Grundlage kein tragfähiges Ergebnis zu erwarten ist, bleiben Braunmüllers Ergebnisse hier unberücksichtigt.

10. *Auswertung*

Die eingangs aufgeworfenen Fragen zum Aufkommen des jüngeren Futharks können nun weitgehend beantwortet werden. Der vom Vokalbereich ausgehende Multifunktionalismus musste auch im Konsonantenbereich zu wesentlichen Vereinfachungen führen. Im 6. und 7. Jahrhundert wurde die Stimmhaftigkeitsopposition nur noch partiell bei den Dentalen durch **t** : **d** und bei den Velaren durch **k** : **g** realisiert. (Am Rande sei hier Kortland [2003] als ein unorthodoxer Erklärungs-

[12] Der Ergativ braucht an dieser Stelle nicht diskutiert zu werden, da das Germanische – wie die meisten europäischen Sprachen – in seiner relationalen Typologie nicht zu den Ergativsprachen (und den typischen Aktivsprachen) sondern zu den Nominativsprachen gehört (vgl. Primus 1999).

versuch des jüngeren Futharks genannt.) Wie der Brakteat von Vadstena (um 450-550 n.Chr.) zeigt, war die Rune **p** ᛈ ähnlich wie **ï** ᛇ und **ŋ** ◇ schon frühzeitig marginalisiert (vgl. Odenstedt 1990: 79). Auch bei den dentalen Spiranten hatte *þorn* schon im älteren Futhark kein stimmhaftes Gegenstück. Parallel zum Vokalbereich kamen graphematische Substitutionsregeln zum Tragen; vgl. die Björketorper Form **welAdAude** mit intervokalischem **d** für [-ð-] (siehe Nielsen 2000: 259). Begünstigt durch Restrukturierungen im Konsonantenbereich, wurde die Stimmhaftigkeitsdistinktion nun völlig aus dem graphematischen System herausgefiltert (vgl. auch Stroh-Wollin 2002: 227 mit Abb. 4). Dies erklärt beispielsweise die Form **(u)aþi** = *wæði* Skabersjö aus Schonen (DR 263).

Dass dabei **g** ᚷ und **d** ᛞ aus der Runenreihe ausschieden und nicht **t** ᛏ und **k** ᚴ (älter ᚲ), war weniger eine Formfrage (so noch Spurkland 2005: 85), als vielmehr das Resultat aktueller Verschriftungsprinzipien. (Zum Ausnahmestatus der Inschrift von Alt-Ladoga mit ᚷ für **k/g** siehe Høst 1960.) Zentral ist dabei die Grunderkenntnis, dass nicht Schriftsysteme per se sich wandeln, sondern stets geschriebene Sprache im funktionalen Gebrauch des Schriftmediums (vgl. Feldbusch 1985; 1988). Mit anderen Worten, das Ausscheiden von **g** und **d** aus dem Futhark ist nur möglich, wenn diese Grapheme in der Runographie bereits außer Gebrauch gekommen sind oder sich ihre Marginalisierung bereits abzeichnet.

Diese 'Zeitkonstanten der Verschriftung' hatten im Prinzip mit einer Reform nichts zu tun, vielmehr ergaben sie sich in direkter Konsequenz aus der Runographie. Denn als Reflex der 'urnordischen Auslautverhärtung' schrieb man offenbar Tenuis statt Media, d.h. **t**, **k** für **d**, **g** im absoluten Auslaut.[13] Ein wichtiges Indiz für die Schreiberregel "Tenuis statt Media" ist die viel diskutierte Form **ląt** für /land/ in der Inschrift von Eggja. Es wäre schreibungspositivistisch, solche Formen wie **ląt** in der Eggja-Inschrift oder **ąsmut** auf dem Blekinger Stein von Sölvesborg als [lątt] bzw. [ą:smutt] zu lesen. (vgl. auch Barnes 1998: 452, 458 zu Grønvik 1985: 175f. et passim). Von der finalen Stellung aus drang diese graphematische Substitutionsregel dann in andere Kontexte vor; vgl. die von Barnes (1998: 458) diskutierten Sequenzen **iklati**, **oklati** mit intervokalischem **t** für *-(n)d-*. Die multifunkionalen Runengrapheme waren damit bereits um 650-700

[13] Bei den Frikativen vgl. **bAriutiþ** und **gAf** in der Stentoftener Inschrift, ebenso **laþoþ** auf dem Brakteaten von Halskov gegenüber **laþodu** (mit **d** für *ð*) auf dem Brakteaten von Trollhättan.

n.Chr. auch im Konsonantenbereich weitgehend systematisiert. Dies erklärt nebenbei bemerkt auch, warum sich eine Inschrift wie Eggja trotz ihrer Länge einer konkreten runographischen Analyse nach Barnes' Kriterien entzieht (siehe besonders Barnes 1998: 458). Nach allem Gesagten dürfte fest stehen, dass die viel zitierte Reform nur eine *Idée fixe* der modernen Forschung ist.

Literatur

Antonsen, Elmer H. 1964: "Zum Umlaut im Deutschen", in: *PBB* (Tübingen) 86, 177-96.

Bammesberger, Alfred & David Parsons 1998: "Runenreihen: §2. History of the Anglo-Saxon and Frisian *fuþorc*", in: H. Beck et al. (Hgg.), *RGA* (2. Aufl.), Bd. 25. Berlin, 564-67.

Barnes, Michael P. 1987: "The Origins of the Younger Fuþark - a Reappraisal", in: *Runor och runinskrifter. Föredrag vid Riksantikvarieämbetets och Vitterhetsakademiens symposium 8-11 september 1985. Festskrift til Sven B. F. Jansson*, Stockholm, 29-45.

— 1998: "The Transitional Inscriptions", in: K. Düwel (Hg.), *Runeninschrift als Quellen interdisziplinärer Forschung. Abhandlungen des Vierten Internationalen Symposiums über Runen und Runeninschriften in Göttingen vom 4.–9. August 1995.* Berlin, 448-461.

— 2001: "The Hedeby Inscriptions, the Short-twig Runes, and the Question of Early Scandinavian Dialect Markers", in: K. Düwel et al. (Hgg.), *Von Thorsberg nach Schleswig. Sprache und Schriftlichkeit eines Grenzgebietes im Wandel eines Jahrtausends.* Berlin, 101-9.

— 2006: "Standardised fuþarks: A usefull tool or a delusion?", in: Marie Stoklund et al. (Hgg.), *Runes and their Secrets. Studies in Runology*. Copenhagen (im Druck).

Benner Larsen, Erling 2004: "The Ribe skull fragment - toolmarks and surface textures", in: M. Bencard (Hg.), *Ribe excavations 1970-76,* Bd. 5, Esbjerg, 43-52.

Birkmann, Thomas 1995: *Von Ågedal bis Malt. Die skandinavischen Runeninschriften vom Ende des 5. bis Ende des 9. Jahrhunderts*. Berlin.

Bjorvand, Harald & Frederik Otto Lindeman 2000: *Våre arveord. Etymologisk ordbok*. Oslo.

Boutkan, Dirk 1995: *The Germanic 'Auslautgesetze'*. Amsterdam/Atlanta.

Braunmüller, Kurt 2004a: "Zum Einfluss des Lateinischen auf die ältesten Runeninschriften", in: O. Bandle et al. (Hgg.), *Verschränkung der Kulturen. Der Sprach- und Literaturaustausch zwischen Skandinavien und den deutschsprachigen Ländern. Fs. Hans-Peter Naumann*. Basel, 23-50.

— 2004b: "Romersk indflytelse på de ældre nordiske runeindskrifter?", in: L. Elmevik (Hg.), *Språkhistoria och flerspråkighet. Föredragen vid ett internationellt symposium i Uppsala 17–19 januari 2003*. Uppsala, 63-78.

DR nebst Spalte: siehe Jacobsen & Moltke 1941-42.

Düwel, Klaus 1998: "Futhark", in: H. Beck et al. (Hgg.), *RGA* (2. Aufl.), Bd. 10.

Berlin, 273-276.

— 2001: *Runenkunde*. 3. Aufl.. Stuttgart.

Düwel, Klaus & Wilhelm Heizmann 2006: "Das ältere Fuþark - Überlieferung und Wirkungsmöglichkeiten der Runenreihe", in: A. Bammesberger et al. (Hgg.), *Das Fuþark und seine einzelsprachlichen Weiterwicklungen. Akten der in Eichstätt abgehaltenen Tagung vom 20. bis 24. Juli 2003*. Berlin [im Druck].

Elliott, Ralph W. V. 1996. "The Runic Script", in: P. T. Daniels & W. Bright (Hgg.), *The World's Writing Systems*. New York & Oxford, 333-9.

Feldbusch, Elisabeth 1985: *Geschriebene Sprache. Untersuchungen zu ihrer Herausbildung und Grundlegung ihrer Theorie*. Berlin.

— 1988: "Entstehung der geschriebenen Sprache", in: U. Ammon et al. (Hgg.), *Sociolinguistics. An International Handbook of Contemporary Research*, II. Berlin, 1469-79.

Friesen, Otto von 1933: "De germanska, anglofrisiska och tyska runorna", in: O. von Friesen (Hg.), *Runorna*. Stockholm, 1-79.

— 1933: "De svenska runinskrifterna", in: O. von Friesen (Hg.), *Runorna*. Stockholm, 145-248.

Gordon, Arthur E. 1973: *The Letter Names of the Latin Alphabet*. Berkeley.

Grønvik, Ottar 1985: *Runene på Eggjasteinen. En hedensk gravinnskrift fra slutten av 600-tallet*. Oslo.

— 1999: "Runeinnskriften fra Ribe", in: *ANF* 114, 103-27.

— 2001: *Über die Bildung des älteren und des jüngeren Runenalphabets*. Frankfurt am Main.

Hammarström, M. 1920: *Beiträge zur Geschichte des etruskischen, lateinischen und griechischen Alphabets*. Helsinki.

Høst, Gerd 1960: "To runestudier. I. Innskriften fra Gamle Ladoga", in: *NTS* 19, 418-88.

Jacobsen, Lis & Erik Moltke 1941-42: *Danmarks runeindskrifter*, I-II. København.

Knirk, James 1994: "Learning to Write with Runes in Medieval Norway", in: *Medeltida skrift- och språkkultur. Nio förelesningar från ett symposium i Stockholm våren 1992*. Stockholm, 169-212.

Kortlandt, Frederik 2003: "Early Runic Consonants and the Origin of the Younger Futhark", in: *NOWELE* 43, 71-6.

Lange, Wolfgang 1955: "Zahlen und Zahlenkomposition in der Edda", in: *PBB* (Halle) 77, 306-48.

Larsson, Patrik 2002: *Yrrunan. Användning och ljudvärde i nordiska runinskrifter*. Uppsala.

Liberman, Anatoly 2001: [Rezension zu Schulte 1998], in: *Alvíssmál* 10, 85-7.

Liestøl, Aslak 1964: "Runer frå Bryggen", in: *Viking* 27, 5-53.

— 1981a: "The Viking Runes: The Transition from the Older to the Younger Fuþark", in: *Saga-Book* 20, 247-66.

— 1981b: "The Emergence of the Viking Runes", in: *Michigan Germanic Studies* 7, 107-16.

Loman, Bengt 1965: "Rökrunorna som grafematiskt system", in: *ANF* 80, 1-60.

Looijenga, Tineke 2003: *Runes: Around the North Sea and on the Continent AD 150-700, Texts and Contexts*. Leiden/Boston.

Makaev, Énver A. 1996: *The Language of the Oldest Runic Inscriptions. A Lin-*

guistic and Historical-Philological Analysis. Übers. von J. Meredig. Stockholm (Russ. Originalwerk 1965).

Marold, Edith 2003: "Die drei Götter auf dem Schädelfragment von Ribe", in: W. Heizmann & A. van Nahl (Hgg.), *Runica-Germanica-Mediaevalia.* Berlin, 403-17.

McKinnell, John & Rudolf Simek 2004: *Runes, Magic and Religion. A Sourcebook.* Wien.

McManus, Damian 1988: "Irish Letter-names and Their Kennings", in: *Ériu* 39, 127-68.

— 1989: "Runic and Ogam Letter-names: A Parallelism", in: D. Ó. Corráin et al. (Hgg.), *Sages, Saints and Storytellers: Celtic Studies in Honour of Professor James Carney.* Maynooth, 144-8.

Moltke, Erik 1973:"Et makabert runebrev",in: *Sønderjysk Månedsskrift* 49, 377-92.

Nedoma, Robert 2003: "Runennamen", in: H. Beck et al. (Hgg.), *RGA* (2. Aufl.), Bd. 25. Berlin, 556-62.

Nielsen, Hans Nielsen 2000: *The Early Runic Language of Scandinavia. Studies in Germanic Dialect Geography.* Heidelberg.

Nielsen, Karl Martin 1985: "Runen und Magie. Ein forschungsgeschichtlicher Überblick", in: *Frühmittelalterliche Studien* 19, 75-97.

Odenstedt, Bengt 1990: *On the Origin and Early History of the Runic Script. Typology and Graphic Variation in the Older Futhark.* Uppsala.

Ohlsson, Stig Örjan 1994: "Why didn't the Vikings just go on writing as their ancestors did? A survey of the runic tradition, with emphasis on the break between older and younger futhark", in: I. Lindell (Hg.), *Medeltida skrift- och språkkultur. Nio föreläsningar från ett symposium i Stockholm våren 1992.* Stockholm, 79-102.

Olsen, Magnus 1908: *Tryllerunerne paa et vævspjeld fra Lund i Skaane.* Christiania.

— 1917: *Om Troldruner.* Uppsala.

— & Haakon Shetelig 1933: *Runekammen fra Setre. Med zoologiske bestemmelser av Aug. Brinkmann.* Bergen.

Page, R. I. 1999: *An Introduction to English Runes.* 2. Aufl. Woodbridge.

Parsons, David N. 1999: *Recasting the Runes. The Reform of the Anglo-Saxon* Futhorc. Uppsala.

Penzl, Herbert 1982: "Zur Methodik der historischen Phonologie: Schreibung - Lautung und die Erforschung des Althochdeutschen", in: *PBB* (Tübingen) 104, 169-89.

Peterson, Lena 1983: "Om s.k. palatalt *r* i fornsvenskan", in: *ANF* 98, 202-220.

Primus, Beatrice 1999: *Cases and Thematic Roles - Ergative, Accusative and Active.* Tübingen.

Quak, Arend 1982: "Zur Entstehung des sogenannten jüngeren Futharks", in: *ABäG* 17, 145-56.

Rasmussen, Jens Elmegård 2000: "The Growth of *i*-Umlaut in Norse and West Germanic: Thoughts on a Recent Book" [Rezension zu Schulte 1998], in: *Acta Linguistica Hafniensia* 32, 143-59

Schulte, Michael 1998: *Grundfragen der Umlautphonemisierung. Eine strukturelle Analyse des nordgermanischen i/j-Umlauts.* Berlin.

— 2002: [Rezension von Grønvik 2001], in: *NLT* 20, 92-9.

— 2004: "Fonologisk baserte skriftendringer? Overgangen fra den eldre til den yngre fuþarken", in: *MM*, 41-55.

— 2005a: "Die lateinisch-altrunische Kontakthypothese im Lichte der sprachhistorischen Evidenz", in: *PBB* 127, 161-82.

— 2005b: "The Classical and Christian Impact on *Vǫlospá*. Toward a Comparative Topomorphical Approach", in: *ANF* 120, 181-219.

— 2006a: "Übergangsinschriften". In: H. Beck et al. (Hgg.), *RGA* (2. Aufl.), Bd. 3. Berlin, 364-367.

— 2006b: "Wortforschung", in: H. Beck et al. (Hgg.), *RGA* (2. Aufl.), Bd. 34. Berlin [im Druck].

— 2006c: "The Transformation of the Older Fuþark: Number Magic, Runographic or Linguistic Principles?", in: *ANF* 121, 41-74.

Seim, Karin Fjellhammer 1999: *De vestnordiske futhark-innskriftene fra vikingtid og middelalder. Form og funksjon*. Dissertation. Trondheim.

— 2003: "Runenreihen: §3. Skandinavien", in: H. Beck et al. (Hgg.), *RGA* (2. Aufl.), Bd. 25. Berlin, 567-71.

Spurkland, Terje 2001: 'Kann det fortsatt sies noe nytt om nordisk i-omlyd?" [Rezension zu Schulte 1998], in: *NLT* 19, 263-75.

— 2005: *Norwegian Runes and Runic Inscriptions*. Trans. by B. van der Hoek. Woodbridge.

Stoklund, Marie 1996: "The Ribe Cranium Inscription and the Scandinavian Transition to the Younger Reduced Futhark", in: T. Looijenga & A. Quak (Hgg.), *Frisian Runes and Neighbouring Traditions. Proceedings of the First International Symposium on Frisian Runes at the Fries Museum, Leeuwarden, 26-29 January 1994*. Amsterdam/Atlanta, 199-209.

— 2001: "Die Inschriften von Ribe, Hedeby und Schleswig und die Bedeutung der Schwedenherrschaft", in: K. Düwel et al. (Hg.), *Von Thorsberg nach Schleswig. Sprache und Schriftlichkeit eines Grenzgebietes im Wandel eines Jahrtausends. Internationales Kolloquium im Wikinger Museum Haithabu vom 29. September–3. Oktober 1994*. Berlin, 111-26.

— 2003: "Ribe: § 5. Runologisches", in: H. Beck et al. (Hgg.), *RGA* (2. Aufl.), Bd. 24. Berlin, 554-59.

Stroh-Wollin, Ulla 2002: "Den 15-typiga futharken", in: G. Harling-Kranck & H. Lehti-Eklund (Hgg.), *Studier i svensk språkhistoria 6. Förhandlingar vid sjätte sammankomsten för svenska språkets historia, Helsingfors 11-12 maj 2000*. Helsingfors, 223-32.

Trnka, Bohumil 1939: "Phonological Remarks concerning the Scandinavian Runic Writing", in: *Travaux de Cercle linguistique de Prague* 8, 292-6.

U: siehe Wessén & Jansson 1940-58.

Vries, Jan de 1957: *Altgermanische Religionsgeschichte*, II. 2. Aufl. Berlin.

Wessén, Elias & Sven B. F.Jansson 1940-58: *Upplands runinskrifter*, 1-4. Stockholm.

Amsterdamer Beiträge zur älteren Germanistik 62 (2006), 25-40

ZU DEN ALTSCHWEDISCHEN GLOSSEN IN DER HANDSCHRIFT C 923 DER UNIVERSITÄTSBIBLIOTHEK UPPSALA

von Arend Quak – Amsterdam

Die Handschrift C 923 in der Universitätsbibliothek Uppsala stammt aus dem Kloster Vadstena, wo sie die Bezeichnung "E.V. IX^{us} in ordine" trug, und wurde 1474 geschrieben. Es handelt sich um eine lateinische Sammelhandschrift mit 155 Blättern, die von zehn verschiedenen Schreibern geschrieben wurden.

In der Handschrift werden als Schreiber u.a. genannt Johannes Henrici, magister Arvid aus Linköping (70v), Nicolaus Suenonis aus Linköping (96v) und Olauus Johannes aus Enköping. Die Handschrift enthält lateinische Texte - u.a. 'Floretus' und 'Boethius' und die 'Scholarium disciplina'[1] -, aber auf einigen leeren Seiten hat eine Hand aus der zweiten Hälfte des 15. Jahrhunderts einige altschwedische Sätze und Wörter und einen Auszug aus dem 'Siælinna thrøst' notiert, vgl. Andersson-Schmidt 1972: 130-139. Es wird angenommen, dass Johannes Matthaei (†1524) die Handschrift mitnahm, als er 1476 Mönch in Vadstena wurde. In ihrem Beitrag über das Fragment aus dem 'Siælinna thrøst' vermutet Margareta Andersson-Schmidt, dass die altschwedischen Wörter aus religiösen Schriften in der Bibliothek des Klosters Vadstena übernommen wurden. Sie kann sogar einige davon identifizieren, s. auch Quak 2000. Im folgenden werden alle Glossen herausgegeben und wird außerdem der Versuch gemacht, ihre Herkunft zu bestimmen. Die Form der Glossen gibt nämlich Anlass zu der Vermutung, dass sie alle buchstäblich aus altschwedischen Texten übernommen wurden. Damit bekäme man vielleicht einen genaueren Einblick in die Lektüre der Mönche in Vadstena.

Es ist möglich, dass das Glossar aus zwei Teilen besteht. Die Glossen auf Blatt 39 sind nicht in alphabetischer Reihenfolge notiert im Gegensatz zu denen auf den anderen Blättern. Außerdem wird auf diesem Blatt meistens das lateinische Lemma, das sie glossieren, mit notiert. Diese lateinischen Wörter scheinen beim ersten Blick zu einem großen Teil aus dem Text der 'Regula Salvatoris' zu stammen.

---

[1] Vollständige Beschreibung und Übersicht der Texte: Andersson-Schmidt u.a. 1993, 362-65.

Die Glossen werden wiedergegeben unter Auflösung der Abkürzungen, wobei die Ergänzungen kursiviert werden. Da sich wegen der Herkunft aus unterschiedlichen Handschriften nicht entscheiden lässt, welcher Vokal ursprünglich da stand, wird dabei im Allgemeinen <e> ergänzt. Nur <z> in *Thz* usw. wird belassen. Weiter fällt auf, dass der Schreiber manchmal ungenau ist bei der Wiedergabe mancher Wörter, vgl. Glossen Nr. 9, 11 u.a.

1. (37 r) **Æmwæl** – Das Adverb *iämväl* 'ebenso gut' (Sö. I,633). In ihrem Beitrag vermerkt Andersson-Schmidt, dass das Wort aus dem Fragment aus 'Siælinna thrøst' übernommen worden scheint, das auf derselben Seite steht. Es dürfte allerdings wahrscheinlicher sein, dass dieses Fragment später geschrieben wurde als die Glossen 1 und 2 auf dem Blatt, s. unten. Die Form von Glosse 1 kommt auch in anderen Texten etwa bei der Heiligen Birgitta vor: z.B. in der 'Regula Salvatoris' (Klemming 1862: 6) *Ämwäl skal oc han glädhias* ..
2. (37r) **Æller** – Die Konjunktion *äller* 'oder' (Sö. II,1099-1101) hat einen so allgemeinen Gebrauch, dass sich nicht feststellen lässt, aus welchem Text sie stammt.

Die beiden Glossen auf Bl. 37r sind deutlich alphabetisch eingeordnet, denn oben auf der Seite steht der Großbuchstabe A. Dies suggeriert zugleich, dass das Exzerpt aus 'Siælinna thrøst' auf derselben Seite später geschrieben wurde, allerdings von derselben Hand. Offenbar wollte der Schreiber den leeren Raum benutzen, als er den ursprünglichen Plan für ein Wörterbuch (?) aufgegeben hatte.

Die darauf folgenden Glossen auf Bl. 39r (Nr. 3-61) sind nicht alphabetisch und haben zum Teil lateinische Lemmata, bilden somit offenbar eine eigene Gruppe, obwohl der Charakter von Zitat auch ihnen eigen ist.

3. (39r-a) **Tvtor i. / fformy*nd*ar*e* / i allo*m* fallo*m* / ok sakom** – Das Substantiv *formyndare* 'Beschützer, Vormund' (Sö. I,294) erscheint u.a. bei Birgittas 'Regula Salvatoris' (Klemming 1862: 38). Es wurde offenbar zu der Glosse eine nähere Erklärung hinzugefügt, denn aschw. *fal* und *sak* können ungefähr dieselbe Bedeutung haben: 'Sache, Angelegenheit', vgl. Sö. I,294. Es fällt weiter auf, dass einige Zeilen weiter im selben Text in einem etwas anderen Zusammenhang eben diese Formulierung erscheint: *Biscopin [...] skal wara swa systrana, som brödhrenna fadher, oc sökiare oc domare, j allom fallom oc sakom.* Es scheint also nicht ausgeschlossen, dass der Schreiber sie von hier übernahm.

4. (39r-a) **Til liffsins / næringh** – Vgl. *näring*, f. 'Nahrung, Unterhalt' (Sö. II,129). Das Wort erscheint u.a. bei Birgitta in einer ähnlichen Kombination: *aat ensami liffsins närning* (Klemming 1862: 41), wobei allerdings die Variante *närning* (Sö. II,129) gebraucht wird. Eventuell kann man dies der Ungenauigkeit des Kopisten zuschreiben, der auch sonst seine Vorlage offenbar nicht exakt wiedergibt.
5. (39r-a) **It. æ til tæss** – Als Konjunktion kommt *ä till thäs at* 'ganz bis dass' (Sö. II,1087) vor. Sie ist allgemein und kann nicht mit Sicherheit einem bestimmten Text zugeschrieben werden.
6. (39r-a) **Reuelacio / seelse** – Das Substantiv *seilse* n. kommt nach Sö. (Suppl. 178) sonst nur in der Zusammensetzung *foreseilse* 'Fürsorge' vor. Das lateinische Wort *revelatio* bedeutet 'Offenbarung' und diese Bedeutung dürfte auch das altschwedische Wort haben. Das Wort *revelatio* kommt am Anfang des lateinischen Textes der 'Regula Salvatoris' (Eklund 1975: 100) vor, wobei allerdings die altschwedische Übersetzung an dieser Stelle *wppenbarilse* (Klemming 1862: 4) hat. Auch SAOB kennt das Wort nicht.
7. (39r-a) **Ordo / skipan** – Das Substantiv *skipan* f. 'Ordnung' (Sö. II,370) erscheint u.a. in der 'Regula Salvatoris' (Klemming 1862: 28), aber auch in 'Siælinna Thrøst' (Klemming 1871-73: 47).[2]
8. (39r-a) **Comes følghlage** – Vgl. *fylghis laghi,* m. 'Begleiter, Kamerad' (Sö I,360). Auffällig ist hier, dass der Genitiv offenbar durch eine echte Zusammensetzung ersetzt worden scheint. Eine solche Zusammensetzung ist sonst nicht belegt, auch nicht in SAOB, das nur *följeslag(e)* kennt (F2261), obwohl dort wohl Formen wie *följesven* und *följevän* vorkommen. Möglicherweise ist dies wieder der Ungenauigkeit des Kopisten zuzuschreiben. Das Kompositum erscheint u.a. in 'St. Ansgarii Lefwerne'.
9. (39r-a) **Curiose behændeike** – Ungenaue Schreibung - s. auch Nr. 11 - für das Adverb *behändelika* 'geschickt, kunstvoll' (Sö. I, 89), hier wohl eher 'sorgfältig, aufmerksam', wie das lateinische *curiose* suggeriert (Georges I,1831-32).
10. (39r-a) **Desertu*m* / ødmark** – Vgl. das Substantiv *öþemark*, 'Wüste' (Sö. II,1162), das u.a. im Codex Bildstenianus (ca. 1420-50) vorkommt, vgl. Stephens 1858: 750. Weiter als Pluralform *ödhmarkom* in 'Barlaam und Josaphat' (Klemming 1887-89: 7).

---

[2] Der Text ist erhalten in Cod. Holm. 108 (1430-50) aus Vadstena. Die Annahme dieser Herkunft beruht hauptsächlich auf dem Vorkommen der Vadstenakursive und dadurch, dass Material aus Vadstena inkorporiert wurde, vgl. Henning 1954: 447ff.

11. (39r-a) **ffulstolica** – Wrsch. ungenau für das altschwedische Adjektiv *fulstoplika* 'reichlich' (Sö. I,358), das u.a. bei Birgitta, in 'Siælinna thrøst' (Klemming 1871-73: 415) und 'Klosterläsning' (Klemming 1877-78: 46) vorkommt.
12. (39r-a) **Vitløs daar*e*** – Das Adjektiv *vitlös* 'okunnig, vettlös' (Sö. II,1004) und das Substantiv *dare* m. 'Tor' (Sö. I,183). Die Kombination erscheint in 'Barlaam und Josaphat' (Klemming 1887-89: 8).
13. (39r-b) **Eldh*e*n kaffra sik** – Hier ist offensichtlich das Verb *kofra* 'upphjälpa, befordra' (Sö. I,671) gemeint. Die Glosse weist große Übereinstimmung auf mit einem Beleg aus 'Barlaam und Josaphat' (Klemming 1887-89: 9): *Sua som eldin kofrar sik oc wäxir aff thy at widhin vppa lägx*. Die einzige Handschrift dieses Textes A 49 datiert ca. 1440 (Henning 1960: 163). Die Handschrift war 1442 eine Gabe des Klosters Vadstena an das Kloster Nådendal bei dessen Gründung. Es scheint somit nicht ausgeschlossen, dass das Mutterkloster einen zweiten Text besaß, aus dem die Glosse stammen könnte. Vgl. auch Glosse 12.
14. (39r-b) **Ordh ok flæste** 'Wort (oder: Wörter) und die meisten' – Dies sieht aus wie ein unvollständiges Zitat aus einem längeren Text. Dieser lässt sich aber nicht identifizieren.
15. (39r-b) **Jt Triffnat** – Das Substantiv *thrifnadher* m. 'Fortschritt, Fortgang, Verbesserung' (Sö. II,729). Das Wort erscheint u.a. bei Birgitta (Klemming 1862: 123): *til människionna thrimnadh*. Es handelt sich um Ergänzungen zu den 'Revelationes extravagantes'.
16. (39r-b) **Jt ha*n* var sik ena / om tro ælla rad** 'er war auf sich allein hingewiesen für Glauben und Rat'. – Vermutlich handelt es sich um ein Zitat, aber es lässt sich nicht ohne weiteres zurückfinden.
17. (39r-b) **Jt ha*n* aatras** 'er änderte seine Auffassung' – Es handelt sich hier um das Verb *atras* 'sich ändern, den Beschluss ändern' (Sö. I,66), das u.a. in 'St. Ansgarii Lefwerne' (Cod. A 49) belegt ist.
18. (39r-b) **Jt dægtingsma*n*** – Das Substantiv *dagthingis man* m. 'Vermittler, Verhandler, Schlichter' (Sö. I,182) kommt u.a. vor in 'Barlaam und Josaphat' und zwar in genau derselben Form: *dägthingis man* (Klemming 1887-89: 41).
19. (39r-b) **Jt thz trægh*e*r mik** 'es betrübt mich'. – Das Verb *trägha* 'vålla sorg, betrüben, gräma' (Sö. II,677), vgl. 'Barlaam und Josaphat: *huilkit mik nu träghar storlika* (Klemming 1887-89: 88).
20. (39r-b) **Jt o bone ih*esu*m o / my*n* godhe ih*esu*m** 'o mein guter Jesus'. – Diese Glosse ist offensichtlich ein Zitat, vermutlich aus einem Gebet, und eine buchstäbliche Übertragung des hinzugefüg-

ten lateinischen Textes.

21. (39r-b) **Jt aath*er* gælla** – Das Verb *atergiälda* 'zurückbezahlen, vergelten, ersetzen' (Sö. I,59) kommt u.a. bei Birgitta und in 'Barlaam und Josaphat' (Klemming 1887-89: 32) vor.
22. (39r-b) **Jt godh leek** – Das Substantiv *godhleker* m. 'Güte" (Sö. I, 417), belegt u.a. bei Birgitta und in 'Klosterläsning' (Klemming 1877-78).
23. (39r-b) **Jt spiælkadhe / licama** 'schiente(n) den Körper ein'. – Das Verb *spiälka* '(ein-)schienen' (Sö. II,469) und das Substantiv *likame* m. 'Kørper' im Akkusativ (Sö. I,176). Offensichtlich handelt es sich hier wieder um ein direktes Zitat aus einem altschwedischen Werk.
24. (39r-b) **Incor*ru*pcio / orøtelikhet** – Das Substantiv *orötelikhet* 'Unvergänglichkeit' (Sö. II,175) entspricht genau dem lateinischen Lemma *incorruptio*.
25. (39r-c) **Curiositas / fforuiti** – Das Substantiv *forviti* 'Neugier' (Sö. I,317). Das altschwedische Wort ist in der 'Regula Salvatoris' mit demselben lateinischen Lemma belegt: Klemming 1862: 53.
26. (39r-c) **Jte desidēbat / ha*n* stod th*er* æpth*er*** – Hier ist wohl ein Zitat mit dem Verb *äptirstanda* 'stehen bleiben' (Sö. II,1141-42) gemeint. Die Bedeutung entspricht der von lat. *desidēre* 'verharren, sitzend verweilen' (Georges 1972: I,2081). Eine direkte Quelle lässt sich nicht ohne weiteres finden.
27. (39r-c) **fforbarma tek / ow*er* mik** 'erbarme dich meiner'. – Zu vergleichen mit dem Verb *forbarma sik* 'sich erbarmen' (Sö. I,272-73). Auch dies dürfte ein Zitat aus einem Gebet sein, vgl. Nr. 22.
28. (39r-c) **Thz ær afflankt** 'das ist zu lang'. – Zum Adjektiv *oflanger* 'zu lang (räumlich)' (Sö. II,145).
29. (39r-c) **Jæmskøt** – Das Adverb *iämskyt* 'ebenso schnell; zur selben Zeit, sofort' (Sö. I,633). Es ist zu allgemein gebräuchlich, um es einem bestimmten Text zuzuweisen.
30. (39r-c) **Gæld oc wredi** – Es handelt sich um die Substantive *gäld* 'Zorn, Wut' (Sö. I,437) und *vreþe* 'Wut, Zorn' (Sö. II,1010). Die Kombination beider Wörter kommt u.a. 'Siælinna Thrøst' (Klemming 1871-73: 18) vor.
31. (39r-c) **Natwardhe** – Das Substantiv *natvarþer* 'Abendessen' (Sö. II,102). Vgl. Birgittas 'Regula Salvatoris' (Klemming 1862: 13): *äptir natwardhin.* auch an anderen Stellen in diesem Text z.B. S. 15. Auch im Dativ in *aat at natwardhe* im Codex Bildstenianus (Stephens 1858: 162).
32. (39r-c) **Morgho*n*wardhe** – Das Substantiv *morgonvardher* 'Früh-

stück' (Sö. II,59). Dieses Wort ist möglicherweise als Gegensatz zu der vorigen Glosse zu verstehen.

33. (39r-c) **Thit trwgh** 'deine Drohung' oder 'dein Betrug'. – Es gehört wohl zu Substantiv *thrugh* 'Drohung; Betrug' (Sö. II,732). Zu vergleichen ist etwa 'Siælinna Thrøst' (Klemming 1871-73: 20): *thit thrugh*. Dieselbe Kombination erscheint auch im Codex Bildstenianus: *vi rädhoms änkte thit thrugh* (Stephens 1858: 598).

34. (39r-c) **Æwi*nn*elikit** – Die sächliche Form des Adjektivs *ävinneliker* 'ewig, unvergänglich' (Sö. II,1157), in dieser Form u.a. im Codex Bildstenianus (Stephens 1858: 459)[3], aber auch in 'Barlaam und Josaphat' (Klemming 1887-89: 5) belegt.

35. (39r-c) **Æw*er*delikit** – Wahrscheinlich die sächliche Form des Adjektivs *a/værþeliker* 'ewig, ständig' (Sö. II,1159). Es fällt auf, dass Glossen 34 und 35 Synonyme sind, die außerdem in derselben grammatischen Form stehen. Möglicherweise handelt es sich um eine bewusste Nebeneinanderstellung, vgl. Glossen Nr. 31 und 32.

36. (39r-c) **Gislo*m* oc swepo*m*** – Vgl. *gisla* 'Geißel' (Sö. I,403) und *svipa* 'Peitsche' (Sö. II,571). Es handelt sich wohl um ein Zitat aus 'Siælinna thrøst', wo *mz gislom oc swepum* vorkommt (Klemming 1871-73: 20).

37. (39r-c) **Sikt sikteklæde** – Substantiv *sikt* n. 'Sieb' (Sö. II,329), vgl. 'Siælinna Thrøst' 17. Die Zusammensetzung *siktoklädhe* findet sich Sö. Suppl. 700. Das Wort ist im 'Uppbörds- und Utgiftabok' (1539-1570) des Klosters Vadstena belegt. Der Beleg in C 923 dürfte somit um einige Jahrzehnte älter sein.

38. (39r-c) **Læt hofft af hugga** 'ließ den Kopf abschlagen' – Offensichtlich ein Zitat und zwar vermutlich aus 'Siælinna thrøst', vgl. *Sidhan läth han hänna hofwdh aff hugga* (Klemming 1871-73: 21).

39. (39v-a) **kom in til my*n*** 'komme/kam herein zu mir'. – Hier ist das Verb *inkoma* 'hereinkommen' kombiniert mit der Präposition *til* + Genitiv. Zu vergleichen wäre: *inkoma til miin* ('Barlaam und Josaphat', Klemming 1878-79: 28).

40. (39v-a) **Dubitauit / ha*n* iæffwadhe** 'er zweifelte'. – Das Verb *iäva* 'zweifeln, fürchten, misstrauen' (Sö. I,639) entspricht genau der Bedeutung von lat. *dubitāre* 'zweifeln', vgl. 'Klosterläsning' (Klem-

---

[3] Der Codex Bildstenianus (geschrieben zwischen 1440-50) könnte also für die Glossen 31, 33 und 34 als Quelle gedient haben. Die Herkunft der Handschrift ist nicht sicher, aber, wenn die Glossen tatsächlich aus diesem Codex übernommen wurden, befand er sich in der zweiten Hälfte des 15. Jahrhunderts in Vadstena, vgl.auch Carlquist 1992: 42f.

ming 1877-78: 9, 14, 18.

41. (39v-a) **Jtm mystykte** – Das Verb *misthykkia* 'misshaga' (Sö. II, 50). Es kommt u.a. in 'Regula Salvatoris' vor (Klemming 1862: 79). Dieselbe Form erscheint auch in 'Barlaam und Josaphat' (28), vgl. Glosse 39.
42. (39v-a) **ha*n*[4] gath / ey hu*n*gnas for / myscfælle s[in?][5]** 'er konnte nicht getröstet werden wegen seines Unglücks'. – Es handelt sich um die Verben *gita* 'gelingen, vermögen, können' (Sö. I, 403) und *hughna* 'trösten', das auch als *hungna* vorkommt (Sö. I, 515), vgl. ähnlich: *tho gat hon ey hugnadz* in 'Bonaventuras betraktelser' (Klemming 1860: 25). Das vorletzte Wort ist nicht deutlich, aber möglicherweise ist das Substantiv *misfälle* 'Unglücksfall, Unglück' (Sö. II,46) gemeint, das u.a. bei Birgitta erscheint. In diesem Fall scheint *sin* als Ergänzung im letzten Wort wahrscheinlich.
43. (39v-a) **Jtm vndh*er*e*n* full** – Es gehört wohl zu *under* 'Wunder' (Sö. II,812) und ist mit den Adjektiven *unders fulder* 'voll Verwunderung' und *underfulder* 'id.' (Sö. II,812) zu vergleichen.
44. (39v-a) **Jtm klæddi i silke / ok pæll** 'er kleidete sich/gekleidet in Seide und kostbares Tuch'. – Die Substantive *silke* 'Seide' (Sö. II, 331) und *päl* 'eine Art kostbares Tuch' (Sö. II,223) kommen häufig in Kombination vor, z.B. im Codex Bildstenianus 581.
45. (39v-a) **Thzta idhnadhe / han ok hiolt** 'dies verrichtete er und hielt [er]' – Das Verb *iþna* 'tun, verrichten' (Sö. I,585).
46. (39v-a) **Legisp*er*iti lagh / mæstare** – Das Substantiv *laghmästare* m. 'Meister oder Lehrer des Gesetzes' (Sö. I,725), was genau lat. *legisperiti* entspricht. Das Wort erscheint u.a. Klemming 1877-78: 377.
47. (39v-a) **Sabbatu*m* hwi/lodagh** – Das Substantiv *hvilodagher* 'Ruhetag' (Sö. I,538) kommt im selben Text auf derselben Seite vor wie Nr. 48, s. Klemming 1877-78: 377.
48. (39v-a) **Cot*ur*nix jærpe** – Das Substantiv *iärpe* 'Rebhuhn' (Sö. I,637) kommt regelmäßig vor u.a. Klemming 1877-78: 389. Man bekommt den Eindruck, dass 46-48, 50 und 51 während der Lektüre dieser Handschrift notiert wurden.
49. (39v-b) **Wakt ok waardh** – Zwei Substantive mit ähnlicher Bedeutung, die auch häufig als Kombination vorkommen, vgl. *vakt* 'Wacht' (Sö. II,899) und *varþer* 'Wacht' (Sö. I,931).
50. (39v-b) **Graff ok grift lik steen** – Die Substantive *graf* 'Grab,

---

[4] Dahinter ein Wort (**gæd**) radiert.

[5] Die letzten Buchstaben unleserlich.

Grube' (Sö. I,419), *grift* 'Grab' (Sö. I,424) und *liksten* m. 'Grabstein' (Sö. I,765). Das Wort *grift* erscheint in der 'Regula Salvatoris' (S. 39), während *liksten* u.a. in Klemming 1877-78: 396 belegt ist. Dabei fällt auf, dass auch die Glossen 46-48 und 51 aus diesem Text stammen dürften und zwar stehen die Wörter dort nicht weit auseinander.

51. (39v-b) **Stentro** – Das Substantiv *stenthro* f. 'Steinsarg, steinernes Grab' (Sö. II,502), belegt etwa Klemming 1877-78: 394.
52. (39v-b) **vanlika giordhe / han thz st[ra]x**[6] 'gewöhnlich machte er das sofort'. – Die Glosse sieht aus wie ein Zitat. Das letzte Wort dürfte aschw. *strax* 'sofort' sein.
53. (39v-b) **vælsignadh*er* sij g*ud*** 'gesegnet sei Gott' – Die Form *sij* ist Konjunktiv Präs. Und hier mit dem Verb *välsighna* 'segnen' (Sö. II,1034) verbunden.
54. (39v-b) **Stoor fasi gr*e*p oos** 'großer Schrecken ergriff uns'.– Vgl. *fasi* 'Schrecken, Angst' (Sö. I,242). Genau dieser Satz erscheint in Klemming 1877-78: 400: *oc stor fasi grep os alt,* ein Zitat aus dem 'Evangelium des Nikodemus' (in der Oxenstiernska Handschrift von ca. 1400[7]). Vgl. damit Nr. 46-48, 51 und 56-57.
55. (39v-b) **J thy staar aft maal** – Das Zitat ist nicht ganz deutlich, aber vermutlich handelt es sich um das Verb *standa äptir* 'stehen bleiben' (Sö. II,1306) und das Substantiv *mal* 'Sprechvermögen' oder 'Sache'.
56. (39v-b) **Alskons anlite** – Das Substantiv *anlite* 'Antlitz, Angesicht, Stirn' (Sö. I,39) kommt u.a. Klemming 1877-78: 224 vor.
57. (39v-b) **Maiestas waaldelikhet** – Das Substantiv *valdelikhet* 'Macht, Gewalt' (Sö. II,905) kommt u.a. bei Klemming 1877-78: 419 vor.
58. (39v-b) **Thz maa va*ra* twe*m* lu*n*dom** 'das kann sein auf zwei Arten und Weisen'. – Zu aschw. *lund* f. 'Laune, Gesinnung; Art und Weise' (Sö. I,781f.).
59. (39v-b) **Thz ær mitwakt i iordene** 'Das ist mitten auf Erden'. – Vgl. Glosse Nr. 88.

Die weiteren Glossen sind wieder pro Seite alphabetisch geordnet - wie das ursprünglich auch mit dem Buchstaben A auf Bl. 37r der Fall war -, wobei manchmal nur zwei Glossen auf einem Blatt stehen. Auffällig ist wohl, dass die Buchstaben B, C und D fehlen.

---

6 Die Buchstaben sind unleserlich.

7 = Holm. A 110, 1385-1400 aus Vadstena, obwohl nicht sicher ist, dass alle Teile der Handschrift auch dort geschrieben wurden.

60. (98v) **Erna mik nad** – Vermutlich das Verb *arna* 'utverka' (Sö. I, 48), also 'bewirke für mich Gnade'. Es handelt sich wieder um ein Zitat.

61. (98v) **Ey ær a*nn*at i vaano*m*** 'Es ist nichts anderes zu (er)hoffen'. – Der Satz lässt sich vergleichen mit *är ey annat radh i vaanom* 'es ist kein anderer Rat zu erhoffen' (Sö. II,908-9), vgl. auch 'Barlaam und Josaphat': *tha är ey annat j wanom* (Klemming 1887-89: 24-25).

62. (99r) **forsmaae** – Vgl. das Verb *forsma* 'verachten' (Sö. I,303), das auch Klemming 1862: 6 vorkommt: *Oc at hon forsmae wärdzlikin thing* ('Regula Salvatoris').

63. (99r) **fforhwxadho*m*** – Vgl. *forhugsa* 'im voraus bedenken, denken, bezwecken' (Sö. I, 287). Die Form *forehugxadhom* kommt bei Birgitta in der 'Regula Salvatoris' (Klemming 1862: 33) vor.

64. (99r) **faanyto*m* ti*n*go*m*** '(mit) unnützen Sachen'. – Das Adjektiv *fanyter* 'wertlos, vergeblich' (Sö. I,238), hier im Dativ Plural. Eben diese Form erscheint in 'St. Ansgarii Lefwerne' (Geete 1902: 5): *i nokrom fanyttom thingom*. Der Text steht in derselben Handschrift (Holm. A 49) wie 'Barlaam und Josaphat'.

65. (99r) **ffwlstoplicha** – Das Adverb *fulstoplika* 'reichlich' (Sö. I,358), s. etwa Klosterläsning 46 aus der Oxenstiernska Handskrift.. Vgl. Glosse Nr. 11.

66. (99r) **flærdh och / falo*m*** – Das Substantiv *flärþ* f. 'Betrug, Falschheit' (Sö. I,263) ist kombiniert mit dem Dativ Mehrzahl von *fal* 'Fall, Sünde, Ereignis' (Sö. I,234), wenn auch nicht deutlich ist, warum hier Dativ steht.

67. (99r) **folskir daa*re*** – Das Adjektiv *folsker* 'töricht, verrückt' (Sö. I,267) ist hier mit dem Substantiv *dare* m. 'Tor' (s. Glosse 12 und 70) kombiniert. Die Kombination erscheint u.a. in 'Barlaam und Josaphat' 34: *thu folsker dare*.

68. (99r) **ffawiskir daa*re*** – Eine Kombination des Adjektivs *favitsker* 'dumm, unvernünftig' (Sö. I,247) mit dem Substantiv *dare* 'Tor' (s. Glossen 12 und 69). Man vergleiche eventuell Klemming 1887-89: 29: *thu fawitzske dare* ('Barlaam und Josaphat').

69. (99r) **ffærke sik** – Welches Wort gemeint ist, geht nicht deutlich aus der Form hervor. Möglicherweise handelt es sich wieder um eine Ungenauigkeit des Kopisten und soll man *fiærka sik* 'sich entfernen' lesen, vgl. *fiärka* (Sö. I,257). Zu vergleichen wäre dann in 'Barlaam und Josaphat': *Och fiärka sik siälua fran godhom* (38).

Bei den Glossen auf den Blättern 98v und 99r scheint eine bestimmte Reihenfolge der Quellen vorzuliegen: Zunächst erscheinen Glossen aus der 'Regula Salvatoris', dann folgen welche aus anderen erbaulichen Schriften wie 'St. Anskari lefverne' und 'Barlaam und Josaphat'.

70. (99v) **Gødhni*n*gena** – Das Substantiv *göþning* 'das Masten' (Sö. I,441), vgl. Birgittas 'Regula Salvatoris' (Klemming 1862: 6): *Oc gödhninga wppa lagde.*

71. (100r) **hwilkins i c9** (l. *id est cuius*) – Der Genitiv des Pronomens *hwilikin* 'welcher' (Sö. I,538-540). Es ist natürlich fast unmöglich festzustellen, woher das Wort übernommen wurde. Vielleicht darf man im Hinblick auf die sonstigen Übernahmen annehmen, dass es aus dem Anfang der 'Regula Salvatoris' stammt: *Hwilkins renliffnadhir* 'cuius religio' (Klemming 1862: 3). Diese Annahme beruht nicht nur darauf, dass das Substantiv *renliffnadhr* unter den Glossen vorkommt (vgl. Nr 97), sondern auch darauf, dass einige andere Wörter, die Bl. 100r unter dem Buchstaben H vorkommen, aus diesem Text zu stammen scheinen: *Här börias sancti saluatoris regula* (Klemming 1862: 3), vgl. Glosse Nr 73; *Hwilkin regula* (ebda.: 3), vgl. Glosse nr 74; und vielleicht auch die Glosse Nr 76: *Här sigx* (ebda.: 3), obwohl das Wort *aff* hier fehlt.

72. (100r) **hwilkin i qꝫq̄** – Vgl. *hvilkin* 'welcher' (Sö. I,538-540), Wenn diese Glosse wie viele andere auch aus der 'Regula Salvatoris' übernommen wurde, so könnte man vielleicht annehmen, dass die lateinischen Wörter in C 923 das QUE QUIDEM aus dem lateinischen Text der Stelle wiedergeben.

73. (100r) **h*er* h*er* byrias.** – Die Glosse gehört wohl zum Verb *byria* 'beginnen' (Sö. I,168). Man vergleiche etwa auch die ersten Wörter in der 'Regula salvatoris': *Här börias sancti saluatoris regula* (Klemming 1862: 3). S. auch Glosse Nr. 75.

74. (100r) **h*er* sigx aff.** – Diese und die folgende Glosse passen gut zur 'Regula Salvatoris', wo es heißt: *Här sigx* ... (Klemming 1862: 3)

75. (100r) **h*er* sighx aff** – s. oben Nr. 73.

76. (100r) **h*e*rra th*er*** – Wahrscheinlich als Form von *herre* aufzufassen.

77. (100r) **h*e*nna** – Vielleicht aufzufassen als der Genitiv des weiblichen Personalpronomens. Gerade auch am Anfang der 'Regula Salvatoris' erscheint es einige Male, s. Klemming 1862: 4: *henna.*

78. (100r) **haffwir** – Diese Form des Verbs erscheint u.a. in der 'Regula Salvatoris', z.B. Klemming 1862: 6.

79. (100r) **hwa i q*uo*** – Auch diese Form findet sich u.a. bei Birgitta:

Klemming 1862: 7: *Än hwa waro thenne wingardhane wtan renliffnadz stadhga.*

80. (100r) **hægnadh*er*** – Das Substantiv *hägnaþer* 'Umzäunung' (Sö. I,547). Vgl. Klemming 1862: 7: *at wingardhanna gardher oc hägnadher är synderbrwtin.* Man beachte, dass die Glossen 70-80 zum Teil in der Reihenfolge, in der sie in der Handschrift vorkommen, aufgezeichnet wurden.
81. (100r) **hældh oc for*e*** '(er) hielt auch zurück'. – Vermutlich zu verbinden mit dem Verb *for(e)halda* 'fest-, zurückhalten' (Sö. I,286).
82. (100r) **hældh** – Vermutlich die Vergangenheitsform van *halda* 'halten', s. die vorige Glosse.
83. (100r) **hy*m*miltw*n*ga** – Hier ist wohl das Substantiv *himiltungl* 'Himmelskörper' (Sö. I,489) gemeint, obwohl das *-l-* fehlt.
84. (100r) **hørlsle** – Das Substantiv *hörsle* 'Gehör' (Sö. I,575). Auch hier findet man wieder eine ungenaue Schreibung.
85. (100v) **Jordhrike** – Das Substantiv *iorþrike* 'Erdreich' (Sö. I, 610), das so häufig vorkommt, dass sich keine Quelle nennen lässt.
86. (100v) **Jæmwæl** – S. Glosse Nr 1. Auffälligerweise steht hier eine etwas andere Form, was suggeriert, dass sie aus einem anderen Text übernommen wurde.
87. (111r) **Liggia*n*de fæ** – Das Substantiv ist *fä* n. 'Vieh' (Sö. I,365). Die vorliegende Kombination bedeutet 'Besitz, Schatz'. Vgl. Klemming 1862: 22: *oc göm gudz liggiande fää nidhersat när tik*, und später: *thetta liggiande fäa är stort.* Auch 'Klosterläsning' S. 50.
88. (111v) **Midhwakt** – Hier is gemeint *miþväkt* 'mitten (in)' (Sö. II,39), vgl. mit derselben Rechtschreibung etwa Klemming 1862: 24: *Oc midhwakt j korseno*, s. auch Glosse 59.
89. (112r) **Nogodh braar** – Wahrscheinlich zu interpretieren als 'etwas sieht ähnlich' zu dem Verb *bra* 'ähnlich sehen' (Sö. Suppl.).
90. (112r) **Nærdhe sik mz fiskri** 'sie nährten sich mit Fischfang'. – Das Substantiv *fiskeri* n. 'Fischerei, Fischfang' (Sö. I, 259) in Kombination mit dem Verb *nära sik* 'sich (er)nähren' (Sö. II,129). Möglicherweise ein Zitat aus einer Version des Neuen Testaments.
91. (112r) **Ny*m*me** Wohl aufzufassen als Konjunktiv Präsens von *nima* 'nehmen', vgl. Klemming 1862: 17: *Nimi thulimodh oc fatikdom.*
92. (112v) **Omhogulen**[8] – Diese und die folgende Glosse enthalten ein Adjektiv, das in dieser Form bisher nicht im Altschwedischen

8 *-en* offenbar aus *-dh* verbessert.

belegt ist. Es handelt sich offensichtlich um eine Ableitung mit dem Suffix *-ul* zum Substantiv *umhughi* "Sorge, Acht' (Sö. Suppl. 973). Auch in neuerer Zeit ist das Adjektiv nach SAOB nicht belegt. Normalerweise findet sich *umhågsen*.

93. (112v) **Omhogwl**. – Siehe Nr. 92.

94. (130r) **qwik** – Das Adjektiv könnte eventuell auch aus der 'Regula Salvatoris' stammen: vgl. Klemming 1862: 4: *qwik oc stark*.

95. (130v) **Renliffnadh*er*** – Vgl. Klemming 1862: 5 *renliffnadh[i]r* - hier also exakt dieselbe Form mit anderer Auflösung der Abkürzung -, weiter: Klemming 1862: 6 *renliffnadh* und 7 *renliffnadz*.

96. (130v) **Rootas** – Das Verb *rotas* 'Wurzel schlagen, haben', vgl. Klemming 1862: 5: *oc fastelika rothas*.

97. (130v) **Røthrena** – Vgl. 'Regula Salvatoris' (Klemming 1862: 6): *som röthrena lagde*, (ebd. : 7): *Röthrena wp graffuas*, und (ebd. 41): *røthrena*. Alle Belege stammen also aus dem Anfang desselben Textes (vgl. 94-96, 98).

98. (131r) **Snøasta** (l. **snødhasta**) **sædh**. – Das Adjektiv *snöþer* 'bar; öde, unfruchtbar' (Sö. II,451) in Kombination mit dem Substantiv *säþ* 'Saat' (Sö. II,587). Vgl. damit. Klemming 1862: 5. *Oc the snödasta sädhin som til enkte doghir.* Auch hier findet man also wieder ein Zitat aus dem Anfang der 'Regula Salvatoris'

99. (131r) **Snødhasta** – Vielleicht geht es hier nur um eine Verbesserung der vorigen Glosse, obwohl die Kombination auf der betreffenden Seite zweimal vorkommt.

100. (131r) **Syklinga** – Das Substantiv *syklinger* 'Strumpf' (Sö. II,575). Diese Form des Substantivs kommt z.B. bei Klemming 1862: 10 vor: *Oc syklinga alt til knän*.

101. (131r) **Stw*n*th*er* thime** 'kurze Zeit'. – Das Adjektiv *stunter* 'kort' (Sö. II,526), vgl. Klemming 1862: 30: *j stwntom tima*. Möglicherweise hat der Schreiber hier den Nominativ aufgeschrieben.

102. (131r) **Sigh*er* krona** – Im Altschwedischen normalerweise mit Genitiv des ersten Elements: *sighers krona* 'Siegeskrone' bei Birgitta (Klemming 1861: 269). Es fällt auf, dass auch hier - ebenso wie in Glosse Nr. 8 der Genitiv durch den Stamm des Wortes ersetzt worden ist. Diese Form taucht sonst erst im 17. Jahrhundert auf (SAOB S1680).

103. (131r) **Spaakarll** – Das Substantiv *spakarl* m. 'Prophet' (Sö. II,460) erscheint u.a. in 'St. Ansgarii Lefwerne' (Geete 1902: 41) (vgl. Glosse 104 und 105).

104. (131r) **Samsæt** – Das Substantiv *samsät* 'Vergleich Versöhnung'

(Sö. II,311). Es kommt u.a. vor bei Birgitta 3: 384, Klosterläsning 231 und in 'St. Ansgarii Lefwerne'.

105. (131r) **Stodhe str*u*nke** – Es handelt sich wohl wieder um ein Zitat. Man vergleiche etwa: *somlike stodo strunke* 'manche standen aufrecht, mit aufrechtem Kopf' ('St. Ansgarii Lefwerne' Geete 1902: 9)[9], also das Verb *standa* mit dem Adjektiv *strunker* (Sö. II, 520).

106. (131r) **Stiærna gangh** – Das Substantiv *stiärno ganger* m. 'Lauf der Sterne' (Sö. II,510). Zu vergleichen wäre etwa 'Barlaam und Josaphat': *stiärno gang* (Klemming 1887-89: 12). Auf derselben Seite steht auch *hymmeltungel*, vgl. Glosse Nr. 85.

107. (131r) **Stakkarll** – Das Substantiv *stafkarl* m. 'Bettler' (Sö. II,487).

108. (155r) **thin** – Eine Form des Possessivpronomens *þin* 'dein' (Sö. II, 702-3) lässt sich wohl kaum aus einem bestimmten Text herleiten.

109. (155r) **th*e*r** – Zu lesen als *thær* 'da, dort' (Sö. II,774ff.) und weiter nicht identifizierbar.

110. (155r) **Tintha** – Dieses Wort lässt sich nicht ohne weiteres identifizieren. Im Hinblick auf die häufiger vorkommenden Ungenauigkeiten in der Rechtschreibung könnte man an eine Form des Verbs *þinkta, tingta* 'ein Ding (Gericht) veranstalten' (Sö. II,706) denken. Das Verb erscheint u.a. in 'St. Ansgarii Lefverne' (Geete 1902: 65), vgl. Glossen 105-107.

111. (155r) **Th*e*nna** – Eine Form des Demonstrativums *þænne* 'dieser' (Sö. II,771ff.).

112. (155r) **Triggia** – Höchst wahrscheinlich ist hier der Genitiv des Zahlworts 'drei' gemeint. Da viele Wörter und Satzteile aus der 'Regula Salvatoris' kopiert scheinen, liegt diese Interpretation näher als das Verb *tryggia* 'treu sein' (Sö. II,675) oder eine Form des Adjektivs *trygger* 'treu' (Sö. II,674). Man vergleiche etwa (Klemming 1862: 3): *wisa manna ranzsakan eens ärchebiscops oc andra trigghia biscopa*. Dies gilt vor allem im Hinblick darauf, dass auch die nächste Glosse von derselben Seite zu stammen scheint.

113. (155v) **Vppkipt ok / gripin i aan/delike syn**. – Vgl. das Verb *upkippa* 'hinreißen' (Sö. II,847). Der Satz ist ein etwas verkürztes Zitat aus Birgittas 'Regula Salvatoris' (S. 3): *upkipt oc gripin j andelike oc wndirstandelike syn*. Auch die Glossen Nr. 73ff.

[9] Es handelt sich um die Handschrift A 49 der Königlichen Bibliothek Stockholm ca. 1440. Der Ansgar-Text entstand vermutlich um 1442 (Geete 1902: 92). Die Handschrift stammt aus Nådendal in Finnland und enthält auch 'Barlaam und Josaphat'.

scheinen aus diesem Text zu stammen, s. auch Nr. 114.

114. (155v) **Wmhuxa*n*de / oc aatgømen**. – Vgl. das Verb *umhugsa* 'denken an, sorgen um' (Sö. II,801). Die Wörter dürften aus der 'Regula Salvatoris' stammen: *wmhugxande oc aatgømen* 'sollicitus et diligens' (Klemming 1862: 8).

115. (155v) **Virkelika** [...]**ose**[10] – Nur das erste Wort ist klar. Das Adverb *virkelika* 'sorgfältig, geschickt, kunstvoll' (Sö. II,992), vgl. Birgittas 'Regula Salvatoris': *wirkelika sammansattir* 'accurate compositum' (Klemming 1862: 10).

116. (155v) **Vindhe hiwl** – Vgl. Sö. II,.984: *vind hiul* n. 'vindhjul'. Die Glosse wurde wohl aus Birgitta übernommen: *af eno wind hiwle* 'rota' (Klemming 1862: 37).

117. (155v) **Væna*n*dhe hy** – Das Substantiv *hyr* m. 'Aussehen, skapnad' (Sö. I,544). Das erste Wort sieht aus wie eine Form des Verbs *väna*, som skulle höra till adjektivet *vän* 'skön, vacker' (Sö. II, 1037). Vgl. etwa 'St. Ansgarii Lefwerne': *wänastan hy* (Geete 1902: 7).

118. (155v) **Vænlek pulc*hretu*do**. –Das Substantiv *vænleker* 'Schönheit' (Sö II,1041).

119. (155v) **Vndh*e*r tik snika** '(heimlich) an dich bringen'. – Vermutlich ist der Ausdruck mit dem Verb *sniga* 'sich etwas beschaffen' zu verbinden. Allerdings ist die Form mit *-k-* nach SAOB erst 1678 belegt. Wohl findet sich *snikas* 'fika efter, vara sniken efter' (Sö. Suppl.), das in Medeltidspostillor 5: 29 erscheint.

120. (155v) **Værldhi*n*na bælle** – Das Substantiv *bälde* 'Pracht, Vornehmheit, Prahl' (Sö. I,170). Wahrscheinlich handelt es sich um ein Zitat aus Klemming 1877-78: 254: *vidh alt sit gooz oc värlinna bälde*. Es betrifft das Kapitel, in dem erzählt wird, wie die Mönche ins Kloster aufgenommen werden. Dieselbe Kombination erscheint auch in 'Barlaam und Josaphat' (Klemming 1887-89: 16).

121. (155v) **Vangøma**[11] – Hier liegt das Substantiv *vangöma* 'Vernachlässigung' (Sö 11,912) vor, das u.a. in 'Barlaam und Josaphat' (Klemming 1887-89: 23) vorkommt.

122. (155v) **Vanwit** Das Substantiv *vanvit* 'Dummheit' (Sö II,920) kommt u.a. in ‚Barlaam und Josaphat' vor.

---

[10] Die ersten Buchstaben des Wortes sind unleserlich. Im Hinblick auf *compositum* im lateinischen Text - falls von dort übernommen - könnte ein Teil dieses Wortes vorliegen. Aber eher handelt es sich um ein lateinisches Adverb.

[11] Die beiden letzten Buchstaben kaum leserlich aufgrund von Flecken.

Die Herkunft der Glossen unterliegt wohl keinem Zweifel: Es handelt sich um Wörter, Sätze und Satzteile, die aus altschwedischen Handschriften der Bibliothek des Klosters Vadstena übernommen wurden, wie Margareta Andersson schon 1972 schrieb. Ihre Angaben können etwas mehr präzisiert werden. Es handelt sich wahrscheinlich um Texte aus folgenden Handschriften: Holm A 5a (1400-25), Holm 108 (1430-50), Holm 110 (1385-1400), Holm A 49 (ca. 1440) und Ups. C 528 (1440-50). Was die Entstehungszeit dieser Handschriften betrifft, passt dies gut. Nur bei der 'Regula Salvatoris' liegt es etwas schwieriger, da die von Christina Hansdotter Brask geschriebene Handschrift auf etwa 1487-96 datiert wird, vgl. Klemming 1862: 523. Vielleicht darf man annehmen, dass die altschwedischen Glossen der Handschrift C 923 aus dieser Periode stammen.

Die Absicht des Schreibers ist weniger klar. Vermutlich wurde anfangs eine Art Wörterbuch geplant. Darauf deutet die alphabetische Einteilung eines Teils der Glossen, wobei man sich nur wundert, warum das lateinische Lemma der Glossen nicht immer gegeben wird. Dem gegenüber stehen die Glossen auf Bl. 39r., die keine alphabetische Reihenfolge aufweisen, aber in manchen Fällen wohl ein lateinisches Lemma besitzen. Es scheint, dass die Wörter während der Lektüre irgendwie notiert oder behalten wurden. Im letzten Fall erklären sich vielleicht die Abweichungen und Fehler. Es gibt Hinweise, dass die Lektüre in einer bestimmten Reihenfolge stattgefunden hat: Am Anfang stehen ja meistens Glossen aus der 'Regula Salvatoris', während dann später die anderen Texte zu folgen scheinen, wobei 'Barlaam und Josaphat' meistens die Reihe schließt.

Auf jeden Fall findet man in diesen Glossen einige neue Wörter, die bisher nicht im Wörterbuch von Söderwall vorkamen: *seilse* 'Offenbarung', *umhugul* 'sorgsam, achtsam'. Weiter kommen frühere Belege für *siktoklädhe* und *snika under sig* 'sich heimlich aneignen' vor, als bisher bekannt war.

Literatur

Primärliteratur:

Eklund 1975: Sancta Birgitta, *Opera minora I: Regvla salvatoris,* ed. by Sten Eklund (SSFS Ser. 2: Latinska skrifter, Bd VIII:1), Lund.

Geete, Robert (Hg.), 1902: *Helige mäns lefverne jämte legender och järtecken* (SSFS 34), Stockholm.

Henning, Samuel (Hg.), 1954: *Siælinna thrøst. Første delin aff the bokinne / som kallas siælinna thrøst.* Efter cod. Holm A 108 (f.d. cod. Ängsö). Kritisk upplaga (SSFS), Uppsala.

Klemming, G. E., 1860: *Bonaventuras betraktelser öfver Christi lefverne. Legenden om Gregorius af Armenien. Efter gamla handskrifter utgifna* (SSFS 15), Stockholm.

— (Hg.), *Heliga Birgittas uppenbarelser. Efter gamla handskrifter utgifna. Tredje bandet.* Stockholm.

— (Hg.), 1862: *Heliga Birgittas uppenbarelser. Efter gamla handskrifter utgifna. Fjerde Bandet: Regula salvatoris med tillhörande Revelationes extravagantes* (SSFS), Stockholm.

— (Hg.), 1871-73: *Själens tröst. Tio guds bud förklarade genom legender, berättelser och exempel* (SSFS 19), Stockholm.

— (Hg.), 1877-78: *Klosterläsning. Järteckensbok, apostla gerningar, helga manna lefverne, legender, Nichodemi evangelium.* (SSFS 24), Stockholm.

— (Hg.), 1887-89: *Prosadikter från medeltiden* (SSFS), Stockholm.

Stephens, George (Hg.), 1847-51. *Ett fornsvenskt legendarium. Svenska medeltidens kloster- och helgonabok, en samling af de äldste på svenska skrifne legender och äfventyr. Efter gamla handskrifter.* Band I (SSFS 4), Stockholm.

— (Hg.), 1858. *Ett fornsvenskt legendarium, innehållande medeltids klostersagor om helgon, påfvar och kejsare ifrån det 1:sta till des XIII:de århundradet. Efter gamla handskrifter.* Band II (SSFS 5), Stockholm.

— (Hg.), 1874. *Ett fornsvenskt legendarium, innehållande medeltids kloster-sagor om helgon, påfvar och kejsare ifrån det 1:sta till des XIII:de århundradet. Efter gamla handskrifter.* Band III (SSFS 6), Stockholm.

Sekundärliteratur:

Andersson-Schmidt, Margareta, 1972: "Ein Seelentrost-Exzerpt aus Vadstena", in: *ANF* 87, 130-139.

—, Håkan Hallberg & Monica Hedlund, 1993: *Mittelalterliche Handschriften der Universitätsbibliothek Uppsala. Katalog über die C-Sammlung.* Bd. 6. C 561-935 (Acta Bibliothecae R. Universitatis Upsaliensis 26,6), Stockholm.

Carlquist, Jonas, 1992: "Cod. Holm. A 3 - en svensk lektiehandsckrifts texthistoria", in: Leve mångfalden! Tjugo uppsatser om språk tillägnade Barbro Söderberg (Meddelanden från Institutionen för nordiska språk vid Stockholms universitet 37, Stockholm, 37-46.

Georges, Karl Ernst, 1972: *Ausführliches lateinisch-deutsches Handwörterbuch.* 13. Auflage. Nachdruck der achten verbesserten und vermehrten Auflage von Heinrich Georges. I-II, Hannover.

Henning, Samuel, 1960: *Skrivarformer och Vadstena språk i Siælinna Thrøst. En textkritisk och filologisk undersökning* (SSFS 66), Uppsala.

Quak, Arend, 2000: "Ett fornsvenskt glossarium I Uppsala universitetsbibliotekets codex C 923", in: *Noordse letters, opstellen voor An Duits*, Amsterdam, 106-110.

SAOB = *Svenska Akademiens Ordbok*, Lund-Stockholm 1897-...

Sö. = K. F. Söderwall, *Ordbok öfver svenska medeltids-språket* I-II (SSFS), Lund 1884-1918

Sö Suppl. = K. F. Söderwall, *Ordbok öfver svenska medeltids-språket.* Supplement av K. F. Söderwall, W. Åkerlund, K. G. Ljunggren, E. Wessén (SSFS), Lund 1925-1973.

Amsterdamer Beiträge zur älteren Germanistik 62 (2006), 41-50

ON THE ORIGIN OF THE VESTJYSK STØD

by Harry Perridon — Amsterdam

In the dialects of West Jutland and North Funen in Denmark stops are preglottalised when they "stand in an original medial position, following a voiced sound in a stressed syllable" (Ringgaard 1960: 195), e.g.: *træ?gə*[1] 'pull-PRES' or *træ?g* 'pull-INF' which corresponds to (written) Standard Danish *trækker* (pres.) and *trække* (inf.). This preglottalisation is known in the literature under the name of vestjysk stød, or v-stød.

The v-stød differs from the common Danish stød both in the way it is articulated and in the auditory impression it makes. In most Danish dialects the common stød is a kind of creaky voice (cf. Fischer-Jørgensen 1989; Basbøll 2003), an irregularity in the vibrations produced by the vocal cords (Grønnum 2005: 215; Brøndsted 1997: 57), but is often a full glottal stop in large parts of Sealand. In the West-Jutlandic dialects that have both kinds of stød, the v-stød is usually much stronger than the common Danish stød. In his dissertation on the v-stød Ringgaard presents some pictures from an X-ray film of the vocal cords during the production of words with v-stød which clearly show that "the v-stød is articulated by a contraction not only of the true vocal cords but also of the false ones, so energetical that Sinus Morgagni is completely obliterated, and of so long duration that the occlusion of the vocal cords is found all through the following plosive." (Ringgaard 1960: 198). It is remarkable, though, that this strong glottal stop gives Ringgaard the same auditory impression as the preglottalised plosives of Northern English, which Docherty and Foulkes (1999) have demonstrated are hardly ever pronounced as voiceless stops. Also Ejsing (2005: 13) describes the v-stød as a full glottal stop, which both acoustically and articulatorily is clearly different from the common Danish stød which "consists of a short contraction of the vocal cords"[2] (Ejsing 2005: 12). Jul Nielsen (1968:

---

[1] I use a question mark *?* (in superscript) for the v-stød, and a quotation mark *'* for the common Danish stød.

[2] "For den talende, men vel også for den hørende er der en tydelig forskel på de to stød. Den talende mærker en kraftigere sammentrækning af stemmelæberne i vest-

31), on the other hand, found that the v-stød in the dialects of the Bjerre district, a peninsula i SE Jutland, is weaker than the common stød, which might be due to the fact that these dialects can be said to be intermediate between the West- and East-Jutlandish dialects (the latter lack the v-stød).

The phonological status of the two kinds of stød is at least as different as their phonetic features. The common Danish stød is a syllabic prosody that is historically related to word accent 1 ('acute accent') in Norwegian and Swedish. The v-stød, on the other hand, is not a prosody, but a segmental feature that helps to distinguish two series of stops in wordfinal position. It comes therefore hardly as a surpise that the distribution of the v-stød is radically different from that of the common Danish stød. In Standard Danish the common stød is found in stressed ultimate and antepenultimate syllables, unless these have too little phonetic weight (Basbøll 2003); in order to carry the stød, the rime of the syllable must consist of either a long vowel or a short vowel followed by a sonorant (the so-called 'stød-basis'). There are a number of differences in the use of the stød between the standard language and the dialects, the most important ones being: (a) monosyllables ending in a short vowel plus a sonorant and an obstruent, e.g. *hals* 'throat', *hjælp* 'help', *kant* 'side', have stød in the standard language (*hal's*, *jɛl'b*, *kan'd*), but are stødless in almost all the dialects of Jutland and Funen; (b) in the dialects of Jutland there is no stød in prefixed and compound verbs, e.g. *undervise* 'teach', *udtale* 'pronounce', *forvente* 'expect', which all have stød on the verbal root (*ta'l-*, *vend'-*, *vi's-*) in Standard Danish; and (c) due to the apocope of final *ə* in the dialects of Jutland there is opposition between monosyllables with and without stød, e.g. *læ's*! 'read!' vs. *læ:s* '(to) read' = *læ:sə* in Standard Danish[3].

---

jysk stød, næsten som en let hikke, og der er da også tale om et fuldstændigt stemmebåndlukke og en kraftig kontraktion af mellemgulvet." ["For the speaker as well as for the listener there is a clear difference between the two kinds of stød. The speaker will notice a stronger contraction of the vocal cords, almost like a mild hiccup, which shows that we have to do here with a complete closure of the vocal cords and a strong contraction of the diaphragm."]

[3] In Modern Standard Danish ə is assimilated to the preceding vowel or sonorant, e.g. *å'ən* > *å'ån* 'river-the', *sø'ən* > *sø'øn* 'lake-the' (Brink & Lund 1974: 24-29). In final position the schwa is not lost either, it is assimilated, there is hence no change in the number of syllables, e.g. *a'ə* > *a'a* '(to) caress'. But if the preceding segment is an obstruent the schwa may optionally be dropped in the more 'advanced' varieties of Standard Danish. This ongoing sound change has dramatic

In its core area (West Jutland, North Funen) the v-stød is found with stops in originally medial position, but only if these are preceded by a stressed vowel, or a stressed vowel plus sonorant (*r, l, m, n, ŋ, w, j*) or lax voiced fricative (*β, δ, γ*). In the periphery of this area (the Bjerre district in SE Jutland, the NW part of Himmerland, the island of Mors in NW Jutland) v-stød occurs in a more restricted set of contexts, e.g. only after vowels (Bjerre). Due to the loss of final *ə*, the reinforced stops also appear in final position, where they contrast with their non-glottalized counterparts, e.g. *henˀd* 'to fetch-INF' (Dan.[4] *hente* [hɛndə]) *hent* 'fetch!-IMP' (Dan. *hent* [hEnd]); *skarˀb* 'sharp-PL' (Dan. *skarpe* [sgɑ:bə]), *skarp* 'sharp-SG' (Dan. *skarp* [sgɑ:b]); *haˀd* 'hats' (Dan. *hatte* [hatə]), *hat* 'hat' (Dan. *hat* [had]).

In compounds the v-stød applies irrespective of word and morpheme boundaries, e.g., *värˀgste* (Dan. *værk-sted*) 'workshop', *feˀbsgeˀg* (Dan. *fipskæg*) 'pointed beard', *læˀdhi'əð* 'lightness', all with v-stød, but *læt* 'light, easy', *värk* 'work' and *fep* without v-stød; with a cliticised pronoun or modal particle: *hjælˀbmə!* 'help me', *de hjålˀb jo* 'it did help' with v-stød, but *hjælp!* 'help!', *de hjålp* 'it helped' without v-stød.

In some cases an internal word or morpheme boundary has been lost and the initial stop of the second part of the compound been re-interpreted as a medial stop, which then could be glottalised, e.g. *såmˀti* (Dan. *sommetider*) 'sometimes', *alˀti/ ålˀti* 'always', *fårˀklə* (Dan. *forklæde*) 'apron'.

In the dialect of Salling (W Jutland) stops many not only be glottally reinforced but also be replaced by a glottal stop ("glottalling"), e.g. *a?ə* < *aˀtə* 'after', *lo?ə* < *loˀgə* (Dan. *lukker*) 'close(s)' (Ejsing 2005: 15). The negation *æˀt* (< *itte* < *inte(t)* 'nothing') may be reduced to a glottal stop: *æˀt* > *æ?* > *?*, or: *æˀt* > *ˀt* > *?*, e.g.

(1)	a.	de	ka	a æ?	håw	
	b.	de	ka	a-ˀt	håw	
	c.	de	ka	a-?	håw	
	d.	de	ka-?		håw	
		that	can	I NEG	remember	'I don't remember'

---

effects on the prosodic structure of the language, as monosyllables with 'stød-basis' now may or may not have stød, e.g. *vi's* 'show-IMP' with stød vs. *vi:s* '(to) show-INF' without stød. This can obviously not be handled by Basbøll's otherwise elegant model of the stød pattern of Modern Danish.

[4] 'Dan.' to be read here and in the remainder of this paper as: written Standard Danish

Glottalling may lead to an opposition between common Danish stød and v-stød, e.g. in the following minimal pairs (Ejsing 2005: 15-16): *a'ə* 'scar' (Dan. *ar*) – *a?ə* 'after'; *lo'ə* 'thigh' (Dan. *lår*) – *lo?ə* 'closes' (Dan. *lukker*); *nø'ə* 'need' (Dan. *nød*) – *nø?ə* 'uses' (Dan. *nytter*).

Theories on the origin of the v-stød

The origin of the common Danish stød has always been one of the most hotly debated subjects in Danish linguistics, which of course is due to the fact that this stød is a rather peculiar phenomenon. It is quite natural that also the v-stød caught the attention of the linguists, since its distribution seemed to contradict all theories on the common stød. The first theories on its origin all made a connection between the loss of final schwa in the dialects of Jutland and the emergence of the v-stød. Skautrup, the author of the monumental 'History of the Danish language' (*Det danske sprogs historie*), for instance, assumes that the loss of final *-e* was compensated for by the lengthening of the final consonant of the stem, e.g.: *kom:* < *komme* 'to come' (cf. *kom* with short *m* 'come!'); *skow* : *skoww*, Standard Danish *skov* : *skove* 'forest : forests'. But since the geminates could not be lengthened anymore, the overlong closure was replaced by two closures, first a glottal, than an oral stop (Skautrup 1928-9). This theory does not account for the stød in non-apocopated words like *læ$^{?}$dels* (Dan. *lettelse*) 'relief'; *ver$^{?}$geli* (Dan. *virkelig*) 'real', or in compounds like *knø$^{?}$dnæw:* (Dan. *Knytnæve*) 'fist'. It does not explain either the presence of the v-stød in the non-apocopating dialects of North Funen. It is therefore rightly rejected by Ringgaard (1960: 91-113), who after having discussed all previous attempts to explain the origin of the v-stød[5] presents his own theory. The glottal reinforcement of voiceless stops in medial position is according to him a normal (segmental) sound change, i.e. a change in the way a sound or a class of sounds is pronounced in a given context. This theory is, I think, essentially correct, but needs a number of small amendments. In the remainder of this paper I will discuss the facts that we need to consider in order to present a plausible time-table of the change(s). But before that some words need to be said about the most recent theory on the origin of the v-stød. In a number of papers Kortlandt (1988; 2000; 2003) advances the theory that glottal reinforcement of the voiceless stops that derive from the

---

[5] I refer the reader who is interested in the earlier exchanges in this debate to the excellent discussion in Ringgaard's dissertation.

second series of PIE stops (which are traditionally reconstructed as voiced stops: (*b*), *d*, *g*, but as ejectives (*'p*), *'t*, *'k* by the so-called glottalicists like Gamkrelidze & Ivanov and Hopper, and by Kortlandt as well) is ancient. The retention of the glottalic character of these stops should hence not be accounted for, but rather its loss. Glottal reinforcement in English and the v-stød reflect according to Kortlandt exactly the nature of the Proto-Germanic preglottalised stops. He sees, moreover, a connection between these cases of retention and the following phenomena within the Germanic language family: (a) preaspiration of voiceless stops after short vowels/diphthongs in Icelandic and Faeroese; (b) preaspiration of fortis stops in a large number of Swedish and Norwegian dialects; (c) gemination of *p*, *t* and *k* after short stressed non-low vowels in some Swedish and Norwegian dialects, e.g.: Sw. *droppe* 'drop' ON *dropi*; (d) gemination of *k* after a short vowel and before *j* or *w* in Old Norse, e.g. *bekkr* <**bakjar* 'brook'; (e) gemination of *p*, *t* , *k* before *l* and *r* in West Germanic; (f) assimilation of *mp*, *nt*, *ŋk* to *pp*, *tt*, *kk* in large parts of Scandinavia, e.g. Sw/Dan/Norw *drikk!* 'drink!'; (g) the change of *p*, *t*, *k* to *pf/ff*, *ts/ss*, *kx/xx* in Old High German. For reasons that I hope will become clear from the discussion below I don't think that this theory is able to explain the facts. It is, moreover, to be noted that the re-inforced stops in the dialects of West Jutland and North Funen in the majority of the cases do not go back to stops of the second series in PIE, but rather to stops of the first (the plain stops *p*, *t*, *k*) or third series (traditionally reconstructed as 'breathed' voiced stops: b^h, d^h, g^h). The glottalised dental in the past tense of many verbs, for example, does not reflect PIE **d*, but rather **t* (if it is the dental of the past participle) or *d^h (if the dental stems from the past tense of the verb 'to do'), in the ordinals *fæm*$^?$*d* '(Dan. *femte*) 'fifth, *sje*$^?$*d* (Dan. sjette) 'sixth', *øl*$^?$*d* (Dan. *elvte*) 'eleventh', *töl*$^?$*d* (Dan. *tolvte*) 'twelfth' from PIE *t (suffix *-to-*). In words like *næ*$^?$*də* (Dan. *nætter*) 'nights', *o*$^?$*d* (Dan. *otte*) 'eight', *læ*$^?$*d* (Dan. *lette*) 'light-ADJ.PL' etc. the dental is a reflex of PIE **t* which was not shifted in the clusters –*pt* and –*kt*. In an even greater number of cases the glottalised stops occur in loan words from Low German, Latin and other languages. The glottalised stops in these words can obviously not be explained as retentions, and must hence be accounted for in another way, e.g. as the result of analogy. It is, however, hardly likely that the relatively few words with stops that are the reflexes of PIE (*b*), *d*, *g* (or rather *'p*, *'t*, *'k*), would have caused such a massive change in the pronunciation of the stops with a different etymology. By far the simplest solution, then, is to assume that glottal reinforcement is a relatively late innovation in the dialects of West Jutland and North Funen.

Dating the change

In the dialects of West-Denmark (Jutland) final short vowels were lost in the course of the thirteenth and fourteenth century: in the oldest texts that have come down to us from this region, such as the Stockholm manuscript C37 of *Jyske Lov* (the Law of Jutland)[6] from around 1280, there are already numerous examples of apocopated forms, as is shown by the following examples from the Prologue to the law: *fyllægh* instead of *fylghæ* '(to) follow, *undærstand* instead of *undærstandæ* 'understand', *sald* instead of *saldæ* 'sold', *Uff* instead of *Uffæ* (a name). Since there are many examples of retained final schwas in the text as well, it may be assumed that the apocope was still facultative. It is not certain when it became obligatory in the dialects of Jutland, but I guess that by the end of the fourteenth century final ə had become obsolete for most speakers of the dialects in question.

The loss of final unaccented vowels gave rise to a large number of minimal pairs in the modern dialects that only differ from one another in the laryngeal features of the final stop. In apocopated words the stop is preglottalised, in non-apocopated words it is not, e.g. (nouns) *kaˀd* 'cats' (Dan. *katte*) - *kat* 'cat'; (verbs) *snaˀg* '(to) talk-INF' (Dan. *snakke*) - *snak* 'talk!-IMP'; (adjectives) *tyˀg* 'fat-PL' (Dan. *tykke*) - *tyk* 'fat-SG'; (adverbs) *oˀb* 'up (position)' (Dan. oppe) – *op* 'up (direction)'. Since the speakers of the dialects in question cannot be automatically credited with a profound knowledge of the previous stages of their language, which would allow them to know whether or not a given form ended in a schwa in former times, Ringgaard (1960: 107) assumes that the phonemicization of the allophonic variation between originally medial and final stops provides us with a terminus ante quem for the origin of the v-stød. This conclusion, however, is not inevitable. It is clear that there must have been a difference in pronunciation between the final stops in apocopated and non-apocopated words, but it is possible that it was another feature that kept the two types of stops apart. Aspiration is a good candidate. The preglottalised

---

[6] A digital version of this manuscript has been made available to the public by a joint effort of the Kungliga Biblioteket in Stockholm and the Kongelige Bibliotek in Copenhagen. The address of the web site is http:// www.kb.dk/elib/mss/ holmiensis/

stops are according to Ringgaard (1960: 198) "pronounced fully unaspirated", whereas the non-glottalised stops are aspirated in final position. Jul Nielsen (1968: 32), on the other hand, found that in the dialects of the Bjerre district in SE Jutland all final stops are fully aspirated, and all medial stops unaspirated. Ejsing (2005: 60), finally, writes that all medial and final stops, be they preglottalised or not, are unaspirated (pronounced as a stop after *s*) in the dialect of Salling (NW Jutland). I assume with Ringgaard that final non-glottalised stops are (or perhaps: were) aspirated, whereas medial and preglottalised stops are unaspirated[7]. It is hence possible that the two series of final stops at first only differed in the absence or presence of aspiration. At a later stage the opposition between the two kinds of stop would then have been made more salient by the glottal reinforcement of the unaspirated stop. By this change the functional load of aspiration was greatly reduced, it could hence be given up (Salling) or spread to all final stops (Bjerre).

A similar line of reasoning can be followed in the case of the definite noun forms in Himmerland and North Funen[8]. Ringgaard (1960: 49) states that the suffixed article does not have any influence on the use of the v-stød: *sdork* 'stork' - *sdorkən* 'stork-the', *kɛrˀg* 'church' (Dan. *kirke*) - *kɛrˀgən* 'church-the.' There is hence opposition between preglottalised and plain stops in medial position in this dialect. He concludes therefore that the v-stød "must have come into existence before the suffixed article came into use in Himmerland." But since the article probably dates from the tenth or eleventh century[9] we would be forced to assume that the v-stød predates the loss of the inflectional endings, the weakening of postvocal stops, the loss of final schwa, etc. etc. This problem is easily solved if it is assumed that the suffixed article prosodically still was a clitic in the 14th century (and possibly still is), which had no effect on the syllable structure of the word to which it was attached. The forms can then be derived in the following way: the allophonic variation between aspirated and un-

---

[7] This is, as the reader will have noticed, reflected in my transcription of the dialectal forms. Following a Danish tradition I use p, t, k for the aspirated stops and b, d, g for the unaspirated ones. The feature [voice] is irrelevant for the description of the Danish stops.

[8] The dialects of West and South Jutland have a prefix of definiteness *æ*, e.g. *æ tòw* 'the train', the other Scandinavian dialects a suffix: *tog-et* 'train-the'.

[9] For a summary of the discussion on the age of the suffixed article in the Scandinavian languages, see Perridon 1989: 135-142.

aspirated stops in final and medial position becomes phonemic after final schwa is lost, pl. ('storks'): OSc. *storkar* > ODan. *storgə* > dial. *storg* > *storˀg* – sg. ('stork') OSc. *stork(r)* > ODan./dial. *Stork* (> *storg*). The article is then glued to these forms: sg. *stork+ən*; pl. *storˀg+ən*.[10]

The hypothesis that preglottalisation replaced aspiration as a distinctive feature in final stops allows us to give a later date for the emergence of the v-stød. This is needed, since the stød also occurs in contexts that were first created by the weakening of postvocalic consonants. This latter change took place after the loss of final schwa in the dialects of Jutland, as is testified by the earliest manuscripts, such as the Stockholm manuscript C37 of *Jyske Lov*. In this text there are numerous examples of the loss of final schwa, but none of the weakening of postvocalic *p, t, k*. V-stød is found in words with a sequence sonorant + stop, in which the sonorant derives from a stop or voiceless fricative, e.g.: *kjøvˀd* 'bought' with *v* < *b* < *p*, cf. Dan. *købte*, Norw. *kjøpte*, *bruwˀd* 'used' with *w* < *V* < *g* < *k*, cf. Dan. *brugte*, Norw. *brukte*. Since v-stød does not occur after a voiceless fricative it must be of a more recent date in these words than the weakening of postvocalic stops and fricatives in vestjysk and the other Danish dialects. Hence, the preglottalization of the stops after a sonorant (or lax voiced fricative) in a word like *kjøvˀd* 'bought' must have developed out of an earlier pronunciation that made the final stops in apocopated words different from those in non-apocopated words.

Timetable

A. In the older stages of the language that was to evolve into the various dialects of Jutland (which might be called Old West-Danish) there were the following alternations between obstruents in medial and (word)final position:

in writing	*medial*	*final*
p, t, k	b, d, g	p, t, k
pp, tt, kk	bb, dd, gg	pp, tt, kk
bb, dd, gg	ββ, δδ, γγ	bb, dd, gg

The alternation between geminate fricatives in medial position and geminate stops in final position seems to have been facultative in

[10] Adoption of Kortlandt's theory would not put us in a better position to solve the problem, as it does not explain why the glottalisation is retained in the plural *storˀgən*, but not in the sg. *storkən*.

most dialects (Veirup 1958). The unaspirated geminate stops, which later were reduced to singletons, and reinforced by means of the v-stød, are only to be found in monosyllables, e.g.: *æ*ˀ*g* 'egg' (Dan. *æg* [*ɛ:'g*], Swe *ägg*), *ne*ˀ*b* 'beak' (Dan *næb* [*nɛ:'b*], Swe *näbb*), *rø*ˀ*g* 'back' (Dan. *ryg* [*rög*], Swe *rygg*), *my*ˀ*g* 'mosquito' (Dan. *myg* [*myg*], Swe *mygg*).

The lax fricatives (or approximants) *β, δ, γ* tended to become glides in both positions, as is attested by such forms *sauthæ* 'said' and *lauth* 'laid' in one of the oldest manuscripts of *Jyske Lov* (the Law of Jutland), viz. NkS 295 8° from around 1325 (Skautrup 1933). Other manuscripts have *sagthe* and *lagth* or *laght*.

B. After the loss of final *ə* the allophonic variations became phonemic, e.g. *drigg* (< drikke) 'drink-INF' vs. *drikk* 'drink-IMP.'

C. The large number of oppositions between obstruents in wordfinal position was greatly reduced by the degemination of long obstruents and the postvocalic weakening of stops (Dan. *klusilsvækkelse*). The short aspirated stops *p*, *t*, *k* became lenis stops (*b*, *d*, *g*), or possibly approximants, and later voiced lenis fricatives (*β, δ, γ*) or glides (*w*, *j*) after a vowel, but did not change after a consonant. *b*, *d*, *g*, the allophones of *p*, *t*, *k* in originally medial position, changed in exactly the same way. All the geminate obstruents were reduced to singletons: wordfinal *pp*, *tt*, *kk* to *p*, *t*, *k*, medial and wordfinal *bb*, *dd*, *gg* to *b*, *d*, *g*, and *ββ, δδ, γγ* to *β, δ, γ* or glides (*w*, *j*).

These changes led to the following distribution of the fortis and lenis stops: in medial position there is opposition between unaspirated stops and voiced fricatives/ glides (b : β/w, d : ð, g : γ), in final position between aspirated and unaspirated stops and voiced fricatives/ glides, both in apocopated and non-apocopated words.

D. At some point in time all unaspirated stops were strengthened by means of the v-stød if they followed a stressed vowel or vowel + sonorant. In the inflectional system of the dialects in question we thus find alternation between *b, d, g* and ˀ*b*, ˀ*d*, ˀ*g* in monosyllables which originally had a geminate unaspirated stop, and between ˀ*b*, ˀ*d*, ˀ*g* and *p*, *t*, *k* in words with an originally geminate aspirated stop:

	medial		final		
gg	*vɛγə*	'wall-PL'	*vɛ*ˀ*g*	'wall-SG'	(Dan. *vægge, væg*)
	byγmark	'barley field'	*by*ˀ*g*	'barley'	(Dan. *bygmark, byg*)
kk	*træ*ˀ*g_*	'pull-PRES'	*træk*	'pull!-IMP'	(Dan. *trækker, træk!*)
	*la*ˀ*gflask*	'lacquer bottle'	*lak*	'lacquer'	

Literature

Basbøll, Hans 2003. Prosody, productivity and word structure: the stød pattern of Modern Danish. *Nordic Journal of Linguistics* 26: 1, 5-44.

Brøndsted, Tom 1997. Intonation Contours "distorted" by Tone Patterns of Stress Groups and Word Accents. In: Antonis Botinis, Georgios Kouroupetroglou, George Carayiannis (eds.): *Intonation: Theory, Models and Applications*. Athens, 55-58.

Docherty, Gerry and Paul Foulkes. Sociophonetic variation in 'glottals' in Newcastle English. *Proceedings of the XIVth International Congress of Phonetic Sciences (ICPhS99)*, San Francisco, 1037-1040.

Ejsing, Jens 2005. *Sallingmålet. Lydlære, grammatik, faste udtryk*. Århus.

Fischer-Jørgensen, Eli. 1989. *A Phonetic Study of the Stød in Standard Danish*. Turku.

Grønnum, Nina 2005. (3. udg.) *Fonetik og Fonologi, Almen og Dansk*. København.

Jul Nielsen, Bent 1968. *Et Bjerreherredsmål. Udtrykssystemet i dialekten i Barrit, Klakring og As sogne*. København.

Kortlandt, Frederik 1988. Vestjysk stød, Icelandic preaspiration, and Proto-Indo-European glottalic stops. In: M.A. Jazayery & W. Winter (eds). *Languages and Cultures. Studies in Honor of Edgar C. Polomé*. Berlin, 353–357.

— 2000. Preaspiration or preglottalization? *Amsterdamer Beiträge zur Älteren Germanistik* 53, 7-10.

— 2003. Glottalization, preaspiration and gemination in English and Scandinavian. *Amsterdamer Beiträge zur Älteren Germanistik* 58, 5-10.

Perridon, Harry 1989. *Reference, Definiteness and the Noun Phrase in Swedish*. Amsterdam.

Ringgaard, Kristian 1960. *Vestjysk stød*. Aarhus: Universitetsforlaget i Aarhus.

Skautrup, Peter 1928-29. Klusiler og "yngre" stød i vestjysk. Acta Philologica Scandinavica 3, 32-51.

— (udg.) 1933. *Jyske Lov. Text 1: NkS 295 8°*. København.

Veirup, Hans. 1958. Bemærkninger om forkortelsen af lange klusiler og vestjysk stød. *Sprog og Kultur* 20, 107-110.

Amsterdamer Beiträge zur älteren Germanistik 62 (2006), 51-97

KOLDING BYS BOG folia 158-170
"THE ADDED PAGES"

by Gea Lindeboom - Amsterdam

1. *Introduction*

The physical characteristics of the townbook of Kolding, *Kolding bys bog*[1] reveal that folia 158-170 have been added to the townbook[2]. These added pages differ from the preceding and following pages in paper, handwriting, and contents. The paper of all the preceding and following (bi)folia, f. 1-157 and f. 171-246, bears a different watermark (*watermark A*) than the added pages (*watermark B, C, and D*), and has different size, colour, and quality. The hand on the added pages, denoted hand Z, is distinct from hand Y, i.e., the hand found on both the preceding and following folia. Also the chronology is interrupted by the added folia. The entries on the preceding folia are dated up to 1614, while the entries on the following folia continue in 1615. The entries on the added pages date from 1592 and 1596. The same types of entries (i.e. financial accounts, registrations) precede and follow the added pages. However, the type of entries on the added pages (see §4) are not found elsewhere in *Kolding bys bog*.

The aim of this article is to provide an edition of these added pages of *Kolding bys bog*, accompanied by a short description of the codicological features, the palaeographical features, and the contents.

2. *Codicological features f. 158-170*

Folia 158-170 number 14 rather then 13 folia: there is an unnumbered folio (164a) between f. 164 and 165. There is also a separate piece of paper (169 x 130mm) between f. 167 and 168. Several pinholes are present in the piece of paper. Similar perforations are present in f. 167. As 167r contains writing, it is likely that it had been pinned to f. 167v.

The 14 folia are part of Quire 9 of *Kolding bys bog*. The seven bifolia that make up these 14 folia have been folded into three sets, and inserted, not in the centre of Quire 9, but two folia after the centre (*fig.1*).

---

[1] Landsarkiv Viborg: D14-258.

[2] Lindeboom & Sayyed 2005.

Construction of Quire 9

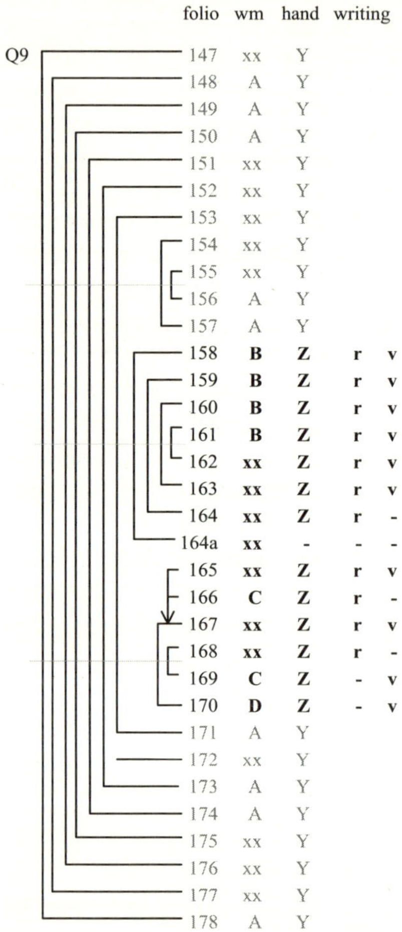

fig. 1

fig. 2 Watermark B[3] *(53x48 mm)*

fig. 3 Watermark C (101x82 mm)

fig. 4 Watermark D (54x53 mm)

The first set consists of four bifolia, comprising eight folia (f. 158-164a) that bear watermark B[4] (*fig.2*). The second set consists of a single bifolio, two folia (f. 165-166), bearing watermark C (*fig.3*).

---

[3] Briquet 1968, vol. 4, nr. 15936; Piccard 1970, p. 173, nr. 1 f(f); Sporhan-Krempel 1952, p. 60 f(f).

[4] One watermark per bifolio, in the centre of one half of the bifolio. So when it is folded in half into folia the watermark is visible in the centre of one of the two folia.

It has been glued to the third set that consists of two bifolia, four folia. The inner bifolio of the third set (f. 168 and 169) bears watermark C. The outer bifolio (f. 167 and 170) is the only bifolio in *Kolding bys bog* with watermark D (*fig.4*). A part of watermark C, the upper left-hand corner, also appears in the lower right-hand corner of the separate piece of paper on f. 167v.

The seven bifolia all differ somewhat in size, and have slightly frayed edges, which suggests that they were torn rather than cut down to size. The size of the four bifolia with watermark B varies slightly from 311 x 407 mm to 311 x 409 mm. The two bifolia with watermark C measure 310 x 421 mm and 315 x 427 mm. The bifolio with watermark D measures 316 x 428 mm. The size differences coinside with the three sets. Each set of bifolia was torn to size separately.

On two folia, f. 164r and 166r, paper-wax seals have been set (see §5 for photos). The diameter of all the seals is approximately 20 mm. On f. 164r a total of 35 pieces of wax have been attached. A seal has been set on 33 of them. Two pieces of wax on the fourth row from the top (third and fourth from the left) are unused, and thus bear no seal. The green wax is covered with a piece of paper sized 148 x 163 mm. In this piece of paper a part of watermark B (upside-down) is visible above the second and third seal of the top row. Three pieces of string have been placed between the wax and the paper. They are visible at the left side, level with the third row of seals. On f. 166r two seals have been set. The green wax is covered with a piece of paper, which measures sized 89 x 48 mm and does not bear a watermark.

3. *Palaeographical features f. 158-170*

The hand on the added pages, hand Z, continues uninterrupted from f. 158 to f. 170 and does not appear in combination with other hands, in contrast to the other hands in *Kolding bys bog*. The 14 folia make up 28 pages, of which 21 contain writing (*fig.1, 4thcolumn*).

On f. 169 and 170, the text is not written from side to side, as on the other folia, but from halfway the page down to the bottom, where part of the text is missing, indicating the two bifolia were sized down.

Hand Z is very even and consistent. The margins are followed very accurately. Only once (f. 162r, r.17) is a word placed in front of the left margin. It has a quite steep angle. The angle between the downward lines of the letters *s*, *f*, and *p* and the horizontal writing line is consistently at about 55°. Specific characteristics are:

* Placement of a stripe above numerals, with the exception of the ages

of the witnesses. In addition to the stripe, years are followed by a dot;
* Use of capital letters on a new page and beginning of a paragraph;
* Use of // to indicate a word has been hyphenated.
* All the letters *u* are marked. There are two types of accents, a small loop and a diagonal tilde. The use sometimes seems to differentiate between [v] and [u], but is far from consistent. Several words can be found both with a loop and a diagonal tilde[5];
* The letter combinations *sc* and *st* show a various degrees of connectedness, which varies from the *c* and *t* being completely separate from the *s*, to the *c* and *t* being merged with the s[6].

4. Contents f. 158-170

F. 158-170 form a separate part in *Kolding bys bog* but comprise a number of separate documents: two testimonies, two royal instructions, a short list, and two addresses.

F. 158r-164r contain the first testimony, dated October 12th 1596, in which 27 townsman bear testimony to the location, where foreign lords and princes were met for their escort across Kolding/Denmark, a list of relevant situations in 1548, 1592, and 1596, and a testimony of the mayor and seven council members concerning the grounds, boundaries and privileges of Kolding. The testimony includes a reference to the first royal instruction that is produced in evidence. The document is authenticated with 33 seals. It is written on the first set of bifolia, all bearing watermark B.

F. 165r-166r contain the second testimony, dated October 12th 1596 in which the mayor and a council member bear testimony to the conflict between the King and the Duke of Slesvig and Holsten in 1576, and to the boundaries and privileges of Kolding. The document is authenticated with two seals. In this document the mayor, Anders Simonssøn, is refered to as "Jeg", i.e. 1st person singular, indicating the document was written for, or by, him. It is written on the second of the three sets of bifolia, on the first bifolio that bears watermark C.

F. 167r contains a royal instruction, referred to in the first testimony, dated July 7th 1592, on the escort for Duchess of Slesvig and Holsten. It states that it is signed by three Government Council members, but is completely written in hand Z, which suggests that it is a copy.

Between f. 167 and 168 there is a short list (likely previously pinned to 167v) of six names of men who served as escorts. It is not dated (it

---

[5] e.g. *schulle* f. 158r r.11 & f. 158r r.29.

[6] e.g. *schiedt* f. 158r r.17 & f. 159v r.12; e.g. *stede* f. 158r. r.13 & f. 168r r.14.

merely states “then”), but in the first testimony, these men are referred to as the escorts of the Duchess of Slesvig and Holsten in 1592.

F. 168r contains the second royal instruction, dated September 8th 1596, concerning the escorts for foreign lords and princes, and stipulating where to meet them. It states that it is signed by Christian IV, but is completely written in hand Z, indicating this instruction is also a copy.

On f. 169v an address is written to the ‘*lensman*’ of Koldinghus, Casper Markdaner. F. 170v contains an almost identical address.

The royal instructions and addresses form the third set of bifolia. F. 169, the first royal instruction, forms a bifolio (with watermark D) with f. 168, the first address. F. 170, the second royal instruction, forms a bifolio (with watermark C) with f. 167, the second address. Both addresses have clear folding lines, and appear to have been used as envelopes. It is likely that the royal instructions were copied and that these copies were sent to Caspar Markdaner at Koldinghus.

5. *Edition* Kolding bys bog f. 158-170

Georg Christensen made a complete transcription[7] of *Kolding bys bog* in 1942-1947. It gives a clear picture of the contents of *Kolding bys bog*, but as there are only a few copies, its distribution is limited. Because the abbreviations were not treated consistently, and no distinction was made between the original text and the parts that were added or changed, this transcription is not ideal for linguistic research.

The following partial transcription distinguishes clearly the changes and additions that were made, so that the reader can identify and investigate these. Thus, the original text was followed as closely as possible. The use of capital letters and interpunction was duplicated and was interpreted on the basis of the shape of the letter and surrounding text. Added information is mentioned in italics, e.g. abbreviations written out in full. Square brackets were used to indicate damaged to the text. The added text was extrapolated from the same document. If that proved not possible it was extrapolated from surrounding documents, or, as a last resort, from a dictionary (Kalkar).

[7] Landsarkiv Viborg: H7 (812)-1.

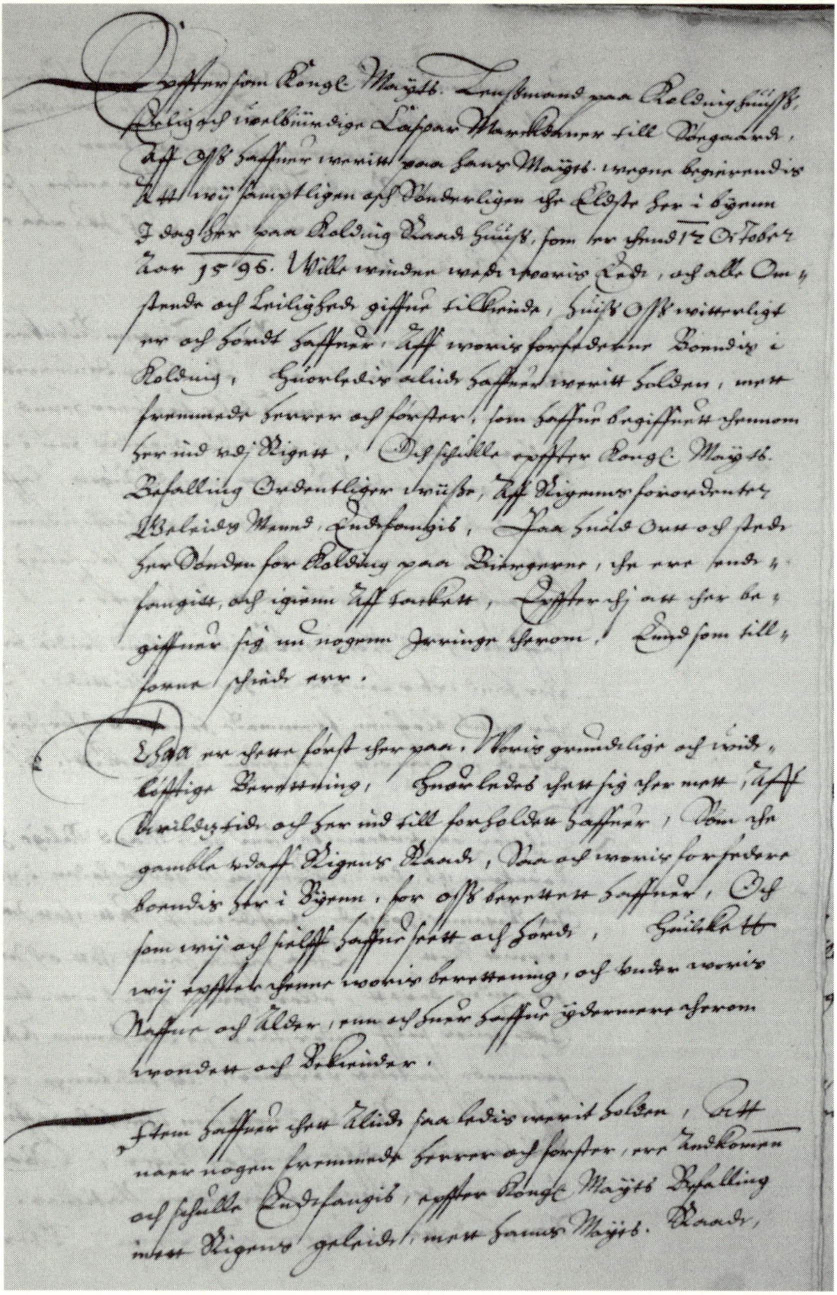

Effter som Kongl. Maytt. Lensmand paa Kolding huss, Edle och welbÿrdige Casper Markdaner till Vorgaard, haffuer werit paa hans Maytts vegne begierendis att wij samptligen och Sonderligen the Eldste her i byenn J dag her paa Kolding Raadhuss, som er thend 12 Octobr. Aar 1598. Wille vinder were vnder vores Eedt, och alle Omstende och Leilighed giffue tillkiende, huis oss witterligt er och hordt haffuer: Aff vores forfedrene Borgere i Kolding, Hworledis altid haffuer werit holden, mett fremmede Herrer och forster, som haffue begiffuet themom her ind vdi Rigett, Och skulle effter Kongl. Maytts. Befalling Ordentligen vdwise, Aff Rigens forordnete Welrids Mend Endsfangit, Paa huilckett och stede her Sonden for Kolding paa Bierget, the ere vndfangitt, och igienn Aff toechett, Effter thi att the begiffuer sig vd nogenn Jeringe threm, Och som tillforne skied er.

Thet er thett forst thet paa: Wores grundelige och wide lofftige Beretning, Hworledis thett sig ther mett, Aff Arildstid och her ind till forholden haffuer, Som the gamble vdaff Rigens Raad, Saa och vores forfedre borgere her i Byenn, for oss berettett haffuer, Och som wij och sielff haffue seett och hordt, Huilckett wij effterkomne vores berettning, och vnder vores Raffue och Alder, thenn och huer haffuer ydermere threm wondett och bekiender.

Item haffuer thett altid paa ledis werit holden, att naar nogen fremmede Herrer och forster, ere Andkomen, och schulle Endsfangis, effter Kongl. Maÿtts. Befalling, innett Rigens geleide, mett Hans Maÿtts. Raadt,

Document I – Testimony – f. 158r-164r

f. 158 recto

Epffter som Kong*elig* Maÿ*esta*ts Lenßmand paa Koldinghuusß, Erlig och welbiürdige Caspar Marckdaner till Søegaardt, Aff Osß haffuer weritt paa hans Maÿ*esta*ts wegne begierendis Att wij samptligen och Sønderligen the Eldste her i bÿenn J dag her paa Kolding Raadt huuß, som er thend 12 October Aar 1596. Wille windne wedt woris Eedt, och alle Om// stende och Leilighedt giffue tilkiende, huiß Osß witterligt er och hørdt haffuer, Aff woris forfederne Boendis i Kolding, huorledis altidt haffuer weritt holden, mett fremmede herrer och førster, som haffue begiffuett thennom her ind vdj Rigett, Och schulle epffter Kong*elig* Maÿ*esta*ts Befalling Ordentliger wiiße, Aff Rigenns forordenter Geleids Mennd, Endtfangis, Paa huad Ortt och stedt her Sønden for Kolding paa Biergerne, the ere endt// fangitt, och igienn Aff tackett, Epffter thj att ther be// giffuer sig nu nogenn Jrringe therom, Ennd som till// forne schiedt err.

Thaa er thette først ther paa, Woris grundtlige och widt// løfftige Berettning, huorledes thett sig ther mett, Aff Arildtz tidt och her ind till forholdett haffuer, Som the gamble vdaff Rigens Raadt, Saa och woris forfedere boendis her i Bÿenn, for osß berettett haffuer, Och som wij och sielff haffue seett och hørdt, huilckett wij epffter thenne woris berettening, och vnder woris Naffne och Alder, enn och huer haffue ÿdermere therom wondett och Bekiender.

Jtem haffuer thett Altidt saa ledis werit holden, Att naer nogen fremmede herrer och førster, ere Andkom*m*en och schulle Endtfangis, epffter Kong*elig* Maÿ*esta*ts Befalling mett Rigens geleidt, mett hanns Maÿ*esta*ts Raadt,

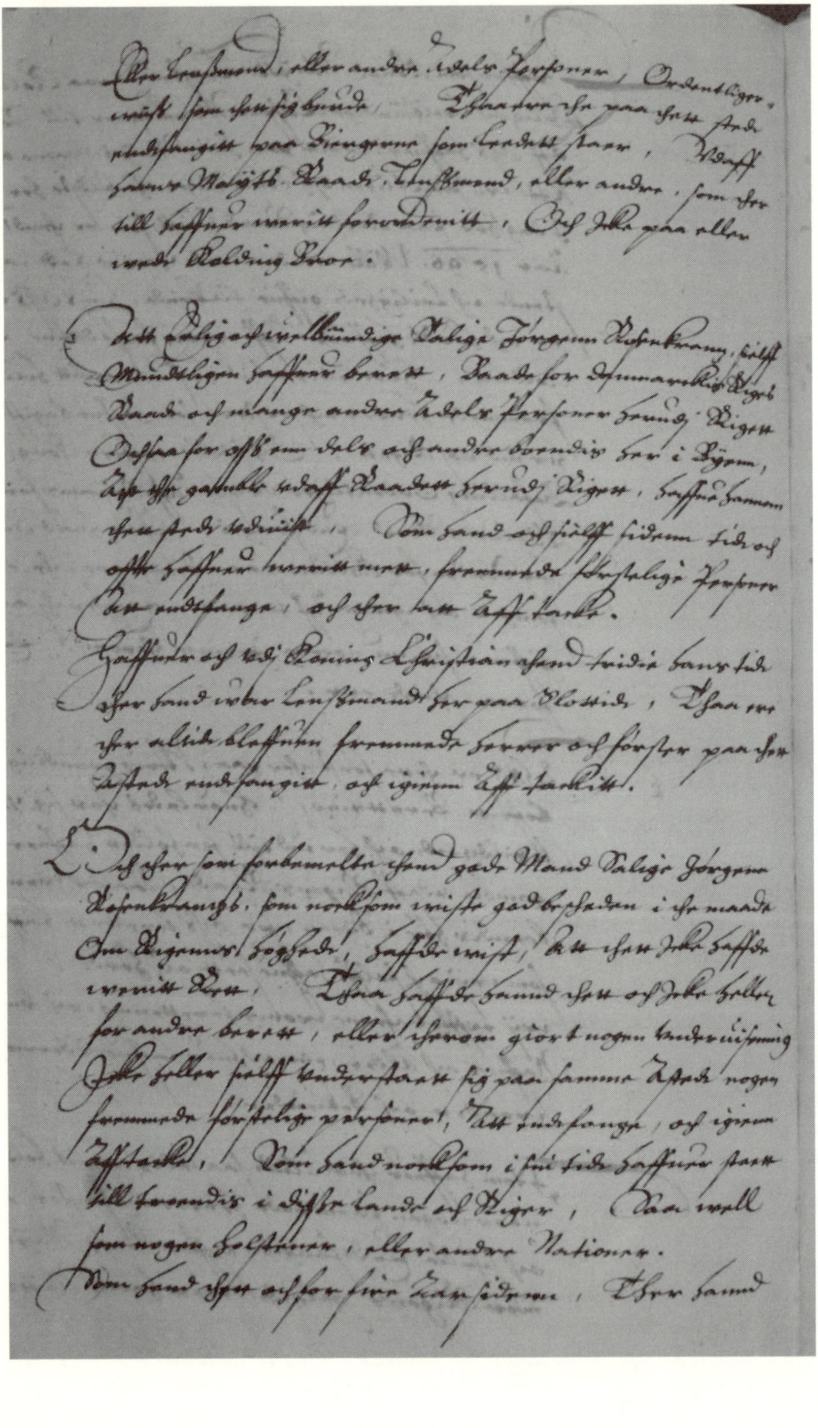

f. 158 verso

Eller Lenßmend, eller andre Adels Personer, Ordentliger// wiiß som thett sig burde, Thaa ere the paa thett stedt endtfangitt paa Biergerne som Leedett staer, Vdaff hanns Maÿ*esta*ts Raadt, Lenßmend, eller andre, som ther till haffuer weritt forordenitt, Och Jcke paa eller wedt Kolding Broe.

Att Erlig och welbiürdige Salige Jørgenn Rosenkrantz, sielff Mundtligen haffuer berett, Baade for danmarckis Riges Raadt och mange andre Adels Personer herudj Rigett Ochsaa for osß enn dels och andre boendis her i Bÿenn, Att the gamble vdaff Raadett herudj Rigett, haffue hannom thett stedt vduiist, Som hand och sielff sidenn tidt och offte haffuer weritt mett, fremmede førstlige Personer Att endtfange, och ther att Aff tacke.
Haffuer och vdj Koning Christian thend tridie hans tidt ther hand war Lenßmand her paa Slottidt, Thaa ere ther altidt bleffuen fremmede herrer och førster paa thett Astedt endtfangitt, och igienn Aff tackitt.

Och ther som forbemelte thend gode Mand Salige Jørgenn Rosenkrantzs. som nocksom wiste godbescheden i the maade Om Rigenns høghedt, haffde wist, Att thett Jcke haffde weritt Rett, Thaa haffde hannd thett och Jcke heller for andre berett, eller therom giort nogen vnderuisening Jcke heller sielff vnderstaett sig paa samme Astedt nogen fremmede førstlige personer, Att endtfange, och igienn Afftacke, Som hand nocksom i sin tidt haffuer staett till troendis i disße Lande och Riger, Saa well som nogen holstener, eller andre Nationer.
Som hand thett och for fire Aar sidenn, Ther hannd

Utan Regierendis Rijks Raadh, gaff then under Kongl.
Maij:tz Nampn och Rijgens Segell, medt [illegible] handt under-
schrefft, Den wall som och D:r Niels Kaas, och hade
Uthstandt giordt, till en deel aff Rijgens Raadh och gode
Mänd, som tha skulle geleide [illegible] aff Holsten [illegible]
i Rijget, thet [illegible] wille [illegible] i Norrige. Den
iwaare warde Nampn, Erik Hardenberg, Absolon Bijr,
Hans Johanssön, Ludwigh Brockenhuuss, [illegible] Brahe,
Lasse Marckdaner, och Doctor Jörgen [illegible]
som holdt under [illegible].

Men att the holsteiner wille säge, att the haffwa förde
geleide paa Kolding Broo, och thet för igen undfangitt.
Tha skulle the sådt lettligen kunde bewijse. Att någre
Kongar och Rijgens Raadh i Danmarck them [illegible]
stedt haffwa, Om någon aff Rijgens Raadh och Adell
paa Kongl. Maij:tz och Rijgens wägna, [illegible] them
[illegible] forordnat till geleidsmänd som thet sig burde,
att undfanga några förstelige Personer.
Tha skulle the så billigt bewijse och [illegible], huilket han
och tijde thett skrede [illegible]. Och hwem the förstelige
Personer haffwa warit. Och med Nampn och [illegible]
hwem the aff Rijgens Raadh, Landtmann, eller Adels
personer haffwa warit, som haffwa annammat the
förstelige personer paa Kolding Broo aff the holsteinske.
Och hwem the holsteinske Adels personer haffwa warit,
som leffwerait the förstelige personer fraa them till
the danske geleidsmänd. Tha finder man
Copier aff sådanne breffwe i Kongl. Maij:tz danske
Cantzlij Protocoll, till the danske [illegible], som
ther till haffwa warit forordnatt, om så [illegible]
war.

f. 159 recto

War Regierendis Rigs Raadt, gaff thett vnder Kong*elig* Maÿ*esta*ts Naffnn och Rigenns Segell, mett sin egenn handt vnder// schreffuitt, Saa well som och s*alige* Niels Kaas, och hack Vlffstandt giørde, till enn dels aff Rigens Raadt och gode Mend, som thaa schulle geleide herthuginden aff holsten Jnd i Rigett, ther hindes Naade wille Jnd i Suerrige, Som ware wedt Naffne. Erick hardenberg, Absolon Gøÿe, hanns Johanssønn, Lauritzs Brockenhuusß, Axell Brahe, Caspar Marckdaner, och doctor Jørgenn Schomaker som holdt ordett.

Menn att the holstener wille sige, Att the haffue førdt geleide paa Kolding Broe, och thett ther igien endtfangitt Thett schulle the Jcke letteligen kunde beuise, Att nogen Konger och Rigens Raadt i Danmarck thennom thett stedt haffuer, Om nogen aff Rigens Raadt och Adell paa Kong*elig* Maÿ*esta*ts och Rigens wegne, ere thennom Jmod forordenit till geleids mend som thett sig burde, Att endtfange nogen førstelige Personer. Thaa schulle the Jo billigt beuise och Neffne, huilcket Aar och tidt thett schiedt err, Och huem the førstelige Personer haffuer weritt / Och wed Naffn ochsaa beneffne huem the aff Rigens Raadt, Lenßmend, eller Adels personer haffuer werit, som haffuer An*n*ammit the førstelige personer paa Kolding Broe Aff the holstenische Och huem the holstenische Adels personer haffuer weritt, som leffuerit the førstelige personer fraa thennom till the dansche geleids Mennd. Thaa findes well Copier aff sadanne breffue i Kong*elig* Maÿ*esta*ts dansche Cantzlij Protocoll, till the dansche herremennd, som ther till haffuer weritt forordenitt, om saa i sandhedt war.

Man naar nogen aff de holsteinische Cantzler, eller andre
fyrstelige Personer, haffuer begiffuit thennom herind
udi Riget, Och icke haffuer warit begierett aff wegen Rigens
geleide, Man vanligen och Naborligen haffuer be-
søgt framfarne Konger och Drottninger, som her thaa
haffuer warit tilstede och holdett hoff, Och mett
thennom kunde haffue werit i følge, eller geleidt,
with aff de holsteinische Raad, eller Adelige personer.
Thaa haffuer hen icke allene kunde vorde paa Kol-
ding Broe, Men ocsaa hid i Riget, och paa
Slottet, ocsaa widere i Riget, som wel tid-
scheed er, i Drottning Dorotheæ tide, der hendes
Naade holdt haffleger her, At thesa vanlige och
Naborligen besøgte hendes Naade, Och war hendes
Naaders leilighedt icke alene, Att kunde schicke thennom
it Rigens geleide hened, Saa maatte kunde
Rigens høyhedt icke bliffue forkrenckitt.

Dem och Stadtholderen Henrich Rantzow, Nyligen
then 13 dag Augustij i thette Nerwærendis Aar 1596.
haffuer sig underestaaet, de Lüneburgiske førster Att
tacke aff wed Kolding Broe, Sundforte, Att
Kongl. Maytt. forordenter geleider maa thennom
paa thett tilbørlige stede tilforne undfangett haffde,
Geleidsmændene i alle maade vwitterligt, effterdi
the ware i byen thend tid thett schiede, førend
lenge om siden, de thett erfarett haffuer.
Om hand thett kunde att giøre, som hans Maytt.
Raad, thet lade wij andre om dømme.

Paa er staa so imod alle høyøffrighedt Reputation,

f. 159 verso

Menn naer nogen aff the holstenische Førster, eller andre førstelige Personer, haffuer begiffuett thennom her ind vdj Rigett, Och icke haffue weritt begierett nogen Rigens geleidt, Menn wenligen och Naboeligen haffuer be// søgt frembfarne Konger och Drottninger, som her thaa haffuer werit tilstede och holdett hoff, Och mett thennom Kunde haffue werit i følge, eller geleids// wiiß Aff the holstenische Raadt, eller Adels personer. Thaa haffue the icke allenne Kunde røcke paa Kol// ding Broe, Menn slett Jnd i Bÿenn, och paa Slottidt, ochsaa widere i Rigett, som well tidt schiedt er, i drottning dorethes tidt, ther hindes Naade holdt hofflegere her, Att the saa wenlige och Naboeligen besøgte hindes Naade, Och war hindes Naades leilighedt Jcke altidt, Att kunde schicke thennom itt Rigenns geleidt Jmod, J saa maade kunde Rigens høghedt Jcke bliffue forkrenckitt. Som och nu Stadtholdern Henrich Rantzow, Nÿligenn thend 13 dag Augustij i thette Neruerendis Aar 1596. haffuer sig vnderstaett, the Lüneburgische førster Att tacke aff wed Kolding Broe, VAndseett, Att Kong*elig* Maÿ*esta*ts forordenter geleids mend thennom paa thett tilbørlige stedt tilforne endtfangett haffde, Geleids mendene i alle maade wuitterligt, epfftерthj the ware i bÿen thend tidt thett schiede, førend langt om sider, the thett erfarett haffuer. Om hand thett burde att giøre, som hanns Maÿ*esta*ts Raadt, ther lade wij andre om dømme.

Saa er thett Jo imod alle hog öffuerigheds Reputation,

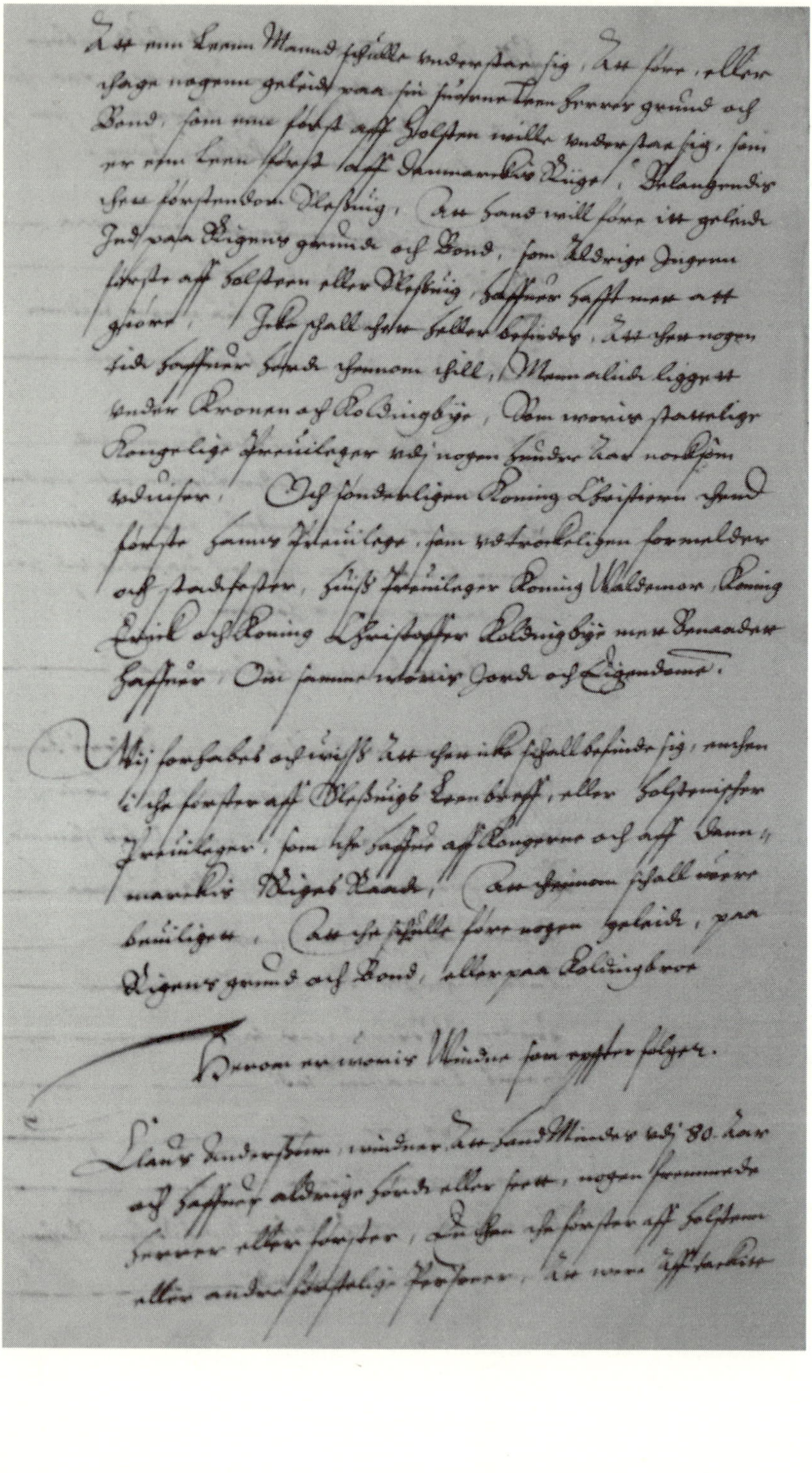

Att nu Ewen Mand skulle understaa sig, att føre, eller
drage nogen geleid paa sin [illegible] herrer grund och
Bond, som nu Førsten aff Holsten wille understaa sig, som
er een Lehns Første aff Danmarckis Rige, tilhørende
hans førstendom Slesuig, Att hand will føre itt geleide
Ind paa Rigens grunde och Bond, som Ældrige ingen
Førster aff Holsten eller Slesuig, haffuer haffd macht att
giort, Icke skall heller befindes, Att her nogen
tid haffuer werit [illegible] till, Mens alene ligger att
under Kronen aff Koldingbyr, Som mange stattelige
Kongelige Priuilleger udi nogen hunder Aar nochsom
udwiser. Och sønderligen Koning Christiern Then
Førstis hans Priuilleger, som udtryckeligen formelder
och stadfester, huis Priuilleger Koning Waldemar, Koning
Erik och Koning Christoffer Koldingbyr met benaadet
haffuer Om samme [illegible] Jord och Eijendom.

Wij forhaabe och wist Att der icke skall befindes sig, nogen
[illegible] Førster aff Slesuigh Lenbreff, eller holstenske
Priuilleger, som de haffue aff Kongerne och aff Dan-
marckis Rigis Raad, Att dennem skall were
beuilliget, Att de skulle føre nogen geleide, paa
Rigens grund och Bond, eller paa Koldingbroe

Herom er mange Winder som effterfølger.

Claus Andersøn, winder Att hand Minder udi 80 Aar
och haffuer aldrig hørdt eller sett, nogen fremmede
herrer eller Førster, [illegible] Førster aff Holsten
eller andre holstenske personer, [illegible]

f. 160 recto

Att enn Leenn Mannd schulle vnderstae sig, Att føre, eller thage nogenn geleidt paa sin suorne Leen herres grund och Bond, som enn først aff holsten wille vnderstae sig, som er enn Leen først aff Danmarckis Riige, Belangendis thett førstendom Sleßuig, Att hand will føre itt geleidt Jnd paa Rigens grundt och Bond, som Aldrige Jngenn første aff holsteen eller Sleßuig, haffuer hafft mett att giøre, Jcke schall thett heller befindes, Att thett nogen tidt haffuer hørdt thennom thill, Menn altidt liggett vnder Kronen och Koldingbÿe, Som woris stattelige Kongelige Preuileger vdj nogen hundre Aar nocksom vduiser, Och sønderligen Koning Christiern thend første hanns Preuilege, som vdtrøckeligen formelder och stadtfester, huiß Preuileger Koning Waldemor, Koning Erick och Koning Christoffer Koldingbÿe mett Benaadett haffuer, Om samme woris Jordt och Eigendom*m*e.

Wij forhabes och wisß Att thett icke schall befinde sig, enthen i the første aff Sleßuigs Leen breff, eller holstenischer Preuileger, som the haffue aff Kongerne och aff dann// marckis Riges Raadt, Att thennom schall were beuiligett, Att the schulle føre nogen geleidt, paa Rigens grund och Bond, eller paa Koldingbroe.

Herom er woris Windne som epffter følger.

Claus Anderßønn windner, Att hand Mindes vdj 80 Aar och haffuer aldrige hørdt eller seett, nogen fremmede herrer eller førster, Enthen the førster aff holstenn eller andre førstelige Personer, Att were Afftackitt

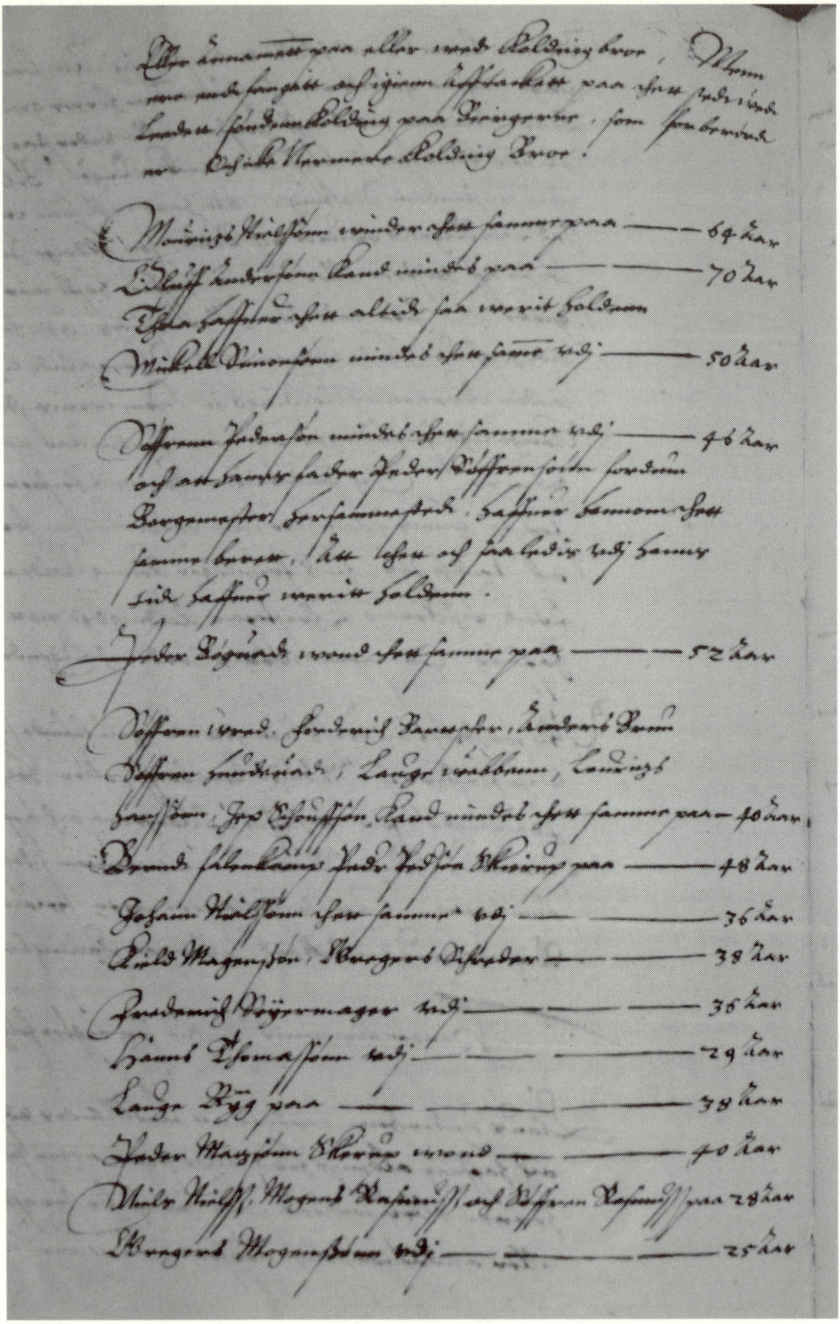

f. 160 verso

Eller Annam*m*ett paa eller wedt Kolding broe, Menn ere endtfangitt och igienn Afftackett paa thett stedt wedt Leedett søndenn Kolding paa Biergerne, som forberørdt er, Och icke Nermere Kolding Broe.

Mouritzs Nielssønn winder thett samme paa --- 64 Aar
Oluff Andersønn Kand mindes paa --- 70 Aar
Thaa haffuer thett altidt saa werit holdenn
Mickell Simonsønn mindes thett sam*m*e vdj --- 50 Aar

Søffrenn Pedersøn mindes thett samme vdj --- 46 Aar och att hanns fader Peder Søffrensønn fordum Borgemester hersammestedt, haffuer hannom thett samme berett, Att thett och saa ledis vdj hanns tidt haffuer weritt holdenn.
Peder Bøguadt wond thett samme paa --- 52 Aar

Søffren wred, Frederich Barttscher, Anders Brun Søffren hundtuadt, Lauge wabbenn, Lauritzs hanssønn, Jep Schouffsøn, Kand mindes thett samme paa --- 40 Aar
Berndt falenkamp Ped*er* Ped*er*søn Skierup paa --- 48 Aar
Johann Nielssønn thett samme vdj --- 36 Aar
Kield Magenßøn, Gregers Schreder --- 38 Aar
Frederich Seÿermager vdj --- 36 Aar
Hanns Thomassønn vdj --- 29 Aar
Lauge Bÿg paa --- 38 Aar
Peder Matzsønn Skerup wond --- 40 Aar
Niels Nielss*ønn*, Mogens Rasmuss*ønn* och Søffren Rasmuss*ønn* paa 28 Aar
Gregers Mogenßønn vdj --- 25 Aar

Anders Simonsøn Borgemester wærd. Att hand Mindes wdj 60 Aar. och haffde hand thet samme aff hans fader broder. Salige Niels Jørgensøn fordomme Borgemester.

Dammeledis Aar 1548. wdj Koning Christian then tridie hans tid, war forn. Anders Simonsøn forordnit till Aff Erlig och welbyrdige mand Christen Munck, Att wære paa for een liffs thiener Erlig och welbyrdige Strenge Ridder her Jørgen Locke. Salige hoss gud, mett twende herrer, som war her Otto Krumpen och Eiller Krommis, mett mange flere aff Adellen, som ther Aar Annammede hogborne Første, Hertug Augustus, som ther war her inde, och erwerbet een frøiken Anna, som hand och bekom till sin Gemall. Ther holde forn. Anders Simonsøn, forbemelte her Jørgen Lockis hest, midtler tid mett fengelffen schiede, paa samme stad wed landett.

Theslige thend tid an hogborne førstt och herre, hertug Wilhelm aff Lüneborg, N. Regierendis førster, thiris her fader Kam her ind i Riget, Och friede om frøiken Dorrothea, som hand och bekom till sin Gemall, Tha bleff hanns F. N. och annammet och vndfanget paa thet stad wed Landet som forsk. e staar.

Item thend gang. Att hertug Hanß aff Sonderborg hand Brollupp stod paa Koldinghuß. Tha bleff hans Brud, som war een frøiken aff Brunswig och Strømpenbergen, Och andre førstelige personer som mett weren, Vndfangen wed Ellbygaards Strange, Och leffuerede thaa hertug hanß, som raade for Haderßleff huß. Och maatte the tigendell lade passere.

f. 161 recto

Anders Simonsønn Borgemester wond, Att hand Mindes vdj 60 Aar och haffde hørdt thett samme aff hanns fader broder, Salige Niels Jørgensønn frembfarne Borgemester.

Sammeledis Aar 1548. vdj Koning Christian thend tridie hanns tidt, war for*schreff*ne Anders Simonsønn forordenit till Aff Erlig och welbiürdige mand Chresten Munck, Att ware paa for enn liiff thienere Erlig och welbiürdige Strenge Ridder her Jørgen Løcke, Salige hoß gud, mett tuinde herrer. som war her Otto Krumpen, och Eiller Rønnow, mett mange flere aff Adellen, som thett Aar Annammett hogborne første, hertug Augustus, som thaa war her inde, och er werbet om frøken Anna, som hand och bekom till sin Gemaell Thaa holdt for*schreff*ne Anders Simonsønn, forbemelte her Jørgen Løckis hest, middeler tidt endtfangelssen schiede, paa samme stedt wedt leedett.

Theßligiste thend tidt att hogborne første och herre, hertug Wilhelm aff Lüneburg, Nu Regierendis førster, thieris her fader, Kam her ind i Rigett, Och fride om frøkenn Doretheæ. som hannd och bekom thill sin Gemaell, Thaa bleff hanns F*ørstelige* N*aade* och Anammett och endtfangett paa thett stedt wedt Leedett som forsch*reffu*en staer.

Jtem thend gang, Att hertug hannß aff Sønderburg hans Brollupe stoedt paa Koldinghuusß, Thaa bleff hans Brudt, som war enn frøkenn aff Brunsuig och Grupenhagen, Och andre førstelige personer som mett ware, Endtfangett wedt Woÿenshÿldt Stenge, Och leffuede thaa hertug hanß, som raade for hadersløff huusß, Och maatte thett ligeuell lade pasßere.

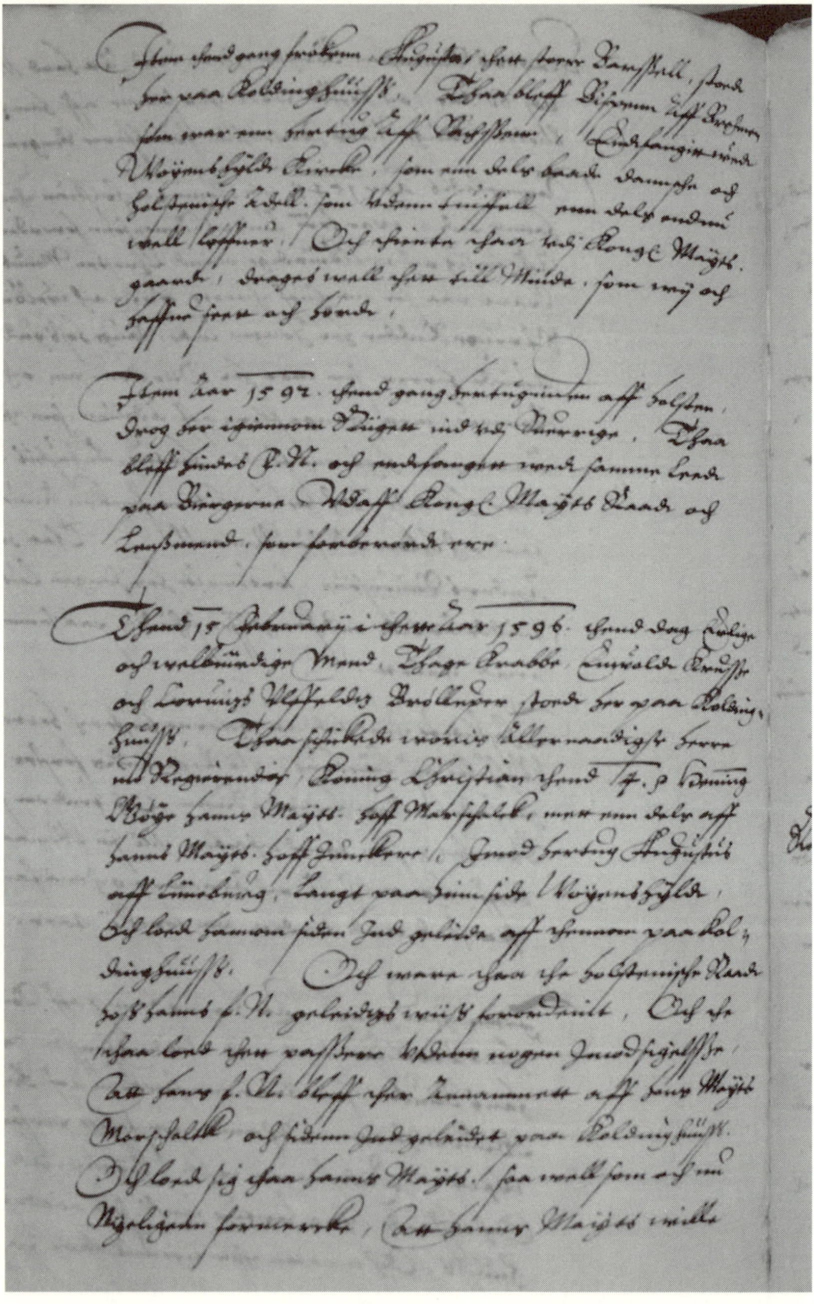

f. 161 verso

Jtem thend gang frøkenn Augusta, thett stoere Barsßell, stoedt her paa Koldinghuusß, Thaa bleff Bispenn Aff Brehmen som war enn hertug Aff Sachsßenn, Endtfangitt wedt Woÿenshÿldt Kircke, som enn dels baade dannsche och holstenische Adell. som vdenn tuiffell enn dels endnu well løffuer. Och thiente thaa vdj Kong*elig* Maÿ*esta*ts gaardt, drages well thett till Minde, som wij och haffue seett och hørdt.

Jtem Aar 1592. thend gang hertuginden aff holsten, drog her igiennom Riigett ind vdj Suerrige, Thaa bleff hindes F*ørstelige* N*aade* och endtfangett wedt samme Leedt paa Biergerne Vdaff Kong*elig* Maÿ*esta*ts Raadt och Lenßmend, som forberørdt ere.

Thend 15 Februarij i thette Aar 1596. thend dag Erlige och welbiürdige Mend, Thage Krabbe, Enwoldt Krusße och Coruitzs Vlffeldtz Brølluper stoedt her paa Kolding// huusß, Thaa schickede woris Allernaadigß herre nu Regierendis, Koning Chistian thend 4. ∫ Hen*n*ing Gøÿe hanns Maÿ*esta*ts hoff Marschalck, mett enn dels aff hanns Maÿ*esta*ts hoff Junckere, Jmod hertug Augustus aff Lüneburg, Langt paa hinn side Woÿenshÿldt, och loedt hannom siden Jnd geleide aff thennom paa Kol// dinghuusß. Och ware thaa the holstenische Raadt hoß hanns f*ørstelige* N*aade* geleidtzs wiiß forordenit, Och the thaa loed thett pasßere vdenn nogen Jmodsigelsße, Att hans f*ørstelige* N*aade* bleff ther Annammett aff hans Maÿ*esta*ts Marschalck, och sidenn Jnd geleidet paa Koldinghuusß. Och loedt sig thaa hanns Maÿ*esta*ts saa well som och nu Nÿeligenn formercke, Att hanns Maÿ*esta*ts wille

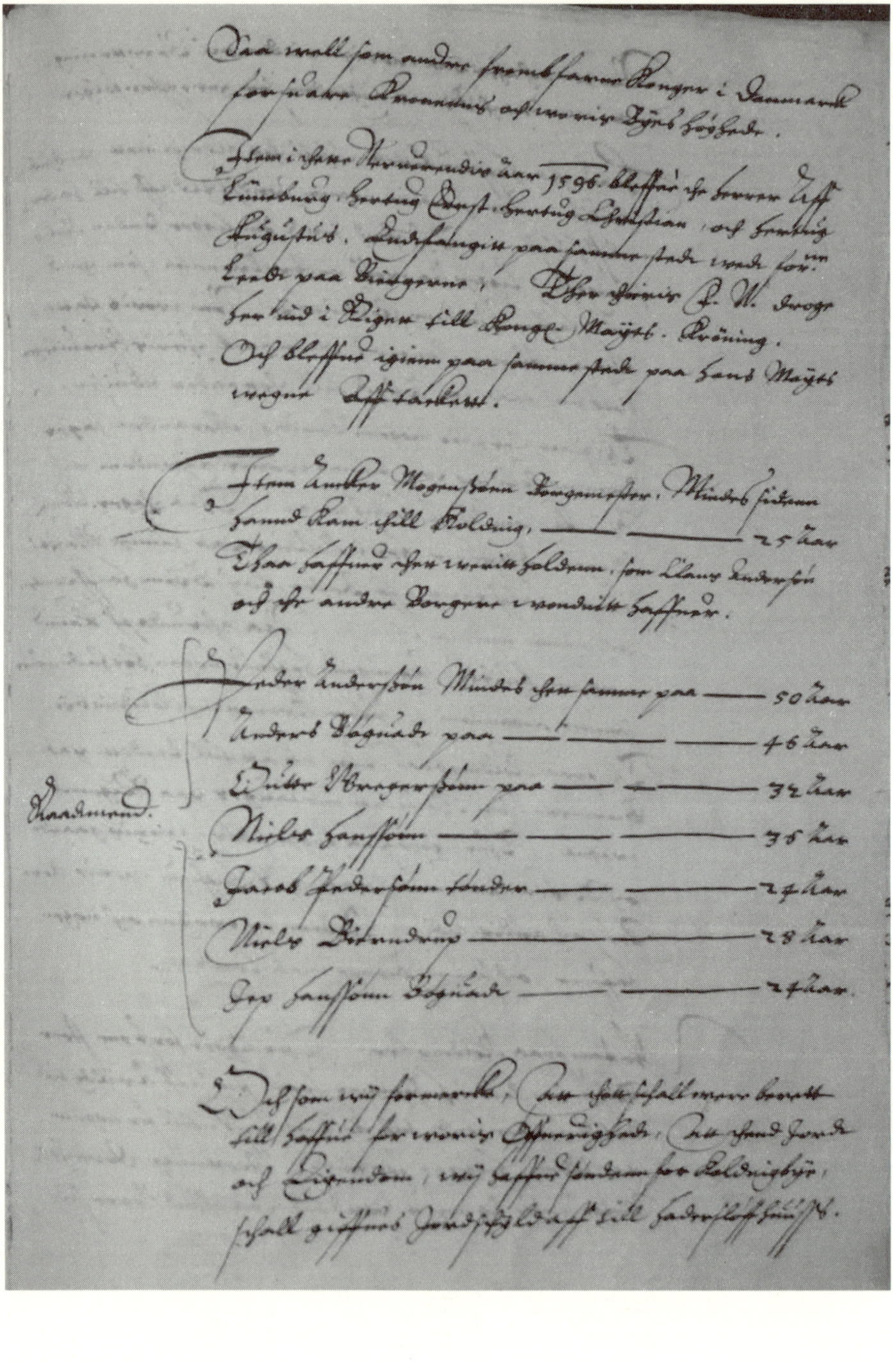

Daa wall som andre fremfarne Konger i Danmarck for hues Kroning effter wor nÿ Kong höÿhede.

Item i thette Nerwærendis aar 1596 bleffue her beren aff Luneburg Hertug Ernst, Hertug Christian, oc Hertug Augustus. Indfangitt paa samme stede wed forn. brodt paa Bryggerne; Ther J. W. drog her vd i Vigen till Konge Maÿtt. Kröning. Oc bleffue igien paa samme stede paa hans Maÿtt wegne Affskaffett.

Item Anders Mogensön Borgemester, Mindst sidenn hand kam till Kolding — 25 aar
Thar haffue the i wiitt holdenn, som Claus Andersen och the andre Borgere i wondett haffuer.

Raadmend.

Sander Andersön Mindst then samme paa — 50 aar
Anders Vognmand paa — 46 aar
Lüder Morgensön paa — 32 aar
Niels Hansön — 35 aar
Jacob Pedersön Sander — 24 aar
Niels Bisendrup — 28 aar
Per Hansön Vognmand — 24 aar

Dog som wij formerke, Att thett skall were breffuett till haffue for wores Offrighed, Att thend ... och Bisendom, wij haffue sidenn for Koldinghus, skall giffues ... till Haderslefhuus.

f. 162 recto

Saa well som andre frembfarne Konger i Danmarck forsuare Kronenns och woris Bÿes høghedt.

Jtem i thette Neruerendis Aar 1596. bleffue the herrer Aff Lüneburg, hertug Ernst, hertug Christian och hertug Augustus, Endtfangitt paa samme stedt wedt for*schreff*ne Leedt paa Biergerne, Ther thieris *Førstelige* N*aade* droge her ind i Rigett till Kong*elig* Maÿ*estat*s Kröning. Och bleffue igienn paa samme stedt paa hans Maÿ*estat*s wegne Afftackett.

Jtem Ancker Mogenßønn Borgemester, Mindes sidenn hannd Kam thill Kolding, --- 25 Aar
Thaa haffuer thett weritt holdenn. som Claus Andersøn och the andre Borgere wondnitt haffuer.

	Peder Anderßøn Mindes thett samme paa --- 50 Aar
	Anders Bøguadt paa --- 46 Aar
	Outte Gregerßønn paa --- 32 Aar
Raadtmend.	Niels hanssønn --- 36 Aar
	Jacob Pedersønn tønder --- 24 Aar
	Niels Bierndrup --- 28 Aar
	Jep hanssønn Bøguadt --- 24 Aar.

Och som wij formercke, Att thett schall were berett till hoffue for woris Øffuerighedt, Att thend Jordt och Eigendom, wij haffue søndenn for Koldingbÿe, schall giffues Jordschÿld aff till hadersløffhuusß.

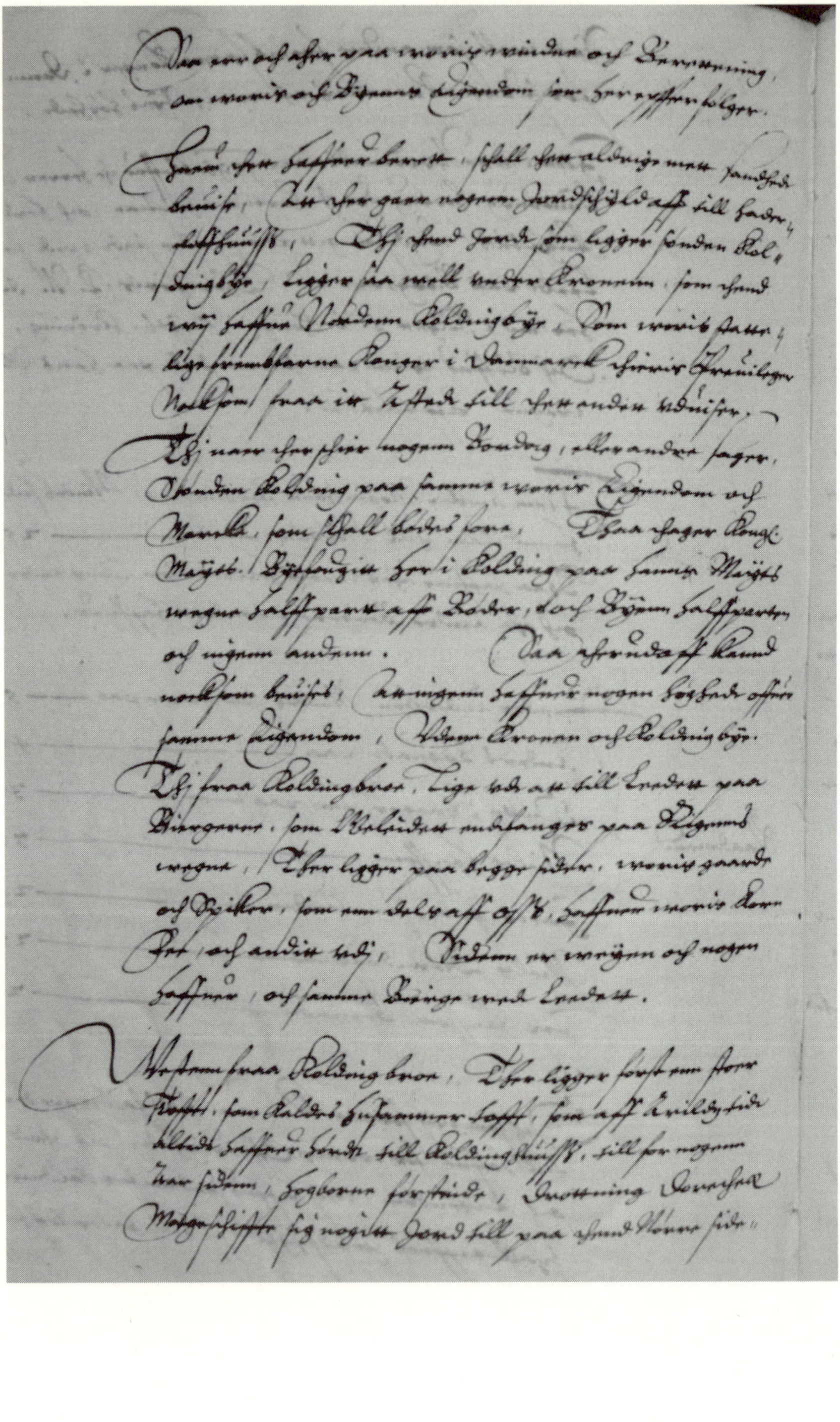

f. 162 verso

Saa err och ther paa woris windne och Berettening, om woris och Bÿenns Eigendom som her epffter følger.

Huem thett haffuer berett, schall thett aldrige mett Sandhedt beuise, Att ther gaer nogenn Jordschÿld aff till hader// sløffhuusß, Thj thend Jordt som ligger sønden Kol// dingbÿe, Ligger saa well vnder Kronenn, som thend wij haffue Nordenn Koldingbÿe, Som woris statte// lige frembfarne Konger i Danmarck thieris Preuileger Nocksom fraa itt Astedt till thett andett vduiser. Thj naer ther schier nogenn Bordag, eller andre Sager, Sønden Kolding paa samme woris Eigendom och Marcke, som schall bødes fore, Thaa thager Kong*elig* Maÿ*esta*ts Bÿefougitt her i Kolding paa hanns Maÿ*esta*ts wegne halffpartt aff Bøder, och Bÿenn halffparten och ingenn andenn. Saa therudaff kannd nocksom beuises, Att ingenn haffuer nogen høghedt offuer samme Eigendom, Vdenn Kronen och Koldingbÿe. Thj fraa Koldingbroe, Lige vdt att till Leedett paa Biergerne, som Geleidett endtfanges paa Rigenns wegne, Ther ligger paa begge sider, woris gaarde och Spiker, som enn dels aff osß, haffuer woris Korn Fee, och anditt vdj, Sidenn er weÿen och nogen haffuer, och samme Bierge wedt Leedett.

Westenn fraa Kolding broe, Ther ligger først enn stoer Tofft, som Kaldes husammer tofft, som aff Arildtz tidt altidt haffuer hørdt till Koldinghuusß, till for nogenn Aar sidenn, hogborne førstinde, Drottning Doretheæ Mageschiffte sig nogitt Jord till paa thend Nørre side,

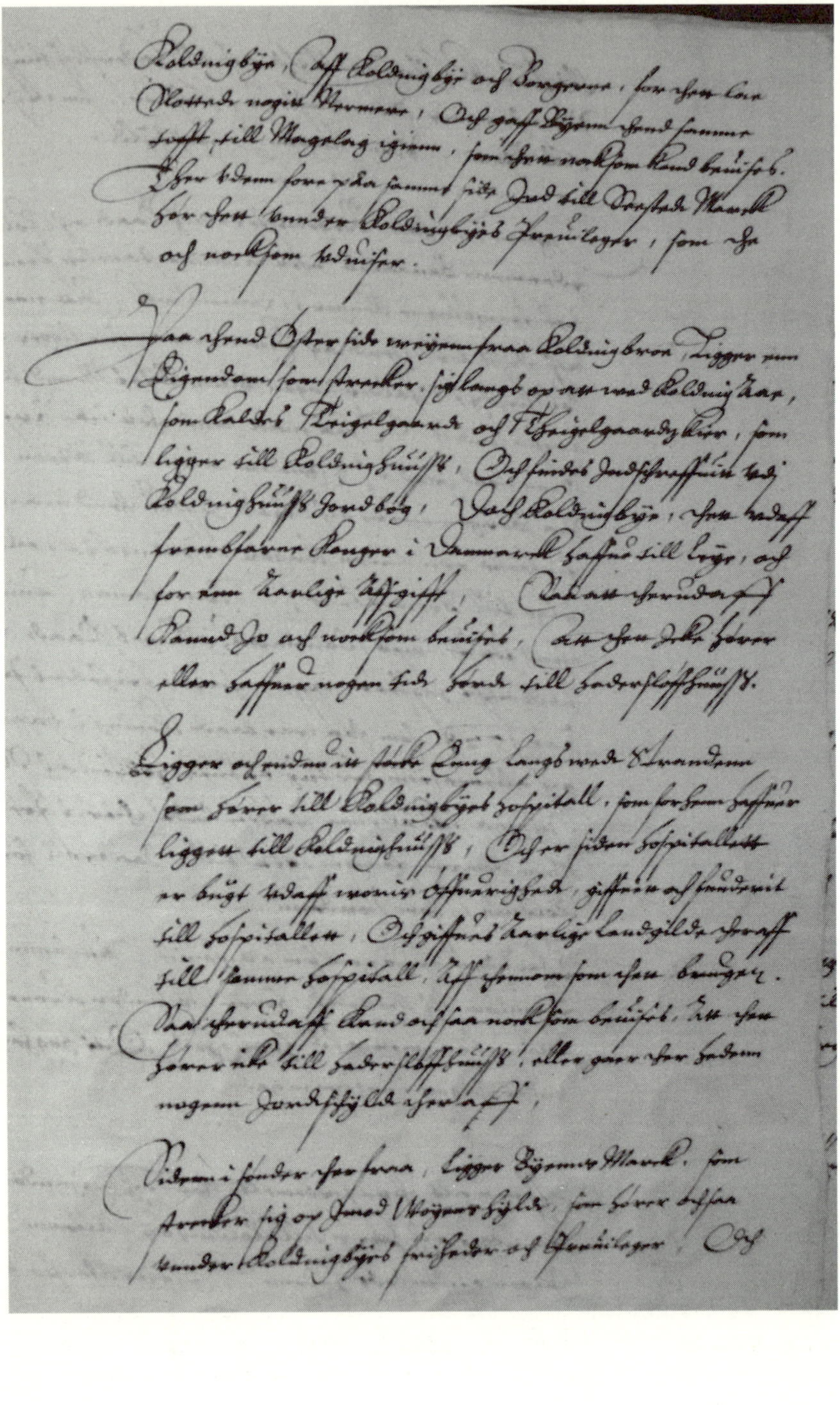

f. 163 recto

Koldingbÿe, Aff Koldingbÿe och Borgerne, for thett lae Slottedt nogitt Nermere, Och gaff Bÿenn thend samme tofft till Magelag igienn, som thett nocksom kand beuises. Ther vdenn fore paa samme side Jnd till Seestedt Marck hør thett vnnder Koldingbÿes Preuileger, som the och nocksom vduiser.

Paa thend Øster side weÿenn fraa Koldingbroe, Ligger enn Eigendom som strecker sig langs op att wed Kolding Aae, som Kaldes Teigelgaardt och Theigelgaardtzkier, som ligger til Koldinghuusß, Och findes Jndschreffuitt vdj Koldinghuusß Jordbog, Doch Koldingbÿe, thett vdaff frembfarne Konger i Danmarck haffue til Leÿe, och for enn Aarlige Affgifft, Saa att therudaff Kannd Jo och nocksom beuises, Att thett Jcke hører eller haffuer nogen tidt hørdt till hadersløffhuusß.

Ligger och end nu itt støcke Enng Langs wedt Strandenn som hører till Koldingbÿes hospitall, som forhenn haffuer liggett till Koldinghuusß, Och er siden hospitallett er bügt vdaff woris øffuerighedt, giffuett och funderit till hospitallett, Och giffues Aarlige Landgilde theraff till samme hospitall, Aff thennom som thett bruger. Saa therudaff Kand och saa nocksom beuises, Att thett hører icke till hadersløffhuusß, eller gaer ther hedenn nogenn Jordtschÿldt ther aff,

Sidenn i sønder ther fraa, Ligger Bÿenns Marck, som strecker sig op Jmod Woÿenshÿldt, som hører ochsaa vnnder Koldingbÿes friheder och Preuileger, Och

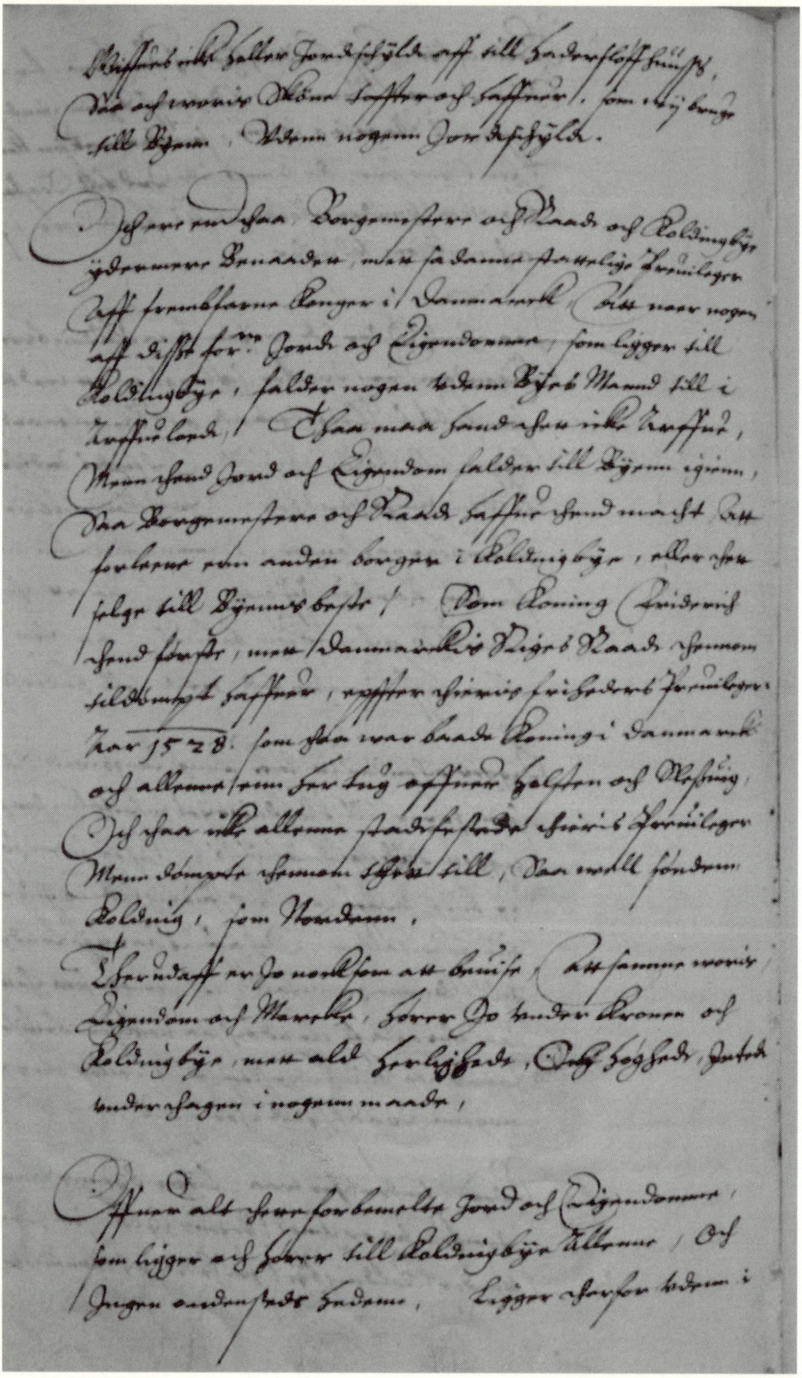

[illegible] ikke heller Jordskyld aff till Haderslöff hüüss,
Daa ehr vorris Kone hafft och haffuer, som vij bruger
till Byen, Uden nogenn Jordskyld.

Dernest ehre Borgemestere och Raad och Koldingbye
Indvaanere Benaadet, met saadanne stattelige Privilegier
aff forneffnte Konger i Danmarck, Att naar nogen
aff disse forne Jord och Ejendomme, som ligger till
Koldingbye, falder nogen Uden Byes Mand till i
Arffuelod, Thaa maa hand them ikke [illegible],
Men them Jord och Ejendom falder till Byenn igien,
Daa Borgemestere och Raad haffue then macht att
forlene een anden borger i Koldingbye, eller them
selge till Byens beste, Som Koning Friderich
then förste, met Danmarckis Rigis Raad them
tildömpt haffuer, epter theris frihederß Privilegier
Aar 1528. som thaa war baade Koning i Danmarck
och allereede [illegible] Hertug offuer Holsten och Slesuig,
Och haffr ikke allene stadfestede theris Privilegier
Men dömpte themm [illegible] till, Der welle [illegible]
Kolding, som [illegible],
Therudaff er de nock som att beviise, Att samme vorris
Ejendom och Marcker, hörer de vnder Kronen och
Koldingbye, met ald Herlighed, Och hoghed, [illegible]
vnder thagen i nogenn maade,

Offuer alt thenn forbemelte Jord och Ejendomme,
som ligger och hörer till Koldingbye allene, Och
Jngen anden stedt [illegible], Ligger [illegible] Uden i

f. 163 verso

Giffues icke heller Jordtschÿldt aff till hadersløffhuusß, Saa och woris Sköne toffter och haffuer, som wij bruge till Bÿenn, Vdenn nogenn Jordtschÿldt.

Och ere endthaa, Borgemestere och Raadt och Koldingbÿe ÿdermere Benaadett, mett sadanne stattelige Preuileger Aff frembfarne Konger i Danmarck, Att naer nogen aff disße for*schreff*ne Jordt och Eigendomme, som ligger till Koldingbÿe, falder nogen vdenn Bÿes Mannd till i Arffueloedt, Thaa maa hand thett icke Arffue, Menn thend Jord och Eigendom falder till Bÿenn igienn, Saa Borgemestere och Raadt haffue thend macht, Att forleene enn anden borger i Koldingbÿe, eller thett selge till Bÿenns beste / Som Koning Friderich thend første, mett Danmarckis Riges Raadt thennom tildømpt haffuer, epffter thieris friheders Preuileger Aar 1528. som thaa war baade Koning i danmarck och allenne enn hertug offuer holsten och Sleßuig, Och thaa icke allenne stadtfestede thieris Preuileger Menn dømpte thennom thett till, Saa well søndenn Kolding, som Nordenn.

Therudaff er Jo nocksom att beuise, Att samme woris, Eigendom och Marcke, hører Jo vnder Kronen och Koldingbÿe, mett ald herlighedt, Och høghedt, Jntedt vnderthagen i nogenn maade,

Offuer alt thette forbemelte Jord och Eigendomme, som ligger och hører till Koldingbÿe Allenne, Och Jngen ondensteds hedenn, Ligger therfor vdenn i

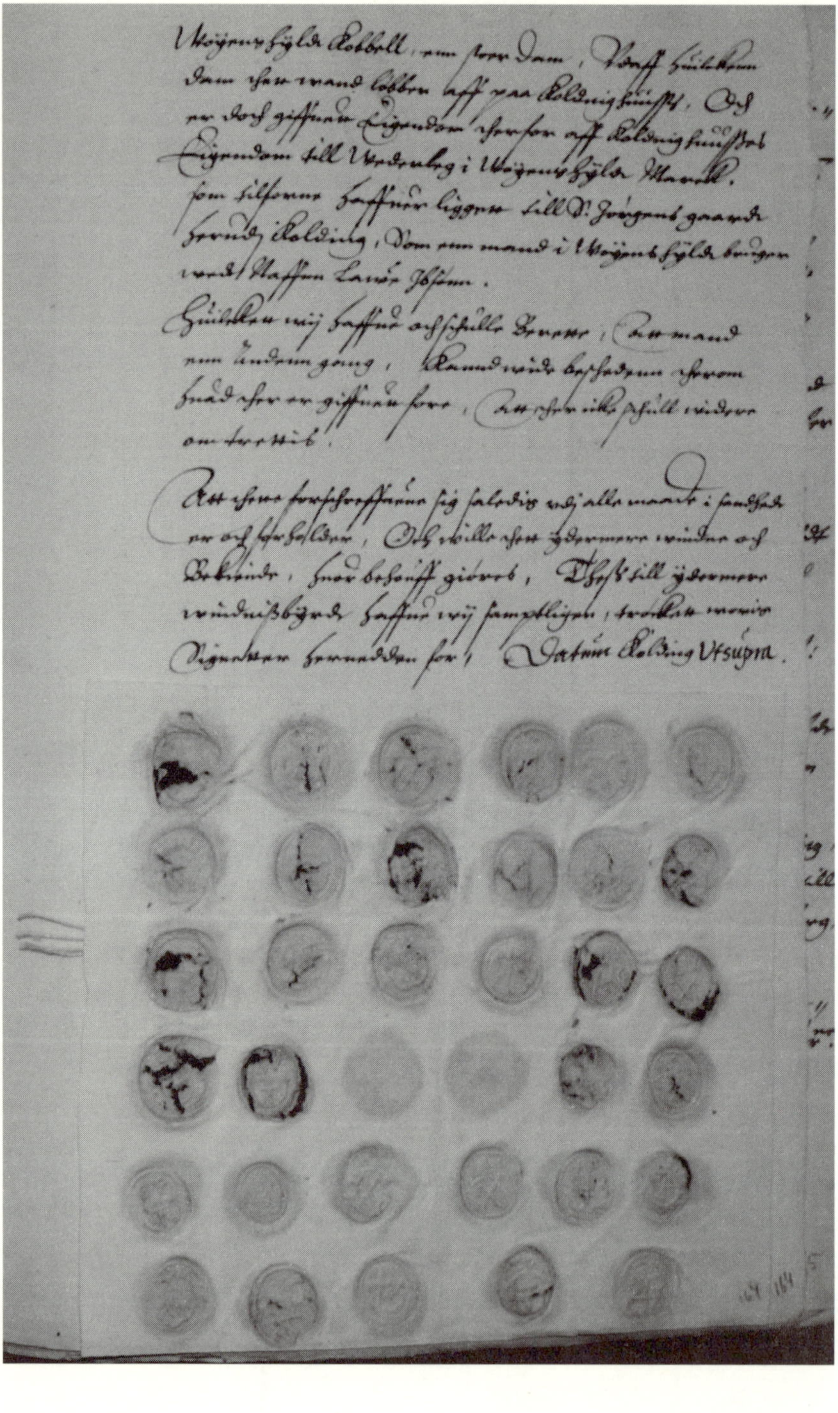

f. 164 recto

Woÿenshÿldt Kobbell, enn stoer Dam, Vdaff huilckenn dam thett wand løbber aff paa Koldinghuusß, Och er doch giffuett Eigendom therfor aff Koldinghuusßes Eigendom till Wederleg i Woÿenshÿldt Marck. som tilforne haffuer liggett till S*anct* Jørgens gaardt herudj Kolding, Som enn mand i Woÿenshÿldt bruger wed Naffen Lawe Jbsønn. Huilckett wij haffue och schulle Berette, Att mand enn Andenn gang, Kannd wide beschedenn therom huad ther er giffuett fore, Att ther icke schull widere om trettis.

Att thette forschreffuene sig saledis vdj alle maade i sandhedt er och forholder, Och wille thett ÿdermere winder och Bekiende, huor behouff giøres, Theß till ÿdermere windnißbÿrdt haffue wij samptligen, trøckett woris Signetter hernedden for, Datum Kolding Vtsupra.

(35 pieces of wax -33 seals)

(f. 164 verso empty)
(f. 164a recto emty)
(f. 164a verso empty)

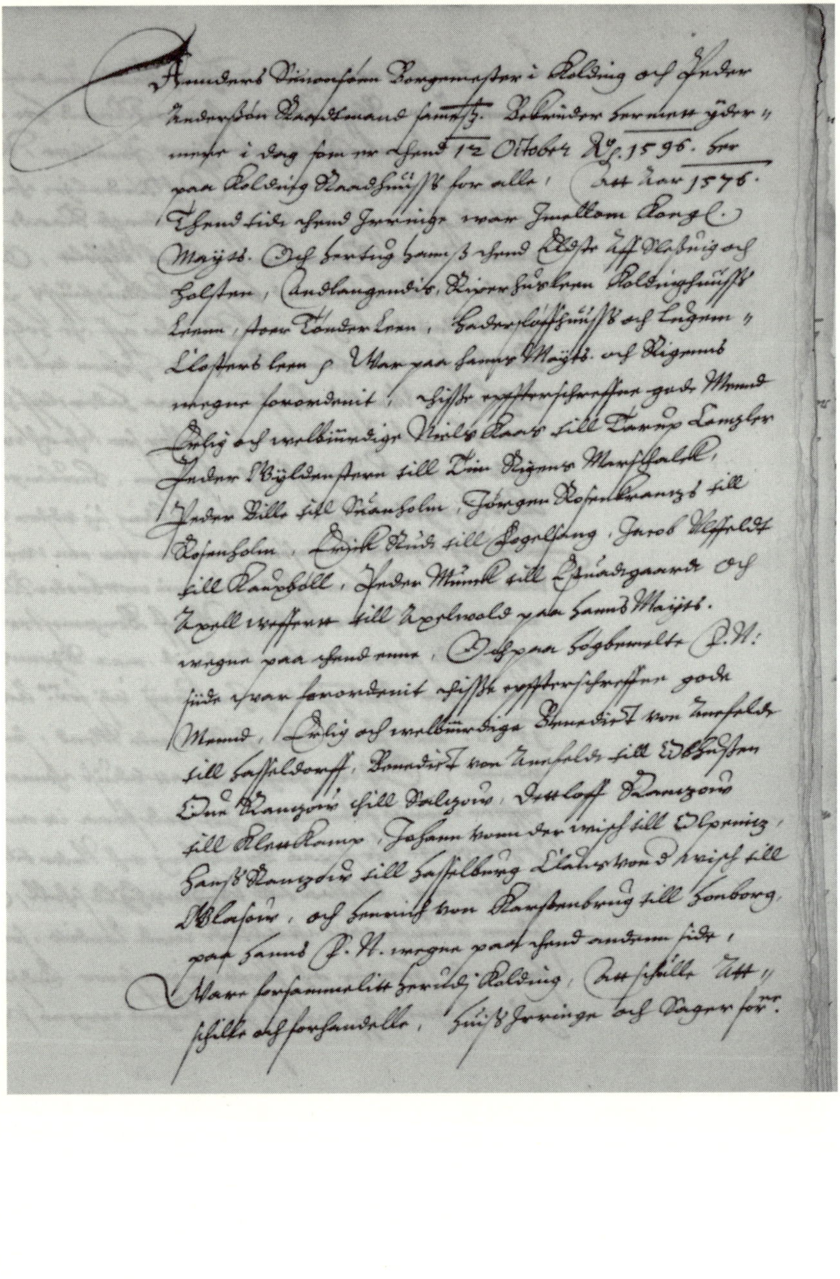

Document II – Testimony – f. 165r-166r

f. 165 recto

Annders Simonsønn Borgemester i Kolding och Peder Anderßøn Raadtmand samest*edtz* Bekiender hermett ÿder// mere i dag som er thend 12 October A*nno* ſ. 1596. her paa Kolding Raadhuusß for alle, Att Aar 1576. Thend tidt thend Jrringe war Jmellom Kong*elig* Maÿ*esta*ts Och hertug hannß thend Eldste Aff Sleßuig och holsten, Andlangendis, Riperhusleen Koldinghuusß Leenn, stoer Tønder Leen, hadersløffhuusß och Lugem// Closters leen ſ War paa hanns Maÿ*esta*ts och Rigenns wegne forordenit, thisße epffterschreffne gode Mennd Erlig och welbiürdige Niels Kaas till Tarup Cantzler Peder Gÿldenstern till Tim Rigens Marschalck, Peder Bille till Suanholm, Jørgen Rosenkrantzs till Rosenholm, Erick Rudt till Fogelsang, Jacob Vlffeldt till Kauxbøll, Peder Munck till Estuadtgaardt Och Axell weffertt till Axelwold paa hanns Maÿ*esta*ts wegne paa thend enne, Och paa høgbemelte F*ørstelige* N*aades* siide war forordenit thisße epffterschreffne gode Mennd, Erlig och welbiürdige Benedict von Anefeldt till hasseldorff, Benedict von Anefeldt till Obhußen Oue Rantzow thill Saltzow, Dettloff Rantzow till KlettKamp, Johann vonn der wisch till Olpenitz, hanß Rantzow till hasselburg Claus von d*er* wisch till Glasow, och henrich von Karßenbrug till honborg, paa hanns F*ørstelige* N*aades* wegne paa thend andenn side, Ware forsammelitt herudj Kolding, Att schulle Att// schille och forhandelle, huiß Jrringe och Sager for*schreffne*

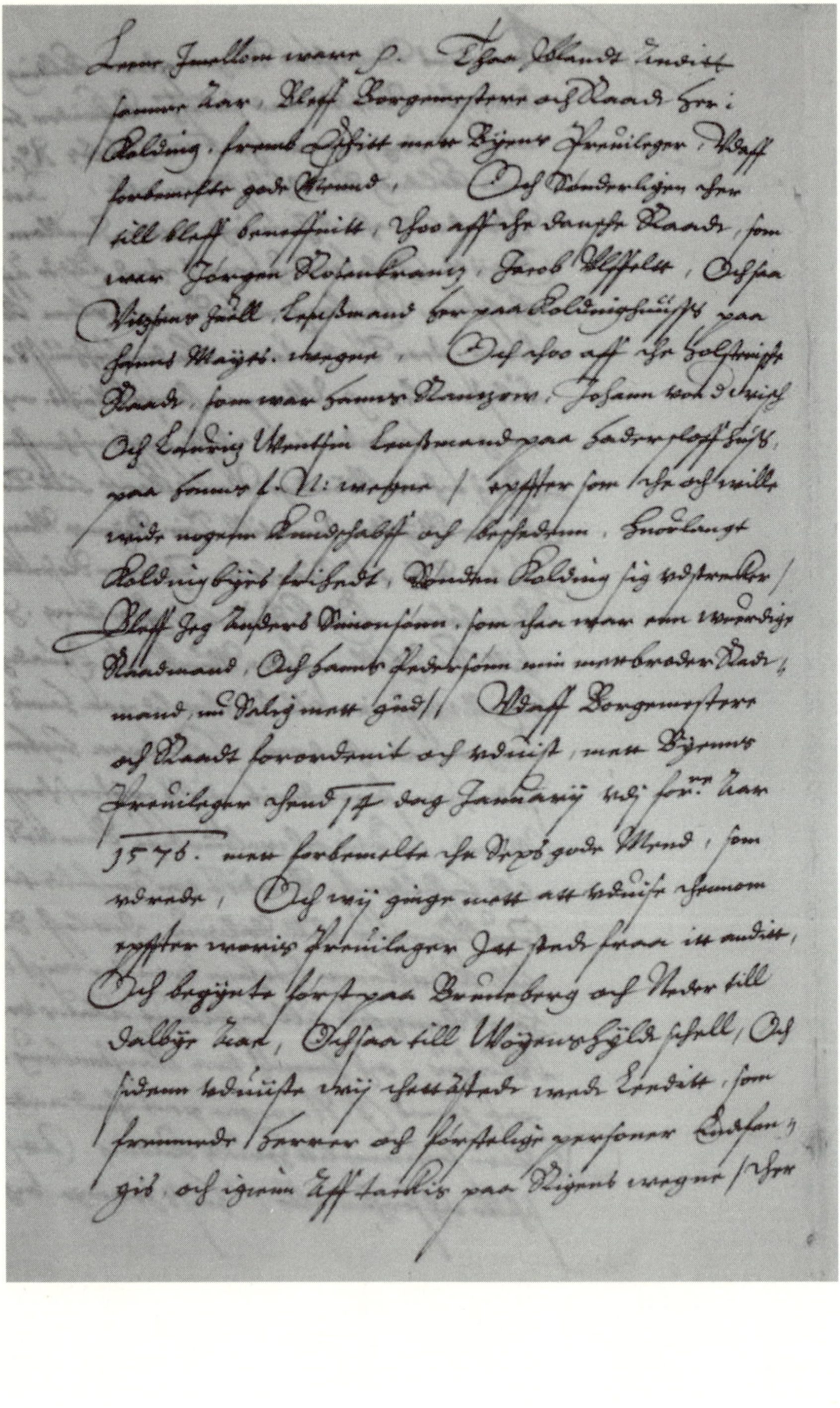

lem Jullem waare h. Thaa stande vndeitt
hanner kar. Bleff Borgemester och Raad her i
Kolding, framb schrifft mett Byens Priuilegier. Bleff
forbemelte gode Mend, Och fornemligen her
till bleff beneffnitt, Thoe aff the danske Raad, som
war Jørgen Rosenkrantz, Jacob Ulffelt, Och saa
Vitzner Jull, Lensmand her paa Koldinghuss paa
hans Maytt. wegne, Och thoe aff the holstenske
Raad, som war hanss Rantzow, Johann von Ditzch
Och Ludwig Ulenthen Lenssmand paa Haderslaff hus,
paa hans f. N. wegne, Effter som the och wille
vide nogen kundschaff och besheden, huorlangt
Koldingbyes frihedt, vnder Kolding sig vdstrecker,
Bleff deg Andres Simonsonn, som thaa war een werdige
Raadmand, Och hanns Frederson min medbroder Raad
mand, m Velig mett gud. Bleff Borgemester
och Raadt forordnit och vduist, mett Byens
Priuilegier then 14 dag Januarij vdj forn. aar
1576. mett forbemelte the thoe gode Mend, som
werede, Och wij ginge mett att vduise thennom
effter wores Priuilegier det stode fraa itt andett,
Och begynte forst paa Brunsberg och Neder till
dalbye Aae, Och saa till Wøyenshøld skell, Och
sidenn vduiste wij thennom vnder Lerditt, som
fremmede herrer och fyrstelige personer Endsen
gis, och igien Effterdi paa Byens wegne, therr

f. 165 verso

Leene Jmellom ware ∫. Thaa Jblandt Anditt samme Aar, Bleff Borgemestere och Raadt her i Kolding, fremb Eschitt mett Bÿens Preuileger, Vdaff forbemelte gode Mennd, Och Sønderligen ther till bleff beneffnitt, thoo aff the dansche Raadt, som war Jørgen Rosenkrantz, Jacob Vlffeltt, Ochsaa Vitzsens Juell, Lenßmand her paa Koldinghuusß paa hanns Maÿ*esta*ts wegne, Och thoo aff the holstenische Raadt, som war hanns Rantzow, Johann von d*er* wisch Och Lauritz Wentsin Lenßmand paa hadersloffhuß, paa hanns *førstelige* N*aades* wegne / epffter som the och wille wide nogenn Kundschabff och beschedenn, huorlangt Koldingbÿes frihedt, Sønden Kolding sig vdstrecker / Bleff Jeg Anders Simonsønn. som thaa war enn wuerdige Raadmand, Och hanns Pedersønn min mettbroder Radt// mand, nu Salig mett gud / Vdaff Borgemestere och Raadt forordenit och vduist, mett Bÿenns Preuileger thend 14 dag Januarij vdj for*schreff*ne Aar 1576. mett forbemelte the Sexs gode Mend, som vdrede, Och wij ginge mett att vduise thennom epffter woris Preuileger Jtt stedt fraa itt anditt, Och begÿnte først paa Bruneberg och Neder till dalbÿe Aae, Och saa till Woÿenschÿldt schell , Och sidenn vduiiste wij thett Astedt wedt Leeditt, som fremmede herrer och førstelige personer Endtfan// gis, och igienn Afftackis paa Rigens wegne / ther

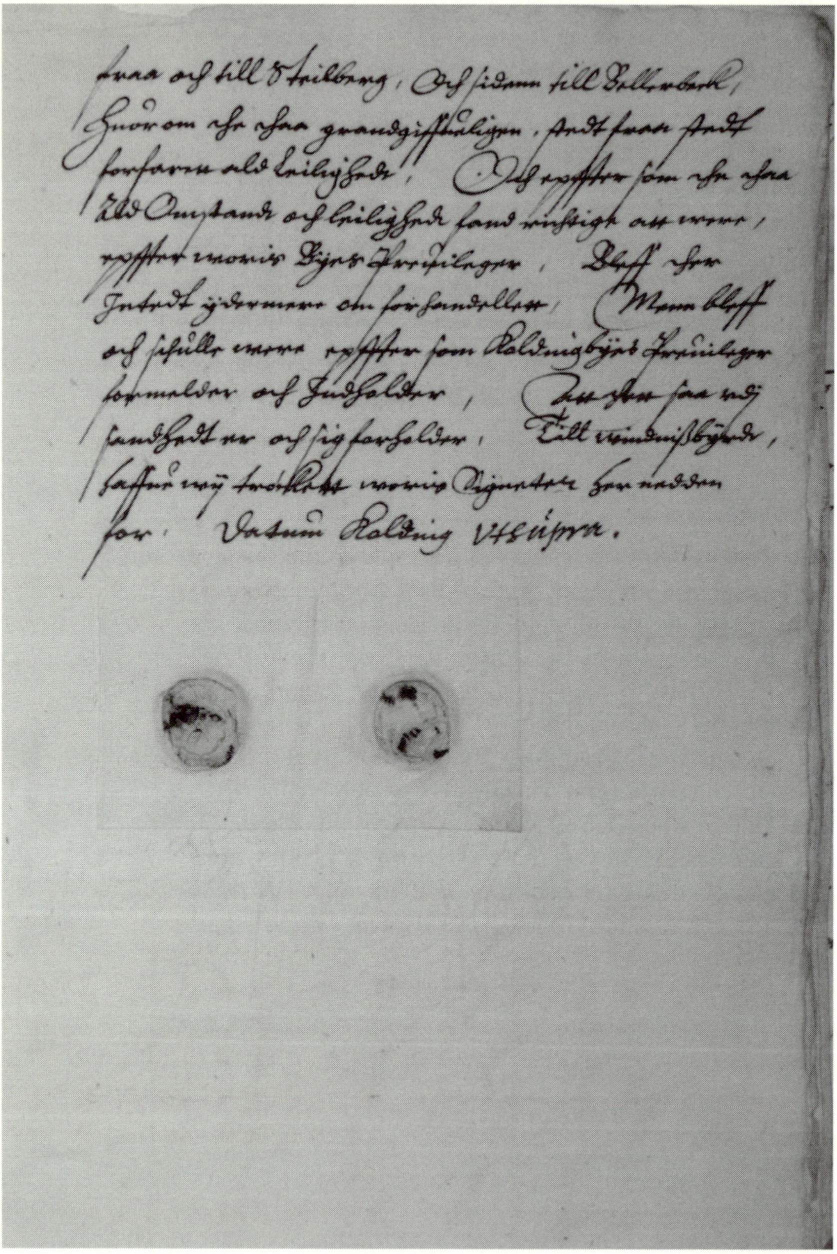

fraa och till Striberg, Och siden till Bellerbeck,
Huorom wi ehre grandgiffueligen, stedt fraa stedt
forfaren ald Leilighed, Och effter som wi ehre
ald Omstand och Leilighed fand richtigt att were,
effter woris Bÿrt Forreilinger, Bleff ehr
Intredt ÿdermere om forhandlet, Men bleff
och skulle were effter som Koldingbÿrt Forreilinger
formelder och Indholder, Att ehr saa wij
sandhedt er och sig forholder, Till windisbÿrd,
haffue wÿ trøkket woris Signeter her neden
for. Datum Kolding ut supra.

f. 166 recto

fraa och till Steilberg, Och sidenn till Bellerbeck, Huor om the thaa grandgiffueligen, stedt fraa stedt forfarett ald Leilighedt, Och epffter som the thaa Ald Omstandt och leilighedt fand richtige att were, epffter woris Bÿes Preuileger, Bleff ther Jntedt ÿdermere om forhandellett, Menn bleff och schulle were epffter som Koldingbÿes Preuileger formelder och Jndholder, Att thett saa vdj sandhedt er och sig forholder, Till windnißbÿrdt, haffue wij trøckett woris Signeter her nedden for. Datum Kolding Vtsupra.

(2 seals)

(f. 166 verso empty)

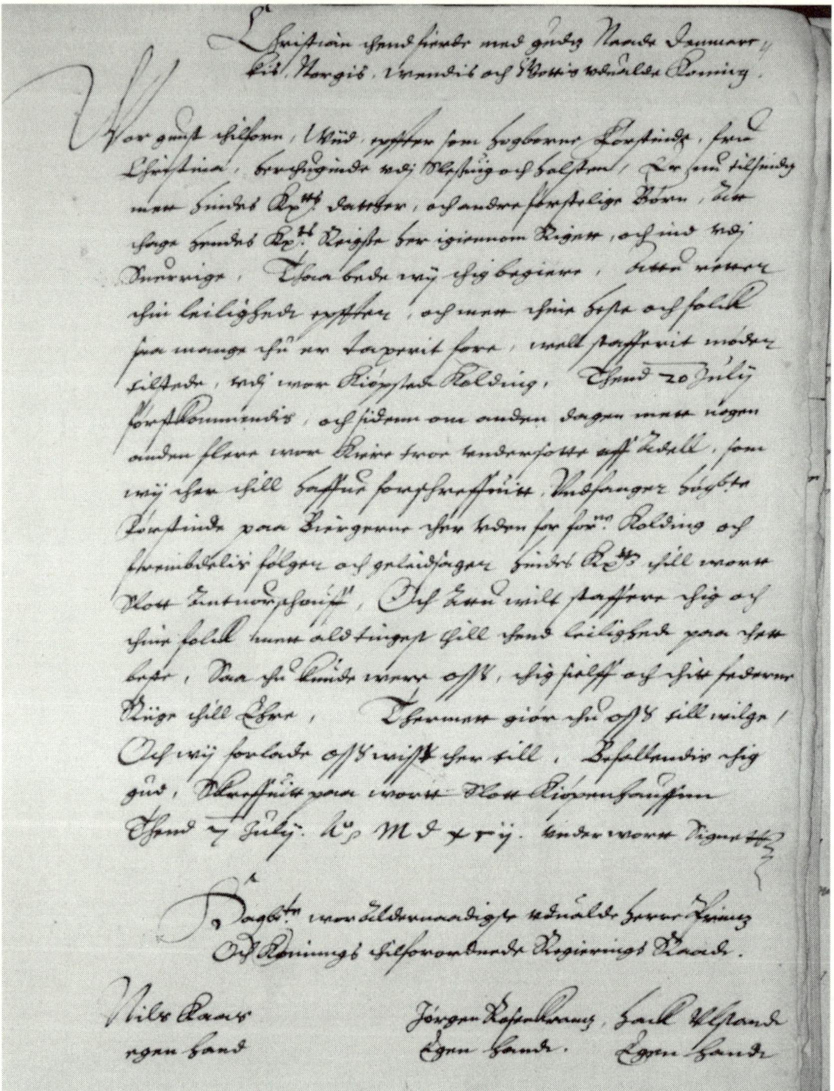

Christian thend fierde met gudz Naade Danmarck, Norgis, Vendis och Gottis vdualde Koning.

Vor gunst tilforn, Vid, effter som høgborne Førstinde, fru Christina, hertoginde vdi Slesuig och holsten, Ehr hun tilsinds met hindis K. M. dotter, och andre førstelige Børn, der sige hindis K. M. Reigse hen igiennom Riget, och ind vdi Suerrige, Thaa bede vij thig begierendis, att du effter thin leilighed effter, och met thine heste och folk saa mange thu er beredt fore, vill staffereit møde tilstede, vdi vor Kiøpstad Kolding, Thend 20 July förskommendis, och siden om anden dagen met negen andre fleer vor Kiere troe vndersotter aff Adell, som vij ther till haffue forskreffuit, vndfange högb(or)ne Førstinde paa grentzen ther heden for for(ne) Kolding och fremdelis følger och geleidsager hindis K. M. till vort Slott Antvorskouff, Och hun vill stafferer thig och thin folk hues all tingest till thend leilighed paa thett beste, Saa thu kunde vere oss, thig selff och thit federne Rige till Ehre, Therudi gior thu oss till vilge, Och vij forlade oss vist ther till. Befallendis thig gud. Skreffuit paa vort Slott Kiøbinghaffn Thend 7 July. Ao MDxcij. Vnder vort Signett.

Högb(or)ne vor elskelige vdualde herre Prins och Konings tilforordnede Regierings Raad.

Niels Kaas
egen hand

Jørgen Rosenkrantz
Egen hande.

Hack Vlfstand
Egen hande

Document III – Royal instruction – f. 167r

f. 167 recto

Christian thend fierde med gudtz Naade Danmarc// kis, Norgis, wendis och Gottis vdualde Koning.

Wor gunst thilfore, Wiid epffter som hogborne Førstinde, fru Christina, herthuginde vdj Sleßuig och holsten, Er nu tilsindtz mett hindes K*ongelige Maÿesta*tts datther, och andre førstelige Børn, Att thage hendes K*ongelige Maÿesta*ts Reigße her igiennom Rigett, och ind vdj Suerrige, Thaa bede wij thig begiere, Attu retter thin leilighedt epffter, och mett thine heste och folck saa mange thu er taxerit fore, well stafferit møder tilstede, vdj wor Kiøpstedt Kolding, Thend 20 Julij førstkommendis, och sidenn om anden dagen mett nogen anden flere wor Kiere troe vndersotte aff Adell, som wij ther thill haffue forschreffuitt, Vndfanger høgb*emel*te Førstinde paa Biergerne ther vden for for*schreff*ne Kolding och frembdelis følger och geleidsager hindes K*ongelige Maÿesta*ttz thill wortt Slott Antuorschouff, Och Attu wilt staffere thig och thine folck mett aldtingest thill thend leilighedt paa thett beste, Saa thu kunde were oßß, thig sielff och thitt federne Riige thill Ehre, Thermett giør thu oßß till wilge / Och wij forlade oßß wißß ther till, Befallendis thig gud, Skreffuitt paa wortt Slott Kiøpenhauffen Thend 7 Julij. A*nn*o ∫ Mdxcij. vnder wortt Signett

Hagbe*mel*te wor Aldernaadigste vdualde herre Printz Och Koninngs thilforordnede Regierings Raadt.

Nils Kaas	Jørgen Rosenkrantz,	hack Vlstandt
egen hand	Egen handt.	Egen handt

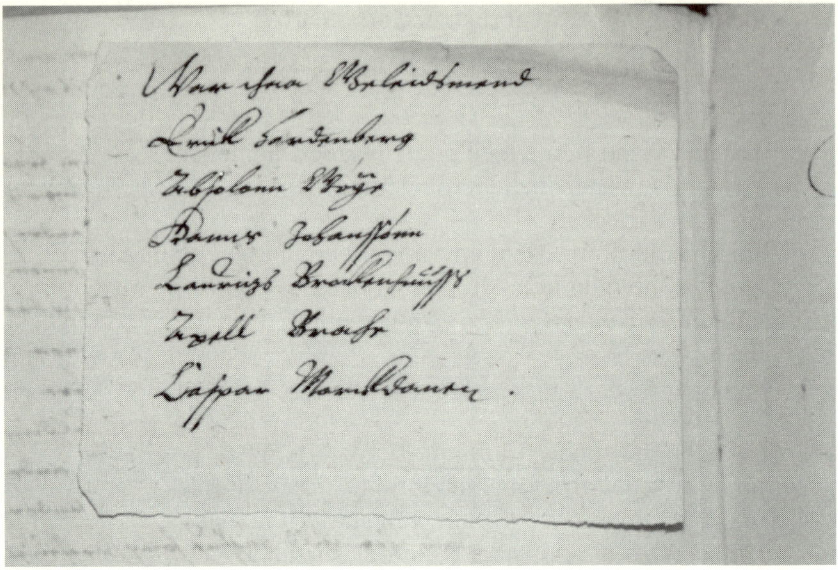

Document IV – List – piece of paper on f. 167v

f. 167 verso

War thaa Geleidsmend
Erick hardenberg
Absolonn Gøÿe
Hanns Johanssønn
Lauritzs Brockenhuusß
Axell Brahe
Caspar Marckdaner.

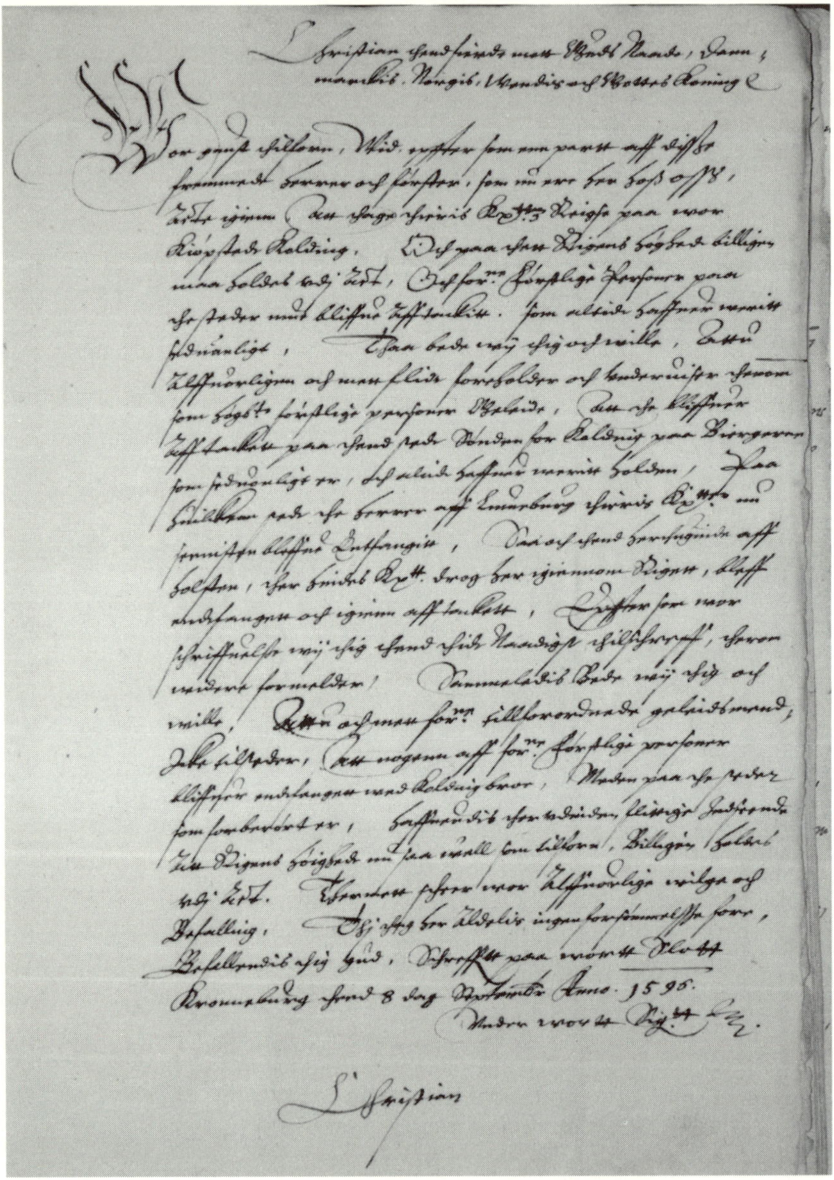

Document V – Royal instruction – f. 168r

f. 168 recto

Christian thend fierde mett Guds Naade, Dann// marckis, Norgis, Wendis och Gottes Koning

Wor gunst thilfore, Wid epffter som enn partt aff dißße fremmede herrer och førster, som nu ere her hoß osß, Acte igienn, Att thage thieris K*ongelige Maÿesta*ttz Reigse paa wor Kiøpstedt Kolding, Och paa thett Rigens høghedt billigen maa holdes vdj Act, Och for*schreff*ne Førstlige Personer paa the steder mue bliffue Afftackitt. som altidt haffuer weritt seduanligt, Thaa bede wij thig och wille, Attu Alffuorligen och mett flidt foreholder och vnderuiser then*n*om som høgb*emel*te førstlige personer Geleide, Att the bliffuer Afftackett paa thend stedt Sønden for Kolding paa Biergerne som seduonligt er, och altidt haffuer weritt holden, Paa huilckenn stedt the herrer aff Luineburg thieris K*ongelige Maÿesta*tten nu sennisten bleffue Entfangitt, Saa och thend herthuginde aff holsten, ther hindes K*ongelige Maÿesta*tt drog her igiennom Rigett, bleff endtfangett och igienn afftackett, Epffter som wor schriffuelßße wij thig thend thidt Naadigst thilschreff, therom widere formelder, Sammeledis Bede wij thig och wille, Attu och mett for*schreff*ne tillforordnede geleidsmend, Jcke tilsteder, Att nogenn aff for*schreff*ne Førstlige personer bliffuer endtfangett wed Kolding broe, Meden paa the steder som forberørt er, haffuendis ther vdinden flittige Jndseende Att Rigens høighedt nu saa well som tilfore, Billigen holdes vdj Act. Thermett scheer wor Alffuorlige wilge och Befalling, Thj thag her Aldelis ingen forsømmelsßße fore, Befallendis thig gud, Schreff*ui*tt paa wortt Slott Kronneburg thend 8 dag Septemb*er* Anno. 1596. Vnder wortt Sig*ne*tt.

Christian

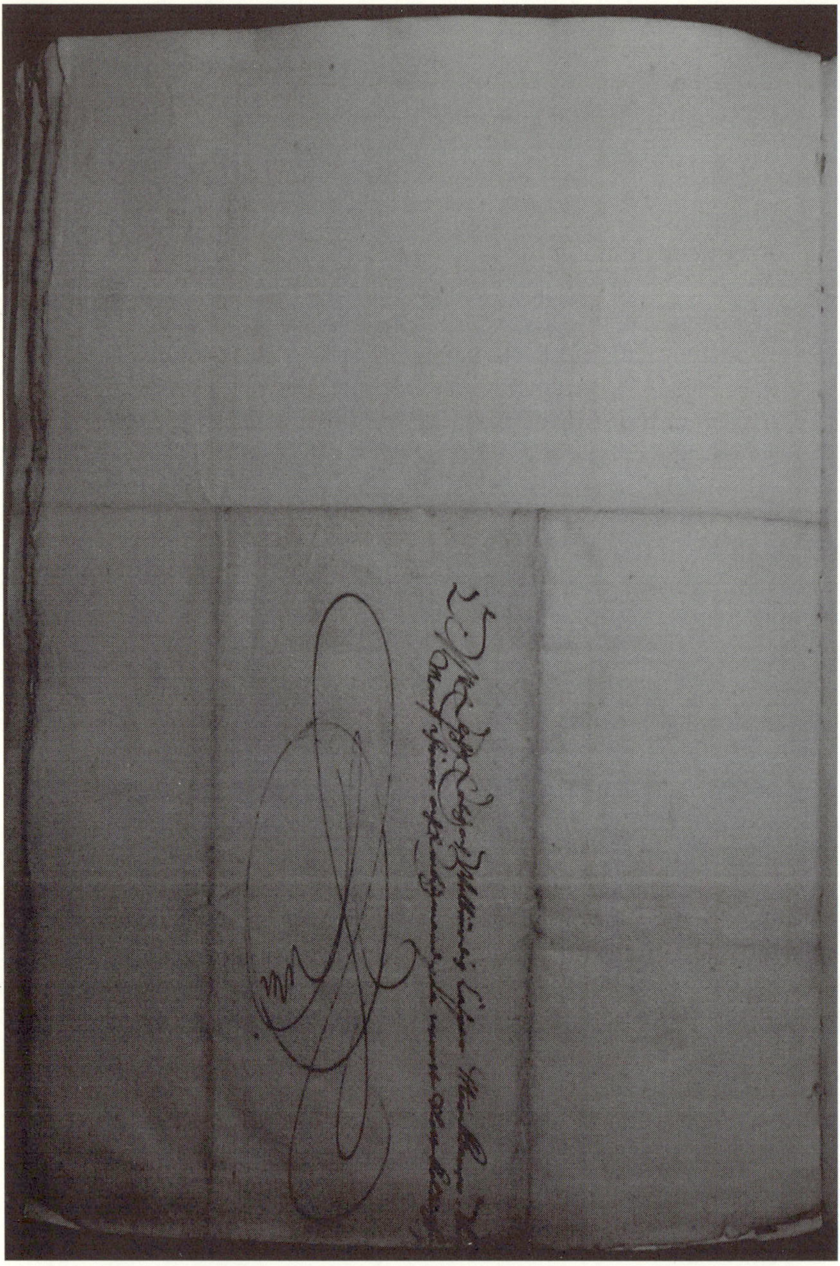

(f. 169 recto empty)

Document VI – Address – f. 169v

f. 169 verso

0sß Elsche Erlig och Welbiürdig Caspar Marckdaner, Vor
Mand thiener och Embitzmand paa wortt Slott Koldinghu[usß]

(f. 170 recto empty)

Document VII – Address – f. 170v

f. 170 verso

Osß Elsk*ed*e Erlig och Welbiurdige Caspar Marckdaner, w[or] Mand Thiener och Embitzmand Paa wortt Slott Kolding[huusß]

Literature

Briquet, C.M. 1968. *Les filigranes. Dictionnaire historique des marques du papier dès leur apparition vers 1282 jusqu'en 1600*, 4 vols. Amsterdam: Paper Publications Society.

Kalkar, O. 1976. *Ordbog til det ældre Danske Sprog (1300-1700),* København: Akademisk Forlag.

Lindeboom, G. & Sayyed, U.N.V. 2005. Kolding bys bog - A codicological review of the townbook of Kolding. *Amsterdamer Beiträge zür Älteren Germanistik*, 60, p.215-234.

Piccard, G. 1970. *Die Turm-Wasserzeichen*. Stuttgart: Kohlhammer.

Sporhan-Krempel, L. 1952. *Ochsenkopf und Doppelturm: die Geschichte der Papiermacherei in Ravensburg.* Stuttgart: Stähle & Friedel.

Landsarkivet for Nørrejylland in Viborg:
Kolding bys bog - D14-258.
Transcription of *Kolding bys bog* by Georg Chistensen - H7(812)-1.

Amsterdamer Beiträge zur älteren Germanistik 62 (2006), 99-121

ZUR ALTOSTNORDISCHEN KARLS- UND DIETRICHDICHTUNG

von Susanne Kramarz-Bein — Münster

1. *Einleitung*

Die mittelalterliche skandinavische Überlieferung aus dem Karls- und Dietrich-Stoffkreis ist am umfänglichsten aus dem altwestnordischen (i.e. altnorwegischen und altisländischen) Sprach- und Kulturraum erhalten. Hier repräsentieren zum einen die ursprünglich altnorwegische *Karlamagnús saga ok kappa hans* (Unger 1860 [krit. Ausg.]/Togeby & Halleux 1980, *Karlamagnús saga* [neueste krit., zweispr. Ausg., enthält aber nur die Branchen I, III, VII und IX]) und zum zweiten die altnorwegische *Þiðreks saga af Bern* (Unger 1853 [krit. Ausg.] und Bertelsen 1905-11 [krit. Ausg.]) die umfangreichsten Prosa-Zeugnisse der jeweiligen Stofftradition. Die hier behandelten altostnordischen Zeugnisse entstanden jeweils als Übersetzungen der altwestnordischen Vorlagen, dies aber mit spezifischen Akzentuierungen und Interessen. Die ostnordischen Überlieferungen über Karl den Großen und Dietrich von Bern in dieser Konstellation gemeinsam zu betrachten, bietet sich nicht zuletzt deshalb an, weil diese beiden Sagen- und Stoffkreise in der altwestnordischen Literaturtradition als (in etwa gleich umfängliche) zentrale Dokumente eines gemeinsamen literarischen Entstehungsmilieus zu betrachten sind und innerhalb dieses Milieus auch ideelle Affinitäten aufweisen; hier gehören *Karlamagnús saga* und *Þiðreks saga* zusammen mit anderen Sagas aus dem arthurischen Stoffkreis in den weiteren Kontext der ursprünglich altnorwegischen sog. **'übersetzten Riddarasögur'** **(Rittersagas)** des Typs *matière de France* bzw. *matière d'Allemagne* (Leach 1921), die beide um die Mitte des 13. Jh.s einem kontinental orientierten höfisch-literarischen Entstehungsmilieu zugehören, das von dem norwegischen König **Hákon IV. Hákonarson (reg. 1217-1263)** im Rahmen von dessen Kultur- und Bildungspolitik gewichtige Impulse empfing. Für den hier zu behandelnden ostnordischen Literaturkontext ist von Bedeutung, dass etablierte Helden des westnordischen höfischen Stoffkreises wie Parzival, Dietrich von Bern und der tapfere Roland des Karls-Stoffkreises auch im ostnordischen höfischen Kontext, hier zunächst am Osloer Eufemia-Hof des ausgehenden 13./

beginnenden 14. Jh.s etabliert und geschätzt waren und gerne zum Helden- und Herrschervergleich herangezogen wurden. Dies belegt die (endgereimte) Eufemiavisa *Herra Ivan Lejonriddaren* (1303), wenn hierin herra Ivans kämpferische Überlegenheit bzw. Tapferkeit zum Heldenvergleich mit den o.g. etablierten kontinental-europäischen Helden herangezogen wird und diesen nicht scheuen muss: "herra Percefal oc Diderik van Bærna / them bestodhe han [herra Ivan] nw badhom gærna" (V. 555f.) bzw. "huath man sigher aff Roland / han giordhe ey mera medh sinne hand / a runzefal tha han var thær / æn herra Iwan giordhe hær" (V. 2521-2524). Außerdem wird im Prolog des *Herra Ivan* (Vv. 15-18) ein Herrschervergleich Kaiser Karls mit König Artus angestellt, dies insbesondere unter dem Aspekt des löblichen Einsatzes in der Heidenmission (Herr Ivan: Noreen 1931). Die mehrfache kollektive Nennung bzw. Behandlung des Dietrich- und Karlsstoffes mit den zugehörigen Helden unterstützt deren aus dem westnordischen Bereich geläufige Zusammengehörigkeit auch für den ostnordischen Kontext, wenngleich die kulturellen Vermittlungsschienen in beiden Fällen unterschiedlich waren, im westnordischen Bereich über angevinische Kulturvermittlung (darunter als 'Initialzündung' vor allem die höfische *Tristrams saga* von - laut Prolog - 1226), im ostnordischen Raum via (nord)deutschen Kulturtransfer. Im Unterschied zum Altwestnordischen, insbesondere Altnorwegischen, lassen sich höfische Kulturtraditionen für den altostnordisch/altschwedischen Kulturraum erst für die zweite Hälfte des 13. Jh.s bis zur Mitte des 14. Jh.s reklamieren, dies unter der Ägide der Folkungarkönige Valdemar (1266-1275) und Magnus Ladulås (1275-1290), wobei sich in Schweden eine entsprechende höfische Gesellschaftsschicht nach kontinental-deutschem Vorbild erst sukzessive entwickelte. In Schweden ist die höfische Literatur nachhaltig mit dem Namen der (deutschstämmigen) Literaturförderin Eufemia von Arnstein verknüpft, die durch Heirat des norwegischen Thronfolgers Hákon V. Magnússon im Jahr 1299 einerseits dynastisch mit Norwegen verbunden, aber andererseits nachhaltig an deutschen literarischen Vorbildern orientiert war, und dies bedeutete gegenüber der westnordischen Sagaprosa zugleich eine Bevorzugung des Endreims, genauer: paarweise gereimter Knittelverse in den von Eufemia in die altschwedische Literatur eingeführten, nach ihr benannten höfischen *Eufemiavisor*. In einer jüngeren Publikation hat Stefanie Würth (1997) Grundlegendes zu diesem ostnordischen literarischen Milieu des Osloer Eufemiahofes beigetragen; auf sie wird hier Bezug genommen. Im Hinblick auf die interskandinavischen dynastischen Verbindungen des ausgehenden 13. und beginnenden 14. Jh.s ist von Bedeutung, dass für Eufemias und Hákons V. Tochter (und norwegische Prinzessin) Ingebjørg[1] im Jahr 1302 zunächst die Verlobung mit dem 'höfischen' schwedischen Herzog Erik Magnusson vereinbart wurde, die im Jahr 1312 zur Hochzeit führte, dies zu einer Zeit, als sich die altschwedische Literatur in ihrer ca. 20 Jahre währenden ersten höfischen Phase befand. Von kulturpolitischer Relevanz ist nun die Annahme, dass die höfischen *Eufemiavisor* (als Verlobungs- bzw. Hochzeitsgeschenk) hiermit in Verbindung zu bringen sind, wie S. Würth in dem o.g. Aufsatz überzeugend herausgearbeitet und zugleich die literarischen Besonderheiten der ostnordischen Tradition (nämlich paarweise gereimte Knittelverse nach deutschem Vorbild versus westnordische Prosa) von der westnordischen abgesetzt hat (2000, 276-281). Als Quintessenz rundet sich das Bild des dynamischen interskandinavischen Kulturtransfers im 13. und beginnenden 14. Jahrhundert nicht zuletzt damit ab, dass die beiden höfisch-literarischen Milieus (das altnorwegische Bergenser des 13. Jh.s und das altschwedisch-Osloer des beginnenden 14. Jh.s) in der Generation der Urenkelin Prinzessin Ingebjørg Hákonardóttir dynastisch miteinander verbunden sind (vgl. Anm. 1).

Ebenfalls im Rekurs auf dieses literarische Milieu von Eufemias Osloer Hof hatte bereits 1991 Bengt R. Jonsson weitreichende neue Thesen für eine Frühdatierung des Balladengenres aufgestellt, indem er dessen Entstehung in Zusammenhang mit Eufemias Hof brachte (sog. 'Oslo-Theorie'), also mit dessen Entstehung zwischen 1300 - ca. 1320 erheblich früher datierte als traditionell üblich (Jonsson 1991, bes. 151-155; kritisch gegenüber Jonsson und dessen Oslo-Theorie aber aktuell Layher 1999).[2] Im Zusammenhang dieses Beitrags zur ost-

---

[1] Ingebjørg Hákonardóttir ist zugleich Urenkelin des norwegischen Königs und Kulturvermittlers der Riddarasögur, Hákon IV. Hákonarson, der in seiner Regierungszeit (1217-1263) den 'Import' der sog. 'übersetzten Riddarasögur', zu denen neben Saga-Adaptionen aus dem arthurischen Stoffkreis u.a. auch die altwestnordische *Karlamagnús saga* und die *Þiðreks saga* gehören, anregte und förderte und damit die höfische Phase in der norwegischen Literatur des 13. Jh.s initiierte. Zu Hákons IV. literarischem Milieu vgl. aktuell Kramarz-Bein 2002. Zu den norwegischen Königinnen, und darunter vor allem Eufemia, vgl. auch Koht 1926:267-277.

[2] William Layher hat sich in seiner PhD-Arbeit über Königin "Eufemias Legacy" mit dem ostnordischen literarischen Eufemia-Milieu befasst (1999: 1-14), aber spezieller auch mit der altostnordischen Text/Bild-Tradition. Diesbezüglich untersuchte er Bezüge zwischen der spätmittelalterlichen Balladendichtung und entsprechenden

nordischen Karls- und Dietrich-Dichtung sind die Ergebnisse zum Osloer Eufemiahof insofern von Relevanz, als sie Substantielles zum ostnordischen höfischen Kultur- und insbesondere Literaturmilieu des frühen 14. Jh.s beitragen können, dessen spätere Ausläufer wiederum auch die hier behandelten Texte des 15. Jh.s und damit das literarische Milieu des Hofes von Karl VIII. Knutsson (Bonde, 1408 od. 1409-1470, dazu unter VI.) betreffen.

Eufemias Schwiegersohn, Herzog Erik Magnusson (gest. 1319), war zu Beginn des 14. Jh.s ein in Skandinavien politisch einflussreicher Herrscher. In der ihm zugeeigneten altschwedischen *Erikskrönika* (ca. 1320/21) wird er - den kulturellen Modeerscheinungen der Zeit gemäß - "als Inkarnation des höfischen Ideals geschildert" (Würth 2000: 278), was sich u.a. an ihm attestierter besonderer Freigebigkeit ablesen lässt. Ein Zusammenhang zu der hier interessierenden ostnordischen Dietrich- und Karlsdichtung ergibt sich nicht zuletzt auch über die *Erikskrönika*, in deren Prolog über Schweden (wohl kaum zufällig) ein Heldenvergleich zwischen den einheimischen Helden und Dietrich von Bern in der Absicht vorausgeschickt wird, deren Ebenbürtigkeit mit dem berühmten Berner Helden zu propagieren: "godha tiägna finder man ther [= in Schweden] / ridderskap ok häladha godha / the Didrik fan berner vel bestodo" *Erikskrönikan* (Pipping 1963: Vv. 18-20).

Eine Zusammengehörigkeit der Dietrich- und Karls-*matière* nicht nur im westnordischen, sondern auch im ostnordischen Literaturraum - dies wiederum ähnlich wie in deren westnordischem Milieu- bzw. Schulkontext des 13. Jh.s - lässt sich auch damit begründen, dass Übersetzungsarbeiten wie die altschwedische *Didriks Krönika* und die altdänische *Karl Magnus' Krønike* sich an ähnlichen Übersetzungs- bzw. Kompositionsprinzipien und einem ähnlichen Stilideal orientieren, die auch genereller für das Ostnordische, und dies auch in späterer Zeit des literarischen Milieus an Karls VIII. Hof Hinweise auf eine dem oben skizzierten Eufemiahof vergleichbare Milieu- bzw. Schulzugehörigkeit erlauben (s. unter VI.). In seiner Dissertation über die *Didriks Krönika* stellte Bengt Henning (1970) nicht zuletzt auch beim Ver-

---

Bildtraditionen in der spätmittelalterlichen Wandmalerei, insbesondere in schwedischen Kirchen. In diesem Zusammenhang warnte er (1999: 46-73) zurecht eindringlich davor, die Bilddokumente, z.B. diejenigen in Floda kyrka (ca. 1480-1500), zu leichtfertig mit der wesentlich jüngeren Balladendichtung aus dem Karls- und Dietrich-Stoffkreis zu identifizieren, da zwischen beiden eine Zeitspanne von mehreren Jahrhunderten liegen kann.

gleich mit dem (hier ebenfalls relevanten) schwedischen *Karl Magnus*, aber auch mit der dänischen *Karl Magnus' Krønike* ähnliche Übersetzungs- bzw. Kompositionsprinzipien fest. Hiermit bestätigte er erstens P. Lindegård Hjorths (1965: 35, 49, 59f.) Ergebnisse bezüglich der Übersetzungs- und Kompositionsmethode der dänischen Karlsdichtung auch für die altschwedische *Didriks Krönika* und machte zweitens zugleich charakteristische Übereinstimmungen zwischen den Übersetzungen aus dem Dietrich- und Karlsstoffkreis aus, die generellere Rückschlüsse auf die im ostnordischen Literaturraum angewandten Übersetzungsprinzipien zulassen. Solche bestanden z.B. in der Kürzung/Eliminierung von Digressionen/Dubletten und in der Verbesserung ihrer jeweiligen (westnordischen) Vorlagen (d.h. konkret der *Karlamagnús saga* und *Þiðreks saga*) im Hinblick auf Komposition und dies mit der Zielsetzung größerer Stringenz (Henning 1970: 61-63, 96, 99, 102f., 124f., 164f.,188f., 199, 278).

2. *Zur altostnordischen Karlsdichtung*

Nach allgemeinem Forschungskonsens besteht die altostnordische (i.e. altdänische und altschwedische) Überlieferung über Karl den Großen und seine zwölf *pairs* im wesentlichen aus einer altschwedischen (*Karl Magnus*) und einer altdänischen (*Karl Magnus' Krønike*) Bearbeitung der a-Version der altwestnordischen *Karlamagnús saga*, die hinsichtlich der angewandten Übersetzungs- und Kompositionsmethoden charakteristische Übereinstimmungen aufweisen (Henning 1970: 164f.; Lindegård Hjorth 1965: 35, 49, 59f.).

2.1 Zur altdänischen *Karl Magnus' Krønike*

Die altdänische *Karl Magnus' Krønike* (älteste Handschrift ist die jütische Børglum-Handschrift von 1480, gedruckte Editionen von 1509, 1534 sowie zahlreiche Nachdrucke) bietet eine zwar gekürzte, aber insgesamt stringente Gesamtübertragung der a-Version der altwestnordischen *Karlamagnús saga*. Der dänischen Krønike liegt wiederum eine ursprünglichere a Version als die uns bekannten zugrunde, somit bietet sie sich als geeignete Kontrollinstanz für die ursprünglich im verlorenen Ende der a-Version der altwestnordischen Saga vorhandenen Episoden an (u.a. über Vilhjálmr korneis; Lindegård Hjorth 1960: IXf. und Aebischer 1957: 145-179). Im Hinblick auf die allgemein als solche anerkannte altwestnordische *Karlamagnús saga* als Hauptquelle stellte schon die ältere Forschung (so Storm, 1874: 161) bei sprachlichen Detailuntersuchungen Svecismen fest und plädierte daher neben dieser altwestnordischen Hauptquelle für eine verlorene altschwedische Bearbeitung als Nebenquelle. Eine solche altschwedische Vorlage war Storms Meinung nach ursprünglich vollständiger als die heute nur noch in den beiden Branchen VII und VIII erhaltene altschwedische *Karl Magnus*-Version (vgl. II.2). Dieser Meinung schloss sich das Gros der Forschung an, wobei allerdings über die Beschaffenheit dieses ursprünglichen *Karl Magnus* nur Mutmaßungen angestellt werden können. Die Bedeutung der dänischen *Karl Magnus' Krønike* auch für die westnordische Überlieferung besteht vor allem darin, dass sie Versionen des in der a-Version verlorenen, nur in der b-Version und eben in der *Karl Magnus' Krønike* erhaltenen, Sagaendes sowie in ihrem 8. Kapitel einen Ausblick auf Ogiers/Holgers weitere Heldenkarriere gibt, die sich von den anderen erhaltenen Versionen dieses Stoffes auf charakteristische Weise unterscheidet. Die III. Branche der *Karlamagnús saga* und entsprechend auch die *Karl Magnus' Krønike* überliefern darüber hinaus die von der späteren ostnordischen Balladen-Tradition aufgegriffene **Burnament**-Episode. Hierbei handelt es sich um die Erzählung des siegreich endenden Zweikampfes des dänischen Karls-Helden Holger gegen den mit trollhaften Zügen versehenen Gegenspieler Burnament, wobei Holgers Sieg zugleich die Königstochter Gloriant vor der drohenden Verheiratung mit dem Troll rettet (zur Ballade vgl. auch unter IV.). Diese Branche über den Karlshelden Ogier/Holger war für die dänische Überlieferung deshalb von besonderem Interesse, da es sich bei diesem, auch bereits in der romanischen Quelle explizit als Dänen verorteten, Karlshelden um den dänischen Nationalhelden par excellence handelt, so dass die Vermutung eines (proto)nationalen Interesses speziell an diesem Stoff naheliegt.

Pointierter als in der westnordischen Vorlage fallen die Erzählerkommentare des Spions in der VII. Branche der *Karl Magnus' Krønike* aus (Lindegård Hjorth 1960: 270-276), wobei der hier als "Sriffueren" bezeichnete Spion König Hugon schriftlich Auskunft über die Angebereien der "jaffninnge" geben muss. In der VII. Branche der ostnordischen Version verlobt sich Oliver mit Hugons Tochter und heiratet sie nach seiner Heimkehr; damit werden in der dänischen Krønike die (zweifellos publikumswirksamen) Zweideutigkeiten gerade dieses gabbs/dieser Prahlerei zurückgenommen. Außerdem nimmt die *Karl Magnus' Krønike* bezüglich des Erzbischofs Turpin Modifikationen gegenüber ihrer westnordischen Vorlage vor, dies betrifft z.B. geänderte Rollenverteilungen zwischen Aegidius und dem Erzbischof. Weitere Änderungen betreffen das

Figuren- und Namenarsenal der *Karl Magnus' Krønike*. Während der Held der 'Diebesaventiure' in der ersten Branche der altwestnordischen Saga den romanischen Namen seiner Quelle *Basin* trägt, heißt der entsprechende Dieb und Karls-Begleiter in der dänischen Krønike *Alegast*, dies wiederum in charakteristischer Übereinstimmung mit den mhd. und mndl. Namenformen Alegast (im *Karl Meinet*) bzw. Elegast (in *Karel ende Elegast*).[3] Berührungspunkte zwischen den niederländischen und altdänischen Überlieferungen ergeben sich nicht zuletzt auch dadurch, dass die dänische Krønike relativ früh (1509, 1534) in Kopenhagen von dem niederländischen Buchdrucker Gotfred/Govert van Ghemen gedruckt wurde, was der dänischen Version zur weitaus größten Popularität unter den skandinavischen Versionen des Karlsstoffes verhalf (Storm 1874: 162, 164f.).

2.2 Der altschwedische *Karl Magnus*

Der altschwedische *Karl Magnus* umfasst in der erhaltenen Form lediglich die beiden Branchen VII (über die Jerusalemfahrt des Kaisers) und VIII (über die Roncesvalles-Schlacht) und entstand um ca. 1400. Als größeres Bruchstück ist der Text in Handschriften aus dem 15. Jh. (älteste Handschrift D4 von vor 1450 und *Fru Elins bok*, um ca. 1476) bewahrt (Klemming 1887-1889; Kornhall 1957). Als generellere Tendenz der altschwedischen Version ist deren Neigung zur Kürzung hervorzuheben (Kornhall 1959: 182f., 195f.), dies etwa dergestalt, dass als für die weitere Handlung unwichtig empfundene Details eliminiert wurden, darunter in Branche VII die Kommentare des Spions (im altschwedischen Text unter Betonung dessen auditiver Rolle als "lydninga mannen i stolpanom" (Kornhall 1957: 19) bezeichnet).

3. *Altostnordische Dietrich-Dichtung*

3.1 Die altschwedische *Didriks Krönika*

Nach allgemeinem Forschungskonsens entstand die altschwedische *Didriks Krönika* (= DK, gelegentlich auch als Sv = Svenska bezeichnet) Mitte des 15. Jh.s in Schweden, nachdem die norwegische Haupthandschrift der (ursprünglich altnorwegischen) *Þiðreks saga* (die Stockholmer Membran, Stock. perg. fol. 4 = Mb) im 17. Jh. zunächst nach Vadstena, danach durch Schenkung nach Stockholm gelangt war (Kramarz-Bein 2002: 19, 99f.). Sie wurde hier, dies teilweise in Auszügen, ins Altschwedische übersetzt. Der norwegische Codex gilt als

---

[3] Allgemeiner zu den Textbeziehungen zwischen *Karel ende Elegast* und *Karl Magnus' Krønike*: de Ruiter 1999 und dies. 2005.

Hauptquelle der altschwedischen *Didriks Krönika*, wobei diese laut Übersetzernotiz im Epilog explizit als übersetzt charakterisiert wird: "hær didriks bok haffuer nw ændha / gudh maa honum sina nade sændha / them som hona a swænska wendhe" (Hyltén-Cavallius 1850-54: Kap. 386, S. 303). Neben der norwegischen Membran wurden von der Forschung (Storm 1874: 145f., 149f.; Hyltén-Cavallius 1850-54: XXXVI-XL sowie von Henning 1970: 64-95 und Hofmann 1990: 104, 108f.) zudem dänische und deutsche Nebenquellen erwogen, wobei allerdings bezüglich der deutschen Quellen keine Einigkeit darüber herrscht, ob es sich hierbei nun um mittelniederdeutsche (mnd.) (z.B. im Namenmaterial, dazu unten), mittelhochdeutsche/ oberdeutsche (z.B. aus der *Rosengarten*-Tradition, etwa in *Didriks Krönika*, Kap. 14), schriftliche Quellen oder lediglich um mündliche Sagentraditionen (Hofmann 1990: 104f.) handelt. Angesichts der Quellenverhältnisse bzw. der Textgeschichte nimmt ferner nicht wunder, dass die *Didriks Krönika* einige, wenn auch nicht übermäßig viele Norvagismen (Henning 1970: 216-239), aber ebenfalls Danismen (Henning 1970: 242-251) aufweist.

Eine Verdrehung der bis dato einvernehmlich beurteilten stemmatologischen Zusammenhänge, dass nämlich die norwegische Membran als Vorlage der *Didriks Krönika* anzusehen sei und nicht umgekehrt (dies begründet vom ersten kritischen Editor der *Þiðreks saga*, C. R. Unger, 1853: V-X, bestätigt vom Herausgeber der kritischen Edition der *Didriks Krönika*, Hyltén-Cavallius, 1850-54: IV, XXXVI und von Storm 1874: 144 sowie erneut bekräftigt von Henning 1970: 64-95 und Hofmann 1990, bes. S. 106f.), erfolgte durch die auflagenstarken, populärwissenschaftlichen Bücher Heinz Ritters aus den 1980er Jahren (vor allem: Ritter/Schaumburg (Übers. und Komm.) 1989), der in dieser kommentierten Übersetzung (bes. S. 399-455) polemisch, aber mit geringer Beweiskraft für das stemmatologisch umgekehrte Abhängigkeitsverhältnis eintrat, damit Verwirrung stiftete, aber bei der Fachwissenschaft (s.o. besonders die differenziert-kritische Rezension von Hofmann 1990) letztlich keine Akzeptanz fand. Die *Didriks Krönika* ist in zwei altschwedischen Handschriften (Siglen A und B) von ca. 1500 bzw. aus der ersten Hälfte des 16. Jh.s überliefert. Für den altschwedischen Text ist (in Analogie zu seiner altnorwegischen Vorlage) sowohl die Nomenklatur *Didriks saga* (so von Hyltén-Cavallius in Analogie zur Vorlage initiiert) als auch *Didriks Krönika/Didriks Krönike/Didriks-Chronik* geläufig. Vor dem Hintergrund der in der altschwedischen/altostnordischen Literatur verbreiteten Tradition der **Reimchronik** statt der westnordischen Saga**prosa** setzte sich aber der schwedische Name *Didriks Krönika/ Didriks Krönike* statt *Didriks saga* durch. In Übereinstimmung mit der neueren Forschung (seit Henning 1970) wird der Titel *Didriks Krönika* auch hier verwendet, wenngleich es sich bei dem Text um keine Verschronik, sondern - wie bei der norwegischen Vorlage - um eine Prosasaga handelt.

Als ältestes Zeugnis für eine Kenntnis der altnorwegischen *Þiðreks saga* in Schweden gilt seit P.A. Munch die "*lilla Rimkrönika*" (von 1449), der damit zugleich Zeugniswert als Terminus *post quem* für die altschwedische *Didriks Krönika* zukommt. Unter Akzeptanz dieser chronologischen Zusammenhänge und unter Bestätigung der Munchschen These (s.u. Anm. 4), datierte Hyltén-Cavallius (1850-54: IV) die Entstehung der altschwedischen *Didriks Krönika* entsprechend auf die Jahre zwischen 1449-1476. Ein wichtiges Glied in dieser Argumentationskette ist die altschwedische *Prosachronik* von 1449 (die älteste Handschrift ist der *Codex Verelianus* von 1457), die eine Episode von Vilcinus und der Meerfrau überliefert, die sich als aus *Didriks Krönika*, Kap. 18 'adaptiert' erweist, woraus mit Storm 1874: 140f. zu schließen ist, dass die *Didriks Krönika* vor Weihnachten 1449 entstanden sein muss.

Im Hinblick auf die Frage des Interesses des schwedischen Übersetzers/Adaptors/Bearbeiters am Dietrich-Stoff und damit bezüglich des Impulses, der zur Entstehung der altschwedischen Version führte, hat die älteste, historisch orientierte *Þiðreks saga*-Forschung (P. A. Munch[4] und G. Storm 1874) die Motive früh im historischen Kontext

---

[4] In seiner bekannten Schrift (1850) hat der bedeutende norwegische 'nationalromantisch' orientierte Historiker Peter Andreas Munch die These aufgestellt, dass eine Kenntnis und Anwendung der norwegischen *Þiðreks saga* in Schweden erstmals in "*lilla Rimkrønikan*" (1449) nachzuweisen sei. Munch entwickelte daraus die an ein bestimmtes historisches Ereignis geknüpfte weitreichende These, dass ein schwedischer Gefolgsmann König Karl Knutssons anlässlich von Karls Krönungsfahrt nach Nidaros/ Trondheim im Jahr 1449 die Stockholmer Membran der *Þiðreks saga* in Norwegen erworben und nach der Rückkehr ins Schwedische (= *Didriks Krönika*) habe übersetzen lassen. Der schwedische König Karl VIII. Knutsson (Bonde, 1408 od. 1409-1470) galt als sehr interessiert an profanen literarischen Texten und förderte an seinem Hof um die Mitte des 15. Jh.s ein blühendes literarisches Milieu. Zur Huldigung seiner eigenen Person und zur Propaganda ließ Karl in den 1450er Jahren die gereimte *Karlskrönika* verfassen (Ståhle 1967: 95-101; 105-108).

gesucht, d.h. konkret in Zusammenhang mit der zeitgenössischen Kontroverse über die Frage nach der schwedischen oder dänischen politischen Suprematie in der zweiten Hälfte des 15. Jh.s gebracht. Dies scheint vor dem Hintergrund der Tatsache, dass etliche Kapitel der ersten norwegischen Sagasequenz machtpolitische Kontexte behandeln, die topographisch in **Vilcinaland** angesiedelt sind, auch eine plausible Erklärung zu sein, zumal in der *Didriks Krönika* mit *Vilcinaland* explizit Schweden mit einigen Provinzen gemeint ist: "wilcina land. som nw ær kalladh swerige oc gøtaland. oc skane oc siæland oc winland oc all the rike ther till lage / the kalladis ty wilcina land. at konung[en] het wilkinus" (DK, Kap. 17, S. 19f.). Nur folgerichtig werden 'schwedische Männer' ("swenske men") in der *Didriks Krönika* dann auch als "vilcini men" (Kap. 17, S. 20-22; Kap. 301, S. 234) bezeichnet bzw. wurde *Vilcinaland* bereits in der Vorlage explizit als "allt svia konungs uelldi" (Bertelsen 1905-11, Mb[3], Bd. II: 61) ausgewiesen. Hinsichtlich der dargestellten machtpolitischen Kontroversen zwischen Vilcinaland und Hunaland (mit Attilas Stammsitz Susa/ Susat) war bereits in der *Þiðreks saga* als Vorlage die politische Bedeutung Schwedens in den Vordergrund gerückt worden. Somit dürften die Hypothesen der ältesten Forschung Wahrscheinlichkeit für sich beanspruchen, wenngleich man heute von einer allzu kurzschlüssigen Widerspiegelungstheorie historischer Zusammenhänge in der Literatur Abstand nehmen sollte. Nichtsdestoweniger kann aber die in der *Didriks krönika* thematisierte Wilzenfrage in der Tat eine Erklärung für das virulente Interesse an diesem Stoff im schwedischsprachigen Kulturraum im 15. Jh. abgeben. Eine solche, bereits von der ältesten *Þiðreks saga*-Forschung (Unger, Storm, s.o.) vertretene Auffassung ist auch von der jüngeren schwedischen Forschung (Ståhle 1967: 107f.) unterstützt worden, wobei Ståhle (ibd.: 108) die Entstehung der *Didriks Krönika* explizit in einem unter Karls VIII. Schutz stehenden Stockholm-Kloster verortete. Speziell für den altschwedischen literarischen Kontext der *Didriks Krönika* des 15. Jh.s ist der Blick somit auf ein weiteres, eingangs bereits genanntes schwedisch-höfisches Milieu zu richten, nämlich auf dasjenige des (literatur- und fremdspracheninteressierten) schwedischen Königs Karl VIII. Knutsson (Bonde, 1408 oder 1409-1470), an dessen Hof - neben der *Engelbrekts-* und *Karlskrönika* - mutmaßlich auch die Übertragung der *Didriks Krönika* zu verorten ist. Neben der oben genannten Erklärung dafür, dass das Interesse an der Übertragung der *Didriks Krönika* im 15. Jh. 'proto-national' begründet sein könnte, da die schwedenspezifischen Details der *Vilcina saga* der Vorlage im altschwedischen Milieu als Legitimationsangebot angenommen werden konnten, könnten für Karls VIII. Person und Hof überdies memorialkulturelle Perspektiven eine Rolle gespielt haben, dies etwa in einem erinnerungskulturellen Verständnis, wie es von der mediävistischen (Müller 1982; Wenzel 1991: 57-82) und geschichtswissenschaftlich-frühneuzeitlichen *Gedechtnus*-Forschung (Graf 1998: 1-11 und K. Graf, Mittelalter-Rezeption und frühneuzeitliche Erinnerungskultur, in: http://www.uni-bayreuth.de /departments/aedph/2001/0431. html,1-7) aktuell vertreten wird.

Insgesamt gesehen handelt es sich bei der *Didriks Krönika* um keine wörtliche Übersetzung aus dem Altwestnordischen, sondern um eine Adaption für ein schwedisches Publikum unter Berücksichtigung von dessen, nicht zuletzt auch politischen Interessen, in der einerseits Kürzungen, andererseits aber auch Erweiterungen der Vorlage vorgenommen wurden. Bei der Übertragung des altnorwegischen Codexes ins Altschwedische haben die schwedischen Übersetzer/Bearbeiter Änderungen vorgenommen, die vor allem von den Prinzipien Struktur und Stringenz geleitet waren (Henning 1970: 96, 124f., 127-130, 162-164). Die in der norwegischen Membran des 13. Jh.s vorhandenen Doppelerzählungen identischen Stoffes bzw. der Erhalt zweier thematisch nur gering voneinander abweichender Alternativ-Versionen, da der norwegische Redaktor keiner Version den Vorzug geben wollte und daher beide nebeneinander bewahrte (Kramarz-Bein 2002: 41, 59f.), wurden in der schwedischen Chronik eliminiert, wobei sich der mit solchen Dopplungen konfrontierte schwedische Übersetzer in der Regel für die erste Variante des Sagenstoffes entschied (z.B. Kap. 16 über Heimis/Heyms Beschaffung des Pferdes Falki oder Kap. 17-54 über die Wilzenkönige). Nachweislich war der schwedische Bearbeiter um das Beheben von Widersprüchen bemüht, und genau diese waren seit alters ein gängiger Kritikpunkt gegenüber der norwegischen Saga, dies ein Monitum, das offensichtlich auch bereits von zeitgenössischen Rezipienten und nicht erst von der modernen *Þiðreks-saga*-Forschung erhoben wurde. Dies gilt insbesondere auch für das vielzitierte Paradebeispiel, nämlich den zweifachen Tod des Wilzenkönigs Osantrix in der Membran (*Þiðreks saga*, Kap. 144 und 246f.), den der schwedische Bearbeiter bemerkte und dadurch abmilderte, dass er in der *Krönika* beim zweiten Mal auf eine abermalige Namensnennung Osantrix' verzichtete (DK, Kap. 141 und Kap. 247), oder die in der norwegischen Membran doppelt vorhandenen Kapitel von der Herkunft der Niflungen. Neben einer generelleren Kürzungstendenz gegenüber episch-ausschweifenden Episoden hat sich der schwedische Übersetzer um eine Konzentration auf den Hauptstoff als roten Faden bemüht, d.h. er hat Erzählepisoden, die außerhalb der Haupthandlung geschehen, entweder ganz eliminiert (dies z.B. im Fall des Apollonius-Erzählstranges der Vorlage) oder soweit gekürzt, dass vom Tod der in dieser Erzählung wichtigeren Írons-Figur nur wegen deren Notwendigkeit im weiteren zentralen Handlungsgeschehen erzählt wird. Die Kürzungen des schwedischen Bearbeiters erweisen sich generell als sehr geschickt, was schon allein angesichts der umfangreichen Materie eine Leistung ist. An einigen Stellen hat er jedoch so stark gekürzt, dass wichtige Informationen verloren gingen, z.B. in der Fluggewand-Episode des *Velents Þáttrs* der Vorlage (DK, Kap. 74, dazu Hofmann 1990: 103f.). Seine Absicht bestand eindeutig darin, die Vorlage zu verbessern, was ihm insgesamt auch gelungen ist (Henning 1970: 96-200, 113f; Hofmann 1990: 103). Unter dem Aspekt der Übersetzungsproblematik sind diejenigen Details der *Didriks Krönika* besonders interessant, die bei dem schwedischen Übersetzer auf ein Missverstehen seiner norwegischen Vorlage hindeuten, und dies, obgleich die Sprachverwandtschaft zwischen dem West- und dem Ostnordischen im 15. Jh. noch relativ eng war. Solche Beispiele finden sich insbesondere im Burgundenabschnitt der *Þiðreks saga* und entsprechend auch in der *Didriks Krönika.* Auf solche, aus Missverständnissen resultierende Übersetzungsfehler in der altschwedischen Version hat schon die älteste Forschung (Unger 1853: IXf.) aufmerksam gemacht. Auch Storm identifizierte (1874: 152f.) einige Verschreibungen in der schwedischen Übersetzung (z.B. "nøfflinger" statt "niflungar"/"nøfflinge land" (DK, Kap. 202, S. 154); "Humlunger" statt "Ømlungar", "Bratingaborgh" statt "Bertangaborg" etc.), die auf Missverständnisse seitens des schwedischen Bearbeiters hindeuten. Diese Verschreibungen führten aber selbst wiederum zu neuen Sagenformen und entsprechenden Irritationen in der Rezeptionsgeschichte. Als kurioses, aber zugleich charakteristisches Beispiel kann die Verschreibung bzw. die kommentierende Ergänzung von *Þiðreks saga* (Burgundenabschnitt, Kap. 406, II,309) "nauta huðer rablautar" [= feuchte, noch blutige Tierhäute, die das Risiko des Ausrutschens, wie es auch bei der Flucht der Burgunden aus Attilas Baumgarten geschieht, mit sich bringen] zu "rakor huder **oppa ærther**" [= feuchte Tierhäute **auf Erbsen**] in der *Didriks Krönika* (Kap. 323, S. 250) genannt werden. Für Storm 1874: 151-153, verraten diese und andere Lapsus, insbesondere bei der Übersetzung des Burgundenabschnitts der *Þiðreks saga*, eine mangelhafte Kenntnis deutscher Sagentradition bei dem *Didriks-Krönika*-Übersetzer, hier vor allem des mhd. *Nibelungenliedes*, das - so mutmaßt Storm - in Schweden um die Mitte des 15. Jh.s offenbar noch nicht bekannt war. Solche 'Übersetzungsfehler' sind aber insbesondere vor dem Hintergrund einerseits interkultureller Nähe, aber andererseits zugleich auch Distanz relativ eng verwandter und benachbarter Kulturen/ Sprachen wie der norwegischen und schwedischen interessant. Überdies sollte die eingangs genannte zeitliche Spanne von ca. 200 Jahren, die zwischen der altnorwegischen und der altschwedischen Text-Version liegen, und damit auch der linguistische Aspekt des Sprachwandels bedacht werden.

Wie die Forschung ferner schon konstatiert hat (Unger 1853: IX; Storm 1874: 153; Henning 1970: 73, 132-134 und Hofmann 1990: 106), unterlief dem schwedischen Übersetzer in seiner Didriks-Version eine 'Verschlimmbesserung' bei dem Versuch, die komplizierten Zahlenverhältnisse der *Þiðreks saga* umzusetzen, in der stets der Versuch idealer Zwölferreihung angestrebt, aber schon in der Vorlage nicht immer konsequent erreicht wird (Kramarz-Bein 2002: 31-58). Bei seiner Aufstellung der Heldenreihe der Heldenschau übersah der Schwede bei der Schildaufzählung in seinem Text (Kap. 185, S. 142) Amlungr als Helden Nummer drei, der aber im späteren Handlungsgeschehen noch benötigt wird, und setzte zum Erreichen der von der Vorlage stofflich vorgegebenen Zwölf-, respektive Dreizehnzahl als Nummer 13 Hagens Bruder mit dem deutschen Heldennamen "Gernholt" ein (DK, Kap. 185, S. 142), obgleich dieser in der *Þiðreks saga* als Vorlage aber gar nicht am Bertangenzug teilnahm [sic!]. Trotz seiner wohlmeinenden Absicht, der norwegischen Membran in seiner altschwedischen Adaption mehr Stringenz und Konsistenz zu verleihen, unterliefen dem schwedischen Bearbeiter mit seinen Korrekturen selbst wiederum Fehler - dies möglicherweise auch aufgrund sprachlicher Missverständnisse (s.o.) -, die das erste (norwegische) Zählergebnis weiter verkomplizierten.

Nicht zuletzt aufgrund der für den ostnordischen Kultur- bzw. Literaturraum feststellbaren Affinität zu deutschem Quellenmaterial und einer direkteren Stoffvermittlung aus Deutschland (vgl. oben unter I.) lässt sich in der *Didriks Krönika* - und dies gilt nicht nur für das vermehrte Auftreten deutscher Helden im Burgundenabschnitt - analog und durchgängig jüngeres deutsches, darunter gelegentlich niederdeutsches, Namenmaterial feststellen wie z.B. für den Titelhelden Didrik (statt westnordisch *Þiðrekr*), Detmar/Thetmar für Didriks Vater (westnordisch *Þettmar*) und - mit identischem Namen - auch für Didriks Bruder (letzterer westnordisch als *Þether* vom Vater unterschieden), Detzleff danske (statt westnordisch *Þetleifr*), Wideke/ Widike (statt *Viðga*), Seveke (statt *Sifka*), Heym (statt *Heimir*) oder andere authentisch deutsche Namen wie Gernholt (185, S. 142 statt *Gernoz*), Herbert (statt *Herburt*), Hagen (für westnordisch *Hǫgni*), Walter (statt westnordisch *Valtari*), Crimilla (statt westnordisch *Grímhildr*, z.B. Kap. 209, S. 159; Kap. 319, S. 246) u.v.a.m.

Überdies darf besonders auch im Zusammenhang der höfischen Nomenklatur der *Didriks Krönika*, die hier - genau wie bereits in der *Þiðreks saga* als ihrer westnordischen Quelle - eine eigene Bedeutungs- bzw. Palimpsestebene (letzteres zumindest auf die Textgenese der *Þiðreks saga* bezogen: Kramarz-Bein 2002: 14f., 350f.) ausmacht, als auffällig gelten, dass die höfische Terminologie in der *Didriks Krönika* nicht nur deutscher Nomenklatur verpflichtet ist, sondern charakteristischerweise auch den jüngeren deutschen Sprachgebrauch spiegelt, wenn hier z.B. im Bereich der Waffenterminologie Begriffe wie *banner* statt (wie in der älteren westnordischen Tradition der Heldendichtung, z.B. in der *Þiðreks saga* und in anderen westnordischen Riddarasögur üblich) *merki* (z.B. *Þs*. II, S. 246) verwendet werden (z.B. DK Kap. 179, S. 136; 247, S. 184f.; 248, S. 186; 264, S. 201; 265, S. 203 und öfter) oder aus dem Bereich höfischer Realien, wenn in der schwedischen Version der Terminus *slott*/Schloss (187, S. 144; 250, S. 187; 264, S. 202; 266, S. 203 u.ö.) statt *kastali* Kastell/ Burg wie in der o.g. westnordischen Tradition genannt wird oder - im Hinblick auf die kulturelle Verortung der *Didriks Krönika* charakteristisch - deutsche Standestermini wie *junker* (267, S. 205; 230, S. 173) oder *jomfru*/ Jungfrau (36; besonders bezeichnend Kap. 44, S. 35: "jomfrwn sat i en [et] torn"; Kap. 45, S. 36f.; S. 72; S. 165; 289, S. 223; S. 224 u.ö.) Anwendung finden. Gleiches gilt für deutsche Waffenbezeichnungen wie z.B. - mit Metathese - *armbørst* (Kap. 14, S. 17; Kap. 380, S. 298) oder *harnisk* (z.B. S. 13f.; Kap. 38, S. 32; Kap. 84, S. 63; Kap. 384, S. 302). Auf diese grundlegende Orientierung an der deutschen Terminologie und - damit verbunden - am deutschen höfischen Kontext der jüngeren kulturellen Entwicklung hat für einige der genannten Fälle schon Hofmann (1990: 109) aufmerksam gemacht, diese aber weniger wegen ihrer Relevanz für jüngere kulturelle Entwicklungen, sondern vielmehr zurecht als

Gegenargument gegen Ritters Verkehrung der stemmatologischen Abhängigkeit der *Didriks Krönika* von der *Þiðreks saga* ins Feld geführt. Sein Urteil kann durch die o.g. Beispiele weiter bekräftigt werden. Bedeutsamer als diese noch ergänzbaren Einzelbeispiele ist aus meiner Sicht vor allem Hofmanns damit verbundene (wenn von ihm auch nicht so bezeichnete) kulturanthropologische Beobachtung, dass man in der *Didriks Krönika* als ostnordischem Dokument des 15. Jh.s auf jüngere Höfisierungen, eben auf Repräsentationsformen spätmittelalterlicher Ritterkultur in Materie und Terminologie stößt, die sich an der Schwelle zur Frühen Neuzeit bewegen und in besonderer Affinität zum deutschen Sprach- und Kulturraum zu verorten sind, aber in der 200 Jahre älteren altwestnordisch-norwegischen Vorlage in dieser Form noch nicht vorhanden waren.

In der Forschung hat sich insbesondere Bengt Henning in seiner Dissertation von 1970 ausführlich mit der *Didriks Krönika* befasst, vor allem mit deren Übersetzungs- und Kompositionsmethode, die - wie schon unter I. erwähnt - zugleich charakteristische Übereinstimmungen mit der im altschwedischen *Karl Magnus* und der in der altdänischen *Karl Magnus' Krønike* angewandten erkennen lässt (1970: 102f., 125, 165f., 188f, 199). Besondere Aufmerksamkeit schenkt Henning Fragen der Übersetzungstechnik sowie des Stils (S. 96-133) und der Syntax (S. 253-279) der *Didriks Krönika*. Ein wichtiges Gesamtergebnis seiner Abhandlung ist, dass sich der schwedische Bearbeiter zwar eng an die thematischen Vorgaben seiner norwegischen Vorlage hält, sich aber größere Freiheiten in seinen Formulierungen vorbehält (1970: 124f.). Davon sind die Schlüsselformulierungen des norwegischen Textes jedoch nicht tangiert, und dies trifft vor allem für die charakteristische Erzählformel der 'zwölf ebenbürtigen Gefährten' zu, bei der es sich zugleich um ein *sine qua non* für die Dietrich-Dichtung handelt: Im Altschwedisch-Ostnordischen werden aus den westnordischen *tólf félagar ok iafningjar* der *Þiðreks saga* analog "hvars annars jampninge" (Kap. 104, S. 81; "ære the nw xij jampninge i bern", 130, S. 102 u.ö.). Ferner kann eine weitere Detailbeobachtung aus dem grammatisch-stilistischen Bereich die Treue des schwedischen Bearbeiters zu seiner norwegischen Vorlage, insbesondere im Bereich höfischer Stilistik, unterstreichen: Das Riddarasaga-Spezifikum des Partizips Praesens, dessen Vorkommen die (kontrovers beurteilte) Zugehörigkeit der *Þiðreks saga* zum Genre der Riddarasögur nicht zuletzt auch stilistisch stützt (Kramarz-Bein 2002: 189-191), wurde in der altschwedischen Übertragung, dies insbesondere auch in deren Burgundenabschnitt, beibehalten (z.B. DK: *logande* Kap. 13, S. 15/ Kap. 252, S. 189; *dragande* 264, S. 202; *gapandhe* 301, S. 234; *syrgiande* 237, S. 178/*sørgiande* 268, S. 205; *gonghande* 270, S. 207; *gratande*: 246, S. 319; 270, S. 207; 289, S. 223; 319, S. 246; *ridande* 83, S. 63; 228, S. 172, *stondhondhe* 384, S. 301, *brynnandhe* 286, S. 220 u.ö.) und dokumentiert die höfisierenden Tendenzen der *Didriks Krönika* ebenfalls auf grammatisch-stilistischer Ebene.

All diese Eigentümlichkeiten der altschwedischen *Didriks Krönika* haben ihrerseits Niederschlag in denjenigen skandinavischen Textdokumenten des Dietrich-Stoffkreises gefunden, die wiederum von der altschwedischen Version abhängig sind, darunter die *Hvenske Krønike.* Hierbei handelt es sich um eine Adaption des Niflungenkomplexes der *Didriks Krönika*, die auf der Øresundinsel Hven in der 2. Hälfte des 16. Jh.s zunächst in lateinischer Sprache von dem gebürtigen Hvener Altertumsforscher Jonas Venusinus verfasst wurde; im Jahr 1603 wurde diese lateinische Chronik dann von A. S. Vedel ins Dänische übersetzt. Nicht zuletzt im Namenmaterial lässt die *Hvenische Chronik* z.B. mit dem Namen "Nøgling" Züge erkennen, die charakteristische Rückschlüsse auf die *Didriks Krönika* als Hauptquelle zulassen (Storm 1874: 150, 153, 157).

3.2 Weitere *Textdokumente* aus dem Dietrich-Stoffkreis

Als weiteres ostnordisches Text-Dokument aus dem Dietrich-Stoffkreis ist der dänische *Kong Laurin* anzuführen, der ebenfalls im sog. 'Eufemia-Versmaß' (Storm 1874: 134f., 137, 166-168), d.h. in paarweise gereimten, vierhebigen Knittelversen, verfasst wurde (Hs. von ca. 1500). Als Quelle gilt das gedruckte deutsche *Heldenbuch* (um 1477), das früh im ostnordischen Raum rezipiert wurde. Von dem Heldenarsenal der Dietrich-Helden werden im *Kong Laurin* neben Didrik af Bern selbst - hier als "Stærk Didrik" bezeichnet - weitere vier (aus dem Oberdeutschen bekannte) Dietrich-Recken präsentiert: Hiltebrand /"mester Hildebrand"; Viteke/Vidrik Verlandsøn, dieser auch mit genealogischem Rückbezug auf seinen Vater Velent, ferner Wolfhart und Dietleip von Stîre/Ditleff danske, letzterer im *Kong Laurin* als *Thieloff Vanstere* bezeichnet. Der dänisch/jütische Text ist in der Sammelhandschrift K 47 der *Königlichen Bibliothek* Stockholm dokumentiert, die 1986 von Jürg Glauser untersucht wurde. Mit Glauser liegt die Bedeutung dieser Sammelhandschrift in ihrem Zeugniswert für die Verbreitung der höfischen Kultur auch in Dänemark.

4. *Ostnordische Balladen-Überlieferung über Karl den Großen und Dietrich von Bern*

Erzählungen über Karl den Großen und Dietrich von Bern und ihre Kämpen wurden zum beliebten Stoff sowohl der spätmittelalterlichen altwestnordischen Balladentradition Islands (*rímur*) und der Färöer (*kvæði* / fär. Tanzballaden) als auch der in beiden Kulturräumen anzutreffenden *Folkeviser/Kæmpeviser/Heldenballaden* (Storm 1874: 169-211; Ek 1921). Wie bei den oben behandelten literarischen Texten lässt sich bezeichnenderweise auch in der spätmittelalterlichen ostskandinavischen Balladendichtung in einigen Dokumenten eine Kontamination der Karls- und Dietrich-*matière* beobachten, dies z.B. im Hinblick auf die in beiden Stofftraditionen charakteristische Zwölfzahl der getreuen 'Gefährten und Ebenbürtigen' (awn.: *tólf félagar ok iafningjar*/ ostnord./altdän. *xij jampninge* bzw. altschwed. *xij iæmnwnga*). Bei der Beschäftigung mit der Balladentradition (nicht nur der in diesem Zusammenhang relevanten Karls- und Dietrich-Materie) sei vorab darauf aufmerksam gemacht, dass die spätmittelalterlichen Balladen kaum Unterstützung für Lesarten der älteren literarischen Textzeugen leisten können. Auf eine vergleichbare Problematik hat aktuell W. Layher bezüglich des (unzureichenden) Zeugniswertes der jüngeren Balladen (u.a. auch dieses Stoffkreises) für ältere **Bilddokumente** desselben hingewiesen (vgl. Anm. 2 und s.u. V.). Unter den ostnordischen Balladen aus dem Karls-Stoffkreis ist vor allem die Ballade *Holger danske og Burmand* (DgF 30, 1853, S. 384-397) eigens hervorzuheben (dazu Storm 1874: 183-188; Ek 1921: 69-83), die z.B. auch in den Deckenmalereien der schwedischen Floda kyrka (Storm 1874: 156 und aktuell Layher 2004: 89-103) auch bildlich repräsentiert wird (s.u. V.). Unter den Balladen des Dietrich-Stoffkreises im engeren Sinn sind drei Balladen zu nennen: 1) *Kong Diderik og hans Kæmper* (= DgF 7, 1853, S. 63-122; dazu schon Storm 1874: 199-207; Ek 1921: 51-69); 2) *Kong Diderik i Birtingsland* (= DgF 8, 1853, S. 123-129, dazu Storm 1874: 207-211) und 3) *Kong Diderik og Løven* (= DgF 9, dazu auch Storm 1874: 189-192). Im Hinblick auf die bereits mehrfach angesprochene Affinität der Karls- und Dietrich-Materie ist die junge Ballade DgF 17 über *Kong Diderik og Holger Danske* (1853, S. 231-235) aussagekräftig, zumal sich die beiden Helden hierin zugleich als Repräsentanten des Nordens und des Südens gegenübertreten: Holger als "Danskhedens Repræsentant" und *Stierck Diderick* als "Tyskhedens Repræsentant" (Grundtvig 1853: 231, dazu Storm 1874: 187f.).

5. *Ostnordische* Bilddokumente *aus dem Karls- und Dietrich-Stoffkreis*

Die stofflich-sächliche Zusammengehörigkeit der Karls- und Dietrich-Stofftraditionen wird nicht zuletzt auch durch einige Bilddokumente aus dem ostnordischem Kulturraum (hier vor allem durch Fresken in schwedischen Kirchen) unterstützt. Unter den ostnordischen Bilddokumenten ist die Tradition um den dänischen Nationalhelden **Holger danske** besonders dominant, darunter die Gestaltung des auch aus dem ostnordischen literarischen Kontext (vgl. II.1) bekannte Visualisierung des Zweikampfes zwischen Holger danske und dem Troll Burmand, wie sie in den Deckenmalereien der schwedischen Floda kyrka in Södermanland (gemalt ca. 1480-1500) dokumentiert ist (Storm 1874: 156, aktuell Layher 2004). Eine weitere Deckenmalerei in Floda kyrka stellt zwei kämpfende Ritter dar, die sich aufgrund des darunter befindlichen Namensbandes "Didrik van Bæran" og "Wideke Welandis son" als dem Dietrich-Stoffkreis zugehörig erweisen. In dieser Abbildung sieht man Didrik mit erhobenem Schwert Feuer gegen Wideke/ Viðga speien - dies zugleich das typische Attribut der Heldenfigur Dietrichs von Bern in der kontinentalen Dietrich-Dichtung. Der so angegangene Gegner Wideke/ Viðga versucht, mit dem Schwert auf dem Rücken (Indiz seines unehrenhaften Versuchs, vor Dietrich zu fliehen) dem Zorn des Berners zu entkommen. Im Ostnordischen ist diese Szene textuell in *Didriks Krönika*, Kap. 286, S. 220 belegt (Storm 1874: 155f.). Wie oben unter I., Anm. 2, und unter IV. bereits ausgeführt, hat sich in der aktuellen Forschung insbesondere Layher spezieller mit der altostnordischen Text/Bild-Relation, vor allem aus dem hier relevanten Dietrich- und Karls-Stoffkreis, befasst. Er hat zurecht eindringlich davor gewarnt, die Bilddokumente (darunter diejenigen in Floda kyrka) zu leichtfertig mit der wesentlich jüngeren Balladendichtung desselben Stoffkreises zu identifizieren, da zwischen beiden eine Zeitspanne von mehreren Jahrhunderten liegen kann. In unserem Zusammenhang der Einbeziehung späterer **Textdokumente** wie z.B. der *Karl Magnus' Krønike* (1480) oder der *Didriks Krönika* (1450) ist die zeitliche Spanne zwischen den herangezogenen Text- und Bilddokumenten allerdings nicht so groß wie im Fall der jüngeren Balladen-Dichtung, was die Aussagekraft erhöhen kann.

Ferner ist ein weiteres **Bilddokument** aus dem Dietrich-Sagenkreis bekannt, das möglicherweise eine Szene aus der *Didriks Krönika* darstellt. Hierbei handelt es sich um einen Gesetzescodex aus Uppland, der Mitte des 15. Jh.s aufgezeichnet wurde und mit vielen Initialzeichnungen geschmückt ist, darunter mit einer eindeutig dem Dietrich-Stoffkreis zuzuweisenden Abbildung von "Sintram jarl af venedi", die dem Zeugnis von *Didriks Krönikan* nahesteht. Die Abbildung zeigt einen nackten Mann, dessen eines Bein im Maul eines Flugdrachen steckt, mithin die Beschreibung einer Szene, wie sie neben dem westnordischen Zeugnis der *Þiðreks saga* aus der ostnordischen *Didriks Krönika*, Kap. 107-110 bekannt ist (Storm 1874: 155 mit weiterer Literatur). In diesem Fall dürfte - dies nicht zuletzt aus chronologischen Gründen - die *Didriks Krönika* die Quelle dieser Bilddarstellung sein.

6. *Fazit und Ausblick*

Zwischen der Entstehung der altnorwegischen *Þiðreks saga* als Vorlage, die mutmaßlich um 1250 entstand und noch Ende des 13. Jh.s kodifiziert wurde (Kramarz-Bein 2002: 7, 14, 18), und der altschwedischen Übersetzung/Bearbeitung liegt eine Zeitspanne von ca. 200 Jahren. Dies bedeutet nicht zuletzt auch, dass für beide Versionen ein unterschiedlicher Umgang mit tradiertem Wissen, darunter auch Geschichtswissen, vorauszusetzen ist. Dies betrifft stofflich zum einen Vorstellungen von völkerwanderungszeitlichen Hintergründen und heroischen Traditionen, aber auch den Umgang mit höfischen Kontexten des 13. Jh.s, die einerseits bereits bei der Genese der altnorwegischen Saga als eine Bedeutungs- bzw. Palimpsestebene vorauszusetzen sind (Kramarz-Bein 2002: 14f., 350f.). Abgesehen von den Bedeutungsschichten, die bereits die norwegische Vorlage mitbringt, ist auch bei der Betrachtung der *Didriks Krönika* das Augenmerk insbesondere auf die späteren Formen der Ritterkultur im 14. und 15. Jh. zu richten, die die altschwedische höfische Literatur zunächst mit dem Osloer Eufemiahof (von ca. 1300 - 1320) und in dem - in einigen Fällen stark höfisch orientierten - Traditionskontext des Genres der schwedischen Reimchronik, darunter z.B. die unter I. einbezogene *Erikskrönika*, genommen hat. Auch im 14. Jh. spielt die Orientierung des schwedischen Milieus an deutschen kulturellen, und hier insbesondere auch höfischen Kontexten, - dies im Gegensatz zum Westnordischen - eine signifikante Rolle. Zu nennen sind z.B. die Kontakte zu deutschen Höfen, darunter vor allem Braunschweig, und zur Hanse, ferner die Bevorzugung deutscher literarischer Versformen bis hin zu einem teilweise deutschsprachigen Milieu in Stockholm im 15. Jh. (Ståhle 1967: 107; Würth 2000: 280f.). Wie oben unter III.1 ausgeführt, ist für das hier insbesondere mit der *Didriks Krönika* zur

Debatte stehende literarische Milieu Karls VIII. Knutsson der Blick neben einem protonationalen Interesse an dem schwedenrelevanten Wilzenstoff überdies auf memorialkulturelle oder auch propagandistische Kontexte zu richten.

Im charakteristischen Unterschied zu der (nicht zuletzt auch höfischen) Bedeutungsebene ihrer norwegischen Vorlage lassen sich in der *Didriks Krönika* Repräsentationen jüngerer, eben spätmittelalterlicher, respektive deutscher Ritterkultur feststellen, die in der 200 Jahre älteren Version in dieser Form noch nicht anzutreffen sind. Einen solchen Wandel in den höfischen Repräsentationsformen dokumentieren in der *Didriks Krönika* nicht zuletzt die oben aufgeführten jüngeren Termini aus der höfischen Sphäre. Bei vergleichenden Untersuchungen des altschwedischen Übersetzerstils von *Karl Magnus* und *Didriks Krönika* haben z.B. Ståhle 1967: 106f. und Henning 1970: 124f. das adäquatere, höhere Übersetzungsniveau der *Didriks Krönika* im Vergleich mit der altschwedischen *Karl-Magnus*-Übersetzung gelobt, dies vor allem bezüglich deren stereotyper Kampfschablonen. Nach Meinung dieser Forscher schnitt die Übersetzung der *Didriks Krönika* auch im Vergleich mit der altdänischen *Karl Magnus' Krønike* besser ab, dies zweifellos, weil ihre Übersetzung - wie auch hier am Beispiel "rakor huder **oppa ærther**" bestätigt - eigenständiger bzw. durchdachter und 'kreativer' wirkt. Unabhängig von den nicht eindeutig zu klärenden stemmatologischen Abhängigkeiten der altschwedischen und altdänischen Karls- und Dietrich-Überlieferungen untereinander, bestand ein wichtiges Ergebnis von Hennings Untersuchungen darin, dass sich nicht nur die altschwedischen Übersetzungen (*Karl Magnus* und *Didriks Krönika*) im Hinblick auf die angewandte Übersetzungsmethode als untereinander kompatibel erweisen, sondern dass sich auch Übersetzungsarbeiten wie die altschwedische *Didriks Krönika* und die altdänische *Karl Magnus' Krønike* (beide um die Mitte des 15. Jh.s) gewissermaßen 'transnational' an ähnlichen Übersetzungs/Kompositionsprinzipien und einem vergleichbaren, nämlich **ostnordischen**, Stilideal orientieren (Henning 1970: 125 und Lindegård Hjorth 1965: 35, 49). Insgesamt betonte Henning bezüglich der Übersetzungs- und Kompositionstechnik der schwedischen Dietrich- und dänischen Karlsdichtung deren charakteristische Gemeinsamkeiten, die nicht zuletzt auch generellere Rückschlüsse auf die im ostnordischen Literaturraum praktizierten Übersetzungsprinzipien zulassen. Solche bestanden gegenüber der westnordischen Tradition z.B. in der Kürzung/Eliminierung von Digressionen und Dubletten, also in der Verbesserung ihrer jeweiligen westnordischen Vorlagen (hier konkret der *Karlamagnús saga* und *Þiðreks saga*), im Hinblick auf Komposition und mit der Zielsetzung größerer Stringenz.

Zum Abschluss lässt sich festhalten, dass sich die Zusammengehörigkeit der Dietrich- und Karls-*matière* nicht nur für den westnordischen Literaturraum des 13. Jh.s, sondern auch für den ostnordischen höfischen Literaturkontext des 14., aber auch des 15. Jh.s reklamieren lässt. Zugleich ergibt sich eine bezeichnende Analogie dieser Milieu- bzw. Schulkontexte und dies trotz der Tatsache, dass diese beiden Kulturräume, wie unter I. angedeutet, auf verschiedenen Einfluss-Schienen des Kulturtransfers zu verorten sind. Aus diesen Beobachtungen lassen sich für die ostnordische Überlieferung, zunächst des beginnenden 14. Jh.s, Rückschlüsse auf eine am Osloer Eufemiahof traditionell höfisch orientierte ostnordische Milieuzugehörigkeit ziehen, dann aber für die Mitte des 15. Jh.s auch eine weitere, an Karls VIII. Knutsson Hof gepflegte jüngere ostnordische Literaturtradition geltend machen, die in der *Didriks Krönika* - wegen der positiven Beurteilung der schwedischen Herrschaftsverhältnisse bereits in ihrer westnordischen Vorlage - 'protonationale' und in der *Karlskrönika* - auf die Herrscherfigur Karls VIII. bezogene - memorialkulturelle bzw. propagandistische Züge erkennen lassen. In beiden Fällen sind hiermit Aspekte benannt, die zugleich auf die Frage nach dem 'Sitz im Leben' bzw. nach dem Aufzeichnungsinteresse antworten können. Allerdings darf man bezüglich der hier in Frage stehenden ostnordischen Zusammenhänge des 14. und 15. Jh.s eine Zeitspanne von ca. 150 Jahren zwischen dem Eufemiamilieu des beginnenden 14. Jh.s und dem Entstehungsumfeld von *Didriks Krönikan* um die Mitte des 15. Jh.s nicht außer Acht lassen.

Literatur

Primärliteratur

Bertelsen, H. (Hg.), 1905-11: *Þiðreks saga af Bern.* Bd. I/II (= SUGNL 34), København.

DgF = *Danmarks Gamle Folkeviser*, udg. S. Grundtvig, København 1853, I.

Hyltén-Cavallius, G. O. (Hg.), 1850-54: *Sagan om Didrik af Bern*, Stockholm.

Klemming, G. E. (Hg.), 1887-89: [Karl Magnus] *Prosadikter från Sveriges medeltid* (= SFSS 28), Lund.

Kornhall, D. (Hg.), 1957: *Karl Magnus* enl. Codex Verelianus och Fru Elins bok (= SFSS 63), Lund.

Lindegård Hjorth, P. (Hg.), 1960: *Karl Magnus' Krønike*, København.

Noreen, E. (Hg.), 1931: *Herr Ivan. Kritisk upplaga* (SFSS), Uppsala.

Pipping, R. (Hg.), 1963: *Erikskrönikan*, Unveränd. Nachdr. mit einem Zusatz (SFSS 68), Uppsala.

Ritter/Schaumburg, H. 1989: *Die* Didriks-Chronik *oder die Svava. Das Leben König Didriks von Bern und die Niflungen*, St. Goar.

Togeby, K. & Halleux, P. (Hgg.), 1980: *Karlamagnús saga*. Branches I, III, VII et IX.

Unger, C. R. (Hg.), 1853: *Þiðreks saga af Bern*, Kristiania.

Unger, C. R. (Hg.), 1860: *Karlamagnús saga ok kappa hans*, Kristiania.

Sekundärliteratur

Aebischer, P. 1957: "*Karlamagnús saga*, Keiser Karl Krønike danoise et Karl Magnus suédois", in: *Studia Neophilologica* 29, 145-179.

Ek, S., 1921: *Norsk kämpavisa i östnordisk tradition*, Göteborg.

Glauser, Jürg, 1986: "Höfisch-ritterliche Epik in Dänemark zwischen Spätmittelalter und Frühneuzeit", in: *Festschrift für Oskar Bandle zum 60. Geburtstag* (BNPh. 15), Basel-Frankfurt a.M., 191-207.

Graf, K., 1998: "Fürstliche Erinnerungskultur", in: *Les princes et l'histoire du XIVe au XVIIIe siècle*, hgg. v. Ch. Grell/ W. Paravicini/ J. Voss, Bonn, 1-11.

Henning, Bengt, 1970: *Didrikskrönikan . Handskriftsrelationer, översättningsteknik och stildrag*, Uppsala.

Hofmann, Dietrich, 1990: *Didriks-Chronik* und *Þiðreks saga*, in: *skandinavistik* 20, 95-110.

Jonsson, B. R. 1991: "Oral Literature, Written Literature: The Ballad and Old Norse Genres", in: J. Harris (ed.), *The Ballad and Oral Literature*, Cambridge/ London, 139-170.

Kornhall, D., 1959: Den Fornsvenska *Sagan om Karl Magnus*. Handskrifter och Texthistoria, Lund.

Koth, Halvdan, 1926: „Norske Dronningar“, in: *Syn og segn* 32, S. 267-277.

Kramarz-Bein, Susanne, 2002: *Die* Þiðreks saga *im Kontext der altnorwegischen Literatur* (= BNPh 33), Tübingen/Basel.

Layher, William, 1999: *Middle Low German Literary Culture, Royal Patronage, and the First Old Swedish Epic (1301)* = Harvard diss.

— 2004: "Looking up at 'Holger Dansk og Burmand' (DgF 30)", in: *The Singer and the Scribe. European Ballad Traditions and European Ballad Cultures*, ed. Ph. E. Bennett/ R. Firth Green, Amsterdam/ New York, 89-103.

Leach, H. G., 1921: *Angevin Britain and Scandinavia*, Cambridge/Londen.

Lindegård Hjorth, P., 1965: *Filologiske studier over* Karl Magnus' Krønike [Diss.], København.

Müller, J.-D., 1982: Gedechtnus. *Literatur und Hofgesellschaft um Maximilian I.*, München.

Munch, Peter Andreas, 1850: "Om Kilderne til Sveriges Historie i den forchristelige Tid", in: *Annaler for Nordisk Oldkyndighed og Historie*.

Ruiter, J. de, 1996: "*Karl Magnus' Krønike*, *Karlamagnús saga* and *Karel Ende Elegast*. Genre - Form - Function", in: *The Medieval Chronicle. Proceedings of the 1st International Conference on the Medieval Chronicle 1996*, ed. by E. Kooper, Amsterdam-Atlanta, 96-102.

— 2005: "*Elegast* en de *Karl Magnus' Krønike*", in: *Karolus Rex. Studies over de middeleeuwse verhaaltraditie rond Karel de Grote* [= Fs Hans van Dijk], ed. B. Besamusca/J. Tigelaar, Hilversum, 205-215.

Ståhle, Karl-Ivar, 1967: "Senmedeltidens profana översättningslitteratur", in: E. N. Tigerstedt, *Ny illustrerad Svensk Litteraturhistoria*, Bd. 1, Stockholm, 37-124.

Storm, Gustav, 1874: *Sagnkredsene om Karl den Store og Didrik af Bern hos de Nordiske Folk*, Kristiania.

Wenzel, H., 1991: "Imaginatio und Memoria. Medien der Erinnerung im höfischen Mittelalter", in: A. Assmann/D. Harth (Hgg.), *Mnemosyne. Formen und Funktionen der kulturellen Erinnerung*, Frankfurt a.M., 57-82.

Würth, Stefanie, 2000: „Eufemia: Deutsche Auftraggeberin schwedischer Literatur am norwegischen Hof", in: F. Paul (Hg.), *Arbeiten zur Skandinavistik (13. Arbeitstagung der deutschsprachigen Skandinavistik in Lysebu/ Oslo* 1997), Frankfurt a.M. u.a., S. 269-281.

Amsterdamer Beiträge zur älteren Germanistik 62 (2006), 123-149

FAR THÆN MAN KUNU ÆR BØRN HAFWÆR - ON THE USE OF DEMONSTRATIVES, NOUNS AND ARTICLES IN THE SCANIC LAW OF OLD DANISH

by Eva Skafte Jensen — Roskilde University, Denmark

1. *Introduction*

Some time back I gave a lecture on certain similarities and differences between Old Danish and Modern Danish at a seminar on grammar. My examples were selected from a collection of empirical data, and they included a sentence from the Scanic Law as it can be read in the manuscript known as Stockholm B 69[1] (henceforth 'the B 69'). It reads as follows (1):

(1) Far thæn man kunu ær børn hafwær. oc føræꝚ hana i garth mæth sæ oc mæth børnum sinum. (B 69, 204: 15-16)
Gets that man woman REL.PART. children has. and leads her into household with REFL. and with children POSS.PRON.M/F/N. DAT.
a. 'If a man who has children gets a wife, and makes her a member of his household with the children'
b. 'If a man gets a wife who has children, and makes her a member of his household with the children'

Intuitively, I had arranged my translation into Modern Danish in such a manner that the relative clause unambiguously served as a specification to *man* 'man' (cf. (1.a)), not to *kunu* 'woman' (cf. (1.b))[2]. Someone in the audience asked how I could be certain that this was in fact the right translation, and at that moment I realized that I couldn't point to any simple rule in explaining why I insisted on (1.a) being preferable to (1.b). The relative marker *ær* is an indeclinable particle[3]

[1] This manuscript is estimated to be from the mid-14th century (cf. Kroman 1944: 58-59).

[2] My translation into Modern Danish was as follows: 'Får sådan en mand som har børn, en kone, og indlemmer hende i sin husholdning med sine børn'.

[3] Danish has a long history of indeclinable relative particles. In Old Danish in addition to *ær* we find the forms *ænsæ, sum* (*/sæm/sem*) (cf. Wellejus 1972). In Modern Danish we have *som*. Relative particles are far more common than relative pronouns. In Old Danish as well as Modern Danish, a relative clause may even occur without any relative marker at all.

- it might equally well be attached to *man* 'man' as to *kunu* 'woman', and the possessive pronoun *sinum* 'his/hers/its' doesn't reveal whose children, as it is neutral as regards gender. I suspected the use of the demonstrative *thæn* 'that' to be decisive, but exactly how, I could not explain.

This led me to investigate the use of nouns and demonstrative pronouns in this particular manuscript of the Scanic Law, the present article is a report of my findings.

It has proved illuminating to look at how the different entities are presented in discourse. Whether an entity is presented with a noun, with a demonstrative pronoun or both, boils down to two sets of distinctions. The one set is the distinction of introducing a new discourse referent vs. continuing an already established discourse referent. The second set is the distinction between presenting an entity as identifiable to the listener or not.

As it often happens, the main line of investigation inspired a number of additional questions. In the present case the most urgent one was: Why are there so few articles in the B 69? This question is highly relevant because the system of definite and indefinite articles in Modern Danish is an integral part of the way we present entities as identifiable or not, and as new discourse referents or not. Thus the discrepancy between Old Danish as written in the B 69 and Modern Danish is remarkable in this respect. The question is also relevant because the very kind of discourse in the B 69 (legislative text) favours non-specific entities and therefore might have an impact on how the entities are presented (with or without articles).

As concerns the composition of the present article, this line of questioning will be addressed first (section 2.). In section 2.1 I show the paradigm of definite and indefinite articles in Modern Danish, and I summarize what is known concerning the age of the different articles in Danish. In section 2.2 I show how specific and non-specific entities are presented with or without articles, this is illustrated by examples in Modern Danish. The most important conclusion of this section is the fact that lack of articles (definite as well as indefinite) results in non-specific entities. In section 2.3 I discuss the two possible answers to the question: Why are there so few articles in the B 69? These two possible answers are: 1) because the kind of discourse favours non-specific entities, and 2) because there were no or very little articles in the chronolect of Danish reflected in the B 69. I conclude that both of these answers play a part.

After this, I turn to the main investigation in order to answer my original question: Why was I so certain that my translation corresponding to (1.a) was the right one (sections 3. and 4.). This investigation involves concepts such as discourse referents and identifiability, and therefore I start out by illustrating on a very small text how I use these concepts in the course of text analysis (section 3.1). Then in sections 3.2 and 3.3 I show in detail how nouns (± demonstratives, ± articles, ± specifications) and demonstratives (± nouns, ± specifications) are used in the B 69. Finally, based on the evidence shown in sections 3.2 and 3.3, I'll be able to answer my original question in section 4.

2. *Articles in Damish*

2.1 Definite and indefinite articles in Modern Danish and Old Danish

In Modern Danish the paradigm of definite and indefinite articles is as follows:

Definite and indefinite articles in Modern Danish		sing.	pl.
		neuter/uter	
The indefinite article	always preposed	*en/et*	*nogle*[4]
The definite article	preposed	*den/det*	*de*
	postposed	*-(e)n/-(e)t*	*-(e)ne*

The indefinite article is always preposed. It may occur with or without an adjective (2) and (3):

(2) en (ung)[5] mand
'a young man'

(3) (nogle) (unge) mænd
'(some) (young) men'

The definite article may be preposed or postposed. The position depends on the presence or the lack of an adjective. The presence of an adjective results in the preposed article (4) and (5), whereas the lack of adjective results in the postposed definite article (6) and (7). The postposed definite article is always encliticaly attached to the noun:

(4) den unge mand
'the young man'

(5) de unge mænd
'the young men'

[4] The analysis of the orig. indef. pron. *nogle* 'some' as indef. art. is quite convincing (cf. Heltoft 1996a). However, it is not as yet accepted by all.

[5] In the examples (2) and (3) the brackets mean that the word in question is syntactically optional.

(6) manden
man-the
'the man'

(7) mændene
men-the
'the men'

In the B 69 manuscript of the Scanic Law from appr. 1350 there is not a single instance of the indefinite article *en/et* 'a' (developed from the numeral *en/et* 'one'), nor of the preposed definite article *den/det* 'the' (originally 'this' or 'that'). Also, there are no instances of articles (definite nor indefinite) by any entity in the plural. The only 'real' article found is the enclitically postposed definite article, as in (8):

(8) SEl bond**en** sinæ egna iorth borth tha ær kuna**n** eig scyld oc eig hænna arfwa ath gialdæ atær bonda**num** (B 69, 205: 17-18)
Sells man-the POSS.PRON. own earth away then is wife-the not obligated and not her heirs to pay back man-the
'If the man sells off his own land, then the wife and her heirs are not obligated to reimburse the man'

The lack of certain types of articles (i.e. preposed definite and indefinite articles) in the B 69 might be due to the language situation at the time. The postposed definite article has been observed in runic inscriptions in Norway and Sweden as early as the mid-11th century (cf. Brøndum-Nielsen 1965: 289). The indefinite article, however, is not observed until several hundreds years later. (9) is taken from a manuscript containing a Book of Medicine from the mid-14th century. Incidentally, the manuscript containing this Book of Medicine is contemporary with the manuscript B 69:

(9) oc læg th*æt* alt samen i **een** grydæ
(Book of Med., 64: 4; appr. 1350-1400)
and lay that all together in a pot
'and put all of it in a pot'

More examples of the indefinite article are shown in (18) and (19) below. As concerns the age of the preposed definite article, this is slightly more difficult to determine as it involves a discussion of when a word such as *thæn* placed before an adjective functions as a pronoun (corresponding to 'that') and when it functions as a definite article (corresponding to 'the'). Refraining from a thorough discussion of these matters, I'll venture as much as to claim that the preposed *then* in (10) functions as a definite article, not as a demonstrative pronoun:

(10) **Th*en*** siwende pynee vaar onder døn
(Holy Women, 352: 30; appr. 1450)
The seventh torment was evil smell
'The seventh torment was an odour most foul'

The manuscript containing Holy Women is estimated to have been written in the mid-15th century. Another example of the preposed definite article is shown in (20) below, this is also from the latter part of the 15th century.

Summing up, it is fairly safe to presume that the postposed definite article (*-en/-et, -ene*) probably is the oldest member of the paradigm of articles. Some considerable time after the establishing of the postposed definite article, the indefinite article in the singular (*en/et*) and the preposed definite article (*den/det, de*) are developed. The development of the indefinite pronoun *nogle* 'some' into an indefinite pronoun in the plural is a rather young innovation (cf. section 2.1, note 4). The reinterpretation did happen, but in many cases in Modern Danish nouns in the plural may still appear without *nogle* 'some'.

In section 2.3 I'll attempt to evaluate if the use of articles in the B 69 is due to the language situation at the time. This is a difficult topic, and I can't make a proper attempt without considering at least one other related topic, namely how the kind of discourse represented by the text in the Scanic Law might be influential on the way the entities are presented.

2.2 Articles and the notion of specific vs. non-specific

The Scanic Law is a piece of legislation. It describes the laws of wills and succession, and it outlines the measures of penalties and compensation in situations of offence. Thus the text consists of a compilation of hypothetical situations, they describe **types** of entities, and consequently the entities mentioned might predominantly be non-specific.[6] This is likely to have some impact on how these entities are presented linguistically: whether they are in the definite form or the indefinite, and furthermore (if in the indefinite form) whether they are presented with an indefinite article or by no article at all. This final point (no article at all) is the most interesting to the discussion at

---

[6] Non-specific entities are sometimes called generic. In Herslund (ed.) (1999: 84f) a distinction is made between 'specific' and 'particular' (both 'referential'), and another distinction between 'non-specific' and 'generic' (both 'descriptive'). In this article, the only relevant distinction is the one between specific and non-specific.

hand. In order to assess to what extent this is indeed an influential factor in the B 69, it is necessary to take a brief look at the opposition specific vs. non-specific. Modern Danish provides the examples:

(11) Jeg så **en løve** forleden
I saw a lion the-other-day
'I saw a lion the other day'

(12) **En løve** spiser kød
A lion eats meat
'A lion eats meat'

(13) **Løven** spiser kød
Lion-the eats meat
'The lion eats meat'

(11) is specific, (12) is most likely non-specific, and (13) is either specific or non-specific. The articles by themselves do not establish either non-specific or specific entities, or put differently: the distinction non-specific vs. specific is not grammaticalized in the Modern Danish paradigm of definite and indefinite articles. Whether a certain entity is specific or non-specific is determined by factors outside the nominal system itself; this happens linguistically as well as extralinguistically.

To mention but one linguistic example, research has shown a link between non-specific statements and the so-called categorical constructions, and likewise a link between specific statements and the so-called thetic constructions (cf. Sasse 1987; Herslund (ed.) 1999: 93). In (14) the entity can only be read as specific due to the thetic construction (*der var* 'there was' + NP):

(14) Der var **en løve** i Afrika
There was a lion in Africa
'There was a lion in Africa'

Thus certain syntactic constructions such as the one in (14) serve to disambiguate ambiguous entities like *en løve* 'a lion', but also the semantics of the verbs, the use of tense and mood, the use of spatio-temporal adjuncts beside other linguistic means, all have a bearing on the outcome of the statement as either specific or non-specific.

The outcome as specific or non-specific may also depend on extra-linguistic circumstances. A small child looking into the lions den at the Zoo may very well utter (13), if so the entity is clearly specific. (13) might equally well occur in a textbook on zoology describing the nature and habits of lions, in that case it most probably would be a description of the class of lions and thus a non-specific mention.

These few examples show that the distinction specific vs. non-specific does not manifest itself within the system of definite and indefinite articles. Both definite and indefinite articles may be used by specific and by non-specific mentions (see Hansen 1994 for a more detailed account). A complete lack of articles, however, does manifest itself in the grammar of Modern Danish.

In Modern Danish the absence of article in the singular has the effect of 'dereferentializing' the noun. A noun in the singular without any article at all is never specific. Instead it occurs in constructions such as (15) and (16), the example (17) is added for the sake of comparison. As revealed by the translations, Danish and English differ in this respect:

(15) Jeg kan godt lide **løve**
I can well like lion
'I like lion'

(16) Hun er ude og købe **bil**
She is out and buy car
'She is shopping for a car'

(17) Hun er ude og købe **en bil**
She is out and buy a car
'She is buying a car'

In (15) the noun *løve* 'lion' describes a type or a class, and therefore *løve* translates into *meat of lion*. In (16) *bil* 'car' also describes a type or a class, and the construction *købe bil* (lit.: 'buy car') encompasses all of the separate bits involved in the activity of 'car-buying', and then the agent of the activity doesn't even have to bring home a car in order for the statement in (16) to be true! In (17), by contrast, the car mentioned is a specific car, and we clearly expect the agent to bring home this specific car (Thomsen 1991; Herslund 1995; Durst-Andersen & Herslund 1996; Heltoft 1996a).

To sum up, in Modern Danish the use of articles, definite or indefinite, doesn't by itself determine the status of an entity as regards the distinction specific vs. non-specific. But if there is no article at all by a noun in the singular, the entity is never specific.

2.3 The lack of articles in the B 69: non-specific entities or just 'Very Old Danish'?

This brings us back to the entities in the Scanic Law and how the lack of articles should be assessed.

Is the lack of articles by the majority of the nouns in the B 69 manuscript an indication of a language situation with no preposed articles at all ('Very Old Danish'[7])?

Or is it an indication of a certain type of discourse that favours non-specific entities?

A conclusive answer to this question is hard to give as we are not native speakers of Old Danish, but a comparison with other manuscripts and other texts suggests that a fair answer should contain both of these elements, the type of discourse and the language situation reflected in the B 69.

The indefinite article is found in other, contemporary manuscripts containing other types of discourse. As mentioned, (9) above from the Book of Medicine is contemporary with the B 69 manuscript. In other manuscripts containing yet other types of discourse we also find indefinite articles, (18) and (19) are excerpted from narrative and edifying texts:

(18) E uar han sum **eet** lamb (Lament., 20: 6; appr. 1325)
Always was he like a lamb
'Always he was like a lamb'

(19) Swa co*m* **en** røst af himæn (St. Christ., 285: 34-35; appr. 1300)
So came a voice of heaven-the
'Then came a voice from Heaven'

(20) from the 15th century contains a preposed definite article, another example was shown in (10):

(20) Tha fordriffwes **the** || ondæ tanckæ
(Sydrak, 264: 25; appr.1450-1500)
Then drive-away.PASS. the || evil thoughts
'Then the evil thoughts are expelled'

These examples show that in the 14th century and shortly thereafter all three kinds of articles were established and put to use, the scarce -

[7] The reasons why I don't speak of this 'Very Old Danish' by some established term such as Runic Danish (800-1100), Early Middle Danish (1100-1350), Late Middle Danish (1350-1525) or so on, will appear below. Suffice it to say, that by naming the language in the B 69 by such a term, I would then commit myself to a specific chronolect.

and to some extent lack of – use of articles in the B 69 might then be due to the type of discourse rather than the language situation at the time. Another piece of evidence pointing in this direction is later versions of the Scanic Law. In the manuscript GkS 3125 from the 16th century, for instance, most nouns are also presented without any article, in this respect the GkS 3125 resembles the B 69 of the 14th century. Compare (21) from the B 69 to (22) from the GkS 3125:

(21) FAR. Man kunu (B 69, 203: 2)
Gets. Man woman/wife
'If a man gets a wife'

(22) Faar mand segh hustru (GkS 3125, 267: 3)
Gets man REFL. wife
'If a man gets himself a wife'

There are some notable exceptions. In the B 69 entities such as *the king, the bishop, the assembly* all occur without article, cf. (23)-(25), in the GkS 3125 this is not the case, cf. (26)-(28):

(23) Star man ofna thingi (B 69, 243: 2)
Stands man on thing
'If a man gets up at the assembly'

(24) oc ærkebiscopi thre marc (B 69, 234: 6)
and archbishop.DAT. three marc
'and three marc for the archbishop'

(25) bøte kunungi thre marc (B 69, 243: 4-5)
pay-fine.SUBJ. king.DAT. three marc
'(he) must pay a fine of three marc to the king'

(26) Star mand paa ting**et** (GkS 3125, 405: 5)
Stands man on thing-the
'If a man comes forth at the assembly'

(27) och tre tiil erchiibisp**enn** (GkS 3125, 366: 3-4)
and three to archbishop-the
'and three (marc) for the archbishop'

(28) da skal hand bøde konge**n** der fore tre mark (GkS 3125, 405: 8)
then shall he pay-fine king-the there fore three marc
'then he must pay a fine of three marc to the king'

In Denmark of the 14th and the 16th century cultural institutions like *the king, the bishop* and *the assembly* were easily identifiable by the people who spoke Danish, even if these institutions had not been explicitly mentioned in the previous text, cf. sections 3.1 and 3.2.2 below. But in the manuscript from the 14th century these institutions were presented without article, in the manuscript from the 16th century with the article[8]. Thus, as regards the presentation of this particular kind of entity, a change has occurred sometime within the 200 years between the two manuscripts.

Also interesting are the headlines in the GkS 3125. In both manuscripts, the B 69 of the 14th and the GkS 3125 of the 16th century, the text is subdivided into paragraphs or chapters. In the B 69 some of these chapters have headlines, in the GkS 3125 all of the chapters are headlined. In many cases the headline simply is an exact duplicate of the first sentence or the first few words of the paragraph in question, but many times the headline consists of a paraphrase of the contents of the paragraph. In the B 69 most headlines follow the duplicate model, in the GkS 3125 the paraphrase model is more frequent. The interesting part is the fact that in the GkS 3125 many headlines contain nouns with postposed articles. The very first headline to the very first chapter in the GkS 3125 reads as follows, (29):

(29) Dør hußbond**enn** før end hustru**enn** faar barn (GkS 3125, 267:2)
Dies husband-the before than wife-the gets child
'If the husband dies before the wife has children'

- and the first line of the succeeding text (already shown in part as (22) above, here it is repeated and extended) reads :

(22) Faar mand segh hustru och dør hand før end hun faar barnn
(GkS 3125, 267: 3)
Gets man REFL. wife and dies he before than she gets child
'If a man gets himself a wife and he dies before she has children'

Based on examples like (29) and (22), one might argue that the language in the headlines may represent a younger version of Danish

[8] As a matter of interest, this kind of presenting universally and culturally identifiable entities without any article at all has been observed in the dialects of the north-western part of Denmark in the twentieth century, cf. Steen-Jensen 1972, Nielsen & Balle 1972.

than the body of the text itself. As **text** the Scanic Law is probably much older than the **manuscripts** of the 16th or even the 14th centuries. It probably existed in some oral version(s) long before it was ever put into writing, and thus the written versions may very well to some extent reflect older versions of Danish than warranted by the age of the manuscripts. This might be true especially as regards the body of the text. But this is not necessarily true as regards the headlines.

It may reasonably be assumed that the scribes were very conscientious in copying the body of the text – the text was legislative and the exact wording was of the utmost importance. The headlines, however, served a different function. The headlines were used as a service device in order to more easily find the right paragraph to any given problem, and the scribe might easily have supplied these headlines in a form more in tune with his own language.

The discrepancy in form between the headline (cf. (29)) and the first line of the text (cf. (22)) may therefore in fact reveal two different versions of Danish, i.e. an older version reflected in the body of the text, and a younger version reflected in the headline. In the older version (22) the nouns are presented with no articles, in the younger version (29) two of the three nouns are presented with the postposed article (*hußbondenn* 'husband-the', *hustruenn* 'wife-the').

In comparison, in Modern Danish it is not possible to stay clear of all articles, not even in legislative text. This is illustrated by (30) and (31), the translations of (21)+(22) and of (23) into Modern Danish as seen in Kroman & Iuul, and furthermore by (32), an example from a modern legislative text:

(30) Faar **en** Mand **en** Kone (Kroman & Iuul 3: 2)
Gets a man a wife
'If a man gets a wife'

(31) Staar **en** Mand frem paa Ting**et** (Kroman & Iuul 55: 25)
Stands a man forth on thing-the
'If a man comes forth at the assembly'

(32) Når **et** lovforslag er vedtaget af folketing**et**, kan **en** trediedel af folketing**et**s medlemmer indenfor **en** frist af tre søgnedage fra forslag**et**s endelige vedtagelse overfor formand**en** begære folkeafstemning om lovforslag**et**. (Constitution, § 42, 1)
When a bill is passed by parliament-the, can a third of

parliament-the.GEN. members within a notice of three weekdays from bill-the.GEN. final passing to foreman demand referendum about bill-the.

'When a bill has been passed by the parliament, within a notice of three weekdays from the final passing of the bill, a third of the members of the parliament may direct a demand for a public referendum to the foreman.'

In conclusion a fair assessment should go as follows. The scarce amount of articles in the B 69 is partly due to the kind of discourse represented, but the diachronic perspective plays a part too. As illustrated by the examples from the GkS 3125, a development towards an increase in the use of articles has occurred between the B 69 of the 14th century and the GkS 3125 of the 16th century. Furthermore the examples from Modern Danish show that both indefinite and definite articles are in full use in legislative text.

Over time it can be observed that Danish undergoes major changes as regards the manifestation of nouns in discourse, from a system with only a few articles to the system of definite and indefinite articles of Modern Danish shown in fig. 1. above (section 2.1), and it can be observed that these changes occur in legislative text as well as in the other kinds of discourse, possibly with some delay in legislative texts. This delay probably happens for two reasons. Firstly, the discourse type with the many non-specific entities may in itself work as a delaying device. Secondly, the scribes copied the old legislative texts from earlier versions, older representations of Danish might therefore survive in the manuscripts beyond the time of their prime. As **texts** the Book of Medicine, Holy Women and the few narratives mentioned above (cf. (9)-(10), (18)-(20)) are likely to differ from the text in the Scanic Law in that they have been composed or translated in the 14th and 15th centuries, whereas the Scanic Law most likely has existed as text (orally) for a very long time before the 14th century. Thus the text of the Scanic Law as it is presented in the manuscript B 69 may very well contain a substantial amount of archaic forms and phrases. These are the reasons why I refrain from calling the language in the B 69 by any established term and instead content myself with calling it 'Very Old Danish'.

3. *The discourse functions of nouns and pronouns in the B 69*

As has now been established, the scarcity of articles in the B 69 may be because the text type represented warrants a widespread mention of non-specific entities. But it has also been shown that the diachronic changes within the Danish nominal systems (i.e. the development of the indefinite article and the preposed definite article) also find their way into the kind of discourse represented by legislative text. Now we turn to the actual use of nouns (± articles, ± specifications) and demonstratives (± nouns, ± specifications) in the B 69.

3.1 Identifiability and discourse functions in Modern Danish

In this section I'll keep referring to concepts such as discourse referents (introduction of new ones as well as the continuation of already established ones) and whether an entity is presented as identifiable or not. The literature on these subjects is enormous[9], and I shall not make a minute presentation and discussion of all the different books and articles concerning these matters. Instead, in order to clarify how I use these words, I've chosen a short text from the Danish Constitution (Modern Danish) as illustration:

(33) Forinden kongen tiltræder regeringen, afgiver han skriftligt i statsrådet en højtidelig forsikring om ubrødeligt at ville holde grundloven. (...) Kan kongen som følge af fraværelse eller af andre grunde ikke umiddelbart ved tronskiftet afgive denne forsikring, føres regeringen, indtil dette sker, af statsrådet (Constitution, § 8)

Before king-the joins government-the, gives he in-writing in states-council-the a solemn assurance of unswervingly to would observe constitution-the. (...) Can king-the as consequence of absence or of other reasons not immediately at throne-shift-the give this assurance, leads government-the, until this happens, of states-council-the

'Before the King takes office, he must present the States Council (: meeting of Ministers of State, presided over by the King) with a solemn assurance in writing of unswervingly to observe the Constitution. (...) If the King due to absence or other reasons is unable to present this assurance immediately by the accession of the throne, until so happens, the governing will be conducted by the States Council'

In this short text, a number of entities occur. Some are presented as

[9] A few titles are listed in the reference section. More important on the present use of the terms than others are the two articles by Chafe (1976) and Heltoft (1996b).

identifiable, some are not. The ones presented as identifiable all are in the definite form (e.g. *grundloven* 'the Constitution', *han* 'he', *denne forsikring* 'this assurance', *statsrådet* 'the States Council', *kongen* 'the King', etc.). The one presented as not-identifiable is in the indefinite form (e.g. *en forsikring* 'an assurance').

An entity presented in the indefinite form by an indefinite article almost[10] always represents the introduction of a new discourse referent. As regards an entity in the definite form, this might represent the introduction of a new discourse referent, or the continuation of an already established discourse referent. Thus the correlation between the two sets of distinctions (the distinction between presenting an entity as identifiable or not, and the distinction between the introduction of new discourse referents vs. the continuation of already established discourse referents) is not a symmetrical one.

In the text in (33) the entity with an indefinite article constitutes a new discourse referent (*en højtidelig forsikring* 'a solemn assurance'). Some of the entities in the definite form constitute the introduction of new discourse referents (*statsrådet* 'the States Council', *tronskiftet* 'the accession of the throne'), and some constitute the continuation of already established discourse referents (*denne forsikring* 'this assurance', *kongen* 'the King', *han* 'he', *grundloven* 'the Constitution', the latter two are both mentioned in earlier paragraphs). This amounts to three groups 1) new discourse referents presented as not identifiable (in the indefinite form), 2) new discourse referents presented as identifiable (in the definite form), and 3) already established discourse referents presented as identifiable (in the definite form). Of these three groups the kind in number 1) and the kind in number 3) are easy to describe and uncontroversial, while the kind in number 2) needs to be commented on. Below, 1) and 3) will be explicated first. Then the circumstances and the criteria of the kind in number 2) will be explained.

1) In Modern Danish in using the indefinite article, the speaker signals that the entity in question is not (as yet) identifiable to the listener; when this happens the entity constitutes the introduction of a new discourse referent. 3) represents the classic anaphoric relation, an entity is presented in the definite form (by the use of the definite article, a proper noun, a definite pronoun, or the like). In using the defi-

[10] It is not perfectly clear if metaphors like *a rose* in expressions like *she is a rose* should be considered a new discourse referent.

nite form, the speaker presents the entity as identifiable, and may well do so as the identifiability relies on the previous mention of the same lexical word (*en forsikring* 'an assurance' – *denne forsikring* 'this assurance').

The kind in number 2) resembles the kind in number 3) in that the speaker presents the entity as identifiable, but it also resembles the kind in number 1) in that the entity in question has not been mentioned before, in fact it is a new discourse referent. In (33) we haven't heard of entities such as the States Council and the accession of the throne before they appear in the definite form, i.e. presented as identifiable to the listener. When the speaker presents an entity in the definite form in cases like these, (s)he relies on our ability to infer the identifiability based on clues from the preceding text or from our knowledge of the world. In earlier paragraphs entities such as *tronfølgeloven* 'the law of succession' and *tronfølgeren* 'the heir to the throne' have been mentioned and thus we have no problem identifying *tronskiftet* 'the accession of the throne' in the definite form as this discourse referent fits nicely into this same discourse universe. And in this legislative text describing the laws of government, we readily infer that the States Council is a relevant institution in the governing of the country.

3.2 Nouns and demonstrative pronouns in the B 69

After these brief remarks concerning terminology, I return to the actual usage of nouns and demonstratives in the B 69. This should enable me to answer my original question concerning the relative clause in example (1) above: Why was I so certain that the children in (1) belonged to the man, not to the woman. Here (1) is repeated with only the gloss, not the translation(s):

(1) Far thæn man kunu ær børn hafwær. oc førær hana i garth mæth sæ oc mæth børnum sinum. (B 69, 204: 15-16)
Gets that man woman REL.PART. children has. and leads her into household with REFL. and with children POSS.PRON.M/F/N.DAT.

Leaving the relative clause aside for a moment, the main difference between the two entities in the first sentence of example (1) is that the one is presented with a demonstrative pronoun as well as a noun (*thæn man* 'that man'), and the other is presented with only a noun (*kunu* 'woman'). Originally I suspected that this difference was decisive in my ascribing the contents of the relative clause to the man, not to the woman. Therefore, I did a survey of the actual use of nouns and demonstrative pronouns in the B 69, whether they occurred alone or together, whether they occurred with specifications such as relative clauses, adjectives[11] or not, and these findings were correlated to discourse functions. In this section, I present the results.

3.2.1 Nouns without articles

Nouns without articles are typically used as first mentions in a paragraph, i.e. by the introduction of new discourse referents. This use was already seen in (21) above. (34)-(36) show some more examples of this:

(34) Sæl **man** bort **hæst**. ællær **oxa** (B 69, 242: 8)
Sells man away horse. or ox
'If a man sells a horse or an ox'

(35) Far **landbo** af **iortho** borth mæth **landgildi** (B 69, 262: 28)
Goes tenant off earth away with rent
'If the tenant abandons the land, taking the rent'

(36) **Thingmen** sculu mæth logum døma **thiuf** til hanga fore half marc mun oc eig fore minna. (B 69, 242: 18-19)
Thingmen should with laws judge thief to hang for half marc worth and not for less
'The aldermen may legally sentence a thief to hang for half a marc and not for less'

Once introduced, the discourse referents may be referred to by pronouns. (37) is the continuation of (36):

(37) Stial **han** minna tha mugu **the** døma af **hanum** hud ællær annar slikan lim ær **the** wilia (B 69, 242: 19-21)
Stole he less then may they judge off him skin or other such limb as they want
'If he stole for less, they may sentence him to be skinned or to lose any limb they might decide'

A noun without an article may also be used by the continuation of already established discourse referents as shown in (38):

---

[11] Or something alike. For the duration of the following outline, 'adjective' is short for 'adj., perf.particle or numeral'.

(38) Varthær kunu døth. oc lifwær barn æftær. oc (...) um them skil um. ath **barn** fic cristindom (B 69, 203: 25-27)
Becomes woman dead. and lives child after. and (...) if they.DAT. divides about. that child got Christianity
'If a woman dies and a child survives her, and (...) there is disagreement as to whether the child was christened'

Thus nouns without articles, without specifications, and without demonstratives is in fact neutral as regards the distinction between the introduction of new discourse referents vs. continuation of already established discourse referents.

3.2.2 Nouns with postposed definite articles

Nouns with postposed articles are used by the continuation of a discourse referent, or by the first mentions of discourse referents identifiable via the surrounding text (cf. *kongen* 'the King'; *statsrådet* 'the States Counsil' above (33)). The first kind of use is illustrated by the text in paragraph 227 of the Scanic Law in the B 69. In this paragraph the opening sentence contains first mention of the discourse referent *bryti* 'bailiff'. This is the kind of use we saw in the previous subsection 3.2.1 (cf. (34)-(36)):

(39) Vil **bryti** skilias fran hus bonda sinum (B 69, 260: 5)
Will farm-bailiff separate.PASS. from house man/farmer POSS. PRON.
'If a farm bailiff wants to separate from his master'

A few lines further down, the same discourse referent is mentioned, this time it appears in the definite form with the postposed article:

(40) fari **brytin** til twiggia thinga (B 69, 260: 7-8)
go.SUBJ. bailiff-the to two things
'the bailiff must attend two assemblies'

Together (39) and (40) constitute the typical textbook example of how nouns with and without articles are used in a certain part of Old Danish. By the introduction of a new discourse referent, the entity at hand is presented without article. As the text moves along, by later mentions of this entity, i.e. the continuation of the discourse referent, the word is presented in the definite form by the use of the postposed article –*(i)n*. This is a case of the classic, anaphoric reference.

More common, however, is the use where a noun in the definite form (i.e. with the postposed article) occurs without having explicitly been mentioned before. The noun is presented as identifiable due to the use of the definite article, and the discourse universe established by the text provides the background from which the identifiability may be inferred. In the laws of wills and succession the following example (already shown as (8)) is found:

(8) SEl bonden sinæ egna iorth borth tha ær **kunan** eig scyld oc eig hænna arfwa ath gialdæ atær bondanum (B 69, 205: 17-18)
Sells man-the POSS.PRON. own earth away then is woman-the not obligated and not her heirs to pay back man-the
'If the man sells off his own land, then the wife and her heirs are not obligated to reimburse the man'

(8) contains three instances of a noun with a definite postposed article. The one of interest here is *kunan* 'the woman/wife'. The woman in question is interpreted as the wife of the man in the previous sentence (*bonden* 'the man'). The discourse referent is new, and yet it is presented as identifiable. The identifiability relies on our ability to infer from the situation outlined by the text that she is not just any woman, but in fact the woman married to the man in the first sentence.

Brytin 'the bailiff' in (40) and *kunan* 'the woman/wife' in (8) differ in that *brytin* 'the bailiff' is a repetition of an earlier mentioned word and thus a continuation of an already introduced discourse referent, whereas *kunan* 'the woman/wife' is the first mention (the introduction) of a new discourse referent. *Brytin* 'the bailiff' is a typical example of the anaphoric use, and *kunan* 'the woman/wife' is an example of the kind of use where the identifiability is inferentially determined.

As regards the similarity of *brytin* and *kunan*, they both present the discourse referent as identifiable, and the identifiability relies on the previous text. The identifiability may be said to be **textually bound**.

In Modern Danish we still find both of these kinds of textually bound identifiable entities. We also find a third kind. This third kind of entities presented as identifiable is not (necessarily) textually bound, but can be identified on the basis of our knowledge of the world (cultural institutions: *the States Counsil* (cf. (33) above), *the telephone*, *the Pope*, and the universe: *the sun*, *the moon*). In the B 69 of the 14th century the two textually bound functions are in use, but the third kind is not. In the GkS 3125 of the 16th century, the third kind also appeared (cf. *kongen* 'the king', etc., (26)-(28) above).[12]

3.2.3 Nouns and demonstratives together

We now turn to the nouns occurring along with demonstrative pronouns. These occurrences are particularly interesting in that they predominantly are accompanied by some specification, either in the form of an adjective or a relative clause. They are also interesting in that they occur both by the continuation of already established discourse referents and by the introduction of new discourse referents.

By the use of the demonstrative pronoun the entity in question is presented as identifiable. In certain context it may, however, be difficult to actually know which one of several discourse referents is the intended one. This ambiguity is resolved by the use of some kind of specification. The demonstrative pronoun gives the promise of an identifiable entity, but leaves to the contents of the specification to fulfil this promise. This situation is illustrated by the text in (41):

(41) tha sculu therra sam frændær skifta therra i mællæn swa ath et syskin næfna siax therra frændær oc annat syskin andra siax therra frændær oc the tolf therra frændær sculu swæria ath the wilia ræth skifta therra i mællin oc eig cunnu the rætare skifta therra i mellin. **The tolf men** sculu gøra thæt fæthrinæ the wilia oc thæt mø||thrinæ ær the wiliæ. (B 69, 208: 18-24)

then should their in-common kinsmen divide-estate them in between so that one sibling name six their kinsmen and other sibling other six their kinsmen and these twelve their kinsmen should swear that they will right divide-estate them in between and not could they more-right divide-estate them in between. These twelve men should do that paternal they will and that maternal REL.PART. they will.

'then those kinsmen they have in common, should divide the estate for them in the following manner: one sibling names six of their kinsmen and the other sibling another six of their kinsmen, and these twelve of their kinsmen must swear that they will divide the estate in a proper fashion for them, and that they could not make a more proper division of the estate for them.

---

[12] In a situation where speaker and hearer are together in what is now called 'body space', the matter of identifiability may of course be taken care of by pointing at the entity in question. This is the classic deictic reference.

These twelve men must decide what to call 'paternal', and what to call 'maternal'.'

In (41) without the explicitation of *tolf* 'twelve' towards the end of the paragraph, it would have been difficult to know which of the many men mentioned were the ones in question. Without *tolf* 'twelve' the entity might have had the form *the men* 'these men' or even *menene* 'men-the'. Both of these solutions would have been syntactically possible, but textually poor, as it would remain unresolved which men were the relevant ones. By the addition of the specification this becomes clear.
(41) showed an example of disambiguation by the continuation of already established discourse referents (anaphoric reference). However, in (42), the opening sentence of a paragraph, we find the new discourse referent *bonde* 'man' presented along with a demonstrative *then* 'that'.

(42) SEl **then bonde** kunu sinna iorth **eig hafwær siælf | iorth** (B 69, 206: 2)
Sells that man woman POSS.PRON. earth not has self | earth
'If a man who does not possess any land himself, sells the land of his wife'

Being inherently definite the demonstrative pronoun presents the entity as identifiable, but the identifiability cannot rely on earlier mentions the way it happened to *the tolf men* 'these twelve men' in (41), as this is a case of the introduction of a new discourse referent. Instead, the identifiability must depend on something else, and this something else is found in the specification *eig hafwær siælf iorth* '(who) does not possess any land himself'.

In all of the following cases (43)-(46) the entity is presented as identifiable due to the use of the demonstrative pronoun, and in all of the cases the specification provides the identifiability.

(43) the iorth ær han gaf them (B 69, 210: 27)
that earth that he gave them
'that land he gave them'

(44) then lagdagh ær || thing men leggia til (B 69, 207: 5)
that lawday that || thing men lay to
'the deadline set by the aldermen'

(45) the tu thing (B 69, 206: 6)
those two thing
'those two assemblies'

46) the ena dotær (B 69, 209: 30)
this one daughter
'this one daughter'

Without specification are (47) and (48). In these cases the identifiability is resolved by an earlier mention (47), or may be inferred from the discourse universe established by the text (48):

(47) thæt barns fathær (B 69, 206: 26-27)
that childs father
'the father of that child'

(48) af thy wærthe (B 69, 205: 26; 205: 30-31)
of that worth
'of that value'

I have found no instance of the introduction of a new discourse referent presented by a demonstrative pronoun (± noun) without any specification.

3.2.4 Demonstratives without nouns

Demonstratives very often occur without nouns, but with specifications. (49)-(51) show some examples of demonstratives followed by relative clauses. (52)-(54) show examples of demonstratives followed by adjectives or perf.participles. (55) shows a combination of the two (rel.cl. and adj.). Please note that the first kind of specification (the relative clauses) may be placed at some considerable distance from the demonstrative, whereas the other kind of specification (the adj./perf.part.) always appears immediately after the demonstrative:

(49) witi **hin ær dyl** (B 69, 209: 2)
witness.SUBJ. he.DEM. that denies
'he who denies, must testify'

(50) **Thæn** scal næfna **ær sac søkær** (B 69, 204: 4-5)
That shall name who case seeks
'He who sues, must call upon witnesses'

(51) oc gifwa **thæt** bornum sinum **ær han wil** (B 69, 206: 19-20)
and give that children POSS.PRON. that he will
'and give his children whatever he wants'

(52) **them wanføra** (B 69, 211: 29)
that disabled
'the invalid'

(53) hafwær **thæn døtha** mothær oc eig fathær (B 69, 210: 10-11)
has that dead mother and not father
'if the deceased has a mother and not a father'

(54) ær **hin sæcti** utan lanzs (B 69, 240: 27-28)
is that sued outside land
'if the accused is abroad'

(55) **Thæt samma** [...] **ær bonden ma** (B 69, 210: 32-33)
That same [...] that man may
'The same [...] as the husband may (do)'

As was the case by the examples in the previous subsection, the demonstrative pronoun presents the entity in question as identifiable, and by the addition of a specification the identifiability is indeed resolved. Examples like (49)-(55) may be used by the continuation as well as the introduction of discourse referents.

It is not, however, a requirement for demonstratives to be followed by a specification as illustrated by (56):

(56) Læggær man nokath in til annars manzs oc takar **hin** thæt æi (B 69, 261: 20-21)
Lays man something into to other mans and takes he.DEM. that not
'If a man leaves something on somebody else's property and this other man does not take it'

A demonstrative without specification always happens by the continuation, never by the introduction of discourse referents. It should be noted that this use of demonstratives without any kind of specification is very hard to find. By contrast, examples like (41)-(46) and (49)-(55) are highly frequent. As (56) shows it is not obligatory to add specifications to demonstratives, but it is by far the most common to find some kind of specification attached to a demonstrative.

3.2.5 Non-occurrences

For the sake of completion, it should be mentioned that no examples of noun without article or demonstrative, but with specification have been found. As already mentioned, no instances of the introduction of a new discourse referent presented by a demonstrative pronoun (± noun) without any specification were found. Also mentioned in previous sections were the fact that there are no indefinite articles in the B 69, and no preposed definite articles. The occurrences of *the, then, thæt* and *thy* in (41)-(55) are all instances of demonstrative pronouns.

3.3 Summary of the use of nouns and pronouns in the B 69

In this section I have outlined a number of different ways[13] of presenting entities in the B 69 of the Scanic Law, and I have told of their typical discourse functions. From this outline the following can be deduced.

An entity may be presented as identifiable or not. If it is presented as identifiable this happens either by the adding of the postposed definite article to a noun, or by the use of a demonstrative pronoun (± noun). If it is not presented as identifiable this happens by mentioning the entity by a noun without any definite markers (be it def.art. or dem.pron.) and without any specifications. In the following I'll call this kind of occurrence a 'bare' noun.

As regards discourse functions, a discourse referent may be introduced by such a 'bare' noun, it may be introduced by a noun with a demonstrative pronoun (± noun) with specification, or it may be introduced by a noun in the definite form marked by the postposed definite article (apparently never with specification).

Forms used to continue already established discourse referents are 'bare' nouns, nouns in the definite form marked by the postposed definite article without specification, and demonstratives (± noun / ± specification)[14].

Never found are 'bare' pronouns used by the introduction of a new discourse referent.

4. *Full circle*: *FAR THÆN MAN KUNU ÆR BØRN HAFWÆR*

The purpose of the previous section was to provide a background against which the sentence in the very first example of this article should be seen, and we can now return to this very first example (1),

---

[13] More ways can be found. I have not shown any examples of discourse referents presented by a relative pronouns, interrogative pronouns, indefinite pronouns, etc.

[14] And personal pronouns, cf. (36).

and to the question of why I was so certain that my original translation was the right one:

(1) Far thæn man kunu ær børn hafwær. oc føræ hana i garth mæth sæ oc mæth børnum sinum. (B 69, 204: 15-16)
Gets that man woman REL.PART. children has. and leads her into household with REFL. and with children POSS.PRON.M/F/N.DAT.
'If a man who has children gets a wife, and makes her a member of his household with the children'

The example is the opening sentence of a new paragraph, and in the first part of this sentence two different discourse referents appear - a man and a woman. The first is presented with a demonstrative pronoun, *thæn man* 'that man', the second is presented only by the noun, *kunu* 'woman'. The question of why the relative clause should be attached to the man and not the woman, may be answered in at least two different ways.

The first way simply relies on frequency: In the B 69 an entity may be presented by 'bare' nouns and by demonstratives. The 'bare' noun apparently never occurs with specification, whereas a demonstrative more often than not would occur with specification. Thus by reading the B 69, one might get used to these two patterns, and simply select the constellation with the demonstrative (*thæn man* 'that man') as the most likely candidate for the relative clause to be attached to.

The second way of answering the question involves the two sets of distinctions 1) the presenting of an entity as identifiable or not, and 2) the introduction of new discourse referents vs. the continuation of already established discourse referents. As the sentence in (1) constitutes the opening sentence of a new paragraph, the two entities – the man and the woman – both are examples of the introduction of new discourse referents. The one **is not** presented as identifiable, namely *kunu* 'woman'. The other **is** presented as identifiable by the use of the demonstrative pronoun, but as this is a brand new paragraph, we don't have any previous text to rely on in figuring out **how** this entity is identifiable. Therefore we wait patiently, and expect this unsolved matter of identifiability to be resolved further along. Once we come across the specification in the form of a relative clause, our expectations have been met, and we decide that the contents of the relative clause in fact should be ascribed to the entity presented with the demonstrative pronoun – the children in question must belong to the man, not to the woman.

And this is why I felt certain that my original translation of (1) was the right one. My choice of attaching the contents of the relative clause to the man instead of the woman, was in fact not determined by a strict rule in the sense that the demonstrative must be followed by a relative clause, but it **was** due to the occurrence of the demonstrative pronoun in connection with the entity *man*.

Literature

Brøndum-Nielsen, Johs. 1935. Gammeldansk Grammatik, Vol. III. Substantivernes Deklination. København.

— 1962. Gammeldansk Grammatik, Vol. IV. Adjektiver. Adverbier. Numeralier. København.

— 1965. Gammeldansk Grammatik, Vol. V. Pronominer. København.

Chafe, Wallace L. 1976. Givenness, Contrastiveness, Definiteness, Subjects, Topics, and Point of View. In: Li, Charles N. (ed.). (1976). Subject and Topic. New York, San Francisco & London, 25-55.

Durst-Andersen, Per & Michael Herslund 1996. The syntax of Danish verbs. Lexical and syntactic transitivity. In: Engberg-Pedersen, Elisabeth, Michael Fortescue, Peter Harder, Lars Heltoft and Lisbeth Falster Jakobsen (eds.). *Content, Expression and Structure. Studies in Danish functional grammar.* Amsterdam & Philadelphia, 65-102.

Ejskjær, Inger 1992. Adjektivernes bestemte artikel i vest- og sønderjysk. *Danske folkemål, bd. 34*. København, 1-44.

Hansen, Erik 1994. Generisk substantiv. I: Språkbruk, grammatik och språkförändring. En festskrift till Ulf Teleman. Lund: Institutionen för nordiska språk, Lunds universitet. Reprinted in: Jacobsen, Henrik Galberg & Henrik Jørgensen (red.): Glæden ved grammatik. Udvalgte artikler og afhandlinger. København 2001, 274-282.

— 1995. Kvalificeret bestemthed. I: Kunøe, Mette og Erik Vive Larsen: *5. Møde om Udforskningen af Dansk Sprog*. Reprinted in: Jacobsen, Henrik Galberg & Henrik Jørgensen (red.): Glæden ved grammatik. Udvalgte artikler og afhandlinger. København 2001, 283-291.

Hansen, Aage 1927. Bestemt og ubestemt substantiv. Kjøbenhavn.

Harder, Peter 1990. The Pragmatics and Semantics of Reference. In: Lundquist, Lita & Lone Schack Rasmussen (eds.): *Pragmatics and its Manifestations in Language. Copenhagen Studies in Language 13.* København, 41-78.

Heltoft, Lars 1996a. Det danske nominals udtryks- og indholdssyntaks – et dependensanalytisk forsøg. I: Herslund, Michael (red.): *Ny forskning i grammatik. Fællespublikation 3,* 7-34.

— 1996b. Topics in Danish and in Universal Pragmatics. In: Heltoft, Lars & Hartmut Haberland (eds.): *Proceedings of the Thirteenth Scandinavian Conference of Linguistics*. Roskilde, 251-262.

— 1998. Analogy, weight and content. *Acta Linguistica Hafniensia, vol. 30.* København, 103-128.

— 2001. Reanalysing structure. The Danish definite article, its predecessors and development. *Acta Linguistica Hafniensia, vol. 33*. København. pp. 67-90.

Herslund, Michael 1995. The object relation and the notion of incorporation. In: Schøsler, Lene & Mary Talbot (eds.): *Studies in Valency I. RASK Supplement Vol. 1*. Odense,1-18.

— (ed.) 1999. Det franske sprog. Kapitel VI. Nominalsyntagmet. Foreløbig version, februar 1999.

Himmelmann, Nikolaus P. 1996. Demonstratives in Narrative Discourse: A Taxonomy of Universal Uses. In: Fox, Barbara (ed.): Studies in Anaphora. *Typological Studies in Language (TSL), Volume 33*. Amsterdam & Philadelphia, 205-254.

— 1997. Deiktikon, Artikel, Nominalphrase. Zur Emergenz syntaktischer Struktur. *Linguistische Arbeiten 362*. Tübingen.

Hodler, Werner (1954). Grundzüge einer germanischen Artikellehre. Heidelberg.

Jensen, Eva Skafte (2001). Udforskningen af kasussystemet i ældre middeldansk – a case of squinting grammar? I: Widell, Peter & Mette Kunøe (red.): *8. Møde om Udforskningen af Dansk Sprog*. Århus, 171-179.

— 2002. On the Development of Danish Sentence Adverbials. In: Jansen, Hanne, Paola Polito, Lene Schøsler & Erling Strudsholm (a cura di): L'infinito & oltre. Omaggio a Gunver Skytte. Odense, 463-480.

— (2003). Case in Middle Danish. A double content system. In: Blake, Barry & Kate Burridge (eds.): *Historical Linguistics 2001. Selected papers from the 15. International Conference on Historical Linguistics, Melbourne*. Amsterdam & Philadelphia, 221-236.

— 2004a. Det kohæsive kasussystem i gammeldansk. I: Duncker, Dorthe (red.): *Studier i Nordisk 2002-2003. Selskab for Nordisk Filologi. Foredrag og årsberetning*. København, 119-145.

— 2004b. Kanoniske og ikke-kanoniske nominalsyntagmer i moderne dansk. I: Jensen, Bente Lihn, Iørn Korzen & Henrik Høeg Müller (red.): *Ny forskning i grammatik. Fællespublikation 11. RASK Supplement Vol. 16*, 157-180.

— (under udg.). Kohæsivt kasus i gammeldansk.

Kristensen, Marius 1938. Adjektiverne i Dansk. *Danske Studier 1938,* 18-32.

Kroman, Erik 1944. Dansk Palæografi. I: *Nordisk Kultur XXVIII:A*. Johs. Brøndum-Nielsen (Red.). *Palæografi A, Danmark og Sverige.* Stockholm, Oslo & København, 36-81.

Kroman, Erik og Stig Iuul 1945-48. Danmarks gamle Love paa Nutidsdansk, I-III. København.

Lundeby, Einar 1965. Overbestemt substantiv i norsk og de andre nordiske språk, Oslo.

Møller, Kristen 1945. Nordiske artikelproblemer. *Udvalg for Folkemaals Publikationer, Serie A, Nr. 7*. København.

— (1974). Vestjyske artikelproblemer. *Dialektstudier udgivne af Institut for Dansk Dialektforskning, 3. bind.* København, 74-102.

Nielsen, Niels Åge & Torsten Balle 1972. Artikelløshed i Thy. *Sprog og Kultur, Bd. 27*. Århus, 105-112.

Nygaard, M. 1906. *Norrøn syntax.* 2. opplag, uforandret. Oslo 1966.

Sasse, Hans-Jürgen 1987. The thetic/categorical distinction revisited. In: *Linguistics 25*. Berlin, New York, Amsterdam, 511-580.

Skautrup, Peter 1944. Det danske Sprogs Historie, Bd.1. København.

Steen-Jensen, Inga 1972. De artikelløse substantiver i dialekten på Hannæs og i nabosognene. *Sprog og Kultur, Bd. 27*. Århus, 113-121.

Therkelsen, Rita 1999. Betydningsforskellen mellem *der-* og *som*-relativsætninger. I: Bache, Carl, Lars Heltoft & Michael Herslund (red.): *Ny forskning i grammatik. Fællespublikation 6,* 309-330.
— (2003. Talesprogets og skriftsprogets bestemthedsparadigmer. I: Bache, Carl, Merete Birkelund & Nina Nørgaard (red.): *Ny forskning i Grammatik. Fællespublikation 10. RASK Supplement Vol. 15,* 189-206.
Thomsen, Ole Nedergaard 1991. Unit accentuation as an expression device for predicate formation in Danish? *Acta Linguistica Hafniensia, vol. 23.* København, 145-196.
Togeby, Ole 1997. Nominalernes bestemthedsformer informationsteoretisk anskuet. I: Widell, Peter og Mette Kunøe: *6. Møde om Udforskningen af Dansk Sprog.* Århus 1997, 289-300.
Wellejus, Gerd 1972. Jysk, sjællandsk eller skånsk? Universitetsforlaget i København.

Sources

B 69 = *The Stockholm B 69 manuscript containing the Scanic Law.* In: DgL, Vol. 1,1, Text II.
Book of Med. = *Det arnamagnæanske Håndskrift nr. 187, i oktav, indeholdende en dansk Lægebog.* 1883, 1886. ed. by Viggo Såby. København.
Constitution = *Danmarks Riges Grundlov, Lov nr. 169 af 5. juni 1953.*
DgL = *Danmarks gamle Landskabslove, I-VIII.* 1933-1941. ed. by Johs. Brøndum-Nielsen et al. København.
GkS 3125 = *The GkS 3125 4° manuscript containing the Scanic Law.* In: DgL, Vol. 1,1, Text III.
GL = *Gammeldansk læsebog (Old Danish Reader).* 1968. ed. by Nelly Uldaler & Gerd Wellejus. København.
Holy Women = *Hellige kvinder.* In: GL, 349-356.
Kroman & Iuul = *Translation into Modern Danish of Skaanske Lov and Jyske Lov,* 4. oplag 1968. by Erik Kroman & Stig Iuul. København.
Lament. = *Mariaklagen. Efter et runeskrevet Haandskrift=Fragment i Stockholms Kgl. Bibliotek.* 1929. ed. by Johs. Brøndum-Nielsen & Aage Rohmann. København.
St. Christ. = *Legende om Sancta Christina, Cambridgefragmentet.* In: GL, 283-286.
Sydrak = *Sydrak.* In: GL, 261-265.

Amsterdamer Beiträge zur älteren Germanistik 62 (2006), 151-206

ET FORSØG TIL DATERINGEN AF DET GAMMELDANSKE POSTILHÅNDSKRIFT GKS 1390 4to

af Britta Olrik Frederiksen — København

I sin doktorafhandling fra 2003 har Patrik Åström drøftet et emne fra den fornsvenske filologi som også i høj grad kunne trænge til drøftelse inden for den gammeldanske: dateringen af de fra middelalderen overleverede håndskrifter, der måske er det mest direkte bindeled mellem den tid og den nuværende. En række gammeldanske håndskrifter bærer fx stadig på dateringer som der aldrig er fremsat eksplicit begrundelse for, eller hvis begrundelse tiden for længst er løbet fra. Ét af dem er GKS 1390 4to (herefter GKS) i Det Kongelige Bibliotek i København. Det blev udgivet i 1865 af C.J. Brandt under den let selvmodsigende og ikke helt dækkende titel *Kirkeårets Söndags-Evangelier med Udlæggelse, fra Advent til Langfredag.* Hovedteksterne er ganske vist den vinterpart af en postil og den passionstekst der tilsammen udgør størstedelen af GKS (fol. 3r-152r); men Brandt bringer i tilgift også resten af håndskriftets oprindelige indhold, knap 30 blade fyldt med lutter religiøse tekster, de fleste yderst kortfattede (fol. 1-3r, fol. 152r-176r; fol. 176v og fol. 177 har oprindelig været ubeskrevne). I 1983 genudgav Bertil Ejder postil og passionale samt de to umiddelbart omgivende tekster (på henholdsvis fol. 1-3r og fol. 152r-157r) som én samlet postil, skønt med en vis usikkerhed over for netop denne tekstafgrænsning (jf. især Ejder 1983:17).

De følgende betragtninger over GKS's datering, som må og kun kan blive af foreløbig karakter, er udsprunget af min beskæftigelse med håndskriftets sidste tekst, legenden om biskop Embertus (Frederiksen ms. under arbejde, jf. Frederiksen 2002). Den er led i en tradition som i sit formodede hjemland, Tyskland, kun er kendt i kilder fra slutningen af det 17. århundrede og frem, men hvortil der findes hele tre østnordiske vidner fra middelalderen, to svenske og det danske i GKS. Hvis den oprindelige datering af dette håndskrift holder stik, kan det udpeges som den ældste kendte tekstbærer og som adskillige årtier ældre end den næstældste.

1. *Hidtidige dateringer*

Den eneste der hidtil har kastet sig ud i at ræsonnere over GKS's tilblivelsestidspunkt, er vistnok dets første udgiver, C. J. Brandt, hvis besyv i sagen dog begrænser sig til et udsagn om at postillen i håndskriftet ikke er meget yngre end sin formodede svenske original, som Brandt (1865:VIIIf.) identificerede med den svenske postil i AM 787 4to eller snarere dennes original og henførte til begyndelsen af det 15. århundrede: "Homilierne må være blevne til i Begyndelsen af 15de Århundrede, og Oversættelsen er ikke meget yngre, måske fra Midten af samme Århundrede" (Brandt 1865:XX).

Da Bertil Ejder i 1976 drøftede den danske postil og dens stilling i (øst)nordisk tradition, nævnte han Brandts datering, men tilføjede at postillen ifølge andre, "kanske med rätta" (1976:67), snarere tilhørte 1400-tallets slutning. Desværre nævnte han ikke sine kilder, og da han få år efter udgav størstedelen af GKS, strejfede han ikke emnet datering, bortset fra at han kaldte håndskriftet et "medeltidshandskrift" (Ejder 1983:7) og tilsyneladende forudsatte at det var fra 1400-tallet (1983:19).

Et tredje eksplicit dateringsforslag, anden halvdel af det 15. århundrede, findes endelig i indholdsfortegnelsen til Nelly Uldaler og Gerd Wellejus' *Gammeldansk Læsebog* (1968), hvor en enkelt prædiken er udgivet direkte efter håndskriftet, ikke efter Brandts udgave (jf. Uldaler & Wellejus 1968:V, X). Dette forslag stemmer med at Lauritz Nielsen i sin bog om Danmarks middelalderlige håndskrifter ganske kort omtaler GKS som ét blandt en række håndskrifter fra sidste halvdel af det 15. århundrede (1937:137).

Vil man forsøge at give en datering fast grund under sig, kan man hovedsagelig hente argumenter fra tre områder: palæografi, sprog og tekstindhold. I sin ovennævnte bog om datering og dateringsproblemer i forbindelse med senmiddelalderlige svenske lovbøger opererer Patrik Åström (2003b) ganske vist også med et fjerde dateringskriterium, som tilmed er betydelig sikrere end de øvrige, hvoraf han især er skeptisk over for palæografi og sprog (jf. Åström 2003b: 56ff., 64); men dette kriterium gælder vandmærker og er ikke disponibelt for pergamenthåndskriftet GKS's vedkommende.

2. *Palæografi*

Hvad angår skriften i GKS, som antagelig skyldes én og samme skriver (jf. Ejder 1983:7) og derfor kun er undersøgt grundigt i et par mindre udsnit (fol. 1-4r og 174v-176r), hersker der ingen tvivl om den overordnede klassifikation: halvkursiv af den slags som i dansk tradition benævnes 15. århundredes halvkursiv (jf. Kroman 1943a:64 m. henvisn.), om end den også kan forekomme i begyndelsen af det 16. århundrede (jf. Kroman 1960:370). Den er først og fremmest karakteristisk ved sin partielle sammenskrivning af bogstaverne i et ord, ved runde, svungne former og ved enkeltbuet *a* samt *f* og højt *s* med forlængelse under linjen (jf. Kroman 1943a:64, Svensson 1974:47, 137f.). Hvis Johs. Brøndum-Nielsen har ret i sin datering til 1430 af ét af de betydeligste gammeldanske håndskrifter i indiskutabel halvkursiv (og én af de vigtigste leverandører af eksempelmateriale til GG), lovhåndskriftet E don. var. 136 4to, og herfor taler først og fremmest et formentlig med samme hånd som E don. var. 136 4to nedskrevet diplom fra 1417 (jf. Brøndum-Nielsen 1964b:80), er der næppe noget til hinder for at regne halvkursiven for fuldt udviklet som bogskrift i første halvdel af 1400-tallet. Ifølge Brøndum-Nielsen skulle den ligefrem have haft sin egentlige blomstringstid da (1924:83). Kroman synes tilbøjelig til at sætte den noget senere, hvad antagelig til dels hænger sammen med hans datering af E don. var. 136 4to til "maaske 1472" 1943a:72 og "2. Halvd. af 15. Aarh." 1943b:15; allerede før Brøndum-Nielsen offentliggjorde sin nærmere begrundelse for 1430-dateringen, må Kroman dog være blevet overbevist om dens rigtighed, jf. Kroman 1960:370.

GKS deler det ene af sine to mest moderne palæografiske træk, den næsten gennemførte brug af prik og ingen brug af skråstreg over *i*, med fragmenterne af Sjælens Trøst-håndskriftet (jf. Nielsen 1937-1952:XIX), der – ganske vist med temmelig knaphændig argumentation – dateres til samme tid som E don. var. 136 4to (jf. Brøndum-Nielsen 1934-1935:187f.).

At dømme ud fra faksimilerne hos Kålund 1903:XL og Kroman 1962:282-291 genfindes det andet af GKS's mest moderne træk, en særdeles vidtgående brug af *r*-rotunda, i al fald senest i to håndskrifter fra tiden omkring 1460 (jf. Kroman 1962:XXIf.): Stockholm M 307 (Mandevilles rejse) og Stockholm K 46 (sagnkrønike og dyrerim). Brøndum-Nielsen (1924:84) klassificerer ganske vist begge som kursive i modsætning til Kroman (1943a:74), der klassificerer M 307 (med samme hånd som K 46, jf. Kroman 1962:XXIf.) som halvkursiv; men da bogstavformerne skulle følge samme udvikling inden for de to skrifttyper bortset fra nogle her irrelevante tilfælde (jf. Kroman 1943a:64f.), har denne divergens næppe betydning for bedømmelsen.

Ud fra de desværre yderst spredte og delvis modstridende oplysninger som er alt hvad der foreligger om dansk palæografi i senmiddelalderen, er det eneste man kan slå fast, at Brandts forsigtige datering af (postillen i) GKS til midten af det 15. århundrede i al fald ikke kan afvises af palæografiske grunde. At skriften i GKS – ved en løselig sammenligning med de mange 1400-tals-håndskrifter som der findes afbildninger af (bl.a. hos Kålund 1903 pass., Skautrup 1941:XVI, Kroman 1943a pass., Kroman 1962 pass., Brøndum-Nielsen 1964c pass., Nielsen 1982:XII, Abitz & Ørberg 1991:34, Fenger & Jansen 1991:270, Jexlev 1991:327, Petersen 1999:47) – må kaldes relativt stor, pennestrøgene brede, hældningsgraden moderat og forbruget af forkortelser og forkortelsestyper relativt beskedent, peger vel trods alt også snarest i retning af et ikke alt for sent tilblivelsestidspunkt (jf. Brøndum-Nielsen 1924:83, Kroman 1943a: 71, 75f., jf. dog Åström 2003b:56). Omvendt er det næppe nogen indvending mod en datering til midt i århundredet at bogstavsammenbinding er næsten gennemført i GKS, selv om dette fænomen formentlig bliver hyppigere ned igennem tiderne. Ribe-håndskriftet af Jyske Lov, som i al fald Kroman anser for skrevet i halvkursiv (1943a:74), og som antages at hidrøre fra før midten af århundredet (jf. Fenger & Jansen 1991:270, Abitz & Ørberg 1991:28), er mindst lige så radikalt på dette punkt som GKS. – Nærmere en tidsbestemmelse kommer man desværre næppe ad palæografisk vej medmindre skriverhånden en gang skulle blive genkendt i et dateret dokument ell. lign. Da dokumenter og bøger som regel skrives med forskellig slags skrift, vil en sådan genkendelse dog være forbundet med store vanskeligheder (men er øjensynlig ikke umulig, at dømme ud fra Kromans datering af skriverhånden i AM 187 8vo v.hj.a. nogle sjællandske diplomer 1943a:68).

3. *Sprog*

Sproget i GKS har selvfølgelig kun dateringsmæssig interesse hvis det er samtidigt med håndskriftet, eller hvis det indeholder lag som er samtidige med håndskriftet.

At GKS i al fald indeholder forskellige sproglige lag, mere eller mindre svenskprægede, synes allerede Brandt at have ment (1865: XIX), og senere hævdede Bertil Ejder tilsvarende at der er forskel på sproget i “inledningen” (hvormed han mener den athanasianske trosbekendelse fol. 1-3r, der ikke synes at have kendt svensk parallel)[1] og "postillan" (hvormed han må mene de øvrige af ham udgivne tekster i håndskriftet) idet "inledningen" anses for at være "äktdansk, i alla händelser långt danskare än postillans blandspråkiga text" (1983:17). De otte træk som han eksemplificerer sin påstand med, forekommer dog i alle tilfælde også i "postillan", i de fleste tilfælde tilmed almindeligt eller gennemført, at dømme ud fra håndbogslitteraturen og/eller solide stikprøver (henvisninger til side og linje ndf. gælder Ejders udgave fra 1983;[2] A er forkortelse for trosbekendelsen og P for teksterne i resten af udgaven):

1) *æ* i *hwær* pron. (modsat *a*) – *æ* er tilsyneladende enerådende i håndskriftet i dette ord, jf. GG 5:470.

2) *o* i inf. og præs. af *wærtha* v. (modsat *a* (< *æ*)) – der optræder kun ét belæg på formen i A (*wordhæ* A 25.1), og i den til stikprøve brugte passage i P (P 27-50) er der registreret 22 belæg, hvoraf 18 med *o* og kun fire med *a*.

3) negativpræfikset *ū* (modsat *ō*) – *ū* optræder gennemført (og relativt hyppigt) i A og ligeledes gennemført i den til stikprøve benyttede passage i P (P 27-50), i alt ca. 35 gange.

4) *th* som tegn for dental spirant (hvormed må menes: i ikke-initial stilling) – at dette tegn ofte optræder i A, som anført af Ejder (1983:17), skyldes efter al sandsynlighed kun at roden *guth* er hyppigt belagt her; *th* er nemlig gennemført i *guth* uden for gen.-formen, der har *t* (dvs. *gutz*), mens den dentale spirant i øvrigt gengives med *dh* (almindeligt) eller *d* (sjældent) i A; kontrolmaterialet (P 27-28) viser akkurat samme praksis bortset fra at *th* her lejlighedsvis også optræder i andre tilfælde end (gennemført) i roden *guth* uden for gen., fx *wether* adv. og præp. P 27.6, 28.24.

5) *æ* i *blænda* v. og afledninger heraf (modsat *a*, jf. GG 8:44, dog måske oprindelig to verber) – roden *blænd* optræder kun to gange i A og kun som del af en modsvarighed til latinens *confundo* (med afledning): *samblændendæ* A 25.8 (svarende til *confundentes* i den latinske tekst, jf. Nørgaard-Højen 2000:20 v. 4) og *samblendilsæ* A 26.25 (svarende til *confusione*, jf. Nørgaard-Højen 2000:22 v. 34); i P, der i dette tilfælde er undersøgt i fuld udstrækning, findes *a* 13 gange (P 35.28, 46.22, 48.26, 53.34, 53.35, 55.33 m.fl.) og *æ* kun en enkelt gang (P 131.22) (jf. GG 7:83); som *a* og *æ* er fordelt over dette forholdsvis sparsomme materiale, kan det ikke helt udelukkes at *æ*-forekomsterne i A beror på tilfældighed. Parallelteksten til

[1] Jf. Ståhle 1957 m. henvisn. GO har til gengæld registreret en nær beslægtet parallel til trosbekendelsen i GKS i det religiøse blandingshåndskrift Stockholm A 29, hvorom ndf.

[2] I det følgende er opløste håndskriftabbreviaturer kun særskilt markeret i citater hvis abbreviaturen indgår i en form der er i fokus af sproglige grunde.

A i Stockholm A 29 har dog også *æ* i begge tilfælde (*samblændende* fol. 174r9, *samblændilse* fol. 175v7), hvilket taler for at de to *æ*-former stammer fra A's forlæg.

6) *ø* i *sun* subst. (sing.) (modsat *o* (<*u*)) – her har A gennemført *ø*-form og kontrolmaterialet (P 27-50) det samme, i alt 14 gange.

7) *æ* i *sialvæ̣r*, *sælvæ̣r* pron. (modsat *iæ* (<*ia*)) – A har *æ* alle fire gange ordet forekommer; i P, der er undersøgt i sin helhed, veksler *æ* og *iæ*, men ikke helt vilkårligt; indtil p. 80 er *æ*-formen almindeligst idet den er registreret i 12 af i alt 16 tilfælde (P 38.26, 44.16, 46.11, 60.11, 60.35, 63.30, 63.34, 71.33, 72.5, 72.33, 78.18, 79.34 over for 29.18, 31.33, 35.25, 56.2-3); herefter er *iæ* gennemført på én undtagelse nær (P 106.2 over for 86.22, 105.9, 119.15, 124.15 m.fl., i alt knap 40 gange); A's form må således siges at være den man snarest forventer i hele første tredjedel af håndskriftet.

8) formen *thē-* som første led i *thȳ-*, *thōlīkæ̣r* m.fl. pron. (modsat *thȳ-*, *thō-* m.fl.) – A har kun to belæg på ordet (*theligher* A 25.12, 25.13), og deres form svarer til håndskriftets norm; ifølge GG 5:268 er *ē*-formen "næsten eneraadende" i håndskriftet; den eneste afvigelse er tilsyneladende den i GG (loc. cit.) nævnte *ø*-form, som kun findes en enkelt gang (P 118.1).

Selv om Bertil Ejders eksempler på A's særlig danske karakter ikke er overbevisende, men for de flestes vedkommende tværtimod snarere peger i retning af at sproget i håndskriftet er forholdsvis ensartet, er det lidet troligt at han ville have fremhævet denne tekst hvis den ligefrem var mindre dansk og dermed mindre moderne end P.

Vil man rent stikprøvevis forsøge at indsnævre den overordnede tidsbestemmelse af GKS's sprog som Brøndum-Nielsens placering af håndskriftet blandt kilderne til yngre middeldansk (ca. 1350-1525) indebærer (GG 1:41)[3], vil der således være god mening i at slå ned på A; men da A er yderst kort, og da Bertil Ejder i sin udgave ikke beskæftiger sig med teksterne på den lille snes blade sidst i håndskriftet (jf. ovf.), af Brandt (1865:170-193) blot kaldt "Tillæg", vil det være rimeligt også at inddrage disse (fol. 157r-176r) i en sproglig pilotundersøgelse. De hører til dem som Brandt (1865:XIX) anså for mindre svenskprægede, og som han ikke i noget tilfælde kendte svenske paralleller til. Senere har Brøndum-Nielsen (1959:16, 18),

---

[3] Sammenhængen her kunne synes at tyde på at det kun var håndskriftets postiltekst Brøndum-Nielsen havde taget hensyn til; men værkets praksis, i al fald i de sidste og mest eksempelrige fire bind, såvel som Brøndum-Nielsens omtale af GKS i C 56-monografien peger mod at han har behandlet håndskriftet som en helhed, jf. fx GG 4:67, 69 og 7:210, alle steder med eksempler fra andre dele af håndskriftet end postil og passionale, samt Brøndum-Nielsen 1959:16,18.

desværre med forkludrede litteraturhenvisninger, oplyst at der findes enkelte svenske modsvarigheder hos Geete 1900:352f. (helt præcist drejer det sig om Geete 1900:352.1-354.22 svarende til Brandt 1865:176.1-178.20 samt Geete 1904-1905:415.1-417.11 svarende til Brandt 1865:192.1-193.11); hertil kan føjes at teksten hos Brandt 1865:174.17-175.14 har en svensk modsvarighed hos Klemming 1879:351.18-352.14, Brandt 1865:185.26-187.33 hos Wieselgren 1866:277.1-281.9, Brandt 1865:188.11-3[1] hos Geete 1904-1905: 434.16-435.9 og Brandt 1865:191.1-33 hos Geete 1904-1905:433.1-434.15, samt at teksten hos Brandt 1865:192.1-193.11 yderligere har en svensk modsvarighed hos Hultman 1895:181.12-183.9. At der i de tekstudsnit som er udvalgt til den sproglige pilotundersøgelse, både indgår tekster med og uden kendt svensk parallel, anses for en fordel eftersom det giver mulighed for at kontrollere om denne forskel ledsages af en sproglig forskel.

I praksis skal forsøget på snævrere kronologisk indkredsning af sproget bestå i en undersøgelse af i hvilket omfang de novationer der traditionelt regnes for typisk yngre middeldanske (jf. GG 1:17-20), er betegnet i de udvalgte passager. – Teksten på fol. 157r-176r er forkortet T ndf., og henvisningerne dertil gælder Brandts udgave. Punktopregningen følger GG loc. cit. (hvor pkt. 8 vedrører et accentuelt forhold, stødet, som ikke betegnes i skriften). Former fra paralleltekster anføres normalt kun hvis de stemmer med afvigende yngre former i GKS; at afvigende ældre former stemmer med svenske paralleller, anses i denne forbindelse normalt for uinteressant.

Ad pkt. 1) (klusilsvækkelse):
Både A og T har bevaret postvokalisk *p* i fuld udstrækning med blot én undtagelse, *obenbarær* v. præs. T 192.10.

For postvokalisk *t* synes hovedregelen at være at det er bevaret som *t* med *d* som meget sjælden variant i intervokalisk stilling (fx *w brøden* part. adj. A 25.4 ~ *wbrødin* A 29 1/4r4, *gyder* v. præs. T 181.7, *grædes* v. præs. T 192.21), i adv., præp. og konj. *ūtan* dog med *d* som eneste modsvarighed (*wden* A 25.4, 25.18, 25.21 etc., T 173.20, 176.12, 176.14 etc.). Sandsynlig spirantisk modsvarighed er kun registreret i *bædhræ* adj. komp. T 192.6 (men fx *bætræ* T 186.5) med formentlig tidlig svækkelse af *t* foran likvid (jf. GG 2:77ff.) og i *wt gydhe* v. T 192.26, evt. med tidlig svækkelse uden for fortis (?, jf. GG 2:77). Hertil kommer en halv snes mulige, men ikke særlig sandsynlige tilfælde med skrivemåden *th*. Når de må anses for mulige, skyldes det at *th* med sikkerhed kan stå for dental spirant i håndskriftet, ikke alene i A og P som nævnt ovf., men også i T, hvor der efter en stikprøve at dømme (T 170.1-181.28) hersker samme ususregulering som i A og P: altid *th* i roden *guth* uden for gen. (fx *Guth* T 170.2, 170.14, *guthelighe* T 170.21) og i præp. *with*(*æ̣r*) (*weth* T 170.2, 173.13, 178.17) og ellers aldrig eller kun undtagelsesvis; de eneste andre mulige eksempler er *leffneth* subst. T 170.21, 170.24, 171.1, 171.4, 171.5 bis og *hoffueth* subst. T 171.6, hvis *th* dog kan stå for *t* (jf. ndf.) opstået ved detonalisering og lydlukning (jf. GG 2:105). Når *th*-skrivemåderne for gammeldansk *t* må anses for lidet sandsynlige eksempler på svækkelse til spiranttrinnet, skyldes det dels at flertallet optræder i postvokalisk udlyd (fx *heth* adj. fem. T 174.30, *hath* subst T 177.15, *sweth* subst. T 184.16, *litith* adj. nt. T 187.1), som aldrig har *d*, dels at *th* kendes sporadisk i T som tegn for det *t* der ikke undergår klusilsvækkelse (fx *reth* v. sup. T 174.11, *senth* adj. nt. T 175.8, *gømth* v. sup. T 184.11, *math* v. 2. pers. sing. 189.29).

Også for postvokalisk *k* lader en enkel hovedregel sig formulere; men i modsætning til hvad der gælder for de andre tenues, lyder den på at svækkelse til spiranttrinnet eller til spirant- og mediatrinnet normalt er betegnet i intervokalisk stilling og ellers ikke. Den sædvanlige korrespondens intervokalisk er *gh* med *g* som sjælden og muligvis rent ortografisk sideform, idet *g* antagelig også findes som tegn for den oprindelige spirant, skønt kun enkelte gange intervokalisk (fx i *samanføgelse* subst. T 180.20), jf. ndf. Eksemplerne på spirant/spirant og media uden for intervokalisk stilling indskrænker sig til *togh* v. præt. sing. T 192.7 af *taka* med tidlig svækkelse p.gr.a. infortis (jf. GG 6:194), *skælligh* adj. A 26.19 (~ *skælligh* A 29 175r23, men *skællik* A 26.26), måske også med tidlig svækkelse p.gr.a. tryksvaghed (jf. GG 2:77), og endelig *rægnskap* subst. A 26.32 til låneordet *rækinskap* med oprindelig intervokalisk *k* og notorisk tidlig klusilsvækkelse (jf. GG 2 Tilføjelser og Rettelser p. 7). Eksemplerne på bevaret tenuis i intervokalisk stilling andrager ca. 15; for så vidt som de optræder i ord/rødder med mere end ét belæg, har de sideformer med svækkelse (fx *orsakar* v. præs. sing. T 176.20, men *orsagha* T 177.6, *takæ* v. T 183.2, men *taghe* T 170.23, *wka* subst. T 187.30, men *wghe* T 192.31) undtagen i *ōthmiūkær*, hvor *k* er bevaret i alle tre tilfælde (*ødhmyuker* adj. T 184.14, *ødhmyukæ* v. T 186.3, 188.11), måske p.gr.a. den relativt høje frekvens af formen *ød*(*h*)*myukt* subst. (T 171.3, 171.18, 172.7, 172.15, 173.13, 181.20)?

Ad pkt. 2) (svækkelse af spiranten *gh* i postvokalisk stilling):
Den oprindelige spirant *gh* er normalt usvækket undtagen i adv. *ēghi*, hvor svækkelsen er gammel (jf. GG 2:163) og altid betegnet i det undersøgte materiale (*Æy* A 25.7 etc., *æy* T 170.9 etc.). Som nævnt er variationen mellem betegnelserne *gh* og *g* for oprindeligt *gh* antagelig blot ortografisk, eftersom *g* stort set kun optræder i stillingen foran konsonant, hvor *gh* til gengæld er relativt sjældent; det drejer sig vel at mærke ikke kun om de antekonsonantiske stillinger hvor der kunne tænkes at foreligge lydlukning *gh* >*g* i henhold til GG 2:120f. (jf. *belakt* v. præt. part. T 175.5, med muligt *gh*>*g*>*k*), men også om stillingen foran andre konsonanter, evt. i en følgende stavelse, dvs. ikke alene i fx *sagdhe* v. præt. T 192.7, 192.8, 192.12, *wbrygdhelsæ* subst. T 182.18 og *hwgsins* subst. gen. best. sing. T 178.17, men også i fx *fagræ* adj. best. sing. T 184.9, *wægnæ* subst. gen. plur. T 185.6, *thræfoldwgheet* subst. A 25.7 bis, *hugnædh* subst. T 172.2, *daglighe* adv. T 181.7, *wægskalænæ* subst. best. plur. T 171.4 og *høgfærdhen* subst. best. sing. T 176.2.

I ganske få tilfælde finder man betegnet svækkelse mod hovedregelen – til halvvokaltrinnet i *høyræ* adj. komp. 'højre' A 26.29 (men *høghræ* T 190.9, 190.11) og, med såkaldt hybridskrivemåde (jf. Hansen 1971:379), *æyghnæ* adj. plur. A 26.33

(men *eghen* sing. T 173.29, 175.20), til svindtrinnet i *iduhet* subst. T 170.8 og *girrwheet* subst. T 189.16 (men fx *wwærdughet* T 171.22).

Ad pkt. 3) (sammenfald af *th* og *t* (til *t*) i forlyd):
Oprindeligt *th* og *t* holdes med ganske få undtagelser adskilt i overensstemmelse med etymologien. Den almindeligste undtagelse er *t* for etymologisk ventet *th*, som er registreret i alt otte gange, heraf syv foran *r*, hvor overgangen ifølge GG 2:125 er tidlig, og hvor *t* her er gennemført uden for *thrē* num. med afledninger (*træk* subst. T 171.26, *trættæ* subst. T 176.16, 177.8, 177.9, *Try/try* num. 180.10, 181.3, men *thry/Thry* T 186.28, 189.1 m.fl., *tørste* v. præt. T 184.15 og *trøctes* v. præt. T 184.15); *th* for etymologisk ventet *t* forekommer blot tre gange (*thindæ* num. T 173.22, men *tindæ* T 175.9, 177.8 m.fl., *this*(*daghen*) subst. T 187.30 og *thu* num. nt. T 178.13 [i forvansket kontekst, ~ *tw* Geete 1900:354.16], men fx *Tw/tw* T 180.12 og 185.27). Formen *nødhwrtelikt/nødhwrfftelikt* adj. nt. A 25.2, 26.13 – til roden *nø̄ththurft* – er holdt uden for opgørelsen da dens *dh* dårligt kan forklares anderledes end som resultat af én eller anden form for omdannelse, evt. med det i håndskriftet tilsyneladende almindelige tegn *dh* i stedet for *th* i **nø̄thurft* (<*nø̄th-thurft* ved svind af den første spirant, jf. formen *brødesk*<*brø̄thdisk* med formodet svind af *th* foran *d*, GG 2:218), jf. former som *nøthørffteligt* og *nøtørtelighedt* i Kalkar 1976 s.v. *Nødtør*(*f*)*telig* resp. *Nødtør*(*f*)*telighed.*

Ad pkt. 4) (palatalisering af *ia*>*iæ*):
Uden for pron. *iak*, der altid skrives med *ja* (T 170.12, 173.2 bis, 173.3 etc.), ligesom i håndskriftet som helhed (jf. GG 5:7), er palataliseringen *ia*>*iæ* konsekvent betegnet i det undersøgte materiale (ved *jæ/iæ* undtagen i stednavnet *Jepsland* T 193.6).

Ad pkt. 5) (labialisering af *ā* og tidligt forlænget *a*):
Korrespondensen til både oprindeligt *ā* og tidligt forlænget *a* er i regelen *a*, til *ā* dog hyppigt *aa* i enstavelsesord (jf. fx *-staa* v. A 26.11, men *-sta* A 26.32, *graat* subst. T 171.21, men *grath* T 186.36). Skrivemåden *o* er kun registreret en lille halv snes gange, fx i *thræfoldwgheet* subst. A 25.7 bis, men *thræfaldwgheet* A 26.6, 26.10 bis, 26.12, *motæ* subst. T 175.18, men *matæ* 186.4, og *aterhold* subst. T 171.3, men *aterhaldh* T 175.26. Hertil kommer enkelte formodede omvendte skrivemåder med *a* for oprindeligt *ō/o*; de synes at forudsætte sammenfald af oprindeligt *ā* og *ō/o* i en åben *o*-lyd, dvs. et *å* (jf. GG 1:325ff.): *til faren* adv. A 26.9 (til låneordet *til forin*) og *omskar*(*r*)*en* v. præt. part. T 184.13, 189.7 samt evt. *fradhæ* subst. T 186.30 og *nagher*, *nag*(*h*)*et* pron. T 172.14, 176.19, 176.21 etc. (i alt 15 gange, men *nog*(*h*)*er*, *nog*(*h*)*et* T 176.3, 176.5, 176.19 etc., i alt syv gange). P.gr.a. *a*-frekvensen kunne man få en mistanke om at der i det sidste ord forelå manifestation af den fra fornsvensk kendte sideform *nakar* til *nokar*, der er rigeligt repræsenteret i de kendte svenske paralleller (jf. *nakat* Geete 1900:352.3 ~ *noget* T 176.3, *nakot* Geete 1900 352:5 ~ *noghet* T 176.5, *nakar* Geete 1900 352.17 ~ *nogher* T 176.19, *nakat* Geete 1900 352.20, 352.22, 353.18 ~ *naghet* T 176.21, 176.24, 177.16, *nakrom* Geete 1900 353.17, 353.27 ~ *nagher* T 177.15, 177.25, *nakar* Geete 1900 354.10 ~ *nagher* T 178.6); det må dog erkendes at den eneste *a*-form i teksten T 185.26-187.33 optræder i det eneste belæg på ordet som ingen

modsvarighed har i den svenske parallel til denne tekst (*nagher* T 187.2, jf. Wieselgren 1866:279.24). At *fradhæ* skulle manifestere fornsvensk *fradha* med oprindeligt *a* (tilhørende en anden aflydsserie, jf. Hellquist 1948 s.v. *fradga*) og ikke gammeldansk *frotha* med markeret åbning af oprindeligt *o*, hvilket er en nærliggende tanke, har tilsvarende ingen støtte i den svenske parallel, der her benytter glosen *slember* 'slim' (Wieselgren 1866:279.5).

Ad pkt. 6) (åbning af *i*, *y* og *u*):
Fordelingen af *i* og *e* for oprindeligt *i* er i det væsentlige som nu; men enkelte relativt frekvente ord har konsekvent bevaret *i* mod nuværende brug (*ligheme* subst. A 26.20, T 171.13, 171.33, 172.10 etc., *thrid*(*h*)*iæ*/*Thridiæ* num. A 26.28, T 170.7, 171.8, 171.22 etc.), et par andre do. har omvendt konsekvent betegnet lydåbning mod nuværende brug (*mek* pron. T 170.12, 173.6, 192.10 etc. og *thek* pron. T 173.6, 174.18, 181.3 etc., men altid *sik* pron., fx A 26.7, T 170.6, 170.15 og 171.20). Variation forekommer kun i *lifnath* subst. (*-liffnæt* T 189.8, men *leffnet*(*h*) T 170.21, 171.1, 171.4, 171.5 bis, 193.11) og roden *wit* (*forwite* subst. T 176.28, *witæ*/*Wide-* v. T 176.30, 177.13 og (-)*wit* subst. T 189.22, 189.27, 190.3, 190.4, men *Wete-* T 177.22 og *-wet* T 176.29). Bevaret snæver vokal mod nuværende brug findes endelig også i *skrimten* subst. T 176.17 (med formodet delabialisering *y*>*i* henhold til GG 1:230f.), *sidhwæniæ* subst. T 177.12, *idhræ* pron. T 185.21 og *winstræ* adj. komp. T 190.10, 190.12 samt muligivs *nymber* v. præs. T 185.11 (med *y* (orto)grafisk-diakritisk for *i* eller som udtryk for labialisering *i*>*y* i henhold til GG 6:107 m. henvisn.?), og *girrwheet* subst. T 189.16 (med *i* som rodvokal ifølge fx Hellquist 1948 s. v. *girig*, men *ī* ifølge Hansen 1962:24). Betegnet lydåbning mod nuværende (forventet) brug findes yderligere kun i *skeper* v. præs. T 174.33 og *skeppet* v. præt. part. T 190.3; disse former strider mod hovedreglerne for den gammeldanske lydåbning *i*>*e* (jf. GG 1:277), men har fornsvenske paralleller (jf. Söderwall 1884-1973 s.v. *skipa*) og tilsyneladende også en enkelt gammeldansk (sønderjysk), jf. det i GG 2:87 nævnte *scheebe* (fejl for *schebe* Nyrop 1899-1904 1:10) fra St. Knuds Gildeskrå fra Flensborg (ca. 1400).[4] Eksempler på lydåbning af *i* efter *sk* i andre ord nævnes bl.a. i GG 1:277 og af Aage Hansen 1962:19-26 pass., heriblandt *skefftæ* 'skifte' (uden ordklasseangivelse) fra et skånsk diplom fra 1475.

Hvad angår oprindeligt *y*, betegnes lydåbning kun undtagelsesvis mod nuværende (forventet) praksis; de eneste eksempler er *thøkkes* v. T 172.2, *søttæn* num. T 178.22 (med *ø*<*y*<*ȳ*<*iȳ*<*iū* i henhold til GG 4:205 m. henvisn.) og *trøctes* v. præt. T 184.15. Bevaret snæver vokal mod nuværende (forventet) praksis er tilsyneladende lidt almindeligere: *fylgher* v. præs. A 25.6, men *følger*/*-følghe* T 171.1, 178.11, *lygnenæ* subst. best. sing. T 173.14, *dyrffue* subst. T 177.5 (med formodet labialisering *i*>*y*, jf. GG 7:191 m. henvisn.), *skrymptæn* subst. T 177.7, *yffwer* præp. T 192.35 samt evt. *nymber* v. præs. 185.11 (jf. ovf.). I øvrigt, dvs. i langt de fleste tilfælde, er *y* og *ø* for oprindeligt *y* således fordelt som (forventet) nu. Til ordene med forventet moderne *ø* er i henhold til GG 1:312 regnet *wørdhning* subst. T 177.4 og *misførm* subst. T 178.2, mens *dryk* subst. T 188.23 og *-lyktenæ* subst. best. sing. T 174.24 formodes at have *y* som den sandsynligste moderne modsvarighed til

---

[4] Ordet er ikke identificeret i GG's register og ej heller nævnt i GG 7:10f. s.v. *skipa*, men oversættes 'udstyre' og er utvivlsomt manifestation af verbet *skipa*.

rodvokalen (jf. fx eksemplerne hos Hansen 1962:32f.). Hvis formen *w brøden* part. adj. A 25.4 overhovedet går tilbage til et gammeldansk *ō brytin* (om mangetydigheden GG 6:52f.), må den anses for også snarest at repræsentere normen (dvs. *ø* for forventet moderne *ø*).

Oprindeligt *u* viser sig næsten altid som *o* i den lille gruppe ord hvor *o* dukker tidligt op i gammeldansk, muligvis p.gr.a. relativt tryksvag brug (dvs. i *um* konj. og præp., *up* adv., *sum* konj. og relativpartikel, jf. GG 1:320f., samt *kuma* v. m. afledn., jf. Nielsen 1964:7ff.); de eneste undtagelser er *wmwændilsæ* subst. A 26.23 (over for fx *omgangæ* subst. T 180.9) og *wppa* præp. T 187.10 (over for fx *ophooff* subst. A 26.17, *oppa* præp. T 171.4). Uden for denne gruppe finder man til gengæld næsten kun bevaret *u*. De eneste sikre eksempler på *o* for oprindeligt *u* er låneordene *bekombrilsæ* subst. T 178.17 og *vfornomst* subst. T 178.25; hertil kommer som mulige eksempler dels *dolskæ* subst. T 178.23, *dolsker/Dolsker* adj. T 178.28, 178.29, 179.15 samt *dolskelighe* adv. T 179.14 (over for *dulskelichet* subst. T 178.10), hvor variationen *u:o* dog også kan tænkes at bero på tilsvarende variation i den fra middelnedertysk indlånte afledningsbasis (*dol*, *dul*, jf. fx ODS s.v. *dol*), dels *wedher thorfuelighe* adj. plur. T 183.22-23 og *wedherthorffteligh*e adj. plur. T 185.27 (~ *vidhirthorftog* Wieselgren 1866:277.4) (over for *nødhwrtelikt* A 25.2, *nødhwrfftelikt* A 26.13, jf. ovf.), hvor *o*-et kunne tænkes at skyldes afledningsbasen, *thurva*/*thorva* v. med gamle sideformer, jf. GG 7:463f.

Ad pkt. 7) (sammenfald af *ll* og *ld* (i *ll*) og *nn* og *nd* (i *nn*)):
Regelen er adskillelse af disse konsonantpar i overensstemmelse med etymologien, og undtagelserne er overordentlig fåtallige, især hvad angår *nn-nd*. Det eneste evt. herhenhørende eksempel er *synnerlighe* adv. A 25.27 (~ *synnerlighe* A 29 174v13), hvis *nn* dog kan skyldes assimilation allerede i det långivende sprog middelnedertysk (jf. GG 2:236).

Assimilation af *ld*>*ll* er sikkert bevidnet en enkelt gang, karakteristisk nok i udlyd af en ikke-fortisstavelse, hvor lydudviklingen antages at være tidligt indtrådt (jf. GG 2:232): *fyræ faal* adj. T 176.2 (~ *fyrafaal* Geete 1900:352.2). Som et indirekte vidnesbyrd om denne udvikling må man desuden se formen *wspiældit* part. adj. A 25.4 (~ *wspiældhit* A 29 174r3-4) hvis man følger Brøndum-Nielsen, idet han synes at tolke *ospiældath* i en gammeldansk tekst (Sjælens Trøst, hvorom ovf.) uden andre mulige tegn på sammenblanding af *ll* og *ld* som omvendt skrivemåde (GG 2:235). P gr.a. den isolerede optræden både i det undersøgte udsnit af GKS og i Sjælens Trøst forekommer det dog nærliggende at forbinde disse *ld*-skrivninger med særforhold i verbet *spialla* frem for med assimilation af *ld*>*ll*. Formerne kunne nok fortjene en selvstændig undersøgelse; men i denne forbindelse kræves blot støtte for tanken om at det oprindelige *ō*-verbum *spialla* indtager en bøjningsmæssig særstilling, og den synes at leveres af to fornsvenske former: dels *ospiäldadher* (Söderwall 1884-1973 s. v. *ospiällaþer*), der i al fald i håndskriftet Stockholm A 49 (den tidligst skrevne del, fra tiden ca. 1425-1450, jf. Carlquist 2002:79 sammenholdt med Åström 2003a:120) ligesom i Sjælens Trøst og GKS-materialet optræder i en kontekst med adskillelse af *ll* og *ld* i de entydige tilfælde (at dømme ud fra en stikprøve af en længere passage, Klemming 1887-1889:98-107), dels *ospiälder* (Söderwall 1884-1973 s. v.), som kendes fra Stockholm B 58 (fra efter 1347?, jf. Åqvist 1976:340) af Yngre Västgötalagen (ganske vist i nt.-formen *vspiælt* Collin &

Schlyter 1827:204) og fra Stockholm A 1 af pentateukparafrasen (her i den utvetydige femininumsform *ospiæld*,Thorell 1959:97); det sidste håndskrift er fra 1526, men antagelig en forlægstro afskrift – sandsynligvis ved en smålænding ifølge Olof Thorell (1951:44) – af et betydelig ældre forlæg, hvis original igen snarest skulle hidrøre fra det sydvestlige Västergötland (Thorell 1951:215); tilsvarende bøjning efter *ia*-verbernes mønster med *d* i fortidsformerne, vel at mærke ikke *t* som i gammeldansk (jf. GG 7:273), genfindes ydermere i dialekten i Kalmar län (Thorell 1951:149 m. henvisn. til Areskog 1936:218). Det ser kort sagt ud til at verbet *spialla* fra gammel tid på østnordisk grund har haft en broget bøjning, som *ō*-såvel som *ia*-verbum (jf. *ia*-verbet *spilla* til samme rod), og som *ia*-verbum såvel med *t* som *d* i fortidsformerne, og denne mangfoldighed kunne vel med rimelighed tænkes at have givet anledning til krydsningsformer som *ospiældath* og *wspiældit*. Det yderligere forvirrende *it* i den sidste må ses i lyset af en form som *fortapis* v. inf. i samme tekst (A 25.5, ~ *fortapis* A 29 174r5); her kunne synes at foreligge infortissvækkelse *a*>*æ* og lydlukning *æ*>*e*>*i* (hvorom grundigst Hansen 1962:265, 273, jf. også GG 1:417).

Ad pkt. 9) (bøjningsforenkling):
Hvad *subst.*-bøjningen angår, finder man i sing. eksempler på videregående brug af *a*-stammernes gen. sing.-formant *s*, også uden for de tilfælde hvor analogisk *s* er relativt tidligt bevidnet i gammeldansk (som i *r*- og *īn*-stammer, i personbetegnelser incl. ordet *and* om Helligånden samt i ordet *wæræld*(*i*), jf. GG 3:179, 256, 266, 70): *siælæs* T 179.19 (med både gammel og ny gen.-endelse?), *lighemes* T 180.24 (ved sammenblanding med *a*-stammen *līkam*?) og *tros* T 185.6. Hvis man ser bort fra ordet *mænniska*, hvis køns- og talforhold forekommer noget kaotiske i teksten (med skiftende feminin og maskulin reference resp. formentlig skiftende brug af sing. og kollektiv plur., jf. GG 3:248-250), forekommer ikke-analogisk gen.-form i sing. kun i faste forbindelser (som fx i *wars herræ jhesu christj* (*mandom*) A 26.14), hvor den formentlig har vundet tidlig hævd (jf. Brøndum-Nielsen 1959:39), eller som styrelse for cirkumpositionen *for-skuld* (som fx i *for dødzsins ræddughæ skuld* T 189.10), hvor der er mulighed for *s*-svind i sandhi (jf. GG 2:305). – Uden for de ovennævnte tidlige undtagelsestyper findes kun ikke-analogiske gen.-former i plur.; men de fleste herhenhørende belæg (en halv snes) optræder enten i faste forbindelser (som fx *siw handæ motæ* T 175.18) eller har mere eller mindre status af første sammensætningsled (som fx i *syndæ anggher* T 172.12), hvor gamle gen.-former i vid udstrækning er bevaret (jf. GG 3:265f.); i fri brug er der højst fem belæg (fx *ij allæ dygdhe fulkommelsæ* T 171.3 og *Gutz budhordhæ aterløn* T 179.16).

Af substantiviske kasusformer indeholder materialet noget for yngre middeldansk, men ikke fornsvensk (på noget trin) så fremmedartet som et par gamle stærke nominativer (jf. GG 3:129, 12f.), hvoraf den ene dog måske har kunnet opfattes som plur. p.gr.a. to foregående sideordnede genitiver (jf. Brøndum-Nielsens formodning 1959:36 om tilsvarende i C 56), mens adleddet til den anden ikke levner mulighed for bortforklaring: (*siælenæ ok kropsins*) *atskilnæder* T 180.17 og (*een*) *hugher* T 182.3. – Sikre eksempler på bevaret dat. er ikke registreret og af usikre kun et enkelt: *døødhæ*/*dødhæ* A 26.29, T 184.21, begge gange i fast forbindelse med præp. *aff*; her kan foreligge en dat.-form af *a*-stammen *dǿth*, men også blot en ikke nærmere specificerbar sing.-form af *an*-stammen *dǿthi* (jf. ndf. om *æ* i infortis). – Gen.-form uden for de situationer hvor en sådan stadig kan bruges (dvs. possessivt, objektivt, subjektivt, definitivt, i stivnede udtryk, adjektivisk/som første sammensætningsled og lign.), forekommer, men næsten kun i udtryk af en vis fasthed som fx *til hymmerighes* T 173.8 og *til hælwetæs* A 26.28. I mulig fri brug, fx som styrelse for et v. med oprindelig gen.-rektion eller en do. præp. med foregående adled, findes entydig gen. kun i *til idhræ jæmcristins* T 185.21 (men fx *mællæn sik ok sin jæmcristen* T 185.23); denne form indgår i en sætning som teksten selv tilskriver evangelisten Lukas: *Ther aff sigher st. Lucas: waren miskundsamæ til idhræ jæmcristins* T 185.20-21; selv om det vistnok nærmestliggende bibelsted er Lk 6,36: *estote ergo misericordes sicut et Pater vester misericors est* (i Vulgatas version), kan gen. her dog nok tænkes at være en af den bibelske kontekst fremkaldt form, jf. Brøndum-Nielsens antagelse m.h.t. nogle arkaiske kasusformer i ligeledes lidt frit gengivne bibelcitater i C 56 (1959:36).

Indre bøjning i gen. sing. af maskuliner og neutra med enklitisk artikel er konsekvent gennemført på højst to undtagelser nær: *guthdomenz* A 26.23 (~ *gwddomens* A 29 175v4, men fx *mandomsinz* A 26.24) og *præstins* T 183.2 (men fx *kropsins* T 180.20), hvoraf den sidste almindeligvis forklares med dissimilatorisk svind af *s* umiddelbart efter *st* (jf. GG 3:15).

Hvor der er forskel m.h.t. den oprindelige og nuværende fordeling af de substantiviske plur.-formanter 0, vokal og (vokal +) *r*, står teksten i de allerfleste tilfælde på det oprindeliges side. De eneste undtagelser er *r* mod oprindeligt 0 i en *ija*-stamme med tidligt bevidnet *r*-form (*klædher* T 176.10, 176.24, jf. GG 3:62) og *r*-former vekslende med former på vokal i enkelte ord (*win*, *gærning*, *synd*, *pīna*) af *i*- og *ōn*-stammetypen, som har variation allerede i de ældste kilder (jf. GG 3:99, 112ff. og 236).

Kongruensbøjningen af stærke *adjektiver* (incl. bøjningen af possessivpronominerne, pronominerne *aldæ̣r* og *sialvæ̣r* samt *ēn* num. og pron.) vidner nok om en vis bevægelse hen imod den nuværende 0-, *e*- og *t*-bøjning, men også om bevarelse og til dels videreførelse af visse gamle adjektiviske endelser.

Bortset fra adj.-suffikset *līkæ̣r* (modsat *līkæ̣r* i *thōlīkæ̣r* pron.), som aldrig har endelsen *er* i teksten (om tendens til bøjningsløshed i adjektiver på bl.a. *līkæ̣r* GG 4:24), er den oprindelige mask. nom. sing.-formant gennemført ved maskuliner i nom. sing.-funktion på nær nogle få gange i A: *almæktwgh* (*ær fadher*) A 25.19 (~ *alzmæktugh* A 29 174v3), *almæktwgh* ([*ær*] *søn*) A 25.20 (~ *alzmæktugh* A 29 174v4, men *almæktwgher* A 25.21), (*ffadher aff ængin ær*) *giordh* [...] *ok æy skapt* [...] *ok æy føød* A 26.1 (~ *giordh*, *skapt*, *fød* A 29 174v17-18), (*Søn aff enestæ fadher ær* [...] *æy*) *giordh ok æy skapt* A 26.2 (~ *giordh*, *skapt* A 29 174v19), og en enkelt gang i T, her dog kun i den eneste herhenhørende superl. (om tidlig tendens til bortkastelse af stærke endelser i superl. GG 4:23f.): (*han ær aldræ*) *hælghest* T 171.19. Formen *eenkanneligh*e T 176.9, 186.11 for formodet oprindelig stærk mask. nom. sing.-form skal antagelig forklares ligesom *lighe*-formerne ved femininer i tilsvarende funktion, hvorom ndf. – Den oprindelige mask. akk. sing.-formant optræder to gange ved maskuliner i den betydelig sjældnere belagte akk. sing.-funktion: (*mænnisken owergiffwer*) *allæn* (*hwgnæt ij jordherighes thing*) T 183.6-7 og (*at* [...] *kommæ hannem oppa*) *rætwisæn* (*wægh*) T 183.25-26; tiest i denne position findes nom.-endelsen *er*: (*at fanga een*) *godher* (*thanka*) T 171.10, (*taga til sik*) *alzwaldugher* (*Guth*) T 171.24, (*han thør æy frestæ*) *ydugher* (*man*) T 179.3-4 (jf. Söderwall 1884-1973 s.v. *frēsta* m.h.t. akk.-rektion efter dette v. i betydningen 'lokke'), (*thu haffwer* [...] *giort hannem*) *wredher* T 181.4-5, (*hwre*) *wblidher* (*thu gør han*) T 181.6, (*han* [...] *wtgøth*) *blodugher* (*sweth*) T 184.16 og (*wden han nymber at kænnæ sik*) *siælffwer* T 185.11-12 (hvor det styrende ord ganske vist er *sik*, ~ *han*); hvis man ser bort fra adjektiver med (gammel) assimilation (incl. *wār* pron., jf. GG 5:93) og adjektiver med tidligt bevidnet bøjningsresistens (in casu attributivt *aldær*, superlativer og adjektiver på *līkær* og *ōtær*, jf. GG 4:22-24), er der kun registreret ét tilfælde af 0-endelse for oprindelig mask. akk. sing. *an*, karakteristisk nok i legenden T 192-193: (*at thu ræknæ thek*) *siælff* (*for mynst ok ondest*) T 193.8-9. – Ved maskuliner i dat. sing.-funktion optræder den tilsvarende nom.-endelse to gange: (*aff sik*) *siælffwer* T 176.4 (*sik* sigter ganske vist her til *mænnisken*, men jf. ovf. om dette ords genus, og jf. *aff sik siälffwom* i den svenske parallel Geete 1900:352.3-4, hvor der dog intet eksplicit subjekt er) og (*aff een*) *onder* (*wiliæ*) T 177.29; akk.-endelsen optræder ligeledes formentlig to gange: (*at ijgengiffuæ*) *rætten* (*ægheræ the thing som han wrættelighe affladhæ*) T 184.4-5 og (*tilføgh thek hannem ij*) *sannen* (*kærlichet*) T 181.16-17 (om maskulint genus i substantiver af typen *kærlīkhēt* Brøndum-Nielsen 1959:126f.); da (adj.-)suffikset *līkær* hverken er belagt med sikker gammel *ær*- eller *an*-endelse i materialet, og da der findes entydige eksempler på brug af suffikset *līkin* (fx *æuærdhelighet* (*liff*) T 187.15), er det yderst tvivlsomt om det er den gamle akk. sing.-endelse der anvendes ved et mask.(?)/fem.-subst. i dat. sing.-funktion i (*ij een*) *guthelighen* (*klarhet*) T 180.26, jf. dog ndf. om *lighe* for evt. *lighen* ved substantiver i nom.-funktion. De øvrige adjektiver til maskuliner i dat. sing.-funktion har 0-endelse, men er vel at mærke alle af den slags der oprindelig har eller tidligt får én og samme *ær*- og *an*-løse form i nom. og akk. (dvs. ord afledt på *in*/*an*, possessive pronominer, *stōr*, hvorom GG 4:23, samt attributivt *aldær* og ord på *līkær*). – Ved maskuliner i gen. sing.-funktion findes den oprindelige stærke adj.-endelse kun i den faste forbindelse *wars herræ* (... *mandom*) A 26.14, *Wars Herræ* (*ligheme*) T 192.7 (jf. fx GG 4:43); ellers er 0 på en enkelt undtagelse nær gennemført, om end med få belæg og alle vel at mærke tilhørende den ovennævnte *ær*- og *an*-løse type. Undtagelsen er det gådefulde (*waren miskundsamæ til*) *idhræ* (*jæmcristins*) T 185.21; måske er denne form tænkt som plur., hvad der ville være fuldt forståeligt ud fra den forudgående del af sætningen, og sing. *jæmcristins* med en markant gammel endelse bare indsat i et misforstået forsøg på bibelarkaisering (jf. ovf.)?

Ved styrende femininer i nom. sing.-funktion er den oprindelige fem. nom. sing.-formant 0 ikke helt enerådende, heller ikke hvis man ser bort fra de få mulige tilfælde hvor man finder den tilsvarende oprindelige mask.-formant *ær*: *theligher* (*ær then hælghe and*) A 25.13, *Wskapter* (*ær then hælghe and*) A 25.14, (*hwre meghet meer ær armæ syndughe mænniskæ*) *wwerdugher* T 171.27, (*mænnisken skal waræ*) *thollugher* T 174.7; her er forklaringen formentlig at de styrende ord er opfattet som maskuline (jf. Brøndum-Nielsen 1959:120 m.h.t. *and*, der er mask. i fornsvensk, og ovf. m. henvisn. om *mænniska*). I forbindelse med femininer i nom. sing.-funktion viser der sig også at forekomme en vokalisk udlydende adj.-form, ligesom et par gange ved mask. nom. sing. Samtlige sikre eksempler ender på *lighe*: (ved fem.) (*løghe æller kætæ ær thek* [...]) *skadhælighe* T 174.17, (*kætæ ok*) *werldzlighe* (*glædhæ misthækkes Gutz uener*) T 174.25-26, (*Then thridiæ ær*) *whøffueslighe* (*glædhe ok løslat*) T 176.32, (*Swa som ær gire, ok*) *wærldzlighe* (*glædhæ*) T 180.11, (*Thet førstæ ær*) *idhelighe ok guthelighe* (*bøn*) T 181.19, (ved mask.) *at wiliæ eenkannelighe synæs ij allæ sinæ mædhfærdher* T 176.9-10 (her ganske vist med underforstået subj.), (*ææ hwre*) *eenkannelighe* (*thyn wen æller guthelik han ær, som thu talær wedher*) T 186.11-12. Til de tre første eksempler og de to sidste kendes svensk parallelltekst, og den viser sig at have et *līkin*-adj. som modsvarighed undtagen i det sidste tilfælde: *skadhelikin* Klemming 1879: 351.19, *värlzlikin* Klemming 1879:351.26, *ohöffuelikin* Geete 1900:353.4 og *enkannelikin* Geete 1900:352.7 (men *heemelika* Wieselgren 1866:277.20, hvorom Söderwall udtrykkelig siger "för *-likin*" 1884-1973 s.v. *hemeliker*). Heraf fristes man til at antage at disse *lighe*-former er opstået i hænderne på en dansker der ikke har været fortrolig med den svenske omdannelse af *līker*-suffikset til *līkin*, og som måske har identificeret det med den i det 15. århundrede opdukkende, fra middelnedertysk indlånte adv.-endelse *liken* når det ikke optrådte i forbindelse med ord i mask. akk. sing.-funktion (jf. GG 4:66)? En sådan udskiftning af *līkin* med *lighe* støttes antagelig af tilfælde hvori adjektivisk og adverbial brug let kan forveksles, som fx i *Fiärdha är wilia enkannelikin synas j allom sinom mädhfärdhom* Geete 1900: 352.7-8 svarende til *Thet fiærdhæ ær, at wiliæ eenkannelighe synæs ij allæ sinæ mædhffærdher* T 176.9-10.[5] Jf. også det ovennævnte *heemelika*, der svarer til *familiaris* i den latinske kildetekst (Migne 1844-1905 184:1173B) og er sideordnet med *gudhlikin* i konteksten ... *aldrigh är han oc thik swa heemelika älla swa gudhlikin som thw tala vidh* Wieselgren 1866:277.20-21. Eksempelmaterialets karakter gør det under alle omstændigheder sandsynligt at vokalisk adj.-endelse ved femininer i ubestemt nom. sing.-funktion ikke skal ses som udtryk for den oblikke fem. sing.-forms almene ekspansion til nom. (eller for den vistnok først senere almindeligt udbredte brug i dansk af svag form for stærk, hvorom Mikkelsen 1911:216). Som et tvivlsomt eksempel på brug af vokalisk endelse i nom. står *rættæ* i udtrykket (*Thet førstæ*) *rættæ* (*tro*) T 172.12; *rættæ tro* kunne her foruden som prædikativ til *Thet førstæ* (med et følgende underforstået *ær*) tænkes at fungere som objekt for *haffuæ* i den umiddelbart foregående overskrift *Then som Gutz ligheme wil taga, han skal haffuæ siw godh thing* T 172.10-11 og *Thet førstæ* som adverbial i betydningen 'for det første' (selv om næste led i opregningen er sætningen *Thet andræ ær syndæ*

---

[5] Forudsætningen for ræsonnementet her er at denne sætning er meningsgivende og i så fald betyder 'det fjerde (karakteristikon for hovmodet) er at ville synes (som noget) særlig(t) i hele sin adfærd'. Indholdsmæssigt ligger den måske ikke helt fjernt fra den latinske kildeteksts *singulariter videri appetunt habere quod habent* 'de (hovmodige) stræber efter at synes at have det (gode) de har, i særlig grad/for sig selv' Migne 1844-1905 76:258C; men en ordret oversættelse er der jo i al fald ikke tale om. Derfor er der ingen synderlig grund til at tro at *eenkannelighe* i den danske tekst er adverbial (svarende til latinens *singulariter*) og ikke at sidestille med de øvrige tilfælde af (adjektivisk) *-lighe* i den danske tekst over for (adjektivisk) *-likin* i den svenske. I en anden svensk tekst, der sikkert udspringer af samme svenske oversættelse som GKS's svenske parallelltekst på dette sted (jf. nærmere ndf.), hedder det dog vel at mærke *Om hon* [...] *wilde enkannelika synas* Geete 1900:347.25-26; det er fristende at tro at oversætteren ikke helt har forstået den latinske sætning, og at den siden er blevet omtydet og udvidet i den svenske overlevering.

anggher T 172.12). – Ved styrende fem.-ord i akk., dat. eller gen. sing.-funktion er vokalisk endelse (om fordelingen af *æ* og *e* ndf.) svarende til de oprindelige endelsevokaler *a*, *i* og *a* temmelig velbevaret uden for de to ydertekster, dvs. A og legenden T 192-193; i disse er 0 bortset fra to tilfælde gennemført også uden for *līkær*-ord: (*Hwilken troo hwa som æy gøømer*) *heel* [...] *ok w brøden* A 25.3-4 (~ *heel, wbrødin* A 29 174r3-4), (*wj nødhes* [...] *at kænnæs hwær*) *een* (*personam*) A 25.25-26 (~ *een* A 29 174v12), (*aff almænnelik*) *cristen* (*troo*) A 25.27-28 (~ *kristen* A 29 174v15), (*for*) *wor* (*heelsæ*) A 26.27-28 (~ *wor* A 29 175v12), (*togh Wars Herræ ligheme ij*) *sin* (*hand*) T 192.7-8, (*Tha hørdhe han*) *een* (*røst*) T 192.11, (*thu græter*) *een* (*tar*) T 192.20, (*for*) *thyn* (*skuld*) T 192.21, 193.5, 193.10, men (*hwn halder ok gømer almænnelik*) *cristne* (*troo*) A 25.2-3 (~ *cristne* A 29 174r2) og (*for*) *mynæ* (*pinæ*) T 192.20. Uden for yderteksterne er forekomsterne af 0 begrænset til særlige tilfælde ved akk.-funktion, der som den eneste er belagt i lidt større tal (mindst ca. 35 gange): *aldær* (attributivt) og *līkær*-ord samt *mikil* og *lītil* når de viser analogisk overgang til *in*-adjektiverne (jf. GG 4:64): (*the haffuæ*) *lyten* (*astunden*) T 179.9-10 og (*han skal haffuæ*) *meghen* (*læsning*) T 188.17 (men (*at haffuæ*) *meklæ* (*fastæ*) T 188.22). Ved styrende ord i dat. og gen. sing.-funktion er der registreret fem sikre 0-eksempler excl. *aldær* (attributivt) og *līkær*-ord samt et muligt *in*-ord (det ovennævnte *guthelighen* attributivt til *klarhet* subst., der dog måske er forstået som mask. i analogi med ord på *līkhē*, hvorom Brøndum-Nielsen 1959:126f.) over for i alt 11-12 former på vokal, hvoraf én genuin gammel dat.-form med *nR*>*nn* ((*ij*) *enne* (*stundh*) T 179.15): (*ij*) *sin* (*regula*) T 173.26, (*ij*) *sin* (*wredhe*) T 177.31, (*til*) *sin* (*siælæs roo*) T 179.19, (*ij*) *sin* (*siæl*) T 179.29, (*met*) *godh* (*akt ok menyng*) T 186.7; overvægten af *sin*-eksempler kunne synes at indicere at de possessive pronominer på *īn* tenderer mod at blive behandlet som *in*-adjektiver; men ved styrende ord i akk.-funktion er der ingen 0-eksempler i disse ord, ganske vist inden for et materiale på i alt kun fire belæg. Et enkeltstående tilfælde af *er*-endelse hvor det styrende ord har mulig akk.-sing.-funktion, kan formentlig bortforklares med genusforvirring ved ordet *mænniska* (*hun* [dvs. mennesket] *glømmer sik*) *siælffw*er T 176.30), jf. ovf.[6]

I forbindelse med styrende ord i n. sing. har nom.-akk.-endelsen *t* helt erobret marken. Den oprindelige n. dat. sing.-endelse *u* (manifesteret *æ*) optræder ganske vist et par gange, men kun i substantivisk anvendelse i den faste forbindelse *ī gōthu* (jf. GG 4:82): (*hwghsins wstadughet*) *ij godhæ* T 176.31 og (*han* [dvs. djævelen] *thør æy frestæ ydugher man*) *ij godhæ* T 179.3-4, men fx (*noger man* [...] *leffdhe*) *ij eet got* (*lefnet*) T 193.10.

---

[6] Den tilsyneladende n.-form *wspiældit*, der står prædikativt til fem.-objektet i sætningen *Hwilken troo hwa som æy gøømer heel ok wspiældit ok w brøden* A 25.3-4, må anses for en anomali. Også formuleringen i A 29 vidner om at ordet og stedet har voldt vanskeligheder: ... *gømer heel oc wspiældhit wbrødin* A 29 174r3-4. Man må snarest forestille sig at *inviolatam* i den latinske teksts ... *fidem, quam nisi quisque integram inviolatamque servaverit* Nørgaard-Højen 2000:20 v.1-2 er blevet oversat med synonymparret (gammeldansk) *ūspiallath ok ūbrutin/-brytin/-brøtin*, hvoraf det sidste formentlig har haft forklarende eller rettende funktion (jf. Brøndum-Nielsen 1959: 78), og at sære/særsvenske lydformer af det første (jf. ovf. og ndf.) har forvirret danske skrivere.

Ved styrende ord i plur. er endelsen i stærktbøjede adjektiver altid vokalisk (om fordelingen af *æ* og *e* ndf.) undtagen i n. Her alternerer den gamle 0-endelse med en analogisk vokalendelse; men fordelingen er ikke tilfældig, så vidt materialet rækker (styrende ord i gen.-funktion er ikke belagt). I adjektiver der står attributivt til et subst. i dat.-funktion, hvilket her er ensbetydende med at det er styret af en præp. med oprindelig dat.-rektion, er den vokaliske endelse næsten gennemført (i alt 12 belæg er registreret); de eneste undtagelser er (*at wiliæ eenkannelighe synæs* [...] *ij*) *sin* (*klædher*) T 176.9-10 og (*thet som ær siælsint* [...] *ij*) *all* (*annar thing*) T 176.24-25, hvis man ser bort fra den gamle faste forbindelse *al thing* (hvorom GG 4:88). I andre positioner end den ovennævnte forekommer den vokaliske form sjældent. Der er kun registreret seks belæg, hvoraf hele fire ender på *-lighe*; det er en nærliggende tanke at de har samme oprindelse som de ovennævnte *lighe*-former i fem. nom. sing.-funktion (dvs. fornsvensk *līkin*), om end der ikke er støtte for den hvor der foreligger svensk parallel, jf. (*tha ære thek tw thing*) *wedherthorffteligh*e T 185.27 ~ *vidhirthorftog* Wieselgren 1866:277.4 og (*tha skulæ thyn ordh waræ* [...]) *oppenbarlighe ok* [...] *nytteligh*e T 186.16-17 ~ *oppinbaar oc* [...] *fulwikta* Wieselgren 1866:278.1; de øvrige eksempler er (*all jordherighes thing ære*) *dødhe* (*wt aff hans hiærtæ*) T 182.32-33 og (*oppa hwær milæ stodhe een byy mark met riis, ok han sleet them*) *allæ* (*ij myn hedher*) T 193.6-7.

Den svage adj.-bøjning har uden for *līkẹr*-ord gennemført vokalendelse (om fordelingen af *æ* og *e* ndf.), også i de fåtallige tilfælde hvor det styrende ord står i plur. og har dat.-funktion (som fx i (*met sinæ*) *blodughe* (*axlæ*) T 184.19).

Hvad angår *verbal*bøjningen, er hovedregelen at den gamle skelnen mellem sing. og plur. er opretholdt uden for de tilfælde som særligt begunstiger brug af sing. for plur. (dvs. i inversionssætninger, i relativsætninger indledt med indeklinabelt relativum og ved subjekt bestående af sideordnede sing.-subtantiver, jf. fx GG 8:72 m. henvisn.). Den eneste undtagelse uden for de tilfælde hvor subjektet er ordet *mænniska* (om hvis usikre genus- og numerusforhold ovf.), er (*hans hælghestæ føther*) *wordh* (*korsfæstæ*) T 189.17, hvor sing. dog muligvis skyldes at subjektet er opfattet som kollektivt (jf. Bjerrum 1967:54).

Særskilt 2. pers. sing.-endelse *t* findes 28 gange (dog incl. det tvetydige *mathu* T 186.27, jf. GG 8:77) af 30 mulige, som vel at mærke alle gælder verber med stærk præt.-form i præs.-funktion, hvor personendelsen holdt sig længe (jf. fx GG 8:73ff.); begge undtagelsestilfælde står i stillingen foran *thū*, som formentlig fremmer *t*-løs form (jf. GG 8:78, 98): *ma thu* T 173.26 og *Vil thu* T 181.1. Særskilt 1. pers. plur.-endelse *om* optræder til gengæld kun tre gange af 14 mulige (alle i præs.), hvoraf én i en apostelen Paulus tillagt sætning. *at wy formughom æy at fanga een godher thanka aff os siælffuæ æn sidher meer* T 171.9-11 (et fjernt ekko af 2 Kor 3,5 *non quod sufficientes simus cogitare aliquid a nobis quasi ex nobis*?); kun i to af de 11 tilfælde uden *om* står det personlige pron. efter verbet, hvor der er mulighed for assimilatorisk svind af *m* (jf. GG 8:66). Særskilt 2. pers. plur.-endelse findes én gang af to mulige: i imp. i den ovf. citerede sætning *waren miskundsamæ* [...] T 185.21, som er tillagt evangelisten Lukas; også eksemplet uden 2. pers. plur.-endelse udgives dog for bibelcitat: *Ther aff sigher st. Pawel: ij ære allæ Gutz sønner aff the hælghe tros wægnæ* T 185.5-6 (et fjernt ekko af 2 Kor 6,18 *vos* [dvs. de troende] *eritis mihi in filios et filias dicit Dominus omnipotens*?).

Analogiske præs.-former af typen *farer* for *far* forekommer ikke (jf. fx *skil* T 187.6, *gør* T 174.19, *skær* T 179.18).

Ad pkt. 10) (forskydninger i ordforrådet):
Forrådet af konjunktioner og partikler omfatter på den ene side ikke den især fra landskabslovsproget kendte relativpartikel *ær*, på den anden side heller ikke de unge konjunktioner *men, thersom, hwes/hwis*. For 'men' bruges *æn* og *ūtan*, i A dog også det arkaiske *num* (*nwm* A 26.2, 26.4, 26.7, 26.25 over for *wden* 25.17, 25.18, 25.21, 25.23, 25.25, 26.22, 26.24). For 'hvis' bruges normalt *um*, et par gange dog *æn*, der er overordentlig arkaisk i gammeldansk (jf. fx Diderichsen 1941:126), men ikke i fornsvensk: *thessæ dygdhenæ ma thu raslighe faa, om thu glømer alzstinx wærldenæ fafænge* [...] *ok æn thyn eghen wiliæ ær stadfæster ij Gutz budhordh* T 173.26-30, *Æn thu wordhæ wilt thet thu astunder, tha ære thek tw thing wedherthorfftelighe* T 185.26-27 (~ *Si* [...] *vis* ... i den latinske kildetekst Migne 1844-1905 184:1173A, men med inversion i den svenske parallel: *Vilt thw* ... Wieselgren 1866:277.3).

Brug af *thæn* som anaforisk pronomen forekommer ikke (jf. fx *Hwær then mænniskæ som sææl ok heel wil wordhæ / Tha for all thing tha ærr hænne mæst nødhwrtelikt* ... A 25.1-2, *Ok at thu gømæ thennæ kænnædom ok æy glømæ hannem, tha læs hannem ower twem sine* .... T 187.28-30). Til gengæld er den ubestemte artikel brugt i omtrent samme omfang som i nyere tid, med *Doffuæn æller dolsker* (*han ær litæn ij kærlichet til got*) T 178.26 og lignende T 178.28, 178.29, 179.4, 179.15, 179.18, 179.22, 179.25 som de mest påfaldende undtagelser; funktionen her er utvivlsomt mere eller mindre abstrakt, jf. den tilsyneladende sammenblanding af adj. *dolskẹr* og subst. *dolska* i sætningen *dolsker gør meget ont ij mænnisken, først gør hun Guth wæmilsæ* T 178.28-29.

Middelnedertyske orddannelseselementer er på ingen måde sjældne, men overvejende begrænset til sådanne som allerede dukkede op i ældre middeldansk (incl. *for* i forskellige betydninger og *bar* i *opinbar* adj. med bøjning og afledning, jf. Skautrup 1944-1970 1:292f., 302). Af de formentlig fortrinsvis i yngre middeldansk optagne elementer forekommer alt i alt kun præfikserne *an* og *be*, det første blot i *anamæ* v. T 171.20, 181.18 og *annammelsæ* subst. A 26.24, det sidste i følgende spredte tilfælde: *begabbædher* v. præt. part. T 184.18, (*w*)*begripelik* adj. T 172.2, *bekombrilsæ* subst. T 178.17, *bequæmæ*(*lik*) adj. T 181.17, 187.4, *belakt* v. præt. part. T 175.5 og *bestandende* v. præs. part. A 26.19.

De ni undersøgte træk er ikke alle dialektneutrale. Vidtgående bevarelse af enkelt postvokalisk klusil og af distinktion mellem oprindeligt *ll-ld* og *nn-nd* kan fx både tolkes som udtryk for høj alder og for skånsk sprogform (jf. fx GG 2:82ff., 234f.) og vidtgående bevarelse af *ia* tilsvarende både som udtryk for høj alder og jysk sprogform (jf. GG 1:335f.). Skal den diakrone betydning af håndskriftets ovf. beskrevne praksis bestemmes, er det derfor vigtigt at få rede på om håndskriftets generelle sprogpræg, som tilsyneladende antaget af Brøndum-Nielsen, er skånsk (med eventuelle rester af svenske forlæg?, jf. Brandts og Ejders ovennævnte udsagn om at sproget i GKS, med Brandts udtryk 1865:XVIII, er "svenskagtigt"), eller om det er ikke-skånsk (med do. rester?).

Brøndum-Nielsen præsenterede sin antagelse i kildeoversigten i GG, idet han her placerede GKS blandt de skånske kilder til yngre middeldansk (stort set enslydende i første og anden udgave, jf. Brøndum-Nielsen 1928:40, GG 1:41); men formuleringen er ulden, og selv om GKS næsten altid optræder blandt de skånske kilder når materialet i GG er samlet i bundter efter proveniens (jf. fx GG 4:64f., 69 og 8:66, 69, 110f.), omtales håndskriftet dog lejlighedsvis som blot i svagere grad skånskpræget (jf. GG 5:90), eller det regnes for blot delvis henhørende blandt de skånske kilder (GG 4:25) og kan modstilles "visse særlig skaanskprægede Kilder" (GG 8:179). Heller ikke Brøndum-Nielsens ellers meget kategoriske udsagn i C 56-monografien er til at blive klog på: "C 56 rummer ikke en svensk Postil med en ved Afskrivning fremkaldt Danisering, men – ligesom ved "Sjælens Trøst" og "SøndagsEvangelier" [dvs. GKS] – en dansk Oversættelse, i skaansk Sprogform [...], desuden med en i forskellig Grad fremtrædende sproglig Indflydelse fra Oversættelsesgrundlaget" (1959:11); betyder pausen foran "i skaansk Sprogform" at denne bestemmelse kun gælder C 56 (selv om i al fald også Sjælens Trøst er skånsk ifølge Brøndum-Nielsen)?

Det er hævet over enhver tvivl at GKS indeholder gennemgående træk der i den yngre middelalder (dvs. efter ca. 1400) alene hører til i Skåne (og til dels også de Skåne nærmestliggende områder vest for Øresund). Det gælder bl.a. gennemført inf. med rodvokalen *a* af *wæra* (fx *waræ* A 26.11, 26.37, T 183.22, jf. GG 6:134, 140f.), gennemført *ja* i *iak* pron. (eksempler ovf., jf. GG 5:7f.) samt den mulige bevarelse af distinktionen mellem i al fald to oprindelige infortisvokaler.

Oprindeligt infortis-*a* er i den undersøgte tiendedel af håndskriftet ganske sporadisk bevaret og optræder øjensynlig efter omtrent samme vokalharmoniske regel som kendes fra fx B 76 og E don. var. af Skånske Lov (jf. GG 1:401f. m. henvisn.) samt visse svenske håndskrifter (jf. fx Riad 2002:900 m. henvisn.): hovedsagelig efter *a*, *o* og *u* i den foregående stavelse, efter de to sidste dog kun sjældent (fx *skamma* v. T 171.7, *fanga* v. T 171.10, *thanka* subst. T 171.10, *taga* v. T 171.12, 171.15, 171.18 m.fl., *wara* v. T 172.2, *thakkar* v. præs. T 173.6, *tala* v. T 173.20, *manga* adj. plur. T 175.5, *lata* v. T 175.28, *orsakar* v. præs. T 176.20, *annar* pron. T 176.25 etc. etc., *tholamod* subst. T 171.3, 173.10, *dommadagh* subst. T 174.12, *hwgnadh* subst.

T 187.22, *wka* subst. T 187.30; i A kun i *sannande* subst. 25.26, tilsyneladende med omtydning af det oprindelige suffiks *ændi/indi*, jf. GG 1:135f., til *andi*). Oprindeligt infortis-*i* er ligeledes sporadisk bevaret, men kun antekonsonantisk (foran *t, s, n, l*) (fx *mænniskæ* subst. A 25.1, *mandomsinz* subst. gen. sing. A 26.24, *hymil* subst. T 171.16, *wlofflikit* adj. n. T 178.18). Oprindeligt infortis-*u* er endelig konsekvent bevaret som *u* eller (undtagelsesvis) *o* i suffikserne *ughi* og *ughær* (p.gr.a. semifortis?) og optræder ellers kun sjældent som enten *u* (*gønnum* præp. T 189.20, *naturunæ* subst. gen. sing. T 190.4, *tiyghu* num. T 193.11 samt det formentlig forvanskede *flyoghun* 'fluer(ne)' T 179.4) eller *o* (fx *formughom* v. præs. 1. plur. T 171.10, *gælsko* subst. T 173.15, *fawidzsko* subst. T 173.17, *warkunnom* v. præs. 1. plur. T 181.10, *mughom* v. præs. 1. plur. T 181.11).

Langt de almindeligste vokaltegn i infortisstavelse er imidlertid *æ* og *e*. At deres optræden skulle afspejle en oprindelig fordeling af *a* på den ene side og *i* og *u* på den anden som i østensundsk sprog, synes Brøndum-Nielsen i al fald at forudsætte i bd. 4 af GG; for ellers kunne han ikke tage formen *gammel* i GKS for manifestation af den oprindelige fem. nom. sing.-form *gamul* med *u*-omlyd modsat mask. *gamal* (jf. GG 4:67 m. henvisn.). Under behandlingen af præs. part.-suffikset *and* i bd. 8 synes han dog snarest at regne med vilkårlig vekslen af *æ* og *e* for oprindeligt *a* i håndskriftet: "SøndEv. [har] oftest Endelsen *-ende* (*-ænde*; sjældnere *-ande* [...])" (GG 8:179). Til gengæld opererer han øjensynlig ikke med den tredje mulighed for tydning af *æ-e*-fordelingen som også er for hånden: at *e* foretrækkes i lukket stavelse og *æ* i åben. En sådan regulering kendes fra en række håndskrifter fra midten af det 15. århundrede (jf. GG 1:417); uanset om den skal tolkes lydligt (jf. GG ibid.) eller ej (jf. også Haastrup 1974:386), har den ikke dialektal signifikans.

En statistisk stikprøve (χ^2-test, jf. Hatch & Farhady 1982:166-172, 278f.) på grundlag af fire tilfældigt valgte sider i T (T 176.1-179.32, hvortil der for ca. halvdelens vedkommende kendes svenske paralleller) giver det overraskende resultat at den etymologiske hypotese – at fordelingen af *æ* og *e* afspejler fordelingen af oprindeligt *a* og *i/u* (jf. tabel 1) – og den positionelle hypotese – at fordelingen af *æ* og *e* afspejler fordelingen af åben og lukket stavelse (jf. tabel 2) – er omtrent lige sandsynlige og vel at mærke begge sandsynlige i højeste grad (χ^2, $p < 0{,}001$***, dvs. at sandsynligheden for at fordelingen af *e* og *æ* er tilfældig, i henhold til begge hypoteser er under 1 ‰).

	A. Oprindeligt *a*	B. Oprindeligt *i*, *u*
1. *æ*-manifestation	158	30
2. *e*-manifestation	56	87

Tabel 1. Fordeling af manifestationerne *æ* og *e* på oprindeligt infortis-*a* og oprindeligt infortis-*i* eller *u* i T 176-179.

	A. I åben stavelse	B. I lukket stavelse
1. *æ*-manifestion	160	30
2. *e*-manifestation	59	82

Tabel 2. Fordeling af manifestationerne *æ* og *e* på åben og lukket infortisstavelse i T 176-179.

Et vist antal undtagelser (knap 20) fra den etymologiske hypotese kan forklares ved levissimussvækkelse *a* > *æ* > *e* (jf. GG 1:406 m. henvisn.), fx i adverbialsuffikset *līka* i *hetelighe* 179.14, *latlighe* 179.16, *fulkommelighe* 179.21 m.fl., og enkelte ved bøjningsanalogi (*thænkær* v. præs. T 176.3 og *hwilæs* v. præs. ind. sing. T 179.25 ved tilslutning til 1. svage klasse?, jf. GG 7:93, 89); men en langt større del – 54 af 86 (tabel 1, celle 2 A + 1 B), dvs. godt 63 % – kan forklares ud fra positionshypotesen. Omvendt kan en akkurat tilsvarende del af undtagelserne fra positionshypotesen – 57 af 89 (tabel 2, celle 2 A + 1 B), dvs. 64 % – forklares ud fra den etymologiske hypotese. Den mest oplagte tolkning af stikprøveresultatet er at to principper for fordeling af *æ* og *e* i infortisstavelse krydses i GKS: ét der foreskriver positionel regulering, og ét der foreskriver etymologisk regulering.

Hvor sikker denne tolkning er, må komme an på en granskning af et større materiale og en mere detaljeret diskussion end pladsen her tillader, af tvetydigheder såvel som af bortforklaringsmuligheder (selv om fire sider strengt taget burde levere tilstrækkeligt materiale når det drejer sig om et så hyppigt belagt fænomen som infortisvokal). Tolkningen hindrer ikke Brøndum-Nielsens sprogbestemmelse hvis man lader termen skånsk omfatte også sproget i fx Stockholm-håndskriftet B 72 af Skånske Lov og Malmø birkeret m.m., der selv i en påtegning ved den eneste skriver oplyser at det er afsluttet i 1414 *per manus* *iacobi maghensson *villani in malmøghæ*[7] (Nielsen 1965:XVII); Jakob Mogensen er muligvis identisk med den senere rådmand og Malmø-borgmester (1448-1456) af samme navn (Nielsen loc. cit.). I henhold til Karl Martin Nielsens beskrivelse behandler B 72 infortisvokalerne på en måde der til dels minder om behandlingen i GKS: generel svækkelse til *æ* (at dømme efter et par opslag i faksimiletrykket Nielsen 1965:295ff. dog snarere svækkelse til *e* og *æ* fordelt efter det ovennævnte positionsprincip), men med rester af forlæggets vokalharmoni (Nielsen 1934:146). Det er muligvis en tekst som denne og det i Ågård i det vestlige Skåne udstedte testamente af 3/7 1415 Brøndum-Nielsen sigter til når han taler om at sprogformen i skånske tekster fra det 15. århundrede kan være rigssprogspåvirket ved at *æ* eller *e* har fået overtaget (GG 1:401); diplomet er opført blandt de skånske kilder til yngre middeldansk i GG 1:40 (med henvisn. til Erslevs udgave 1901 nr. 81) og har ligesom B 72 gennemgående *iak* og (i al fald til dels positionelt distribueret) *e* og *æ* i infortis (jf. Dons & Jexlev 1959-1969 2r 1:118-119 og m.h.t. B 72 Nielsen 1965:308: *iac* 23v3.4 og 24r10.12).

Imidlertid indgår der også enkeltheder i GKS som er vanskelige eller umulige at forklare ud fra yngre middeldansk overhovedet (incl. skånsk), men ikke ud fra fornsvensk. Herhen hører de under pkt. 9 nævnte nom.-former *atskilnæder* og *hugher*, de ligeledes under pkt. 9 nævnte adj.-former på *lighe* i ubestemt mask. og fem. nom. sing.-funktion (i al fald hvis den foreslåede nød-forklaring er rigtig) og den under pkt. 10 nævnte konj. *æn* i betydningen ‘hvis’ samt muligvis den under pkt. 7 nævnte form *wspiældit*, der ganske vist har en enkelt gammeldansk parallel, men kun i den fra svensk oversatte Sjælens Trøst;[8] større usikkerhed knytter der sig til de under pkt. 6 nævnte former *skeper* og *skeppet*, der trods alt både har en enkelt gammeldansk parallel, om end fra et område hvis sprog ellers ikke synes at præge GKS (jf. Brandt 1865:X om sprogets eksplicit ikke-jyske karakter), og tillige repræsenterer en lydudvikling som ikke synes fuldstændig ukendt for gammelskånsk. Yderligere kan nævnes en lille række gloser med usikker hjemmel i gammeldansk uden for svensk

---

[7] Håndskriftet har vistnok oprindelig *villann* med både nasalstreg over *a* og *n* efter *a*; men *n* synes rettet til *i* eller *ij* (fol. 83v, Nielsen 1965:338).

[8] Svarende til *ospiældath* i den danske Sjælens Trøst (Nielsen 1937-1952:53.19) har den svenske Siælinna Thrøst formen *ospiellat* (Henning 1954-1956:304.14); men den danske tekst er ikke direkte afhængig af den bevarede svenske, jf. Brøndum-Nielsen 1934-1935:188f.

oversættelseslitteratur, men med sikker hjemmel i fornsvensk, at dømme ud fra henholdsvis materialet i GO og hos Söderwall 1884-1973, fx *ilhærdzskæ* subst. T 170.14, *fawidzsko* subst. T 173.17, *brædzkæ* subst. T 174.33, *eenbændæ* subst. T 177.2, *dolskæ* subst. T 178.23 og *ij særder*, der ud fra konteksten (*Gutz weners drøffuelsæ ok ondæ mænniskæ glædhe hær ij wærlden the forgaa badhe ij særder nar dødhen skil at siæl ok ligheme* T 187.5-6) med stor sikkerhed kan regnes for en forvanskning af *ī sændẹr* adv., hvorom Hjorth 1965: 268ff. (den svenske paralleltekst har dog ingen modsvarighed til ordene *badhæ ij særder* ..., jf. Wieselgren 1866:279.29-30).

P.gr.a. disse detaljer kunne man alternativt overveje at forstå de generelle østlige træk i teksten som påvirkede af svenske forlæg snarere end som udtryk for skånsk dialekt, dvs. at sproget i håndskriftet også kunne tænkes at repræsentere en slags dansk skriftsprogsnorm med en vis tolerance over for de svenske forlæg (et "birgittinersprog" ell. lign.); men i betragtning af at det i øvrigt virker gennemfordansket, først og fremmest ved den realiserede klusilsvækkelse og bøjningsforenklingen, og at de sikkert svenske indslag (muligvis incl. fuldvokalerne i infortis) har karakter af tilfældige enkeltforekomster eller anomalier, dvs. højst sandsynligt er blotte relikter, forekommer den alternative tolkning mindre rimelig.

Det må herefter regnes for metodisk sikrest at bruge de yngre middeldanske skånske og skånskprægede kilder, der som helhed er de mest konservative (jf. GG 1:49), til primært sammenligningsmateriale når der skal drages dateringsmæssige konklusioner ud af punktundersøgelsen ovf.

Hvad angår behandlingen af lydlige novationer (punkt 1-7 ovf.), kan hovedreglerne, med en vis forsigtighed, opstilles som følgende: klusilsvækkelse af *p* markeres ikke, klusilsvækkelse af *t* og *k* markeres i intervokalisk stilling og kun der – svækkelsen af *k* synes at gå helt til spiranttrinnet og er konsekvent betegnet, svækkelsen af *t* går derimod nok kun til mediatrinnet og omfatter vel at mærke kun *ūtan*; spirantsvækkelse af *gh* markeres ikke; lukning af *th* i forlyd markeres foran *r* (undtagen i *thrē* m. bøjn. og afledn.) og ellers ikke; palatalisering af *ia* markeres konsekvent (undtagen i *iak*); labialisering af *ā* markeres ikke (i al fald ikke hvis man ser bort fra de tvetydige *a*-former *nagher* etc. og *fradhæ*); lydåbning af *i*, *y* og *u* markeres i nogenlunde samme omfang som nu – åbningen af *i* dog med en lidt anderledes ususregulering; assimilation af *ld* og *nd* markeres ikke. De enkeltstående yngre indslag i hovedreglerne (former som *wden*, *mek* og *thek*) såvel som de yngre former der strider imod disse regler, og som i al fald i nogle tilfælde måske skyldes skriveren (*høyræ*, *æyghnæ*, *thu* 'to' [dog i utvivlsomt forvansket kontekst], *thræfoldwghet*, *til faren*), antyder dog at det arkaiske sprog ikke er helt samtidigt med skriveren, og at der bag lydgengivelsen må ligge en stræben mod en norm.

De iagttagne yngre lydformer repræsenterer dog gennemgående tidligt indtrådte novationer. I sin behandling af de under pkt. 1-7 nævnte fænomener må GKS-skriveren siges at være hovedsagelig konservativ og aldrig at gå ud over hvad skrivere inden for det ældre lag af yngre middeldanske skånske og skånskprægede kilder kan præstere. Til dette lag regnes først og fremmest det ovennævnte håndskrift Stockholm B 72 af Skånske Lov etc. (jf. bl.a. Nielsen 1965:XVIII m. henvisn.), Sjælens Trøst (jf. GG 1:40f.), Malmø-skråerne 1429-1430 (jf. GG 1:40), E don. var. 136 4to af Skånske Arvebog og Orbodemål etc. (jf. GG 1:40, om dateringen ovf.), B 77 og C 67 af Lundekrøniken (*Gesta Danorum pa danskæ*) (begge placeret blandt skånske kilder GG 1:41, men C 67 og muligvis også B 77 klassificeret som "midtdansk (sjællandsk)" GG 4:25, B 77 dateret til første halvdel af det 15. århundrede, C 67 til tiden kort efter midten det 15. århundrede Kroman 1962:XX) samt C 56-postillen (excl. afsnit J) (jf. GG 1:41, dateret til næppe længe efter midten af det 15. århundrede Brøndum-Nielsen 1959:116, om afsnit J Brøndum-Nielsen 1959:20):

Klusilsvækkelse af *p* til *b*, *t* til *d* og *k* til *gh* intervokalisk er regelen i E don. var. 136 4to (der dog også lejlighedsvis har *gh* i udlyd), mens C 56 tilsyneladende kan gå videre endnu bl.a. ved at have svækkelse af *t* til spiranttrinnet; Malmøskråerne har i al fald også regelmæssigt svækkelse af *t* til *d* og *k* til *gh* intervokalisk, mens C 67 viser omtrent samme forhold som GKS, og B 72 kun har svækkelse af *k* og vistnok kun intervokalisk (jf. GG 2:85-90 og Brøndum-Nielsen 1959:30f., m.h.t. B 72 dog også Diderichsen [Karl Martin Nielsen] 1938:145).

Spirantsvækkelse anses for en af de ældste gammeldanske lydudviklinger, og i de positioner hvori den rent undtagelsesvis optræder i GKS, er den bl.a. bevidnet af Malmø-skråerne (jf. Brøndum-Nielsen 1927-1928:168f.), E don. var. 136 4to, Sjælens Trøst og C 56-postillen samt til dels af det ældre middeldanske håndskrift B 74 af Skånske Lov (jf. GG 2:150, 160, 347, Brøndum-Nielsen 1959:32).

Undtagelser fra den også i GKS næsten fuldstændigt overholdte regel at oprindeligt *t* og *th* holdes ude fra hinanden i usammensat forlyd, synes svære at opspore i sammenligningsmaterialet. Aage Hansen nævner at han har fundet eksempler i håndskrifter af Skånske

Kirkelov fra midten og slutningen af 1400-tallet, men specificerer ikke (1971: 267).[9] Hans udsagn stemmer imidlertid med at Skånske Lov-håndskrifterne B 71 og Oslo 488 4to, der begge anses for at være blevet til i Malmø i midten af det 15. århundrede (jf. Brøndum-Nielsen et al. 1933-1961 1:XLII, XXXIX og Kroman 1943a:70), har *tokkes* til gammeldansk *thokka* v. (jf. GG 7:384). Fra C 56-postillen nævner Brøndum-Nielsen en lille række eksempler (1959:19). I sammensat forlyd findes der til gengæld direkte såvel som indirekte eksempler lige fra de gamle Skånske Lov-håndskrifters tid (jf. GG 2:124f. m. henvisn.).

Palataliseringen af *ia* til *iæ* synes tidligt indtrådt i skånsk og vides at være så godt som fuldstændigt gennemført (muligvis med videreudvikling til *ie*) i E don. var. 136 4to og vistnok fuldstændigt i C 56 (jf. GG 1:336, Brøndum-Nielsen 1959:24f.).

Labialiseringen af oprindeligt *ā* og tidligt forlænget *a* (og åbningen af *ō* og *o*), der formentlig kun undtagelsesvis er betegnet i GKS, synes gammel i skånsk (jf. GG 1:228f., 238, 324) og er bl.a. på raffineret måde bevidnet af B 72 (jf. Nielsen 1935:4).

Lydåbning af *i* og *y*, delvis mere vidtgående end i GKS, er bevidnet af skånske kilder som B 72, Malmø-skråerne, E don. var. 136 4to, Sjælens Trøst og C 56 (jf. Nielsen 1935:4, Diderichsen [Karl Martin Nielsen] 1938:155f., GG 1:313f., Brøndum-Nielsen 1959:25f.; om formerne *mek* og *thek* GG 5:11, 21). Åbningen af *u* til *o* i formodet relativt tryksvag stavelse genfindes i et vist omfang i E don. var. 136 4to (jf. GG 1:320, m.h.t. *kuma* også i en Malmø-skrå og Sjælens Trøst ifølge GG 6:110) og C 56 (jf. Brøndum-Nielsen 1959:26). I formodet relativt trykstærk stavelse synes åbningen allerede belagt foran *m* i et dansk ord i Andreas Sunesens parafrase af Skånske Lov i det formentlig skånske håndskrift AM 37 4to fra anden halvdel af 1200-tallet (jf. GG 1:318, hvor AM 137 4to er fejl for AM 37 4to, om hvilket bl.a. Kroman 1943a:52f. og Brøndum-Nielsen 1975:36); foran *l* findes eksempler fra Malmø-skråerne og E don. var. 136 4to (jf. GG 1:319), foran *r* i Sjælens Trøst (GG ibid.) og i C 56 (også) i andre stillinger (jf. Brøndum-Nielsen 1959:26).

I C 56, men næppe meget tidligere, kendes eksempler på sammenblanding af *ll* og *ld*, *nn* og *nd* (jf. Brøndum-Nielsen 1959:34); de skyldes dog formentlig særlige analogier og er da også uvedkommen-

---

[9] Formen *tykkir* (til gammeldansk *thykkia*) fra det ældre middeldanske håndskrift B 69 af Skånske Lov, som Aage Hansen nævner (1971:266), skyldes en trykfejl i den af ham benyttede udgave, jf. GG 7:383.

de her for så vidt som både det eneste sikre eksempel i GKS og de to mulige utvivlsomt er forlægsformer.

At dømme ud fra oplysningerne i GG (locc. citt.) er de yngre middeldanske lydlige novationer som hovedregel tidligere bevidnet i kilder af den midtdanske gruppe (jf. GG 4:25) end af den skånske gruppe, med palataliseringen af *ia* til *iæ* som den væsentligste undtagelse; om den vides det dog at den er trængt helt igennem i håndskriftet AM 187 8vo (Hansen 1971:15, jf. GG 1:336), der af Kroman dateres til "den tidligere Del af 15. Aarhundrede" (1943a:68), af Brøndum-Nielsen henlægges til "Øresundsegnen, rimeligvis paa Sjællandssiden" (GG 2:88), og hvis praksis, så vidt den er beskrevet i GG (pass.), generelt synes at ligge tæt på GKS's.

Hovedreglerne for bøjningsforenkling (pkt. 9 ovf.) vidner i højere grad om fornyelse og synes ikke nødvendigvis at ligge skriveren synderlig fjernt; de må dog tages med forbehold p.gr.a. det stedvis yderst knappe materiale.

Inden for subst.-bøjningen synes gen.-formanten *s* at videreføres analogisk, om end kun i sing., hvor materialet dog er ganske minimalt; særskilte dat.-former (og nom. sing.-former på *ę̨r*) er ikke bevaret, og særskilte gen.-former bruges kun i de samme (adjektiviske) funktioner som nu; til gengæld er indre bøjning i gen. sing. af maskuliner og neutra i bestemt form bevaret, ligeledes de oprindelige (nom.- og akk.-)plur.-former. Inden for adj.-bøjningen er bestemthedsdannelsen som nu – i al fald er den uden særskilt dat. plur.; også dannelsen af ubest. plur. er som nu, bortset fra at den gamle 0-endelse i n. nom. og akk. er bevaret ved styrende n.-ord i nom. og akk. plur.-funktion og muligvis konkurrerer svagt med den analogiske vokalendelse ved styrende n.-ord i dat. plur.-funktion; i ubestemt form i sing. opretholdes forskellen mellem tre køn, hvorimod kasusbøjning er forsvundet i n. ved gennemførelse af nom.- og akk.-formen på *t* og tenderer mod at forsvinde i mask. til fordel for nom.-formen på oprindeligt *ę̨r*, der dog konkurrerer med akk.-formen på oprindeligt *an* i akk. og dat.; i fem. synes forskellen på nom. udlydende på oprindeligt 0 og ikke-nom. (akk.?) på vokal at opretholdes. Inden for verbalbøjningen er forskellen mellem sing. og plur. bevaret, hvorimod personbøjningen synes ophævet (bortset fra verber med stærk præt.-form i præs.-funktion).

En hel del af de yngre bøjningsformer der strider mod hovedreglerne (og deres regelmæssige undtagelser), kan tilbageføres til forlæg. Det gælder samtlige afvigende yngre bøjningsformer i A, idet de i alle tilfælde modsvares af samme form i A 29 (jf. de anførte paralleller), og det er fristende at antage det samme m.h.t. den anden ydertekst, legenden i T 192-193, eftersom der er en bemærkelsesværdig koncentration af afstikkende yngre former her (*siælff*, 0-formerne af ubestemte adjektiver kongruerende med femininer i sing. i ikke-nominativisk funktion samt den ubestemte n. akk. plur.-form *allæ*). Der findes dog ingen dansk paralleltekst at hente støtte i for legendens vedkommende, og flertallet af yngre afvigelser i legenden må også erkendes at tilhøre de samme typer som de yngre afvigelser der optræder uden for yderteksterne og muligvis skyldes skriveren: 0-form for ventet vokalform i stærke adjektiver i fem. sing., vokalform for ventet 0-form i stærke adjektiver i n. nom. og akk. plur. samt måske verbal sing. for ventet plur. Forskellen mellem GKS-skriverens egen praksis og den beskrevne bøjningsnorm behøver således ikke at bestå i andet end at skriveren har tenderet mod at bøje stærke adjektiver i fem. sing. og n. plur. ligesom nu og evt. i videre udstrækning at bruge verbal sing. for plur.

De fleste af de bøjningsmæssige novationer i GKS som er iagttaget ovf., er velkendte nok i skånske og skånskprægede kilder fra tiden frem til ca. 1450-1460:

At dømme ud fra GG's oplysninger har de analogiske *s*-genitiver ganske vist ingen støtte (uden for personbetegnelser) i skånske kilder der er ældre end ca. 1450; til gengæld optræder de i fuldt flor i C 56-postillen (jf. Brøndum-Nielsen 1959:39), og formen *siæls* viser sig faktisk at dukke op allerede i det ovenomtalte vestskånske diplom fra 1415 (Dons & Jexlev 1959-1969 2r 1:119).

Tabet af substantivernes dat.-form, hvorom der allerede er vidnesbyrd i gamle håndskrifter af Skånske Lov (jf. bl.a. Brøndum-Nielsen 1918:126-131 og Bjerrum 1966:39), synes stort set gennemført i 1400-tallets prosatekster uden for håndskrifter af gamle tekster som Skånske Lov (affattet i begyndelsen af 1200-tallet) og Skånske Arvebog og Orbodemål (muligvis endnu ældre, jf. bl.a. Kroman 1971-1973:112) samt de fra svensk oversatte skrifter Sjælens Trøst og C 56-postillen (jf. GG 3:262f. og Brøndum-Nielsen 1959:37), dvs. også i fx Malmø-skråerne fra 1429-1430.

Substantivernes gen.-forms forsvinden uden for de tilfælde hvor den stadig optræder, synes lidet belyst i den grammatiske litteratur, men vides i al fald at være observeret som tendens allerede i de ældste håndskrifter af Skånske Lov (jf. Brøndum-Nielsen 1918:126-131 og Bjerrum 1966:39f.).

Tabet af dat. plur. på *um* i svagtbøjede adjektiver synes snarest at være førlitterært (jf. GG 4:104).

Tendens til vokalendelse i ubestemte adjektivers n. plur. kan allerede skriveren af et gammelt håndskrift af Skånske Lov gribes i (jf. GG 4:86f.), og den viser sig også i C 56 (jf. GG 4:87). Videreførelse af 0-endelse i sådanne adjektiver lagt til n.-ord i dat. plur.-funktion er allerede kendt i skånske kilder fra 1300-tallet[10] og forekommer også i Sjælens Trøst og C 56 (jf. bl.a. eksemplerne i GG 4:86 m. henvisn., 5:99, 107, 250, 267, 506).

Særskilt dat.- og gen.-form i n. sing. af stærke adjektiver er vistnok stort set tabt uden for Skånske Lov, Skånske Arvebog og Orbodemål samt Sjælens Trøst og C 56, dvs. formentlig også i fx Malmø-skråerne (jf. GG 4:80f., 83f.).

Videreførelse af adjektivernes stærke mask. nom. sing.-form kendes fra en Malmøskrå og et skånsk diplom fra 1436 (jf. GG 4:40 og Weibull 1900:169) foruden fra Sjælens Trøst og C 56 (GG 4:28). Videreførelse af deres tilsvarende akk.-form (in casu lagt til maskuliner i dat. sing.-funktion) forekommer allerede i gamle håndskrifter af Skånske Lov og findes fx også i Skånske Arvebog og Orbodemål efter E don. var. 136 4to, Sjælens Trøst og C 56 (jf. GG 4:32-34).[11]

Tendens til 0-endelse i ubestemte adjektiver i fem. sing. uden for nom. kendes undtagelsesvis allerede i gamle håndskrifter af Skånske Lov og i Sjælens Trøst samt en Malmø-skrå, uvist hvor hyppigt i den sidste kildetype (jf. GG 4:68ff.).

Brug af verbal sing. for plur. (uden for de tre specialtilfælde), som måske forekommer en enkelt gang, endskønt højst usikkert, kan iagttages allerede i de ældste håndskrifter af Skånske Lov (jf. Brøndum-Nielsen 1918:127, 130) og er formentlig jævnlig dukket op alle vegne siden (jf. bl.a. Mikkelsen 1911:463, Bjerrum 1966:56).

Erstatning af 1. persons endelse i præs. plur. med 3. persons synes gennemført i Malmø-skråerne og kendes også i andre tidlige formodet skånske kilder som Mariaklagen og Et gammeldansk Digt om Christi Opstandelse samt en række diplomer (jf. GG 8:67).

---

[10] Blandt de skånske kilder fra 1300-tallet regnes her Skånske Lov-håndskriftet Ledreborg 12 (sædvanligvis dateret til begyndelsen af 1300-tallet eller ca. 1325), som Brøndum-Nielsen ganske vist anser for omformet til brug uden for Skåne (GG 4:25), men hvis sprogform ifølge en større undersøgelse (Frederiksen 1974) snarest er skånsk (jf. Nielsen 1979:108).

[11] Eksemplet *mæth thwæræn thumulfingir*, som Brøndum-Nielsen citerer fra E don. var. 136 4to, findes DgL (ed. Kroman 1942) 7:110, ikke 7:103 som angivet i GG 4:33.

Så vidt det sparsomme gammeldanske belægmateriale i 2. pers. plur. tillader at slutte, er analogisk *n*-løs præs.-form til subjekt i 2. pers. plur. endelig også bevidnet af skånske kilder fra før ca. 1450 (jf. GG 8:70, 94).

Vanskeligst forenelig med gammelskånsk overhovedet kunne man synes at adjektivernes bestemthedsdannelse i GKS var, idet den ikke (inden for det begrænsede materiale der ligger til grund for denne undersøgelse) røber sikker skelnen mellem de oprindelig forskellige vokalendelser (*i*, *a*, *u*); men der findes eksempler på sammenblanding af de forskellige endelser i bestemthedsbøjningen både i gamle håndskrifter af Skånske Lov og i Sjælens Trøst og den formentlig lidt yngre C 56-postil (jf. GG 4:100-105), hvortil kommer at også skånskprægede tekster fra det 15. århundrede som nævnt kan have infortissvækkelse.

I kilder af den midtdanske gruppe er der gennemgående ældre vidnesbyrd om de i GKS iagttagne bøjningsnovationer ligesom om de lydlige novationer, fremgår det (især) af oplysningerne i GG (locc. citt.). Den analogiske videreførelse af stærktbøjede adjektivers mask. nom. sing.-form er dog vistnok tidligst bevidnet i midtdanske kilder fra første halvdel af 1400-tallet (jf. GG 4:29f., 8:200). Hvor gammelt analogisk gen.-*s* i feminine *ō*-stammer og maskuline *an*-stammer (uden for personbetegnelser) er i sådanne kilder, foreligger ikke grundigt belyst. Et enkelt *ō*-stamme-belæg, ganske vist i en øjensynlig tidligt udsat afledningstype, viser sig allerede i håndskriftet AM 455 12mo, der dateres til ca. 1300 (fx Kroman 1943a:53); men GG's øvrige eksempler stammer fra tiden omkring 1460 og frem (jf. GG 3:71 m. henvisn. og GG 3:208f.).

Af de leksikalske novationer i det undersøgte tekstudsnit (pkt. 10 ovf.) er de to mest vidtgående gennemførelsen af ubestemt artikel i samme omfang som nu og brugen af en række ord med de indlånte præfikser *an* og *be*. Den ubestemte artikel var almindelig i litteraturen fra omkring 1400 ifølge GG 5:416, og om de aktuelle præfiksords første optræden kan følgende oplysninger uddrages af GO's seddelsamlinger: *anamæ* v. har gammeldanske paralleller allerede fra slutningen af 1300-tallet; *wbegripelik* adj. synes at have sine ældste gammeldanske paralleller i Sjælens Trøst; *bekombrilsæ* subst. har tidligst en gammeldansk parallel i et diplom fra 1465, men stammer formentlig fra et svensk forlæg (jf. ndf., ~ *bekumbrilse* Geete 1900: 354.19), og i fornsvensk er ordet kendt i al fald fra 1441 (ifølge Söderwall 1884-1973 s.v. *bekymbrilse*); *bequæmæ* og *bequæmælik* adj. har de tidligste gammeldanske paralleller fra henholdsvis 1400-tallets første årti og 1430-1440'erne; *belakt* v. præt. part. stammer formentlig ligesom *bekombrilsæ* fra et svensk forlæg (jf. ndf., ~ *beläghit* Klemming 1879:352.5, til fornsvensk *beläghen* adj., fra middelnedertysk *belegen*), og i fornsvensk (ifølge Söderwall 1884-1973 s.v. *beläggia*) kendes glosen i den foreliggende betydning 'optaget (af), overvældet (af)' i al fald fra postillen i AM 787 4to, der både har været dateret til slutningen af 1300-tallet/begyndelsen af 1400-tallet og til midten af 1400-tallet, men ifølge Roger Andersson snarest hidrører fra det sidstnævnte tidspunkt (Andersson 2004:176, 192); *bestandende* (*aff skælligh siæl ok mænniskelikt ligheme*) v. præs. part. A 26.19-20 er en oversættelse af latinens (*ex anima rationabili et humana carne*) *subsistens* Nørgaard-Højen 2000:22 v. 30 i betydningen 'opretholdende livet, eksisterende, bestående', som det ved en løselig gennemgang af sedlerne i GO er svært at finde andre sikre belæg på; men til selve verbet *bestā*, *bestanda*, i nærmere eller fjernere betydninger, er der et temmelig fyldigt materiale, som rækker tilbage til 1400-tallets første fjerdedel. Kun *annamelsæ* subst. og *begabbædher* v. præt. part. synes alene at have yngre paralleller; det sidste ord er dog overhovedet kun belagt én gang uden for GKS, og det førstes afledningsbasis har som nævnt været kendt siden 1300-tallets slutning. Der er således ikke meget af A og T's formentlig yngste ordstof som ikke er bevidnet i tiden før ca. 1450.

Konklusionen af den sproglige pilotundersøgelse, der i allerhøjeste grad trænger til at følges op af en fuldstændig sprogbeskrivelse, er at hovedreglerne for behandling af de typisk yngre middeldanske novationer i det udvalgte udsnit af GKS ikke viser ud over tiden efter ca. 1450-1460, selv ikke hvis man sammenligner med skånske og skånskprægede 1400-talskilder, der gennemgående regnes for de sprogligt mest konservative, og som Brøndum-Nielsen har sammenstillet GKS med, om end af gode grunde noget vægelsindet. Nok er visse bøjningsforenklinger betegnet i videre omfang i GKS-udsnittet end i Sjælens Trøst og C 56-postillen, der begge er oversættelser fra svensk, ligesom i al fald dele af det undersøgte tekstudsnit sandsynligvis er det; men i lyset af at visse utvivlsomt skånske håndskrifter fra første halvdel af 1400-tallet indeholder de samme bøjningsforenklinger, behøver forskellen i så henseende ikke at være en kronologisk forskel, men kan fx være en forskel m.h.t. fordanskningsgrad, rigssprogspåvirkning eller lokalitet (Øresundsområdet over for det østlige Skåne, hvortil i al fald C 56 henlægges af Brøndum-Nielsen

1959:12). Hovedreglerne synes ikke i ét og alt at være samtidige med skriveren; men de yngre udfald – først og fremmest på det lydlige niveau – der med større eller mindre sandsynlighed kan tillægges denne, viser heller ikke hen til et senere tilblivelsestidspunkt. – En mulig indikator for at GKS ligger noget tættere på C 56 end på Sjælens Trøst, er den ovf. beskrevne praksis for gengivelse af dental spirant uden for forlyd. En lille stikprøve fra henholdsvis Sjælens Trøst (Nielsen 1937-1952:70) og C 56 (Klemming 1893:287) viser at Sjælens Trøst bruger *dh* (eller, sjældent, *d*) over for *th* i forholdet 3:1, mens C 56 ingen eksempler har på *th* (m.h.t. formen *tholumot* Klemming 1893:287.27-28, jf. Brøndum-Nielsen 1959:31f.). Om digraffen *dh*'s udbredelse i gammeldansk bl.a. GG 1:64 (§ 30, Anm. 1).

Lige så lidt som skriften kan sproget i det undersøgte udsnit af GKS bidrage til en præcisere datering af håndskriftet. Man kan blot slå fast at der ikke med den nutidige viden om dansk sprog i middelalderen er grund til at forkaste det intuitive skøn som Brandt afgav i 1865. Selv den nutidige viden om middelalderlige sprogforandringers kronologi må dog desværre kaldes overordentlig usikker, bl.a. fordi den hviler på håndskriftdateringer og deres grundlag kan være usikkert, for slet ikke at tale om at det kan være sprogligt (jf. Åström 2003b:64).

4. *Tekstindhold fol. 1-176r*

Som den følgende gennemgang skal vise, ser det heller ikke ud til at man kan nå frem til en sikker snævrere datering af GKS ved hjælp af de parallel- og kildetekster som det indtil nu er lykkedes at opspore, og som i øvrigt dækker langt størstedelen af håndskriftet.

Brandt identificerede allerede i sin *Gammeldansk Læsebog* (1857: 94) og i indledningen til udgaven af GKS (1865:XIX) håndskriftets første tekst (fol. 1r-3r5) som en oversættelse af kirkens Symbolum Athanasianum eller Symbolum Quicumque, dvs. den athanasianske trosbekendelse (fra ca. år 500), der ved at proklamere selve grundlaget for den kristne religion må kaldes velvalgt som åbningstekst. Hertil er der registreret en dansksproget parallel i forbindelse med materialeindsamlingen til GO. Den befinder sig som nævnt i det religiøse blandingshåndskrift Stockholm A 29 (fol. 173v-175v), hvis datering synes omstridt (jf. bl.a. Åström 2003a:118), men som Johs. Brøndum-Nielsen – tilsyneladende skønsmæssigt – har sat til ca. 1460 (1964a:89) og liturgihistorikeren Merete Geert Andersen ifølge mündtlig meddelelse til ca. 1450 (jf. Frederiksen 1985:266 m.

henvisn.); hun og Thelma Jexlev henfører det (hypotetisk) til det birgittinske Maribo kloster (jf. Jexlev 1991:327f. m. henvisn.). Indholdsmæssigt såvel som sprogligt står de to tekstvidner hinanden så nær at der ingen tvivl kan være om at de hidrører fra samme danske oversættelse (jf. de ovf. pass. anførte parallelformer fra A 29); at de må gøre det uafhængigt af hinanden, fremgår af at de hver især har novationer som ikke findes i den anden tekst. A 29 har mere end én fejl af typen saut (du même au même) som til fulde beviser GKS's uafhængighed af A 29, fx

Anner pærsona ær gudh fadhers anner pærsona gudh sons annar pærsona thæn hælghe andz een guddom een jæfn lijk ære *A 29* 174r10-14
Annær personæ ær guth fadherz Annær personæ ær guth søns / Annær personæ ær then hælghe andz ¶ Thogh ær fadhers / ok søns / ok then hælghe andz / een guthdom / een jæffnliik æræ *GKS* Ejder 1983:25.8-11[12]
Alia est enim persona patris, alia filii, alia spiritus sancti; sed patris et filii et spiritus sancti una est divinitas, aequalis gloria *lat.* Nørgaard-Højen 2000:20 v. 5-6

Omvendt har den betydelig bedre tekst i GKS enkelte lettere friheder der kan tages for vidnesbyrd om A 29's uafhængighed af GKS:

wden allt twiffl *GKS* Ejder 1983:25.4
wtan twifl *A 29* 174r4
absque dubio *lat.* Nørgaard-Højen 2000:20 v. 2

Allmænnelik cristen troo ær thæsse stykke som hær æfter fylgher / at ... *GKS* Ejder 1983:25.5-6
Almennelig kristen troo ær thæsse hææр ath ... *A 29* 174r5-6
Fides autem catholica haec est, ut ... *lat.* Nørgaard-Højen 2000:20 v. 3

I 1976 påviste Bertil Ejder at GKS's egentlige prædikentekster – i 1983-udgaven nærmere specificeret til fol. 3r-137v og fol. 153r -155r [157r][13] (jf. Ejder 1983:13f., 16) – gennemgående står den svenske postil i Stockholm-håndskriftet A 27 nærmere end den svenske postil i AM 787 4to, som Brandt i sin tid havde anset for nærbeslægtet med GKS's kilde (jf. Ejder 1976:68ff.); A 27 er dateret til anden halvdel af

---

[12] I citater fra Ejder 1983 skelnes der ikke, som i udgaven, mellem skillestreger af forskellig højde.

[13] Den nedennævnte svenske paralleltekst slipper rigtig nok op fol. 155r (~ Ejder 1983:191.2); men det skyldes efter al sandsynlighed kun den ndf. omtalte forkortelsestendens, således at den svenske prædiken Klemming 1880:178.8-181.25 må siges at have prædikenen i GKS 153r2-157r21 (~ Ejder 1983:188.22-192.36) som sin rette modsvarighed.

1400-tallet af Klemming (1880:303) og har upåtvivleligt birgittinsk proveniens ifølge Roger Andersson (1993:155). Iagttagelsen af at A 27's tekst modsat GKS's var stærkt forkortet, førte Ejder til at fremhæve den danske GKS's værdi som vidne til en fuldstændigere svensk postil (1976:72, 91); men han nævnte ikke at den fuldstændigere postil rigtig nok også er kendt i svensk sprogform, om end kun gennem et fragment på seks blade, fire i Lund og to i Helsingfors, der er de eneste bevarede rester af et tidligt 1500-talshåndskrift i Vadstenastil (jf. Klemming 1880:305). Dette faktum gjorde Brøndum-Nielsen opmærksom på i C 56-monografien (1959:16, 18), hvor han ganske kort omtalte GKS og i lighed med Bertil Ejder udpegede A 27 som GKS nærmere stående end AM 787 4to.

Ud fra Brøndum-Nielsens og Ejders resultater kan man uden videre slutte at GKS ikke er direkte afhængigt af A 27; men om det er afhængigt af fragmentet, må komme an på en prøve.

En sådan afdækker bl.a. fejl i fragmentet af den meget sikre type saut som udelukker at GKS skulle være udgået fra fragmenthåndskriftet, fx

... atta sälikhetir j himerike som är himerike til atirlön for andelikin fatikdom, himerikis landh for siäfflikheet, hughnadhir for graat, Alz söthma mätte for rätwisa gärninga, gudz syyn for hiärtans renlek, at kallas guz son for fridhelikhet, himerikis rikis ägho for rätwisonna värn *fragm.* Klemming 1880:275.14-19
... atta sælichetz hedher ij hymmerighe som ær hymmerighes glædhe til ater løn for andelik fattikdom Hymmerighes land for sakmothechet Hugnæth for grat / alz søtmæs mætte for rætwisæ gerningæ ok astunden / miskund for miskundsammæ gerningæ / gutz sẏn for hiærtæns renlek Ok kallæs gutz søn for fredhelichet / hymmerighes æghæ for ræt wisænnæ wærn *GKS* Ejder 1983:146.5-11

[tha han war ...] mz thorn kronadhir vndir omildha manna fötir trodhin for wara syndir oc ondzsko *fragm.* Klemming 1880:286.30-287.2
[tha han war ...] mz thorn kronædher ok wnder vmildæ mæns føter tradhen som propheten sigher / Han war alder saar giordh for war ondskap ok nedher trodhen for waræ sẏnder // ok ondskap *GKS* Ejder 1983:154.10-14.

Den længere svenske postil der synes at have været det fælles udgangspunkt for både A 27, GKS og fragmenthåndskriftet, må i henhold til A 27's datering være affattet senest en gang i 1400-tallet. I henhold til Roger Anderssons undersøgelse (2004) af Birgitta-citaterne i håndskrifter som formodes at nedstamme derfra (hvoriblandt A 27), kan der ydermere sættes en skønsmæssig grænse for hvor længe før A 27's tilblivelse dette udgangspunkt kan have foreligget: "En rimlig gissning kunde [...] vara att det nu förlorade originalet kan ges en datering till tidsrymden mellan ca 1384 (årtalet för klostrets [dvs. Vadstenas] officiella invigning) och ca år 1400 eller strax därefter" (Andersson 2004:190, lidt mere forbeholdent 2004:192).

Som påpeget først af Brøndum-Nielsen (1959:16, 18), siden Ejder (1983:15) genfindes GKS's passionstekst (fol. 137v5-152r19), der udfylder så godt som hele hullet mellem fol. 137v hvor A 27 slipper, og fol. 153r hvor A 27 atter dækker, i Stockholm-håndskriftet A 3. A 3 meddeler selv at det er skrevet af en konventssøster [i Vadstena] i 1502, og at indholdet, kalendarisk ordnede læsestykker af nøje udmålt længde, var beregnet til oplæsning ved nonnernes måltider (jf. bl.a. Klemming 1860:Xf.). Passionsteksten står forrest og knyttes øjensynlig her til *dominica passionis* (jf. Klemming 1860:XI), dvs. 5. søndag i fasten, ikke til langfredag, hvortil Brandt formoder at den hører i GKS, utvivlsomt p.gr.a. placeringen umiddelbart efter prædikenen til palmesøndag (jf. fx klummetitlerne hos Brandt 1865:149ff.). Henvendelsen til *ärlike gilbrödhir* (Geete 1904-1905:314.4-5) ~ *ærlighe gildbrødher* (Ejder 1983:172.25) og opregningen af de gilder brødrene kunne tænkes at tilhøre (Geete 1904-1905:314.5-14 ~ Ejder 1983:172.25-173.8), vidner om at passionalets oprindelige adressater ikke var nonnerne i Vadstena; men svenskere har de nok været ifølge den svenske teksts udgiver, Robert Geete, der mener at flere træk peger mod "någon boksynt svensk klerk" som den sandsynlige forfatter eller kompilator (Geete 1904-1905:VII, XVI): den originale udformning af emnet, de mange henvisninger til Birgittas åbenbaringer og revselsen af den svenske ridderstand (*Än nw syndha swerikes män, oc särleka the som nw kallas riddara ällar ridharskaps män mothe mik* [dvs. Kristus, til Birgitta] Geete 1904-1905:333.10-13, der i den danske tekst blot modsvares af ordene *Æn nu syndæ mænnisken mot mech* Ejder 1983:187.1-2). I så fald bliver altså også passionsteksten i GKS at forstå som en oversættelse – i modsætning til hvad Bertil Ejder øjensynlig formoder (1983:15).

Til gunst for tanken om at den danske tekst er oversat fra svensk, taler forskellige mærkværdigheder foruden antagelig glosevalget, der ikke er undersøgt nærmere, og nogle syntaktiske træk som også udmærker prædikenerne i GKS og formentlig en hel del anden gammeldansk litteratur der er oversat fra svensk (jf. fx Brøndum-Nielsen 1934-1935:191f.), bl.a. sætningsform over for participialkonstruktion (fx ... *ordh honom moth kastadh* A 3 Geete 1904-1905:316.14-15 ~ *ordh som the kastædhe mot hannem* GKS Ejder 1983:174.26), *ok* over for asyndeton (fx *aldra wäghna är grötelik pina, aldra wäghna wärker* A 3 Geete 1904-1905:317.28-29 ~ *allæ wæghnæ ær grøtelikt pinæ ok allæ wæghnæ wærk* GKS Ejder 1983:175.26), genoptagende *thā* over for 0 (fx *för thy at han war aldra ärlikaster war honom aldra twngast* A 3 Geete 1904-1905:315.15-16 ~ *forthy at han war alzærligestæ tha war hannem alzthungast* GKS Ejder 1983:174.1-2) og epeksegetisk pronomen over for 0 (fx *thin kärleker som thu haffwir til war sarghade tik* A 3 Geete 1904-1905:318.19-20 ~ *thyn kærlichet som thu haffwer til os / han sargiordhæ thech* GKS Ejder 1983:176.-10-11). Blandt mærkværdighederne i den danske tekst skal blot én nævnes som formentlig tilstrækkeligt bevis for misforståelse af det svenske sprog:

... war herræ sigher mz propheten / we edher som opstanden arlæ til at fylghe drukkenskap / ok til at drikke alt til quælden at ij skulæ snakkæ ok hete meghen fafænghe *GKS* Ejder 1983:185.10-12
... war härre sigher mädh prophetanom, we idher som opstan arla til at fylgha drukkinskapenom, oc til at drikka alt til qwällen at j skulin damba hete aff off-drykkio *A 3* Geete 1904-1905:330.28-31
jf. Is 5.11: vae qui consurgitis mane ad ebrietatem sectandam et potandum usque ad vesperam ut vino aestuetis

Det samme Esajas-sted leverer imidlertid også ét blandt flere beviser på at det ikke kan være A 3 som er den direkte kilde for GKS's passionstekst.

thy skudhin i ey gudz gärniga *A 3* Geete 1904-1905:331.1
for thy skodhæ ij æy gutz gerningæ ok thænkæ æy hans handæ gerningæ *GKS* Ejder 1983:185.14-15
jf. Is 5.12: opus Domini non respicitis nec opera manuum eius consideratis

At et lignende tekstspring må foreligge i den følgende passage, kan man slutte ud fra selve sammenhængen, dvs. uden støtte i en evt. kilde (som også GKS-skriveren kunne have haft adgang til og rettet efter):

Blygx thy oc skäms änniskia wndhirgiffwin kötlikom lusta, at sölas i kräselikom mat, oc iuistoppa fyllo, nar thu west at thin skapare hängdhe a korsseno mädh naknom sidhom *A 3* Geete 1904-1905:323.23-26
Blygx thy ok skæms mænniskæ som vndergiffwer thech all køtlik lustæ / ok at løsstes ij kræselik mat ok offwerflødhes dryk nar thu west at thyn skapræ doo ij thelik pinæ Ok blygis ij høghfærdughe mænniskæ at hoffueræ ij høghfærdughæ klædher tha thu ser thyn skapæræ hænge oppa korset mz saknæ sider *GKS* Ejder 1983:179.31-180.4

Et historisk studium af den udtalte samtidskritik i passionalet, også uden for citater af Birgitta og andre autoriteter, vil muligvis kunne indkredse dets tilblivelsestidspunkt snævrere. Birgitta-citaternes tilstedeværelse godtgør under alle omstændigheder at det ligger efter enten den latinske redaktion af åbenbaringerne i 1370'erne, den ældre fornsvenske redaktion af åbenbaringerne eller den yngre fornsvenske redaktion af åbenbaringerne (fra tiden ca. 1400-1420, jf. Andersson 2004:190 m. henvisn.), alt efter hvilken af disse kilder passionsteksten måtte vise sig at øse af.

Umiddelbart efter passionalet følger GKS's sidste prædiken, der som nævnt har en parallel i A 27, dog kun hvad angår udlægningen. I stedet for en perikope fra evangeliet som i A 27 (Klemming 1880: 176-177) bringer GKS nemlig, som påpeget af Bertil Ejder (1983:15, jf. også Brandt 1865:XIX), en variant af en vidt udbredt fælles-europæisk tekst af den svært stemmatiserbare slags der undertiden kaldes livlig (jf. Rubow 1938:102) eller dynamisk (jf. Andersson 1993:16): teksten om de femten tegn før dommedag (fol. 152r20-152v21); den havde allerede en historie bag sig da den i 1000-1100-tallet fik latinsk udformning i de tre versioner der traditionelt har været regnet for de oprindelige (Edsman 1973:86). Af prosavarianter i ældre østnordisk sprogform kendes i øvrigt kun én, som indgår i det Stockholmske blandingshåndskrift D 4, der menes skrevet i Vadstena, om end snarest som et minibibliotek til lægmandsbrug (jf. Carlquist 2002:97, 103); den hånd der har indført dommedagsteksten, dateres til kort efter 1450 (jf. Noreen 1931:VIII sammenholdt med Noreen 1929:267f. og Carlquist 2002:101). Både den svenske (ed. Stephens 1849:LXXXVIIf.) og den danske tekst synes som helhed at være af såkaldt Comestor-type (jf. bl.a. Edsman 1973:85 m. henvisn. til Migne 1844-1905 94: 555, 145:840ff. og 198:1611); men de to tekster ligner i øvrigt ikke hinanden slående og indeholder næppe træk som entydigt peger mod et fælles folkesprogligt udgangspunkt. Det eneste mulige er begges angivelse af at havet som det første tegn før dommedag skal stige femten alen over de højeste bjerge (jf. Stephens 1849:LXXXVII.5-6 og Ejder 1983:188.3) mod fyrre alen hos Comestor (Migne 1844-1905 198:1611A); men bortset fra at forveksling af talordene femten og fyrre er en letforklarlig fejl hvis tallene er skrevet med romertal, så genfindes de femten alen både i Damianus-typen (jf. Migne 1844-1905 145:840B) og den øjensynlig bag Ps.-Beda-typen liggende irske tradition (jf. Edsman 1973:86f.) (foruden i det danske knitteldigt som Gotfred af Ghemen trykte i 1509 [jf. Odenius 1978:138], og hvis plads i traditionen desværre ikke er oplyst); nogen sikker indikation for snævrere slægtskab mellem GKS- og D 4-varianterne er dette træk derfor ikke. Gensidig afhængighed mellem de to østnordiske tekster er der under ingen omstændigheder tale om. GKS ligger som regel ganske tæt op ad Comestor mens D 4 kan skeje ud i retning ad Ps.-Beda, jf. fx

Nionda daghin skulu all bergh oc dala oc all iordhin wardha iæmpn *D 4* Stephens 1849:LXXXVIII.17-18
Decima die omnes colles et valles in planitiem convertentur, et erit aequalitas terrae *Ps.-Beda* Migne 1844-1905 94:555C

over for

Niændæ daghen skal jordhen jæmnes *GKS* Ejder 1983:188.11-12
nona aequabitur terra *Comestor* Migne 1844-1905 198:1611A

En enkelt gang er forholdet dog omvendt, i al fald i den forstand at D 4 er tættere end GKS på Comestor:

ffiortændæ daghen skal jordhen brænnæ wdentil *GKS* Ejder 1983:188.17-18
Fiortanda daghin skal himil oc iordh brinna *D 4* Stephens 1849:LXXXVIII.25-26
quartadecima ardebit coelum, et terra *Comestor* Migne 1844-1905 198:1611B

I den del af GKS som kun Brandt har udgivet (fol. 157r22-176r, = T i sprogundersøgelsen ovf.), er den første småtekst med kendt parallel passagen fol. 160v18-161v9 om de skadelige virkninger af *løghe æller kætæ* 'lystighed/vellyst eller kådhed' (Brandt 1865:174.17-175. 14). Den har en modsvarighed på fol. 109v i det ovenomtalte svenske postilhåndskrift AM 787 4to, der som nævnt både har været dateret til midten af 1400-tallet og til ca. 1375-1425, men nok snarere bør henlægges til det første end det sidste tidspunkt ifølge Roger Andersson, som forbereder en ny udgave (jf. Andersson 2004:192); traditionelt regnes det for at have Vadstena-proveniens (jf. Andersson 1993:154 m. henvisn.).

Såvel den svenske som den danske tekst indeholder enkelte gåder, der formentlig let lod sig løse hvis et latinsk (?) forlæg blev fundet (hvad man må håbe på sker i forbindelse med nyudgivelsen). Også uden hjælp fra et sådant kan der dog i det mindste opdrives mulige indicier for at den svenske tekst ikke er afhængig af den danske, som både leksikalt og syntaktisk ligner en oversættelse fra svensk, jf. ovf. om glosen *brædzkæ* Brandt 1865:174.33 og jf. fx *kater ok fafænghlighe gladher han haffwer ...* Brandt 1865:175.4-5 over for *katir ok fa-*

fänglica gladhir hauir ... Klemming 1879:352.4. Ét af indicierne findes måske i denne passage:

kætæ æller fafængt glædhæ ledher mænnisken til meget ont, swa som forrædhæren gør, han loffwer faghert ok tho bønsær han ij ændælyktenæ forrædhelse *GKS* Brandt 1865:174.21-24

käte ok fafäng glädhi ledha människiona til mykit ont swa gör en forradhare han lofwar faghirt ok tho beuisa han aat ändalykthinne forrädhilse *AM 787* Klemming 1879:351.22-25

Her giver den svenske tekst upåklagelig mening, især vel hvis man oversætter *aat ändalykthinne* med 'ved fuldbyrdelsen/udførelsen' ell. lign. (jf. Söderwall 1884-1973 s.v. *ändalykt* betydning 2) og ikke med 'til sidst' (som foreslået Söderwall 1884-1973 ibid. under betydning 1). Den danske tekst indeholder et gådefuldt ord, *bønsær*, som Brandt oversætter med 'pønser på' (1865:196); det giver unægtelig også mening og kunne i princippet tænkes at høre til verbet (nydansk) *pønse* for så vidt som forlydsvariation mellem *p* og *b* ikke er fuldstændig ukendt i dansk i visse ordtyper (jf. først og fremmest Møller 1967). Ordet synes dog aldrig (i øvrigt) belagt med andet end *p* i forlyd, at dømme ud fra de større ordbøgers oplysninger (incl. GO's). Derfor er det nærliggende at antage at den danske tekst er forvansket, og fejllæsning af et forlægs *beuisar* ell. lign. er i så fald nok så let at forklare ad palæografisk vej (forveksling af de to sidste normalbaculi i sekvensen *ui* med *n*) som fejllæsning af et *pønsær* ell. lign. – Et sikrere vidnesbyrd aflægger vistnok den følgende passage; for her er det nærmest utænkeligt at den danske teksts mindre klare og fra emnet let udskridende formulering skulle have resulteret i den svenske teksts stramme og logiske udtryk:

... kætæ ok fafængelighe glædhe the sines aff daræ at waræ wissæ, æn the som saktfærdughe ok godhæ ære aff Guth ok Gutz wener ære, the haldes for een daræ *GKS* Brandt 1865:175.1-3
... katir ok fafänglika gladhir synis af darom viis säfuir ok godhir än af gudhi haldz han en dare ok af allom gudz vini *AM 787* Klemming 1879:352.1-3

Det er sværere at finde beviser for at GKS ikke er afhængigt af AM 787 4to. En enkelt gang kunne den svenske tekst se ud til at have en saut-fejl (*Fiärdha är förste väghir thil alla dödhelica synde* Klemming 1879:351.28-29 over for *Thet fiærdhæ ær, at kætæ ær størstæ wægh til allæ dødhelighe synder* Brandt 1865:174.28-29) og en enkelt gang bare en banal overspringelse (*vmskiptelica thil vredhe nw til glädhi* Klemming 1879:352.10-11 over for *omskipteleghe, nw til wredhe ok nw til glædhæ* Brandt 1865:175.10); men begge formodede fejl kan uden vanskelighed rettes ud fra konteksten og umuliggør derfor ikke tanken om at GKS er afhængigt af AM 787 4to. Der er dog heller intet som helst der nødvendiggør denne tanke; tværtimod forekommer det forholdsvis usandsynligt at AM 787 4to's tydeligt skrevne *beuisa* (med prik på rette plads over *i*'et) fol. 109v18 skulle have foranlediget fejllæsningen *bønsær*.

På fol. 161v22-165r6 i GKS behandles forskellige hovedsynder. Størstedelen af denne passage (Brandt 1865:176.1-178.20 ~ GKS fol. 161v22-163v22) har (som antydet af Brøndum-Nielsen 1959:16, 18) en parallel i det teologiske samlingshåndskrift Uppsala C 50, der er skrevet i Vadstena af flere hænder fra midten og den senere halvdel af 1400-tallet (Geete 1900:XXI), ifølge Jonas Carlquist formentlig til brug for brødrenes daglige kontakt med lægmænd og kirke (2002:73). Parallellen følger umiddelbart efter abbedissen Ingeborg Gerhardsdotters fjorten råd til kong Kristian I om et gudfrygtigt levned (jf. Geete 1900:XXII), der regnes for affattet mellem 1457 og 1465 (jf. Härdelin 2003:11f.), og må følgelig antages at være indført tidligst i 1457 (hvis indførslernes rækkefølge i håndskriftet afspejler den rækkefølge hvori de kronologisk er indført). Passagen om hovedsynderne har vistnok yderst ude rod i Gregor den Stores Moralia in Job (ca. 595), men er formentlig kommet til C 50 og GKS via en tekst af typen skriftespejl (hvorom bl.a. Frederiksen 1997:85ff. m. henvisn.).

Mellem den svenske og den danske tekst kan der iagttages syntaktiske forskelle af samme slags som fx mellem den svenske og danske version af passionsteksten, jf. fx *Aff thessom twem födhis syw dötter* C 50 Geete 1900:352.12-13 ~ *aff thessæ tuænnæ tha fødhes siw døtter* GKS Brandt 1865:176.14-15 og *hon wil* [...] *alt spyria glömande sik siälffuan* C 50 Geete 1900:353.2-3 ~ *hun wil* [...] *alt sporiæ, ok glømmer sik siælffwer* GKS Brandt 1865:176.29-30. Disse eksempler gør det nærliggende at regne den danske tekst for en oversættelse fra svensk, og under alle omstændigheder lader det sig fastslå at den svenske tekst ikke er afhængig af den danske, også selv om der (endnu) ikke kendes nogen kontrolinstans i form af et direkte latinsk (?) forlæg. Et af de sikre vidnesbyrd herom er at den danske tekst angiver vredens femte datter som *misførm* (Brandt 1865:178.2), snarest vel 'forulempelse, mishandling' (jf. Kalkar 1976 s.v. *Misførme*, Söderwall 1884-1973 s.v. *misfyrma*), mens den svenske kalder hende *miswördhning* (Geete 1900:354.5), hvilket svarer præcist til at den femte af de synder som opstår af hovedsynden *ira*, ifølge Gregor er *indignatio* (Migne 1844-1905 76:621B). Et andet vidnesbyrd er at den danske tekst kun nævner fire døtre af hovedsynden *affwnd* 'misundelse, nid' skønt den proklamerer at *affwnden haffuer fæm døtter* (Brandt 1865:177.14), hvorimod den svenske nævner fem, der hver især har sin pendant hos Gregor, om end i lidt anden rækkefølge (jf. *hath* [...,] *glädhias aff thins iämcristins geengang* [...,] *angir oc harmir aff thins iämcristins wälfärdh* [...,] *rwnan mälla wini til at göra missämio* [...,] *at nakan lastföra oppenbarligha* Geete 1900:353.17-23 ~ *odium*, *exsultatio in adversus proximi*, *afflictio* [...] *in prosperis*, *susurratio* og *detractio* hos Gregor, hvor nummer to og tre ganske vist er nummer fire og fem, jf. Migne 1844-1905 76:621B).

Ligesom i det forrige tilfælde kniber det også her med at finde pålidelige beviser for det omvendte forhold: at den danske tekst ikke er afhængig af den foreliggende svenske, som den tydeligvis har fejl fælles med (fx den ufuldførte sammenligning Brandt 1865:178.12-15 ~ Geete 1900:354.15-17). De eneste træk i den danske der ved appel til Gregor kan udpeges som potentielt primære, er vistnok fraværet af en modsvarighed til svenskens *togh* og *allom* (foran *androm*) i eksemplerne ndf. I betragtning af at den danske tekst gennemgående er lidt mere ordrig end den svenske i Gregor-afsnittet, er disse detaljer næppe uden betydning:

The adhra är thänkia sik haffwa aff gudhi nakot got togh ffor sina forscullan *C 50* Geete 1900:352.4-5
Thet andræ ær at thænkæ sik at haffuæ aff Guth noghet goth for sinæ forskulden *GKS* Brandt 1865:176.5-6
si sibi datum desuper credunt, pro suis se hoc accepisse meritis putant *Gregor* Migne 1844-1905 76:258C

Fiärdha är wilia enkannelikin synas j allom sinom mädhfärdhom ordhom gärningom oc clädhom oc allom androm forsmaddom *C 50* Geete 1900:352.7-9
Thet fiærdhæ ær, at wiliæ eenkanneligħe synæs ij allæ sinæ mædhffærdher, ij ordh ok ij gerningæ ok ij sin klædher ok ij allæ andræ forgangelighe thing, ok forsmar andræ *GKS* Brandt 1865:176.9-11
... despectis caeteris, singulariter videri appetunt habere quod habent *Gregor* Migne 1844-1905 76:258C

At en tydeligvis beslægtet, men mere oprindelig version af en del af passagen om hovmodets firfoldighed, som disse to eksempler stammer fra, genfindes i det 13. af Ingeborg Gerhardsdotters ovenomtalte fjorten råd til Kristian I (Geete 1900:347.21-26/Geete 1904-1905:

195.14-18 ~ Migne 1844-1905 76:258C, jf. Geete 1900:352.4-9/ Brandt 1865:176.5-11), støtter yderligere tanken om at der ligger en svensk oversættelse mellem Gregor og teksten i henholdsvis C 50 og GKS.

Den længste af småteksterne i T handler om de to ting der er fornødne, hvis man vil blive hvad man stræber efter (Brandt 1865: 185.26-187.33 ~ GKS fol. 169v8-172r1). Den har en svensk parallel på fol. 141v-143v i håndskriftet Uppsala C 23, der har tilhørt Vadstena kloster, dateres til det 15. århundrede og hovedsagelig indeholder latinske rimofficier (jf. Andersson-Schmitt & Hedlund 1988: 232f.). Teksten optræder desværre ikke i nogen af de dele af håndskriftet som har kendt skriver, og hvis tilblivelsestidspunkt derved kan bestemmes snævrere. Kilden viser sig at være en latinsk tekst af uvis forfatter, men tilskrevet Bernhard af Clairvaux (1090-1153) og derfor bl.a. trykt (under overskriften *Varia et brevia documenta pie seu religiose vivendi*) i bind 5 (1667) af Mabillons udgave af Bernhards samlede værker, jf. Wieselgren 1866:XIV; her citeres den efter optrykket hos Migne 1844-1905 184:1173A-1174D.

Umiddelbart ville man tro at den svenske og danske tekst repræsenterede hver sin oversættelse af den latinske; men ved nøjere betragtning indeholder de en lille række fælles friheder i forhold til latinen, i al fald i forhold til den (utilstrækkeligt) udgivne latinske tekst, som taler for udspring i samme oversættelse. Mest iøjnefaldende er den følgende, som synes at vidne om at et latinsk forlægs *vilitati* til *vilitas* 'ringhed, værdiløshed' etc. ved en grafisk letforklarlig fejl er blevet læst som *utilitati* til *utilitas* 'nytte, gavn' etc.; bag GKS's skrivemåde (*siælæ*) *gang* gemmer sig utvivlsomt gammeldansk *gaghn*, der også andetsteds i håndskriftet skrives *gang* (jf. Brandt 1865:194, ad 124.17; om den formentlig bagved liggende nasalering GG 2:108f., Hansen 1971:402f.):

War censamin thz mesta thw formaat oc acta idhelika thina nytto *C 23* Wieselgren 1866:278.10-11
War gernæ eensaman, at thu mughe idhelighe waræ ij thit siælæ gang *GKS* Brandt 1865:186.23-24
Sollicitudinem adhibe quantam maximam potes, ut vilitati sedulus intendas *(Ps.-) Bernhard* Migne 1844-1905 184:1173C

Blandt de øvrige eksempler kan nævnes henholdsvis en fælles tilføjelse, en fælles udeladelse og et fælles valg af en mindre oplagt oversættelse af *melius*:

... aldrigh är han oc thik swa heemelika älla swa gudhlikin som thw tala vidh *C 23* Wieselgren 1866:277.20-21
... ææ hwre eenkanneleghe thyn wen æller guthelik han ær, som thu talær wedher *GKS* Brandt 1865:186.11-12
... quantumcunque sit familiaris ille cum quo loqueris *(Ps.-)Bernhard* Migne 1844-1905 184:1173B

Tro alla vara bätre en thik *C 23* Wieselgren 1866:277.13
tro allæ andræ bætræ waræ [...] æn thu *GKS* Brandt 1865:186.5
credas omnes homines esse bonos, et meliores te *(Ps.-)Bernhard* Migne 1844-1905 184:1173B

thy at tryggare är aat thighia en tala *C 23* Wieselgren 1866:278.12-13
forthy tryggæræ ær thighæ æn at talæ *GKS* Brandt 1865:186.25-26
Melius est enim silere quam loqui *(Ps.-)Bernhard* Migne 1844-1905 184:1173C

Den svenske tekst er gennemgående betydelig tættere på latinen end den danske, der følgelig kan udelukkes som udgangspunkt for den svenske. Fx indeholder den sidste et par længere passager med (mere eller mindre præcis) modsvarighed i latinen, men ikke i dansken (først og fremmest Wieselgren 1866:278.13-26 ~ *Cum vides* [...] *os tuum* Migne 1844-1905 184:1173C-1173D, jf. Brandt 1865:186.26, og Wieselgren 1866:279.13-24 ~ *Cum habes* [...] *quod velles haberes* Migne 1844-1905 184:1174B, jf. Brandt 1865:187.2). Også i formuleringen ligger svensken ofte tættere end dansken på latinen, jf. fx

[hør hælder] annærs loff æn annærs last *GKS* Brandt 1865:186.15-16
[Heldir hör] naar nokor lowas en naar nokor lastas *C 23* Wieselgren 1866:277.25-26
[Libentius accommoda aurem tuam,] cum aliquis laudatur, quam cum vituperatur *(Ps.-)Bernhard* Migne 1844-1905 184:1173B

Thettæ hær sæther jak yterst *GKS* Brandt 1865:187.19
Thät sättir iak vidh endan *C 23* Wieselgren 1866:280.22
Istud in fine pono *(Ps.-)Bernhard* Migne 1844-1905 184:1174D

Omvendt er det imidlertid også udelukket at den overleverede svenske tekst kan være udgangspunktet for den danske. En oplagt overspringelsesfejl foreligger antagelig i det følgende eksempel, hvor man dog ikke helt kan se bort fra at den danske skulle have restitueret i den toposagtige kontekst (jf. bl.a. at udtrykket *esca vermium* findes 19 gange hos Migne 1844-1905):

Hwat skal thw vardha vtan matkir *C 23* Wieselgren 1866:279.6
hwat skalt thu wordhæ, wdhen makkæ mat *GKS* Brandt 1865:186.31-32

quid eris, quia esca vermium *(Ps.-)Bernhard* Migne 1844-1905 184:1174A

Sporadisk plus- og minusstof i forhold til latinen alene i den svenske tekst leverer de sikreste beviser for den danskes uafhængighed:

tha är thik tw thing vidhirthorftog, hwilkin thw skalt göra *C 23* Wieselgren 1866:277.3-5
tha ære thek tw thing wedherthorfftelighe *GKS* Brandt 1865:185.27
duo sunt tibi necessaria *(Ps.-)Bernhard* Migne 1844-1905 184:1173A

at thw skalt dragha thik bort fraan allom forgaanglikom oc värildzlikom thingom *C 23* Wieselgren 1866:277.5-7
at thu skalt dragha thek fran allæ fafænghe thing ok wærlzlighe, swa at thu æy akter them meer æn the æy wara til *GKS* Brandt 1865:185.28-30
ut subtrahas te ab omnibus transitoriis rebus et terrenis, ut nihil de eis cures, ac si non essent *(Ps.-)Bernhard* Migne 1844-1905 184:1173A

Ikke alene hele håndskriftsammenhængen – med mange tekster med svenske paralleller af utvivlsom svensk oprindelse –, men også enkelte gloser i denne GKS-tekst taler for at dens ukendte udspring er svensk, jf. ovf. om *æn* 'hvis' og *ī sændæ̣r* 'på én gang, samtidig'.

På fol. 172r13-16 i GKS findes en passage der refererer et udsagn af "Bernardus" om at det er åndelig visdom at ydmyge sig for sine synder, foragte verden og længes mod himmelen. Brandt har i sin udgave (1865:188.11-12) tolket den som del af det forudgående afsnit, der handler om hvordan mennesket kan forstå om det har Guds nåde. Skønt passagen snarest fremtræder som selvstændig i håndskriftet idet den er markeret ligesom de omkringstående afsnit: indledt med rødt storbogstav og afsluttet umiddelbart foran do., må den dog rettelig være begyndelsen til et nyt afsnit der strækker sig frem til fol. 172v15 (~ Brandt 1865:188.3[1]). Tematisk passer dette afsnits øvrige indhold (om bedring af synder) godt til passagen, og hele teksten fol. 172r13-172v15 genfindes i anden kontekst i (daniserende, jf. Carlquist 2002:55) svensk sprogform i håndskriftet AM 792 4to. Det er et overvejende latinsksproget blandingshåndskrift – med svenske og et enkelt dansk indslag – som dateres til tiden ca. 1425-1475 eller ca. 1450-1500 (jf. Åström 2003a:112); dets proveniens og funktion har hidtil unddraget sig sikker bestemmelse. Jonas Carlquist karakteriserer det som et meget upersonligt håndskrift (2002:140) og mener at det nok tager sigte mod et lægmandspublikum, men sandsynligvis er blevet til i klerikalt miljø (2002:125, 55f.).

Nogen kilde til denne tekst er ikke påvist. Selv uden en sådan appelinstans kan det dog gøres nogenlunde sandsynligt at den svenske version ikke er afhængig af den danske. Det sikreste indicium er formentlig at teksten i AM 792 4to under seks punkter opregner seks substantiver der alle står som objekt for verbet *have*, i overensstemmelse med begge teksters indledende udsagn om at det menneske som vil gøre bod for sine synder, særlig skal *have* seks "ting" (jf. Geete 1904-1905:434.18-20 ~ Brandt 1865:188.13-14): *tösthedh* (Geete 1904-1905:434.21), *goda ok skälliga läsningh* (Geete 1904-1905:434.25-26) etc., hvorimod GKS-teksten er løsere i strukturen; for her er første og tredje "ting" ikke en syntaktisk parallel til de øvrige, der ligesom i den svenske tekst står som objekt for *have*: *Thet førstæ ær, at waræ thyster* Brandt 1865:188.15 (men *Först skal hwn hawa tösthedh* Geete 1904-1905:434.21) og *Thet thridiæ ær, at han skal meghet waka* Brandt 1865:188.20 (men *Tridia är at hwn skal hawa skälliga vaga* Geete 1904-1905:434.27-28). I betragtning af tekstens gennemgående ulærde karakter forekommer det mere sandsynligt at det er bearbejderen af den i GKS repræsenterede version der har løsnet tøjlerne en smule, end at versionen i AM 792 4to skulle være resultat af et forsøg på minutiøs syntaktisk opretning.

At den danske version omvendt ikke er afhængig af den svenske, er det betydelig sværere at finde positive indicier for. Ganske vist synes den sidste modsat den første lettere beskadiget et par steder; men den bedre danske formulering forekommer intetsteds så uforudsigelig at den ikke kan tænkes at være resultat af en rettelse, ej heller i det følgende eksempel, som synes at være det mest subtile og dermed mest interessante her (idet der i den svenske tekst ikke foreligger en egentlig fejl; men med formuleringen *var* [...] *soffnat* 'var faldet i søvn' sigtes der øjensynlig undtagelsesvis snarere til et enkelt syndetilfælde end til en tilbøjelighed, hvilket virker mistænkeligt):

hwn skal hawa skälliga vaga [...] ty at hwn var förra soffnat oc lat til gwdz tiäniste
AM 792 4to Geete 1904-1905:434.27-29
han skal megehet waka, thy at han war førræ sømpnugher ok later til Gutz thiænist
GKS Brandt 1865:188.20-21

Også her må man altså konkludere at det på den ene side ikke kan udelukkes at den danske tekst skulle være afhængig af den svenske, men at der på den anden side heller ikke er noget som helst der nødvendiggør denne antagelse.

Umiddelbart forud for teksten om syndebedring i AM 792 4to går en tekst der udlover seks belønninger før døden og seks efter døden til det menneske som betragter Guds pine *mädh hiärtans varkwnnan*

(Geete 1904-1905:433.3). Den er en (daniserende) svensk pendant til de to GKS-tekster hos Brandt 1865:191.1-14 og 191.15-33 (~ GKS fol. 174r18-175r15), der også i håndskriftet modsvares af to selvstændige afsnit, hvoraf det sidste har egen rød overskrift over flere linjer (fol. 174v14-17) i modsætning til mange af småteksterne i håndskriftets slutning. Desværre kendes der heller ikke i dette tilfælde en forlægstekst, som evt. kunne kaste fuldt lys over det indbyrdes forhold mellem den danske og den svenske version. Endnu en gang lader det sig dog med temmelig høj sandsynlighed fastslå at den svenske ikke er direkte afhængig af den danske. Den danske glemmer nemlig tilsyneladende den sjette belønning før døden, eller rettere: lader den fremtræde som en nærmere definition på den femte uden at læseren nødvendigvis får mistanke om at fejlen netop består heri:

Thet fæmtæ ær, at hannem øghes Gutz kærlichet, thet ær, at Guth wær hannem aff all wadhæ badhæ til liiff ok siæl *GKS* Brandt 1865:191.13-14
Fämte dygdin är thät. at gwdz älscog oc kärlig ögis ä meer oc mer j människena siäl Siätta dygdin är thät. at gwd wärner oc gömer the människia fra allan vada til legama oc siäl oc tröster hänne ok hjälper hänne fra dyäfwllin tha hwn skal döö *AM 792 4to* Geete 1904-1905:433.17-22

Det ligner et mønster at det omvendte forhold: den danske teksts uafhængighed af den svenske, også her er betydelig sværere at dokumentere. Det eneste indicium som kan opdrives, er svagt: at den danske tekst under belønning 2 før døden siger at det er *Gutz pinæ amynnelse* (Brandt 1865:191.4) der renser mennesket for synder, mens den svenske blot siger at det er *gwdz pina* (Geete 1904-1905:433.8). Det er mere sandsynligt at den danske formulering her er relikt af et ældre teksttrin, end at den skyldes en rettelse fra den svenske teksts kortere og i forhold til tekstens tema mindre præcise formulering, eftersom den danske tekst generelt er langt mindre omstændelig end den svenske (jf. fx *Thet førstæ ær, at han komber aldrigh ij æuærdhelighe pinæ* Brandt 1865:191.3 ~ *Förste goda är thät at skudar tw gärna mädh önk gwdz pina. tha var thär wis oppa at tw äst frii fra hälwedis pina* Geete 1904-1905:433.5-7). Konklusionen er således atter at intet taler positivt for den danske teksts afhængighed af den svenske, men blot en noget tvivlsom detalje for dens uafhængighed.

Til den afsluttende legende om biskop Embertus i GKS (fol. 175r16-176r26 ~ Brandt 1865:192.1-193.11) findes der som nævnt hele to svenske paralleller.

Den ene indgår i Stockholm-håndskriftet A 58, bedre kendt som Jöns Buddes bok. Det er opkaldt efter Nådendal-præsten og skribenten Jöns Budde (-1437-1491-), der i al fald har skrevet de første 128 af i alt 163 blade, herunder parallellen til GKS's afsluttende legende (fol. 125v-127r). A 58 består af religiøse tekster af forskellig genre, dog overvejende legender, og repræsenterer antagelig Jöns Buddes "privatbibliotek" ifølge Jonas Carlquist (2002:87). Den del af håndskriftet hvori legenden befinder sig, er sandsynligvis nedskrevet i året 1491 (jf. Hultman 1895:XV).

Den anden parallel, hvis eksistens Brøndum-Nielsen har gjort opmærksom på (1959:18), indgår i Stockholm-håndskriftet A 9, et religiøst blandingshåndskrift med overvejende mystisk-teologisk indhold, der formentlig er afpasset efter Vadstena-nonnernes behov (Carlquist 2002:91). Ifølge Geete (1904-1905:XXIV) er A 9 skrevet i Vadstena af nonnen Anna Matsdotter Karth i årene mellem 1498 og 1502; Jonas Carlquist (2002:87) fremhæver dog med rette at skriveridentifikationen, der er forudsætningen for dateringens terminus post quem (1498), hviler på tvivlsomt grundlag.

Forholdet mellem de tre østnordiske legendetekstvidner, der tilhører en overlevering af den udpræget livlige eller dynamiske slags, vil blive nærmere behandlet i anden sammenhæng (Frederiksen u. publ.). Her skal det blot nævnes at ingen af de tre tekster med nogen sandsynlighed kan udledes af én af de andre, og at det i al fald må anses for tvivlsomt om A 58-teksten på den ene side og de to andre på den anden overhovedet nedstammer fra samme østnordiske original. Hvor gammel den oprindelige, formentlig tyske, tekst er, fortaber sig i det uvisse; men intet udelukker at den kan hidrøre fra det 14. århundrede (jf. nærmere Frederiksen u. publ. m. henvisn. til Stammler 1956).

Foruden folkesproglige paralleller er der indtil videre sporet et par latinske tekster med fjernere eller nærmere affinitet til småtekster i T.

Teksten på fol. 165r6-25 (Brandt 1865:179.28-180.9) om de fire slags nydelser (*lustelichet*) i himmerige *hwilke som mænniskene skal hetelighe astundæ ij sin siæl* (Brandt 1865:179.28-29), viser sig at være en let omredigeret oversættelse af en passage i 7. bog, kapitel 5, af den hellige Birgittas åbenbaringer (som nævnt redigeret på latin i 1370'erne), men øjensynlig uafhængig af begge de fornsvenske Birgitta-versioner (hvorom bl.a. Andersson 2004:184 m. henvisn.), at dømme ud fra bl.a. disse eksempler:

... videre ipsum Deum in eterna gloria sua *lat.* Bergh 1967:126.81
... at see Guth ij hans æuærdheligh æræ *GKS* Brandt 1865:179.30-31
... ath see syælffwan gwdh j hanss æro *C 61* Lindell 2000:151.9-10

... at see siäluan gudh i hans äro *A 5a* Klemming 1861:243.20

... angelorum voces, quibus sine fine et tedio Deum collaudant et incessanter adorant *lat.* Bergh 1967:126.84-85
... ænglæ røstænæ, met hwilke the wden ændæ ok wden ledhe loffuæ Guth ok wændelighe tilbediæ *GKS* Brandt 1865:180.2-3
... ængla røstana / som loffwa gwdh vtan ændha och \\ wtan // ledho / och bydia till hanss vthan atheruændho *C 61* Lindell 2000:151.14-16
... ängla röstana som lofwa gudh vtan ända ok aldre ledhas vidh ok bidhia til hans vtan atiruändo *A 5a* Klemming 1861:243.23-25

Roger Andersson (1993:155) har peget på at T indeholder spredte refleksér af den hellige Birgittas skriftefader magister Mathias' store homiletiske værk på latin Homo conditus, der menes at have fået sin endelige udformning i 1340'erne (jf. Piltz 1974:57). Én af de tydeligste er passagen *Fæm thing skal mænnisken hopæs* (fol. 165v13-19, Brandt 1865:180.22-26); den svarer nøje til det afsnit der begynder med ordene *Speranda sunt tibi, o homo, hec quinque* i kapitel 10 af Homo conditus (Piltz 1984:140.9-10).

En meget fjern latinsk slægtning til teksten om Jesu syv blodsudgydelser for de syv hovedsynder (fol. 172v19-173r16, Brandt 1865: 189.5-20) findes endelig på fol. 19r-v i det dansk-latinske blandingshåndskrift AM 76 8vo, jf. Kristensen 1933:32, 244; det kan dateres til ca. 1470, men har ukendt proveniens (jf. Kroon et al. 1993:ixf.). Den latinske og danske tekst er særdeles forskellige og har næppe andet til fælles end oprindelse i en europæisk vandretekst af uvis alder (om end efter Gregor).

Hvad angår den beskedne del af håndskriftet hvortil der (endnu) ikke er fundet paralleltekster (trods systematisk granskning af eksempler og henvisninger hos Söderwall 1884-1973 under de gloser der optræder som de to-tre mest markante i hver enkelt tekst), er der kun at sige at den ikke for en umiddelbar betragtning indeholder noget som kan tænkes at bidrage til den nærmere datering. Den yngste af de påberåbte autoriteter er *St. Bernardus* (Brandt 1865:170.18 m.fl.), dvs. Bernhard fra Clairvaux, der som sagt levede fra 1090-1153.

Da der i intet tilfælde kan påvises direkte afhængighed mellem tekstvidner i GKS og østnordiske vidner til de samme tekster i andre håndskrifter, men tværtimod som regel kan påvises uafhængighed, leverer dateringen af de håndskrifter hvori de øvrige østnordiske tekstvidner er overleveret, ingen faste holdepunkter for datering af GKS. Hvis man regner med indbyrdes uafhængighed over hele linjen, er det eneste man kan slutte ud fra håndskrifternes datering, det lidet overraskende at intet udelukker muligheden af at GKS har foreligget senest ca. år 1500; for de yngste parallelhåndskrifter skønnes at stamme fra dette tidspunkt, og forlæggene for de deri indeholdte tekster må altså have foreligget senest da. Faste holdepunkter leveres til gengæld af de af selve teksterne som med nogen sikkerhed kan dateres; men af dem er ingen yngre end ca. år 1400 eller begyndelsen af 1400-tallet, hvilket er dateringen af håndskriftets hovedtekst, postillen. Ud fra den foregående mønstring af det kendte tekstindhold i GKS fol. 1-176r og dets relation til de opsporede paralleller og kilder er det nærmeste man kommer tilblivelsestidspunktet, således den af palæografiske og sproglige grunde antagelig rigeligt tidlige terminus post quem ca. 1400 eller begyndelsen af 1400-tallet.

5. *Fol. 177 – Maribo?*

Har den tekstuelle undersøgelse ovf. givet et magert resultat ud fra dateringssynsvinkel, har den til gengæld eftertrykkeligt dokumenteret GKS's nære birgittinske tilknytning. Bortset fra AM 792 4to og AM 76 8vo har alle de i det foregående afsnit omtalte håndskrifter enten sandsynlig eller sikker birgittinsk proveniens, de fleste endda sikker, og nogle af teksterne ligeledes. Om en af kildeteksterne med utvivlsomt ikke-birgittinsk proveniens, den athanasianske trosbekendelse, vides tilmed at den havde en fast funktion i den birgittinske liturgi, hvor den blev reciteret hver søndag ved primen (jf. Geete 1895:LVI).

Allerede C. J. Brandt observerede birgittinske indslag i GKS og formodede p.gr.a. dem at postiloversættelsen (og håndskriftet?) måtte være blevet til i ét af de to danske birgittinerklostre, Maribo eller Mariager; fraværet af jyske sprogtræk fik ham til at foretrække den første mulighed (jf. Brandt 1865:X), som gerne er den der nævnes i den senere litteratur (jf. bl.a. Ejder 1976:68 m. henvisn.).

Brandts gisning om Maribo-proveniens støttes af to momenter som var ukendte for ham. Det ene og mindre signifikante er at den eneste kendte danske parallel til en tekst i GKS (uden for postillen) indgår i et håndskrift med formodet Maribo-proveniens, Stockholm A 29 (jf. ovf.). Det andet er at to personnavne i teksten på det oprindelig blanke fol. 177, som først Bertil Ejder og Thelma Jexlev har tydet (jf. Ejder 1983:21) og Ejder fremlagt (ibid.), kan forbindes med Maribo kloster.

Fol. 177 er øjensynlig blevet udnyttet i flere omgange. Fra middelalderen stammer ifølge Ejder (1983:20) for det første nogle tegninger der er indridset i pergamentet (på rectosiden), og som nu kun kan skimtes ret svagt, bl.a. Kristus som smertensmand (et yndet birgittinsk motiv, jf. fx Norberg 1956:572) og en kalk (til opsamling af blodstrålerne fra hans sår?, jf. Ejder ibid.) samt Maria gennemboret af – in casu i al fald fire synlige – sværd (altså ikke i mater dolorosa-skikkelse, som antaget af Ejder ibid.; om fremstillingen af Marias hjertesorg i form af ét, fem eller syv sværd gennem hendes hjerte fx Cinthio et al. 1966:389). Middelalderlig er for det andet en kun fragmentarisk læst tekst (på recto- og versosiden), hvis piktur forekommer Ejder en smule yngre end pikturen i postilteksten (1983:21); skriften er så godt som usynlig for det menneskelige øje og kan næppe læses bedre eller i videre omfang end det på beundringsværdig vis er lykkedes Bertil Ejder og Thelma Jexlev at gøre det. Så vidt deres læsning rækker, synes teksten at bestå af en liste med personnavne. Grunden til at netop disse personer figurerer på listen, ses ikke antydet; ej heller fremgår det om de er i live eller døde på nedskrivningstidspunktet. Bertil Ejder spørger forsigtigt (1983:21), formentlig med passionsteksten på fol. 137v-152r in mente, om det kunne være en fortegnelse over medlemmerne i et gilde. I så fald kunne GKS tænkes at have tilhørt et gilde ligesom C 56, der selv oplyser at det er anskaffet af et sådant i Gärds herred i Skåne (jf. Brøndum-Nielsen 1959:11f.), ifølge Brøndum-Nielsen rimeligvis fra det nærliggende præmonstratenserkloster Bäckaskog (1959:12). Som nævnt ovf. vides passionsteksten dog at have været anvendt uden for et gilde; nogen tvingende grund til denne antagelse er der derfor ikke. I tekstens sidste læste linje optræder bogstaverne *hl ans huss*, ‘helligåndshus’?, ud for et personnavn; men da konteksten er uvis, bidrager heller ikke de til at belyse listens funktion.

At identificere samtlige personer på listen lader sig næppe gøre med sikkerhed og forudsætter i al fald et større detektivarbejde. Her skal alene de to berøres som uden videre kan identificeres ved hjælp af DgP: *Herræ Iens Olss ok ffrw Talike hans husfrwæ* (fol. 177r7). DgP kender kun én Jens Olsen der har været gift med en Taleke: hr. Jens Olsen af den sjællandske adelsslægt Lunge (jf. DgP 1:1344). Han formodes omtalt siden slutningen af 1300-tallet, bl.a. som høvedsmand på Ålholm (på Lolland), og må have været i live endnu i 1421, da han skødede gods i Engestofte (ligeledes på Lolland) til Maribo kloster (jf. Hiort-Lorenzen & Thiset 1902:314). I 1455 derimod har både han og fru Taleke været døde; for fra dette år er der overleveret et tingsvidne fra Lolland om den rækkefølge hvori han, (to af) hans børn og hans enke er afgået ved døden (Rep[2] 1:155-156). Dette dokument viser at familien har været bosiddende på Lolland i tiden frem til ægtefællernes død, fru Taleke til sidst på herregården Nielstrup i Våbensted sogn lige nordøst for Maribo. Yderligere viser det med al ønskelig tydelighed at hun og hendes mand må have følt sig særlig knyttet til Maribo, hvad i første halvdel af 1400-tallet er ensbetydende med kirke og kloster med tilliggende (jf. Trap^5 11:631f.); hr. Jens er fx begravet i Maribo selv om deres hjem på dødstidspunktet var på herregården Sørupgård i Vesterborg sogn (om lokaliseringen af de to nævnte gårde DS 11:130, 80). Endelig fortæller tingsvidnet at den ene af parrets døtre bar navnet Birgitte, der ifølge DgP (1:132) først med sikkerhed kan påvises i Danmark efter ca. 1400, og hvis overordentlige udbredelse i det 15. århundrede siges at skyldes den hellige Birgitta. Selve det omhandlede – og i den sammentrængte form temmelig ejendommeligt virkende – begivenhedsforløb er fremstillet således i tingsvidnet, der desværre kun findes udgivet i moderniseret sprogform:

> ... de [nærmere angivne personer] vidnede, at paa den Tid Hr. Jens Olafssøn død var, havde han 5 levende ægte Børn efter sig, og paa den Tid hans Husfrue Fru Talike fór fra Mariebo og havde fulgt Hr. Jens Olafssøn til Grave, da mødte hende hendes Søster paa Vejen og var død; da fulgte hun hende til Mariebo og til Grave; der hun atter hjem fór, da mødte hende paa Vejen hendes Moder Fru Ingeborgh, og saa fulgte hun og hende til Grave; og paa den Tid hun da hjem kom til Siothorp, da blev hendes Datter syg Jomfru Birgitte og blev død; saa døde hendes Søn Olaff Lunge, og de "wordhe" baade begravne i Westerborge Kirke; og saa fór Fru Talike til Nielstorp, og der blev hun død *30/4 1455* Rep^2 1:156

Uanset af hvilken grund hr. Jens Olsens og fru Talekes navne optræder i GKS, må dette lille glimt af familiens skæbne anses for et stærkt indicium for at GKS er et Maribo-håndskrift, dvs. sandsynligvis skrevet i Maribo kloster. Hvis så er, kan den terminus post quem som granskningen af håndskriftets oprindelige tekstindhold har frembragt, i det mindste rykkes små to årtier opad mod nutiden: til 1416, Maribo klosters officielle stiftelsesår.[14]

6. *Konklusion*

Det må erkendes at den foregående afprøvning af hvad palæografi, sprog og tekstindhold kan røbe om GKS's tilblivelsestidspunkt, ikke giver et meget præcisere resultat end Brandts forsigtige jugement fra

---

[14] Af en samtale med Roger Andersson i juni 2004 fremgik at også han havde bemærket at det let identificerbare par Jens Olsen og fru Taleke optrådte i GKS, og at denne detalje måske kunne bidrage til nærmere datering og/eller lokalisering af håndskriftet. – Roger Andersson takkes varmt for den opmuntrende samtale.

1865 ("måske fra Midten af samme [dvs. det 15.] Århundrede"). At dømme ud fra indholdet, kan GKS vanskeligt tænkes at være ældre end 1416, at dømme ud fra palæografi og sprog behøver det næppe at være yngre end ca. 1450-1460; en tidsfæstelse til sidst i århundredet, som Bertil Ejder vistnok sympatiserer mest med (jf. ovf.), synes derimod ikke at være nogen nødvendighed. Før den endelige dom kan fældes, bør dog bl.a. sproget som helhed beskrives, kilderne til resten af småteksterne helst spores og håndskriftet underkastes kodikologisk analyse (jf. Wiktorsson 2004:236f.). En højst tiltrængt ny udgave af hele håndskriftet ville være glimrende anledning, evt. som led i den nyudgivelse af de østnordiske postiller (til erstatning af de utidssvarende ældre udgaver) som er indledt med Roger Anderssons kommende udgave af postillen i AM 787 4to.

Efter afslutningen af denne artikel er Roger Anderssons udgave af AM 787 4to udkommet (*Sermones sacri Svecice. The Sermon collection in Cod. AM 787 4°. Samlingar utgivna av Svenska fornskriftsällskapet* Ser. 1 86, Uppsala 2006). Den er et prægtigt pionerarbejde, ikke mindst ved sin udredning af de overordnede indbyrdes relationer mellem de østnordiske prædikensamlinger som Roger Andersson kalder α-teksten (incl. postillen i GKS), og ved sin redegørelse for α-tekstens kilder.
For de dateringsmæssige overvejelser i artiklen har Roger Anderssons resultater ikke afgørende konsekvenser medmindre den latinske prædiken *Ewangelizo vobis gaudium magnum* etc. i Uppsala C 319 (dateret til 1446-1460), der ifølge Roger Andersson op. cit. p. 42 er direkte parallel til prædiken til Jesu fødselsdag i GKS m.fl., eller (?) den tilsvarende latinske tekst i Uppsala C 9 (dateret til 1442-1462, jf. Andersson-Schmitt & Hedlund 1988:108, 110) er selve originalen til denne prædiken. Om et af de to tekstvidner overhovedet kan være en original, eller begge må formodes at gå tilbage til et ældre forlæg, er et spørgsmål som, så vidt vides, stadig savner tekstfilologisk granskning.

Bibliografi

Abitz, E. A. & P. G. Ørberg.1991. *Med lov skal land bygges. Håndskrifter og bogtryk.* Viborg.

Andersson, R. 1993. *Postillor och predikan. En medeltida texttradition i filologisk och funktionell belysning.* Stockholm.

— 2004. "En fornsvensk dekalogutläggnings skiftande öden". *ANF* 119:173-208.

Andersson-Schmitt, M. & M. Hedlund. 1988. *Mittelalterliche Handschriften der Universitätsbibliothek Uppsala. Katalog über die C-Sammlung* 1. *Handschriften C I-IV, 1-50.* Stockholm.

Areskog, G. 1936. *Östra Smålands folkmål.* Lund.

Bergh, B. (ed.) 1967. *Den heliga Birgittas Revelaciones Bok VII. Samlingar utgivna av Svenska fornskriftsällskapet. Serie* 2 7:7. Uppsala.

Bjerrum, A. 1966. *Grammatik over Skånske Lov efter B 74*. København.

— 1967. *Grammatik over De sjællandske Love efter AM 455 12°. Med et tillæg om Jyske Lov efter Flensborghåndskriftet*. København.

Brandt, C. J. (ed.) 1857. *Gammeldansk Læsebog*. København.

— (ed.) 1865. *Kirkeårets Söndags-Evangelier med Udlæggelse, fra Advent til Langfredag*. København.

Brøndum-Nielsen, J. 1918. "Danske lovhåndskrifter og dansk lovsprog i den ældre middelalder". *ANF* 34:105-137.

— 1924. "Den nordiske Skrift". I: *Haandbog i Bibliotekskundskab*³, ed. S. Dahl, (København) 1:51-90.

— 1927-1928. "Studier i dansk Lydhistorie IV: Gammeldansk Palatalisering i fællesnordisk Infortisstavelse". *Acta Philologica Scandinavica* 2:166-169.

— 1928. *Gammeldansk Grammatik i sproghistorisk Fremstilling* 1¹. København.

— 1934-1935. "Om Fragmenterne af den gammeldanske *Siæla Trøst*". *Acta Philologica Scandinavica* 9:187-192.

— 1959. *Fra Skaanes Senmiddelalder*. København.

— 1964a. "Additamenta 3. Om særlig Konsonantudvikling i Udlyd (Konsonanttilføjelse m.m)". *Acta Philologica Scandinavica* 25:88-91.

— 1964b. "E Don. Var. 136,4° og Jepp Swale i Wæ". *Acta Philologica Scandinavica* 26:74-87.

— (ed.) 1964c. *Codex Rantzovianus. Consolatio animae. Corpus codicum Danicorum medii aevi* 6. København.

— 1975. "Skaanske Kirkelov og AM 37, 4°". *Acta Philologica Scandinavica* 30: 33-42.

— et al. (ed.) 1933-1961. *Danmarks gamle Landskabslove med Kirkelovene* 1-8. København.

Carlquist, J. 2002. *Handskriften som historiskt vittne. Fornsvenska samlingshandskrifter – miljö och funktion*. Stockholm.

Cinthio, E. et al. 1966. "Mariafremstillinger". I: *Kulturhistorisk leksikon for nordisk middelalder* (København) 11:386-394.

Collin, H. S. & C. J. Schlyter (ed.) 1827. *Westgöta-Lagen. Samling af Sweriges Gamla Lagar* 1. Stockholm.

DgP = G. Knudsen et al. 1936-1964. *Danmarks gamle Personnavne* 1-2. København.

Diderichsen, P. 1938. "Probleme der altdänischen Orthographie". *Acta Philologica Scandinavica* 12:116-169. – Diderichsens oplysninger om B 72 er hentet fra en utrykt sprogbeskrivelse affattet af Karl Martin Nielsen.

— 1941. *Sætningsbygningen i Skaanske Lov fremstillet som Grundlag for en rationel dansk Syntaks*. København.

Dons, I. & T. Jexlev (ed.) 1959-1969. *Gammeldanske Diplomer. Gruppe A: den middelalderlige overlevering. Duplikeret til brug for Ordbog over det ældre danske Sprog*. 1. række 1-4, 2. række 1-4. København.

DS = *Danmarks Stednavne*, ed. Stednavneudvalget, 1ff. København 1922-.

Edsman, C.-M. 1973. "Antik och modern Sibylla". *Kungl. Humanistiska Vetenskaps-Samfundet i Uppsala. Årsbok* 1971-72:66-104.

Ejder, B. 1976. "Om den medeltida danska postillan i cod. GkS 1390 4° (DaP) och dess ställning i nordisk tradition". *Kyrkohistorisk årsskrift* 1976:67-92.

— (ed.) 1983. *Svenska medeltidspostillor* 8. *Samlingar utgivna av Svenska fornskriftsällskapet. Serie* 1 23:8. Lund.

Fenger, O. & C. R. Jansen (ed.) 1991. *Jydske Lov 750 år*. Viborg.

Frederiksen, B. O. 1974. *Sproget i Ledreborg 12 af Skaanske Lov og Skaanske Kirkelov*. Utrykt prisopgave, Københavns Universitet.

— 1985. "Vulgatas 118. Davidssalme i gammeldansk oversættelse". I: *Opuscula* 8. *Bibliotheca Arnamagnæana* 38, ed. J. Louis-Jensen et al. (København):264-297.

— 1997. "Nogle mundens synder i skriftespejlet i AM 75,8°". I: *Ord, Sprog oc artige Dict. Et overblik og 28 indblik 1500-1700. Festskrift til Poul Lindegård Hjorth*, ed. F. Lundgreen-Nielsen et al. (København):83-100.

— 2002. "På sporet af biskop Albert". I: *Språket, människans dotter. Människan, språkets dotter. Essäer på olika språk om språk och kultur*, ed. C. Laurén (Vasa): 33.

— ms. under arbejde. En Albertus Magnus-legende i østnordisk overlevering.

Geete, R. (ed.) 1895. *Jungfru Marie örtagård. Vadstenanunnornas veckoritual i svensk öfversättning från år 1510. Samlingar utgivna av Svenska fornskriftsällskapet. Serie* 1 30. Stockholm.

— (ed.) 1900. *Svenska kyrkobruk under medeltiden. Samlingar utgivna av Svenska fornskriftsällskapet. Serie* 1 33. Stockholm.

— (ed.) 1904-1905. *Skrifter till uppbyggelse från medeltiden. Samlingar utgivna av Svenska fornskriftsällskapet. Serie* 1 36. Stockholm.

GG = J. Brøndum-Nielsen. 1950-1973. *Gammeldansk Grammatik i sproghistorisk Fremstilling* 1^2-8. København.

GO = Gammeldansk Ordbog, under udarbejdelse af Det Danske Sprog- og Litteraturselskab (www.dsl.dk/go.html).

Hansen, Aa. 1962. *Den lydlige udvikling i dansk fra ca. 1300 til nutiden* 1. *Vokalismen*. København.

— 1971. *Den lydlige udvikling i dansk fra ca. 1300 til nutiden* 2. *Konsonantismen*. København.

Hatch, E. & H. Farhady. 1982. *Research Design and Statistics for Applied Linguistics*. Rowley/London/Tokyo.

Hellquist, E. 1948. *Svensk etymologisk ordbok*[3]. Lund.

Henning, S., ed. 1954-1956. *Siælinna thrøst. Første delin aff the bokinne / som kallas Siælinna thrøst. Efter cod. Holm. A 108 (f. d. cod. Ängsö). Samlingar utgivna av Svenska fornskriftsällskapet. Serie* 1 59. Uppsala.

Hiort-Lorenzen, H. R. & A. Thiset. 1902. *Danmarks Adels Aarbog* 1902. København.

Hjorth, P. L. 1965. *Filologiske studier over Karl Magnus' krønike*. København.

Hultman, O. F. (ed.) 1895. *Jöns Buddes bok. En handskrift från Nådendals kloster. Skrifter utgivna av Svenska literatursällskapet i Finland* 31. Helsingfors.

Härdelin, A. 2003. "I Kristi och hans moders spår. Om stationsandakter i Vadstena". I: *I Kristi och hans moders spår. Om stationsandakter i Vadstena kloster. Textutgåvor och analyser*, ed. A. Härdelin (Stockholm):9-67.

Haastrup, N. 1974. "The Minim-Confusion". I: *Festskrift til Kristian Hald 9. september 1974*, ed. P. Andersen et al. (København):379-389.

Jexlev, T. 1991. "Anna Brahes Bønnebog – Et birgittinsk håndskrift fra Maribo". I: *Birgitta, hendes værk og hendes klostre i Norden*, ed. T. Nyberg (Odense):323-328.

Kalkar, O. 1976. *Ordbog til det ældre danske sprog* 1-5[2], 6. København.

Klemming, G. E. (ed.) 1860. *Bonaventuras betraktelser öfver Christi lefverne. Legenden om Gregorius af Armenien. Samlingar utgivna av Svenska fornskriftsällskapet. Serie* 1 15. Stockholm.

— (ed.) 1861. *Heliga Birgittas uppenbarelser* 3. *Samlingar utgivna av Svenska fornskriftsällskapet. Serie* 1 14:3. Stockholm.

— (ed.) 1879. *Svenska medeltids-postillor* 1. *Samlingar utgivna av Svenska fornskriftsällskapet. Serie* 1 23:1. Stockholm.

— (ed.) 1880. *Svenska medeltids-postillor* 2. *Samlingar utgivna av Svenska fornskriftsällskapet. Serie* 1 23:2. Stockholm.

— (ed.) 1887-1889. *Prosadikter från Sveriges medeltid. Samlingar utgivna av Svenska fornskriftsällskapet. Serie* 1 28. Stockholm.

— (ed.) 1893. *Svenska medeltids-postillor* 3. *Samlingar utgivna av Svenska fornskriftsällskapet. Serie* 1 23:3. Stockholm.

Kristensen, M. (ed.) 1933. *En klosterbog fra middelalderens slutning (AM 76, 8°). Samfund til udgivelse af gammel nordisk litteratur* 54. København.

Kroman, E. 1943a. "Dansk Palæografi". I: *Nordisk Kultur* 28. *Palæografi* A. *Danmark og Sverige*, ed. J. Brøndum-Nielsen (Stockholm/Oslo/København): 36-81.

— 1943b. *Skriftens Historie i Danmark fra Reformationen til Nutiden*. København.

— 1960. "Gotisk halvkursiv. Danmark". I: *Kulturhistorisk leksikon for nordisk middelalder* (København) 5:370-371.

— (ed.) 1962. *Scriptores rerum Danicarum 1. Chronica. Corpus codicum Danicorum medii aevi* 4. København.

— 1971-1973. "Danmarks gamle Love. Deres Alder og indbyrdes Slægtskab". *Acta Philologica Scandinavica* 29:111-126.

Kroon, S. et al. (ed.) 1993. *A Danish Teacher's Manual of the Mid-Fifteenth Century. Codex AM 76, 8°*. Lund

Kålund, K. (ed.) 1903. *Palæografisk atlas. Dansk afdeling*. København.

Lindell, I. (ed.) 2000. *Heliga Birgittas uppenbarelser bok 7 efter Cod. Ups. C 61. Samlingar utgivna av Svenska fornskriftsällskapet. Serie* 1 84. Uppsala.

Migne, J.-P. (ed.) 1844-1905. *Patrologiae cursus completus. Series Latina* 1-221. Paris. – I denne artikel er benyttet den elektroniske udgave *Patrologia Latina Database* (1996-2005), udbudt af Chadwyck-Healey.

Mikkelsen, K. 1911. *Dansk ordföjningslære*. København.

Møller, K. 1967. "Ordpar med henholdsvis stemt og ustemt klusil i forlyd". *Dialektstudier* 2:7-72.

Nielsen, K. M. 1934. "Et lovhaandskrift og dets forlæg". I: *Studier tilegnede Verner Dahlerup paa femoghalvfjerdsaarsdagen den 31. oktober 1934*, ed. P. Andersen et al. (København/Aarhus):141-149.

— 1935. "Vokalkvalitet og Vokalkvantitet i Haandskriftet B 72 af Skaanske Lov". *Selskab for nordisk Filologi. Aarsberetning for 1935*:4.

— 1964. "Gammeldansk *kuma*, nydansk *komme*". I: *Danica. Studier i dansk sprog. Til Aage Hansen 3.9.1964*, ed. E. Dal et al. (Århus):7-13.

— (ed.) 1965. *Codex Ledreburgensis 12,12°. Codex Arnamagnaeanus 41,4°. Codex Holmiensis B 69. Codex Holmiensis B 72. Corpus codicum Danicorum medii aevi* 7. København.

— 1979. "Ældre dansk sprog 1963-1977". *Danske Studier* 1979:101-122.

— (ed.) 1982. *Middelalderens Danske Bønnebøger* 5. København.

Nielsen, L. 1937. *Danmarks middelalderlige Haandskrifter*. København.

Nielsen, N. (ed.) 1937-1952. *Sjælens Trøst ("Siœla trøst")*. København.

Norberg, R. 1956. "Birgittinsk ikonografi". I: *Kulturhistorisk leksikon for nordisk middelalder* (København) 1:571-576.

Noreen, E. 1929. "Olika händer i Cod. Holm. D 4". I: *Studier tillägnade Axel Kock* (Lund):263-270

— (ed.) 1931. *Herr Ivan. Samlingar utgivna av Svenska fornskriftsällskapet. Serie* 1 50. Uppsala.

Nyrop, C., ed. 1899-1904. *Danmarks Gilde- og Lavsskraaer fra Middelalderen* 1-2. København.

Nørgaard-Højen, P. 2000. *Den Danske Folkekirkes bekendelsesskrifter. Tekst og oversættelse*. København.

Odenius, O. 1978. "Dommedag". I: *Kulturhistorisk leksikon for nordisk middelalder* (København) 21:138-140.

ODS = *Ordbog over det danske sprog, grundlagt af Verner Dahlerup* 1-28. København 1919-1956.

Petersen, E. (ed.) 1999. *Levende ord & lysende billeder. Den middelalderlige bogkultur i Danmark. Katalog*. [København/Århus].

Piltz, A. 1974. *Prolegomena till en textkritisk edition av magister Mathias'* Homo conditus. Uppsala.

— (ed.) 1984. *Magistri Mathiae canonici Lincopensis opus sub nomine* Homo conditus *vulgatum. Samlingar utgivna av Svenska fornskriftsällskapet. Serie* 2 9:1. Lund.

Rep²=W. Christensen (ed.) 1928-1939. *Repertorium diplomaticum regni Danici mediævalis. Series secunda* 1-9. København.

Riad, T. 2002. "The phonological systems of Old Nordic II: Old Swedish and Old Danish". I: *The Nordic Languages. An International Handbook of the History of the North Germanic Languages*, ed. O. Bandle et al. (Berlin/New York) 1: 896-911.

Rubow, P. V. 1938. *Den kritiske Kunst. En Afhandling om filologisk Litteraturforskning*. København.

Skautrup, P. (ed.) 1941. *Den jyske lov. Text med oversættelse, kommentar og ordbog*. København.

— 1944-1970. *Det danske Sprogs Historie* 1-4, *Registre*. København.

Stammler, W. 1956. "Albert der Große und die deutsche Volksfrömmigkeit des Mittelalters". *Freiburger Zeitschrift für Philosophie und Theologie* 3:287-319.

Stephens, G. (ed.) 1849. *Herr Ivan Lejon-riddaren, en svensk rimmad dikt från 1300-talet, tillhörande sago-kretsen om konung Arthur och hans runda bord. Samlingar utgivna av Svenska fornskriftsällskapet. Serie* 1 5. Stockholm.

Ståhle, C. I. 1957. "Credo. Sverige". I: *Kulturhistorisk leksikon for nordisk middelalder* (København) 2:601.

Svensson, L. 1974. *Nordisk paleografi. Handbok med transkriberade och kommenterade skriftprov*. Lund.

Söderwall, K. F. 1884-1973. *Ordbok öfver svenska medeltids-språket* 1-2 (1884-1918). *Supplement*, ed. K.F. Söderwall et al. (1925-1973). *Samlingar utgivna av Svenska fornskriftsällskapet. Serie* 1 27, 54. Lund.

Thorell, O. 1951. *Fem Moseböcker på fornsvenska. En språklig undersökning på grundval av de bevarade handskrifterna*. Stockholm/København.

Thorell, O. (ed.) 1959. *Fem Moseböcker på fornsvenska enligt Cod. Holm. A 1. Samlingar utgivna av Svenska fornskriftsällskapet. Serie* 1 60. Uppsala.

Trap[5]=J. P. Trap. 1958-1972. *Danmark*[5], ed. N. Nielsen et al. (København) 1-32.

Uldaler, N. & G. Wellejus (ed.) 1968. *Gammeldansk Læsebog*. København.

Weibull, L. (ed.) 1900. *Diplomatarium dioecesis Lundensis* 3. Lund.

Wieselgren, H., ed. 1866. *Helige Bernhards skrifter i svensk öfversättning från medeltiden. Samlingar utgivna av Svenska fornskriftsällskapet. Serie* 1 16. Stockholm.

Wiktorsson, P.-A. 2004. "Några sätt att datera medeltida laghandskrifter". *ANF* 119:227-244.

Åqvist, G. 1976. "Västgötalagarna". I: *Kulturhistorisk leksikon for nordisk middelalder* (København) 20:337-341.

Åström, P. 2003a. *Register till Samlingar utgivna av Svenska fornskriftsällskapet 1844-2000. Samlingar utgivna av Svenska fornskriftsällskapet.* Serie 4 5. Uppsala.

Åström, P. 2003b. *Senmedeltida svenska lagböcker. 136 lands- och stadslagshandskrifter. Dateringar och dateringsproblem*. Stockholm.

Amsterdamer Beiträge zur älteren Germanistik 62 (2006), 207-241

WORTSTELLUNG UND SPRACHKONTAKT: UNTERSUCHUNGEN ZUM VORFELD UND NEBENSATZ IM ÄLTEREN DÄNISCHEN UND SCHWEDISCHEN

von Kurt Braunmüller — Hamburg

1. *Einleitende Vorbemerkungen*

1.1. Vergleicht man mittelalterliche und frühneuzeitliche Texte aus dem Westen Skandinaviens mit denen aus dem Osten, wird schnell klar, dass die altisländisch-altnorwegischen Texte syntaktisch wesentlich ‚komplizierter' gebildet in Erscheinung treten als die altdänischen oder die altschwedischen Texte. Dies führt zu der Frage, worauf diese deutlichen Unterschiede, die sich auch in der Wortstellung niederschlagen, zurückzuführen sind.

Als gängige Erklärung wird angeführt, dass diese Unterschiede unmittelbar mit den verschiedenartigen historisch-politischen Entwicklungen zusammenhängen, denen die skandinavischen Sprachen besonders im Spätmittelalter wie in der frühen Neuzeit ausgesetzt waren: Während in Norwegen die einheimische Sprache gegen Ende des Mittelalters im Zuge der politischen Vereinigung mit Dänemark (seit 1380) nach und nach Domänen im öffentlichen, aber auch im privaten Bereich verliert und schließlich in ihrer schriftsprachlichen Form so gut wie ausstirbt und Island sich mehr oder weniger isoliert (wenn es auch an seiner eigenen, sehr lebendigen Schrifttradition festhält), macht sich in Dänemark und Schweden intensiver Sprachkontakt zum Mittelniederdeutschen zur Hansezeit und später zum Hochdeutschen zur Zeit der Reformation breit und führt zum Sprachwandel, vornehmlich zum lexikalischen und typologischen Umbau der ostskandinavischen Sprachen (s. Diercks & Braunmüller 1993).

1.2. Dieser sehr tief greifende Sprachkontakt wird für alle möglichen Veränderungen in den ostskandinavischen Sprachen verantwortlich gemacht. Am deutlichsten zeigen sich seine Auswirkungen im Bereich der *Lexik*[1], aber auch in der *Wortbildung*. Er gilt dort als

---

[1] Die Schätzungen reichen hier von über 30% bis zu 75%. Vgl. auch Brattegard (1963: 10): „Wir [die Skandinavier] sind so intensiv [vom Mittelniederdeutschen] beeinflußt worden, daß ein Skandinave [!] heute wohl kaum einen Satz sagen kann,

unbestritten und ist offenkundig, vor allem was die Wortbildung und die Übernahme niederdeutscher Prä- und Suffixe wie *an-, be-, ver-/vor-* > *för-/for-* bzw. *-he(i)t/d* oder *-else* anbelangt, sollte jedoch wesentlich differenzierter gesehen werden, als dies üblicherweise geschieht.[2] Untersuchungen, die eine kognitive Erklärung des typologischen Umbaus dieser Sprachen in Bezug auf die Wortbildung im Rahmen der Mehrsprachigkeitsforschung liefern, stehen bislang noch aus (vgl. jedoch ansatzweise dazu Diercks 1993) und lexikalische Übernahmen sind allenfalls in ihrem Ausmaß interessant, ansonsten aber als Faktum trivial, da es kaum Sprachen ohne irgendwelche lexikalischen Übernahmen geben dürfte.

Aber auch der *Endungsverfall* wird vielfach, wenn auch nicht ohne Widerspruch (vgl. Ringgaard 1986), auf Einflüsse aus dem Süden, d.h. aus dem deutschen Sprachgebiet und auf den intensiven Sprachkontakt mit dem Mittelniederdeutschen zurückgeführt. Hier gilt es allerdings zu bedenken, dass allein schon aus logischen Gründen der syntaktische Wandel dem flexionsmorphologischen Abbau vorangegangen sein muss, weil sonst nämlich der Verlust von für die Syntax relevanten Distinktionen (wie etwa die Dativ- oder Akkusativmarkierungen bei extraponierten Objekten) zu Dekodierungsproblemen geführt hätte.[3]

Zur *Syntax* des spätmittelalterlichen Dänischen und Schwedischen, insbesondere im Vergleich mit der Kontaktsprache Mittelniederdeutsch, liegen nicht allzu viele etwas breiter angelegte Untersuchungen vor (vgl. u.a. Braunmüller 1993 aus vergleichender Perspektive sowie Nyström 1995, Norde 1997 oder Delsing 1999 aus eher innerskandinavischer Sicht).

1.3. Darüber hinaus fällt auf, dass sich die *Wortstellung* im Ostskandinavischen insgesamt deutlich von der im Westskandinavischen unterscheidet. Der Einfachheit halber würde man gerne auch diese Entwicklung d i r e k t auf mittelniederdeutschen Einfluss zurück-

---

ohne ein niederdeutsches Wort zu verwenden, natürlich ohne daß das Fremde als ‚fremd' empfunden wird."

2 Zeevaert (1995) geht nach differenzierteren Untersuchungen von ca. 1,5% niederdeutschen Lehnwörtern im zentralen und bis zu ca. 28% im peripheren Wortschatz aus. In einzelnen Textsorten kann der Anteil jedoch bisweilen etwas höher liegen (vgl. u.a. Rosenthal 1987: 186ff.).

3 Es macht eben schon einen Unterschied, ob man einen deutschen Satz wie *Den Mann beißt der Hund* mit (schwed.) *Mannen biter hunden* ‚der Mann beißt den Hund' übersetzen kann oder nicht.

führen, jedoch wirft eine solche Erklärung mittels Sprachkontakt einige Fragen auf.

Sieht man sich nämlich die entsprechenden nieder- wie später die hochdeutschen Texte aus dem 15. bzw. 16. Jahrhundert etwas genauer an, stellt man fest, dass diese Texte eher eine größere typologische wie strukturelle Ähnlichkeit mit denen aus dem Westen als dem Osten Skandinaviens haben, da die Wortstellung (wie übrigens bis heute im Deutschen) recht variiert sein kann und auch ein Großteil der Flexionsmorphologie (zumindest im Hochdeutschen) bis heute so gut wie unverändert erhalten geblieben ist. M.a.W., während man im Mittelnieder- wie im Frühneuhochdeutschen ohne weiteres ganz allgemein Objekte (und nicht nur Objektpronomina) nach links an die Spitze des Satzes dislozieren kann, geht dies bei den ostskandinavischen Kontaktsprachen nur noch sehr bedingt und bleibt im Wesentlichen auf die Pronomina beschränkt, weil sie als einzige noch über eine *casus rectus/obliquus*-Unterscheidung verfügen. (Der letzte, im Ostskandinavischen noch erhaltene Kasus ist der Genitiv, der jedoch – als rein semantische Relationsbezeichnung – für die Abfolge der Satzglieder außerhalb von Nominalphrasen ohne Bedeutung ist.) Im Ostskandinavischen findet man somit vornehmlich Subjekt- oder Adverbialkonstruktionen an erster Stelle in Hauptsätzen und damit an der linken Peripherie des finiten Verbs, was einer Erklärung bedarf und worüber deshalb noch zu sprechen sein wird.

Wenn man also die ansonsten gut zu untermauernde Hypothese vom Einfluss durch Sprachkontakt für den Osten Skandinaviens vertritt, kann man nicht damit argumentieren, dass Nieder- und später Hochdeutsch (als L1) sprechende Einwanderer sowieso kaum noch Flexionsendungen kannten und, parallel dazu, deshalb nur weitgehend festgefügte Wortstellungsmuster, vergleichbar dem heutigen Englischen, in den von ihnen zu lernenden Zielsprachen Dänisch oder Schwedisch verwandten. Erklärungen dieser Art tragen nicht.

1.4. In *Nebensätzen* scheint sich im Hinblick auf die Stellung des finiten Verbs schon eher ein direkter Einfluss vom Deutschen her nachweisen zu lassen, weil tatsächlich finite Verben in Später- oder sogar in absoluter Endstellung in ostskandinavischen Nebensätzen anzutreffen sind. Allerdings ergeben sich auch in diesem Fall einige Probleme, die sich nicht kurzerhand mit einem Verweis auf die direkte Übernahme fremdsprachlicher Strukturen infolge von Sprachkontakt erklären lassen. Es ist mit intervenierenden Faktoren wie u.a. der Abhängigkeit von bestimmten Textsorten oder der Einflussnahme durch Sprachplanung zu rechnen.

1.5. Aus diesen ersten, noch sehr allgemeinen Beobachtungen gilt es nun, die entsprechenden Schlüsse zu ziehen:

Es scheint festzustehen, dass sich keines der beiden Phänomene, also weder (a) die Entwicklung im *Vorfeld von Hauptsätzen* (oder in der linken Peripherie von C, wie man in der Universalgrammatik formulieren würde) noch (b) die Entwicklung der *Wortstellung im Nebensatz* sich selbsterklärend als Übernahmen sprachlicher Muster aus dem Deutschen als dominanter Kontaktsprache ableiten lassen. Also muss ein anderer Ansatz gefunden werden, der eine tragfähigere Hypothese dafür liefen kann, weshalb spätmittelalterliche wie frühneuzeitliche ostskandinavische Texte von westskandinavischen im Bereich der Syntax und der Wortstellung divergieren.

1.6. Zuvor gilt es jedoch, wenigstens in groben Zügen, den Nachweis zu führen, dass sich alt*west*nordische Texte in Aussagesätzen von alt*ost*nordischen tatsächlich unterscheiden.

Der auffallendste Unterschied dürfte sein, dass im Westen Skandinaviens, also in Norwegen sowie auf Island, Aussagesätze mit *V1-Wortstellung* in Diplomen, aber auch in Saga- und Gesetzestexten recht häufig anzutreffen sind. Im Osten Skandinaviens sind solche Sätze kaum einmal zu finden, wie im weiteren Verlauf der vorliegenden Untersuchung noch zu sehen sein wird. (Imperativsätze sowie Entscheidungsfragen zählen nicht zu den Aussagesätzen und stehen deshalb nicht zur Diskussion.)

Endre Mørck (2005) hat neulich anhand eines umfassenden Korpus von spätmittelalterlichen norwegischen Diplomen aus der Zeit von 1375–1499 eindrucksvoll belegen können, dass von den dort enthaltenen 1820 Aussagesätzen mit explizitem Subjekt knapp ein Drittel (genau: 32,4%) *V1* als Wortstellung aufweisen.[4] Folgende drei Beispiele

---

[4] Heusler (1921: 175-182) geht sogar noch einen Schritt weiter: „**508.** Im gewöhnlichen Aussagesatz bekommt das Verbum nicht nur da die Spitze, wo es, zumal in Reden, lebhaft hervorspringt [...], sondern auch im ruhigen Fluß der Erzählung oder Darlegung, und zwar so häufig, daß man darin die aisl. Normalstellung sehen konnte“ (S.178), was man bisweilen als ‚narrative Inversion' bezeichnet hat (vgl. dazu Rieger 1968 sowie zusammenfassend Christoffersen 2002: 185f.). Nygaard (1906/1966: 354) spricht von „omvendt ordstilling“ und stellt fest: „Omvendt ordstilling er meget almindelig.“ Sie komme

sollen diese Art der Wortstellung in Aussagesätzen von Prosatexten illustrieren (aus Mørck 2005: 264f.):

(a) **Var** þetta þeire euerdelighe skipti (DN I 446)
'dette var deres endelige skrifte'

(b) Oc **er** Estæin fyrnemdher fadhur fadher Þorlæifs (DN IV 971)
'og førnevnte Øystein er Torleivs farfar'

(c) En **sætte** ta for[d] Amundh Haluardh for[d] iiij øres bol ... (DN III 947)
'men førnevnte Amund gav førnevnte Hallvard 4 øresbol ...'

Wie Mørck (2005: 265) weiter belegen konnte, liegt der Anteil an solchen V1-Wortstellungen bei selbstständigen Sätzen auch in anderen westnordischen Textsorten recht hoch: In Saga-Texten kommt man mit Platzack (1985) auf Werte zwischen 22% und 31%, während Kossuth (1978) bei ihrer Auswahl immerhin noch auf Werte zwischen 14,5% und 18,5% kommt. Bei Gesetzestexten bewegt sich die Spanne zwischen 1,8% und 28,7% (nach Jörgensen 1987, was einen Durchschnitt von 8,1% ergibt) bzw. um 11% im Material von Christoffersen (1993). Den geringsten Anteil an V1-Stellungen in Aussagesätzen findet sich, nach Platzack (1980), in den Chroniken, nämlich zwischen 4% und 9%.

Daraus kann man folgern, dass im Alt*west*nordischen ein Anteil bis zu maximal einem Drittel (32,4%) in Aussagesätzen nicht die sonst übliche, unmarkierte V2-Stellung hat. Dieser Wert, der sich aus der Analyse von 359 spätmittelalterlichen Diplomen ergeben hat, liegt sicher etwas zu hoch, um repräsentativ für altwestnordische Prosatexte zu sein. Nimmt man jedoch die Werte für die Saga-Texte als Richtschnur, dürfte ein Anteil von gut 20% als Durchschnittswert für alt*west*nordische Prosatexte realistisch sein. D.h., dass man von den in Kap. 3 und 4 ermittelten V2-Werten mindestens 20%, also gut ein Fünftel, abziehen und zu V1 hinzu zählen muss, um eine Vergleichsgröße für entsprechende Texte aus dem Westen Skandinaviens zu haben. Damit liegt zweifelsohne zumindest e i n überaus deutlicher Unterschied hinsichtlich der Wortstellungsmuster zwischen dem Alt*west*- und dem Alt*ost*skandinavischen vor.

Auswertungen hinsichtlich der vorangestellten, also nach links dislozierten Objektskonstituenten haben wir in der Literatur in dieser

auch in Nebensätzen vor, sei aber dort bei weitem nicht so gebräuchlich wie in Hauptsätzen (ebd. S.375; § 360).

Differenziertheit bislang nicht gefunden. Stichprobenuntersuchungen zeigen jedoch, dass sich der Anteil an vorangestellten Objekten im Alt*west*skandinavischen nicht in gravierender Weise von dem Sprachgebrauch im Osten Skandinaviens unterscheiden dürfte. Wahrscheinlich liegt er nur wenig, jedoch nicht signifikant höher. Eigene statistische Untersuchungen hierzu konnten im Rahmen dieser Arbeit zum Ostskandinavischen nicht geleistet werden und müssen auf einen späteren Zeitpunkt verschoben werden.

Einen Überblick über alle im Alt*west*nordischen anzutreffenden syntaktischen Strukturen findet sich nun übersichtlich zusammengefasst in Faarlund (2004: 194ff u. 250ff.). Hinweise auf die Häufigkeit der Vorkommen der einzelnen Wortstellungstypen werden allerdings, wie in Grammatiken üblich, nicht gegeben. Dennoch spiegelt die dort gegebene Übersicht die Vielfalt der sehr variierten Wortstellungsmöglichkeiten in altwestnordischen Sätzen deutlich wider (vgl. auch Heusler 1921: 173-197 sowie Nygaard 1906/1966: 343-391).

1.7. Vergleiche mit früheren Sprachzuständen sind nur schwer zu ziehen, was daran liegt, dass für die Wikingerzeit, dem *Frühmittelalter*, nur Runeninschriften für das Skandinavische überliefert sind, die in den allermeisten Fällen auf festen (Steinsetzungs-) Formeln beruhen und deswegen kaum weiter gehende Rückschlüsse auf den aktuellen Sprachgebrauch in Diskursen oder in erzählender Prosa zulassen:

> „X [(ggf.) und Q] setzte[n] diesen Stein für Y, seinem[/ihrem] Z, der ... [kurze historische Bemerkung, meist zur Todesursache oder zum sonstigen Anlass der Steinsetzung].“ In späteren Inschriften aus christlicher Zeit folgt dann vielfach noch eine abschließende religiöse Formel: „Gott helfe seiner Seele!“

Auch für das *frühe Hochmittelalter* sieht die Überlieferung nicht viel besser aus. Im Bereich des Schwedischen kann man sich im Großen und Ganzen nur auf die Landschaftsgesetze stützen, deren Wortstellung jedoch wiederum sehr formelhaft ist, was ein Blick in die älteste Quelle, das Äldre Västgötalagen (s. Wessén 1954), zeigt. Es kommen meist nur einfache V2-Aussagesätze sowie Konditionalsätze mit V1 vor. Für das Dänische sieht die Quellenlage ähnlich dürftig aus, so dass es schwierig ist, etwas Genaues und vor allem allgemein Gültiges zur Wortstellung in frühen hochmittelalterlichen narrativen Prosatexten auszusagen.

2. *Erklärungsversuche: einige theoretische Überlegungen*

2.1. Im Folgenden soll der Versuch unternommen werden, die eingangs zitierten Veränderungen im Bereich der Wortstellung im Rahmen eines möglichst plausiblen *Szenarios* zu erklären, das auf den Erkenntnissen der derzeitigen Mehrsprachigkeitsforschung aufbaut. Die Grundlage für solche Modelle bildet die Annahme, dass man vernünftigerweise davon ausgehen sollte, dass sich der Spracherwerb in Sprachkontaktsituationen in früheren Zeiten nicht grundsätzlich von dem von heute bei vergleichbaren Bedingungen und Umfeld unterscheidet, zumindest nicht, was die allgemeinen Lernerstrategien angeht. M.a.W, es gilt Erklärungsansätze zu finden, die nicht im Widerspruch zu unserem heutigen Wissen über derartige Vorgänge stehen, wenn man früheres sprachliches Verhalten im mehrsprachigen Kontext plausibel erklären will.

2.2. Bei unseren *Hypothesen* gehen wir davon aus, dass zwei Faktoren eine entscheidende Rolle bei diesem Sprachkontaktprozess und dem sich daraus ergebenden Sprachwandel gespielt haben:

2.2.1. Zum einen stellten die Hansekaufleute (samt ihrer Familien), aber auch die sich in ihrem Gefolge in den Städten Dänemarks und Schwedens einfindenden Handwerker (und deren Familien) gesellschaftlich sehr angesehene wie einflussreiche Berufsgruppen dar, die über genügend Sozialprestige (und z.T. auch über neue Technologien) verfügten, um nicht wegen bestimmter Züge ihres – wahrscheinlich – in Teilen abweichenden Sprachgebrauchs diskriminiert werden, wie dies wohl bei Einwanderern unterer Schichten oder völlig anderer Kulturen der Fall gewesen wäre. Von einer Ausgrenzung oder gar Stigmatisierung wird man also angesichts dieses sozialen Kontextes nicht auszugehen haben. Ganz im Gegenteil: Deutsche Händler und Handwerker waren hoch geachtet, zumal wenn sie sich bemühten, sich nicht nur sozial, sondern auch sprachlich zu integrieren und sich nicht, wie bei dem zunächst üblichen saisonalen direkten Handelskontakt mit einer rezeptiven Form der Mehrsprachigkeit zu begnügen (vgl. hierzu Braunmüller 1995 u. 2004a).

2.2.2. Zum anderen ist davon auszugehen, dass das Dänische oder Schwedische von den eingewanderten Deutschen nicht in jeder Beziehung vollkommen erworben wurde (*imperfect learning*), sondern bestimmte (hier: syntaktische) Einschränkungen, Defizite oder Übergeneralisierungen aufwies, wie dies eben bei erwachsenen L2-Lernern typischerweise zu beobachten ist. Da immer wieder neue Deutsche zuzogen, kam es über einen längeren Zeitraum zu einem stetigen Zustrom von solchen L2-Sprechern ostskandinavischer Sprachen, wodurch in diesen Ländern die unterschiedlichsten *Lx-Varietäten* oder *Interimsprachen* zu hören waren.

Dabei spielt es keine Rolle, dass die Kinder dieser Zuwanderer mit hoher Wahrscheinlichkeit von Anfang an zweisprachig (*2L1*) aufgewachsen sind, zumal von einer Ghettobildung außerhalb Bergens oder Novgorods zur Zeit der Hanse und darüber hinaus nichts bekannt ist. Vieles spricht dafür, dass sich die eingewanderten Deutschen schnell in die jeweiligen skandinavischen Gesellschaften integrierten, so dass sie binnen ein oder zwei Generationen in sprachlicher Hinsicht nicht mehr als andersartig in Erscheinung traten.

2.3. Die hohe Akzeptanz dieser Kontaktvarietäten im Bereich der Syntax könnte so erklärt werden, dass der Sprachgebrauch dieser L2-Lerner immer noch im Bereich der einheimischen (dänischen/ schwedischen) Norm lag, aber in seiner Varianz mehr oder weniger stark eingeschränkt war. Es wurden von diesen L2-Sprechern bestimmte, leicht zu beherrschende und immer wiederkehrende feste Wortstellungsmuster, wie z.B. Subjekt-**Verb**-Objekt- (S**V**O) oder – als Variante dazu – Adverb-**Verb**-Subjekt-Objekt-Abfolgen (A**V**SO), schnell erworben, um dann bevorzugt bis ausschließlich eingesetzt zu werden, zumal sie direkt aus ihren deutschen L1-Varietäten im Zuge eines interlingualen Transfers übernommen werden konnten.

Mit Pieter Muysken (2000: 122ff.) könnte man in diesem Zusammenhang darüber hinaus von der Herstellung einer sog. „congruent lexicalization“ sprechen, weil die Syntax beider Kontaktsprachen weitgehend deckungsgleiche Strukturen und Relationen aufweist und es sich bei dem zielsprachlichen L2-Erwerb um nicht viel mehr als eine andere Form der Verbalisierung als in der Ausgangssprache Deutsch (= L1) handelt.

Wie wir bereits in früheren Untersuchungen gezeigt haben, muss schon zu Beginn dieser Sprachkontaktsituation ein unmittelbares wechselseitiges Verstehen vorgelegen haben, wie man es nur zwischen genetisch eng verwandten, quasi dialektalen Varietäten antrifft, was von uns seinerzeit mit dem Stichwort *Semikommunikation* nach dem Vorbild der heutigen skandinavischen Praxis bezeichnet worden ist (s. ausführlich dazu Braunmüller 1993 u. 1995 sowie unten 2.3.: Koinéisierung).

2.4. Die im Ostskandinavischen zu beobachtenden syntaktischen Strategien lassen sich gut mit Peter Trudgills Hypothese von der Entstehung von sog. *Kreoloidsprachen* (wie später das Afrikaans oder das norwegische Bokmål) zur Deckung bringen, wenn auch gleich hinzugefügt werden muss, dass er sich nie im Detail mit den dabei ablaufenden (hier: syntaktischen) Vereinfachungsprozessen befasst hat, sondern sich vornehmlich auf die Ausarbeitung definitorischer Festlegungen beschränkt hat (vgl. z.B. Trudgill 1992: 21f.).

Im Gegensatz zu Kreolsprachen, die aus Pidginsprachen hervorgegangen sind, haben wir es bei Kreoloidsprachen zwar mit einer anfänglich stattfindenden Vereinfachung der Zielsprache aufgrund intensiven Sprachkontakts zu tun. Es trat jedoch keine Reduktion ein, wie dies bei Pidginsprachen, auch solchen mit zwei Ausgangssprachen, normalerweise zu beobachten ist. Eine Kreoloidsprache bleibt nämlich immer für die Sprecher der Ausgangssprache voll verständlich (wie etwa das Afrikaans für die Niederländer), wenn auch bestimmte morphologische Distinktionen abgebaut worden oder bestimmte syntaktische Regeln (oder Regeleinschränkungen) weggefallen sind. In einer späteren Arbeit spricht Trudgill (2000: 82) deshalb in derartigen Fällen – etwas präziser – von einer *Koinéisierung*, wenn es sich bei den Ausgangssprachen um wechselseitig verstehbare, weil genetisch enger verwandte Dialekte und nicht um völlig unterschiedliche Sprachen handelt.

2.5. Im Folgenden gehen wir also davon aus, dass die damaligen, Niederdeutsch sprechenden L2-Lerner (unbewusst) bestimmte *Selektions-* und *Vermeidungsstrategien* einsetzten, indem sie den einfach zu handhabenden und/oder den häufig gehörten Wortstellungsmustern[5] den Vorzug gaben, was schließlich zu Reduktionen in der sog. internen Grammatik nachfolgender Generationen führte.

Für die heranwachsende Bevölkerung (hier: vornehmlich dänischer oder schwedischer Städte, wo sich die Deutschen bevorzugt niederließen) waren also verschiedene externe Grammatiken im Umlauf. Sie waren einerseits das Resultat der Varianten des Sprachgebrauchs der einheimischen L1-Sprecher des Dänischen bzw. Schwedischen (mit all ihren regionalen und sozialen Unterschieden), zum anderen waren

[5] Bei Ersterem hätten wir es mit einer Umstrukturierung auf der Ebene des sprachlichen Wissens, also der Sprachkompetenz zu tun, während der Sprachgebrauch (hier in Form der Häufigkeit des Auftretens bestimmter Formen) in den Bereich der Anwendung dieser Regeln, also der Performanz, fällt.

sie das Produkt der Sprachproduktion der zugezogenen L2-Sprecher dieser Sprachen, die im Vergleich zu den einheimischen L1-Sprechern teils vereinfachte, teils reduzierte und bisweilen auch direkt fehlerhafte Strukturen aufwiesen. Die nachfolgenden Sprechergeneration waren also etlichen unterschiedlich komplexen, externen (wie wahrscheinlich auch internen) Grammatiken ausgesetzt, von denen sich – so unsere Hypothese – die (hier: syntaktisch) einfachere(n) Variante(n) durchgesetzt haben und die dann ihrerseits von den nachfolgenden Generationen als Muttersprache (L1) erworben wurden, wodurch sich eine Vereinfachung bzw. eine Reduktion des erworbenen grammatischen Wissens im Vergleich zu den früheren Generationen ergab. Die neu erworbenen, etwas reduzierten Grammatiken waren jedoch voll mit denen der älteren Generationen kompatibel, da es sich hierbei um eine Teilmenge aus den ursprünglich komplexeren (internen) Grammatiken handelt.

Mit einem solchen Modell lässt sich der anscheinend zu beobachtende Widerspruch zwischen einer relativ komplexen wie dominanten Kontaktsprache (Nieder- bzw. Hochdeutsch) und den Reduktionen in der Zielsprache konform zu unserem Wissen über den Spracherwerb erklären. Man müsste sich also keine ad hoc zu postulierenden Hilfskonstruktionen ausdenken, um zu erklären, weshalb bestimmte Wortstellungsmuster und deren kategoriale Realisierung nicht in die Zielsprache übernommen worden sind, wo sie doch in der Ausgangssprache zum unmarkierten Sprachgebrauch gehörten.

3. *Zur Wortstellung in der linken Peripherie von Hauptsätzen*

3.1. Dänische Texte

3.1.1. Das ausgewertete Quellenmaterial[6] stammt aus dem Teilprojekt H3 „Skandinavische Syntax im mehrsprachigen Kontext“ des Sonderforschungsbereichs 538 „Mehrsprachigkeit“ an der Universität Hamburg und basiert (in dem hier zugrunde gelegten Korpus) auf (je) sechs *Prosatexten*, bei denen ca. 100 fortlaufende Sätze, näher untergliedert in Haupt- und Nebensätze, analysiert und statistisch worden sind, um die Art der Belegung des Vorfelds bzw. der linken Peripherie in Hauptsätzen zu untersuchen.

---

6 Ich danke Steffen Höder und Jan Wentzien für ihre Vorarbeiten bei der Analyse der beiden Korpora.

Die nachfolgenden Texte sind chronologisch ansteigend geordnet und repräsentieren gleichzeitig unterschiedliche Textsorten:

- Jyske Lov, ein westdänischer Rechtstext (1430–1450),
- Mandevilles Rejse, ein fiktionaler Reisebericht (1459),
- Jeronimi Levned, aus der Mariager Legende-Handschrift (1488),
- das Lukas-Evangelium in der Übersetzung des Neuen Testaments von 1529,
- Hans Tausens Postil, ein Prosatext mit theologischem Inhalt (1539) sowie
- das Erste Buch Mose (Genesis I) nach der Bibel Christians III (1550).

3.1.2. Die *Auswertung* ergibt ein recht eindeutiges Bild: Von allen Satzkonstituenten, die sich in Hauptsätzen an der linken Peripherie vor dem finiten Verb befinden, dominieren die Subjekte und die Adverbien zusammen genommen in über vier Fünfteln aller Fälle (genau: zu 84,08%), wovon 44,27% auf die Subjekte und 39,81% auf die Adverbien entfallen. Andere Satzglieder, wie vor allem nach links dislozierte Objekte, spielen nur eine sehr untergeordnete Rolle, da sie nun zu 6,37% in dieser Position anzutreffen sind, wobei pronominale Objekte klar überwiegen. (Die verbliebenen gut 9% verteilen sich auf Adjektive oder auf die V1-Stellungen in Imperativsätzen mit keinem Satzglied vor dem Verb. Im Unterschied zu altwestnordischen Texten finden sich hier jedoch k e i n e V1-Aussagesätze.)

Bei näherer Analyse fällt auf, dass die *Subjekte* bei beiden Arten von Bibeltexten eindeutig vorherrschend sind, was jedoch – wie Blicke in den griechischen Originaltext des Neuen Testaments, aber auch auf die Übertragungen ins Lateinische zeigen – auf direkten Übersetzungstransfer und nicht auf irgendwelche Vereinfachungsstrategien von L2-Lernern zurückzuführen ist. (Die eingangs geäußerte Hypothese lässt sich also für diese Textsorte nicht aufrecht erhalten. Dennoch passt das Endergebnis, wenn auch aus anderen Gründen, gut zu den vermuteten Ergebnissen über die Belegung des ersten Satzglieds.)

Hauptsätze bestehen im Ausgangstext typischerweise aus der Konjunktion και [ke] (bzw. *et*)[7] ‚und', gefolgt vom Subjekt des Satzes.

---

[7] Vgl. Lukas 1,12ff. in der Vulgata-Übersetzung (zitiert nach Nestle 1961: 139), mit etlichen aufeinander folgenden und für unsere Zwecke aussagekräftigen Beispielen: „*Et* Zacharias turbatus est videns, *et* timor irruit super eum. [...] *et* uxor tua Elisabeth pariet tibi filium, *et* vocabis nomen eius Ioannem: *et* erit gaudium tibi, *et* exultatio, *et* multi in nativitate eius gaudabunt [...].“

Hierbei handelt es sich – vereinfacht gesprochen – um eine besonders für die griechische erzählende Prosa typische Form, Textkohärenz herzustellen, die von den jeweiligen Übersetzern wortgetreu übernommen worden ist. Anbei ein Auszug aus Lukas I, 12ff. (vgl. parallel dazu Fn. 7):

> "Zacharias forferdiſſ oc vor rædt / der han ſaa hannem oc vor rædt / [...] Elizabet din hwſtrw ſkal føde dig en ſøn och dw ſkalt kalle hannem Joannes / Och det ſkal bliffue til ſtor glede och frøyd / Och mange ſkulle glediſſ aff hanſſ fødelſe ..."

Im Ersten Buch Mose stellen die Subjekte in 64,18% aller Fälle der Satzglieder links vom finiten Verb. Gleich der Anfang des Alten Testaments gibt einen guten Eindruck von dem biblischen Erzählstil (1. Mos. 1ff.):

> "J Begyndelſen ſkabte Gud Himmelen oc Jorden. Oc Jorden vor øde oc tom / oc der vor mørck offuer Dybet / oc Guds Aand ſueuede offuer Vandet. Oc Gud ſagde / der ſkal bliffue Liuſſ / oc der bleff Liuſſ. Oc Gud ſaa / at Liuſet vaar got / ..."

Auch beim Lukas-Evangelium werden fast dieselben Werte erreicht, nämlich 59,72%. Da es sich bei dieser Textsorte um eine in verschiedenen gesellschaftlichen Kontexten (Kirche, häusliche Bibellesungen etc.) recht häufig anzutreffende Textsorte handelt, hat die hier zutage getretene eindeutige Bevorzugung des Subjekts als satzeinleitende Konstituente sicher verstärkend im Hinblick auf den Spracherwerb durch die nachfolgende Generation gewirkt. M.a.W., *oc/och* S**V**(O)- oder S**V**(O)-Konstruktionen zählen zu den unmarkierten Wortabfolgen im spätmittelalterlichen oder, wie hier, in frühneuzeitlichen dänischen Texten.

Bei den anderen, in unserem Sample vertretenen Textsorten liegt der Anteil der Subjekte in dieser Position aber auch noch ziemlich hoch, nämlich im Jyske Lov bei 34,69% und in Mandevilles Reise, sogar noch etwas höher, bei 37,78%.

Im Fall der *Adverbien* ergibt sich ein entsprechendes Bild, wenn man erzählende Prosatexte als die typische, unmarkierte Textsorte zugrunde legt: Bei Jeronimi Levned stellen über zwei Drittel (genau: 69,39%) und in Mandelvilles Reise noch über die Hälfte (51,11%) aller hauptsatzeinleitenden Satzglieder Adverbien dar (vgl. folgendes charakteristische Beispiel; man beachte die ebenso hohe Anzahl an Subjektskonstituenten in derselben Satzposition):

> „Tha drogs oc liddhes han for domerens stooll. Tha spurdhe domeren hannum at oc saffde till sanctum jeronimum: Hwes logh eller throo æst thus aff? Tha bekændhe han sik friilighæ at wære een cristen man. Dhomeren swarethe strax oc saffde: Thu lywgher, Thu æst Cyceronianus, oc ikke cristen man." (Jeronimi Lleffneth 365)

Im Vergleich dazu fällt der Anteil der Adverbien in dieser Position bei den Bibeltexten deutlich ab, ohne jedoch in den marginalen Bereich abzugleiten: im Lukas-Text sind es 19,44% und im Ersten Buch Mose immerhin noch 29,85%, also deutlich über ein Viertel aller Satzanfänge.

Die meisten nach links dislozierten *Objekte* finden sich im Rechtstext, dem Jyske Lov, nämlich 17,39% sowie in Hans Tausens Postil (14,29%), was in absoluten Zahl ausgedrückt allerdings nicht allzu viel bedeutet, da es sich nur um 8 bzw. 5 Fälle von meist pronominalen Objekten handelt (vgl. die folgenden Textauszüge aus Hans Tausens Postil):

> "Somme leder han op med en lydelig predicken/ [mehrfach; ...] det ſiger Mattheus icke/ [...] Dennom ſender Gud bud/ ikke med nogen engel/ [...] (HTP B 84 l); hānom wor ikke om att wide / (HTP B 85 r)"

3.1.3. Zusammenfassend ist festzuhalten, dass keine erkennbare diachrone Entwicklung von der Mitte des 15. bis zur Mitte des 16. Jahrhunderts hinsichtlich der Ausgestaltung der linken Peripherie des finiten Verbs festzustellen ist. D.h. es gibt weder eine mehr oder weniger kontinuierliche Zu- noch Abnahme in dem genannten Zeitraum.

Demgegenüber ist festzustellen, dass der Faktor ‚Textsorte' schon eine Rolle spielt, wobei es sich allerdings bei den Bibeltexten um entlehnte Wortstellungsmuster handelt, die keinen Rückschluss auf den üblichen heimischen Sprachgebrauch zulassen. Im Großen und Ganzen kann jedoch gesagt werden, dass Subjekte wie Adverbien (mit oder ohne vorangegangene parataktische Konjunktion ‚und') die bei weitem bevorzugten Satzglieder in dänischen Prosatexten dieser Zeit darstellen. Andere (nicht-verbale) Satzkonstituenten spielen keine größere Rolle (vgl. die Übersicht: Diagramm 1 im Appendix).

3.2. Schwedische Texte

3.2.1. Für unsere Untersuchung wurden wiederum sechs repräsentative Texte aus dem bereits genannten Korpus (s. 3.1.1.) ausgewählt, wobei sich wieder zwei Bibeltexte (je einer aus dem Alten und dem Neuen Testament) sowie ein Rechtstext darunter befinden. Bei den Bibeltexten sind darüber hinaus die selben Textstellen wie zuvor ausgewertet worden. Im Unterschied zum dänischen Korpus ist allerdings der schwedische Rechtstext, Magnus Erikssons stadslag, ungefähr 100 Jahre älter als der vergleichbare dänische Rechtstext, was jedoch für die zugrunde liegende Sprache nicht so relevant ist, da in der Forschung übereinstimmend davon ausgegangen wird, dass das Jyske Lov auf wesentlich älteren mündlichen westdänischen Rechtstexten und ihrem Wortlaut beruht (s. *Kulturhistorisk Leksikon* VIII: 50). Dies bedeutet, dass beide juristischen Texte ohne weiteres auch in zeitlicher Hinsicht miteinander vergleichbar sind, zumindest was die Textnorm angeht.

Folgende Texte wurden im Einzelnen für den schwedischen Teil der Untersuchung als repräsentativ ausgewählt und wiederum chronologisch ansteigend geordnet:

- Magnus Erikssons stadslag (ca. 1350),
- Sju vise mästare (in der Übersetzung A, um 1400),
- Prosaiska krönikan (1450–1470),
- Historia Trojana (1529),
- das Erste Buch Mose (Genesis I) nach der Gustav-Wasa Bibel (1540–1541) sowie
- das Lukas-Evangelium, ebenfalls nach der Gustav-Wasa Bibel (1541).

3.2.2. Die *Auswertung* ergibt – überraschenderweise – ein so gut wie identisches Bild: 84,22%[8] aller Satzkonstituenten, die sich an der linken Peripherie von C befinden, bestehen aus Subjekten oder Adverbien. Die Subjekte machen mit 48,21% fast die Hälfte aller an der Satzspitze stehenden Konstituenten aus, gefolgt von den Adverbien mit 36,01%. Die nach links dislozierten Objekte spielen jedoch eine noch geringere Rolle als bei den dänischen Texten. Diese findet man (durchschnittlich) nur noch in 3,57% aller Fälle in einer Position links vom finiten Verb, so dass man fast sagen könnte, dass

---

8 In den dänischen Texten waren es 84,08%.

der Fall einer Objektanhebung in die Spitzenposition von Sätzen nur noch in ganz wenigen Ausnahmefällen in spätmittelalterliche wie frühneuzeitlichen schwedischen Texten vorkommt.[9] Die übrigen Konstituenten verteilen sich auf Imperativsätze, bei denen das finite Verb die erste Position im Satz einnimmt, worauf hier jedoch nicht weiter einzugehen ist.

Die genauere Analyse der *Subjekte* in diesen schwedischen Texten ergibt auf den ersten Blick wiederum dasselbe Bild, wie wir es bereits vom dänischen Teil des Korpus her kennen: Beide Texte folgen mehr oder weniger getreu der Übersetzungsvorlage (vgl. 3.1.2.), so dass man auch hier wiederum auf die sich immer wiederholenden Satzanfänge mit ‚Subjekt-Verbum finitum' und ‚*und*-Subjekt-Verbum finitum' trifft. Der Effekt für den Leser (oder Hörer) ist der gleiche: diese Bibeltexte wirken ziemlich gleichförmig strukturiert, ja bisweilen in ihrem Satzbau sogar eintönig und formelhaft (vgl. die folgenden Parallelstellen zum dänischen Korpus aus der Gustav-Wasa Bibel):

> "J Begynnelsenn skapadhe Gudh himmel och iord. Och iorden war ödhe och toom, och mörker war på diwpet, och Gudz ande sweffde offuer watnet. Och Gudh sadhe, Warde liws, Och thet wardt liws, Och Gudh sågh liwset at thet war gott." (1. Mose 1ff., nach der GW-Bibel)

und

> "Och Zacharias wardt förskreckt tå han sågh honom [...] Och tijn hustru Elizabeth skal födha tigh en son, hwilkens nampn tu skalt kalla Johannes, och tigh skal warda glädhi och frögd. Och monge skola frögdas aff hans födhelse ..." (Lukas I, 12ff., nach der GW-Bibel).

Interessant ist, dass sich der Satzbau beider Texte teilweise von dem der dänischen Paralleltexte unterscheidet. Es gibt in dem alttestamentarischen Text einen Imperativsatz mit Verbspitzenstellung (*Warde* [liws][10] und in dem Lukas-Text einen Relativsatz (, *hwilkens nampn tu* [skalt] ...)[11] mit einem darauf folgenden Hauptsatz, bei dem

[9] In Thoma & Zeevaert (2006: 9f.) wird anhand eines wesentlich größeren Ausschnitts aus dem H3-Korpus (s. 3.1.1.) festgestellt, dass nur etwa 6% der pronominalen Objektformen satzinitial auftreten.

[10] In der dänischen Version heißt es demgegenüber: "der ſkal bliffue Liuff".

[11] Hier lautet die dänische Fassung: "och dw ſkalt kalle hannem Joannes."

man darüber hinaus eines der wenigen nach links dislozierten Objektskonstituenten findet (*och tigh* [skal] ...).[12] D.h. die Vorlage ist zwar bei Bibelübersetzungen in der Wortwahl wie im Satzbau weitgehend bindend, dennoch steht es dem Übersetzer frei, den Satzbau moderat zu verändern, um einen idiomatischeren wie besser lesbaren Text zu schaffen. Somit gilt es also den bei den dänischen Bibelübersetzungen zuerst entstandenen Eindruck zu relativieren, nach dem die durchaus noch immer festzustellende vorlagenbedingte Konstituentenabfolge unter allen Umständen einzuhalten sei. M.a.W., nicht alle (hier: schwedischen) Satzanfänge lassen sich mehr pauschal auf den griechisch(-lateinische) Vertextungsstil bei Prosatexten zurückführen. Abweichungen und Varianten dazu waren möglich, wodurch man – wenn auch mit deutlichen Einschränkungen – zumindest einen Teil der Bibelübersetzungen als der (schriftlichen) Volkssprache nahe kommend einstufen kann. Bibeltexte spiegeln also nicht nur die Wortstellungsmuster der Vorlagen wider, sondern stimmen zunehmend auch mit dem einheimischen Sprachgebrauch überein.

Bei den *Adverbien* finden wir den höchsten Anteil, wie schon bei den dänischen Texten, bei den Prosatexten. An der Spitze steht „Sju vise mästare (Version A)", bei der über die Hälfte (genauer: 53,45%) aller satzeinleitenden Konstituenten Adverbien sind, gefolgt von „Magnus Erikssons stadslag" (51,02%) und dann den beiden anderen Prosatexten, „Prosa krönikan" (42,5%) sowie „Historia Trojana" (38%). Aber auch noch im Lukas-Evangelium (32,89%) findet sich ein relativ hoher Anteil an satzeinleitenden Adverbien. Als nicht untypisches Beispiel für den Erzähltext „Sju vise mästare" mag folgendes Zitat dienen:

> "Tha sagdho the, thz hunden war galen wordhin oc han haffdhe op ätith barnith. Tha ropadhe frwan harmelika oc wardh swa, som hon ware halff dödh. Tha kom riddaren heem mz androm herrom och frwan sagdhe honum alt thz henne war saght. [...] Tha lop hunden mote och faghnadhe honum swa illa saar, som han war. Nw war riddaren mykith wreder oc ..." (SVM 121).

Es dürfte aus diesem Zitat deutlich hervorgegangen sein, dass wir es hier – vergleichbar mit den Mitteln zur Herstellung von Kohärenz in

---

12 Die dänische Parallelstelle lautet: "Och det ſkal bliffue til ſtor glede och frøyd". Das schwed. *tigh* ‚dir' nimmt bei diesem Beispiel übrigens die Funktion des Subjekts des Satzes ein: ‚und dir soll [Freude, 2x] werden'.

Bibeltexten – mit einer recht archaischen wie simplen Form der Satzverkettung zu tun haben: *dann* ... *dann* ... *nun* etc, bei der immer bestimmte Satzkonstituenten (Adverbien) die gleiche konnektive Funktion übernehmen. (Die übrigen satzeinleitenden Konstituenten sind überwiegend Subjekte.)

Erzählstrukturen mit einer derartigen einfachen linearen Progression (vgl. Daneš 1970) wirken aufgrund ihrer einsträngigen Thematisierung und der chronologischen Schilderung der Abfolge der Ereignisse simpel aufgebaut und hinterlassen beim Leser bzw. Hörer einen monotonen Eindruck, wie man ihn übrigens auch bei kindlichen Erzählungen häufig antrifft (*und dann* ... *und dann* etc.). Zusammenfassend lässt sich also sagen, dass bei den Prosatexten wie in dem juristischen Text satzeinleitende Adverbien bevorzugt zur Herstellung der (syntaktischen) Textkohärenz dienen.

Wie bereits eingangs bemerkt, spielen in dem vorliegenden Korpus an die Satzspitze gestellte Objekte kaum eine Rolle. Den höchsten Anteil finden wir in der „Prosaiska krönika" mit 12,5%, was jedoch in absoluten Zahlen ausgedrückt, recht wenig ist, nämlich nur 5 Objekte links vom finiten Verb. Der Anteil bei der „Historia Trojana" liegt etwas darunter (8% bzw. 4 Obj.). In den beiden Bibeltexten, dem Rechtstext, aber auch – etwas überraschend – in „Sju vise mästare (A)" finden wir in unserer Stichprobe von ca. 100 Sätzen nur jeweils 1 bzw. kein Objekt in dieser Position vor (vgl. auch Fn. 9: Lukas-Evang. mit 6% in der GW-Bibel).

Diagramm 2 im Appendix fasst die Ergebnisse nochmals in einer vergleichenden Übersicht zusammen.

Wie schon bei den dänischen Texten zeichnet sich auch hier keinerlei chronologische Entwicklung ab. Neben zwei (der insgesamt drei) Prosatexten zeigt noch das Lukas-Evangelium am ehesten eine gewisse Variation satzeinleitend vor dem finiten Verb. Von einer direkten Korrelation zwischen einer bestimmten Textsorte und dem Umfang der Varianz links von C kann somit auch keine Rede sein.

4. *Zur Wortstellung in Nebensätzen*

4.1. Dänische Texte

4.1.1. Sieht man sich diese Texte hinsichtlich der Wortstellung an, fällt auf, dass die Zweitstellung des finiten Verbs ganz zweifellos die dominante, wenn auch nicht die ausschließliche ist. Generell ist für alle mittelalterlichen wie frühneuzeitlichen Texte festzustellen, dass es sich in der Regel um Produkte von symmetrischen V2-, genauer: SVO-Sprachen, handelt, von Sprachen also, bei denen die Zweitstellung des finiten Verbs die unmarkierte Form im Haupt- wie im Neben-/Gliedsatz darstellt.

Dennoch gibt es Ausnahmen dazu und diese sollen im Folgenden näher analysiert werden. Zum einen gilt es, die verschiedenen anderen Wortstellungstypen zu erfassen und in ihrem Vorkommen zu quantifizieren. Zum anderen soll untersucht werden, ob es eine bestimmte Entwicklungslinie oder -tendenz gibt, dass z.B. infolge des Sprachkontakts mit dem Mittelniederdeutschen und später dem Frühneuhochdeutschen die Anzahl der Verb-Letzt- (einschließlich der Verb-Später-)Stellungen zunimmt. Auch ist zu überprüfen, inwieweit die Art der Textsorte eine beeinflussende Rolle spielt.

4.1.2. Die Gesamtauswertung aller hier untersuchten dänischen Quellen ergibt folgendes Bild: Diagramm 3 im Appendix.

Wie diese Tabelle zeigt, dominieren Sätze mit *V2-Wortstellung* (dunkle Färbung) sowohl in Haupt- wie in Nebensätzen ganz eindeutig. Während es aufs Ganze gesehen im Bereich der Hauptsätze so gut wie keine Abweichungen von der V2-Stellung gibt, trifft dies für Nebensätze, insbesondere für Relativsätze, nicht mehr in so eindeutiger Weise zu. Hier liegt der Schluss nahe, dass Transfer aus dem Deutschen dafür verantwortlich gemacht werden könnte, da in frühmittelalterlichen Texten, den Runeninschriften der Wikingerzeit, Gliedsätze mit Verb-Dritt-Stellung bisweilen vorkommen, jedoch solche mit absoluter Verb-Letzt- (und Verb-Später-)Stellung nicht – sofern nicht eine Ellipse vorliegt. Für das frühe Hochmittelalter dürfte es auch kaum Belege für Verb-Letzt-/Verb-Später-Stellungen (VL/Sp) in Nebensätzen geben, sodass es durchaus Gründe gibt, bei spätmittelalterlichen wie frühneuzeitlichen Endstellungen des finiten Verbs auf deutschen Einfluss zu schließen.

Wie Diagramm 4 im Appendix zeigt, spielen *Nicht-V2-Wortstellungen* nur eine untergeordnete Rolle – und zwar unabhängig vom Satztyp. (In Aussagesätzen treten sie kaum einmal auf.) Dennoch fällt auf, dass (formale) *V3*-Stellungen noch am ehesten in Relativsätzen anzutreffen sind (zu den Prämissen dieser Auswertung s. unter 4.1.3.). Zu solchen V3-Relativsätzen zählen Sätze vom Typ (1) und (2) wie auch solche vom Typ (3) und (4):

(1) <u>thær</u> the **kummæ** samæn til arff, tha ... (Jyske Lov 1005) '<u>wo</u> [relativer Anschluss]'

(2) thær i fæligh **waræ** mæth hannum, haldæ father ... (ebd. 1006) 'wer/derjenige, der'
(3) ſom nw **æræ** vnner keyſæren aff Jndia (Mandeville 162) 'die; Rel.partikel, Plural'
(4) huilkæ ſom atſkildæ **æræ** met thet veſtræ haff, (ebd. 164) 'die; Rel.pron., Plural'.

Auch einige V-Letzt- wie Verb-Später-Stellungen finden sich ab und zu, und da wiederum typischerweise in Neben-/Relativsätzen. *V1*-Wortstellungen treten in der Regel nur bei Entscheidungsfragen sowie in Konditionalsätzen auf und sollen deshalb in der weiteren Diskussion unbeachtet bleiben, da dies der grammatischen Norm in allen germanischen Sprachen entspricht.

4.1.3. Ein Vergleich der verschiedenen Texte bezüglich *V3* und *VL/Sp* in dänischen *Nebensätzen* ergibt ein gespaltenes Bild (Diagramm 5 im Appendix - wobei die Chronologie der Texte im Diagramm eingehalten worden ist: am weitesten links steht der älteste Text und am weitesten rechts der jüngste). Ohne Zweifel zeichnen sich im Laufe des 15. und 16. Jahrhunderts Veränderungen bezüglich der Stellung des finiten Verbs in Nebensätzen ab. Die Norm scheint in Bewegung zu geraten, wobei die nicht an bestimmte (schriftliche) Vorlagen gebundenen Texte offenbar eine Vorreiterrolle spielen. Dies zeigen vor allem die Werte für die (übrigen) drei Prosatexte: Mandevilles Rejse, Jeronimi Levned und Hans Tausens Postil (vgl. (5–7)).

(5) ſom jek nw til foren aff ſagt **hafuer**, (Mandevilles Rejse 162)
(6) ther han thit **kom**, da ... (Jeronimi Levned 367)
(7) ſom det nu aff Guds naade ſkeed **er**/ ... (Hans Tausens Postil B 83r).

Die Verbzweitstellung dominiert zwar immer noch bei weitem, wobei unterstützend hinzugefügt werden muss, dass der relativ hohe Anteil an V3-Strukturen zu einem gewissen Grad auch auf die Art der Auszählung zurückzuführen ist: Es wurden nämlich bei der hier vorgenommenen Auszählung sämtliche satzwertigen Konstituenten vor dem finiten Verb als eigenständige Einheiten gezählt (d.h. einschließlich der satzgliedwertigen Relativpronomina/-partikel), wodurch die Zahl der V3-Stellung bei Relativsätzen entsprechend ansteigt. Man hätte Sätze dieser Art auch zu den V2-Sätzen zählen und die erste Konstituente als Konjunktion grundsätzlich unberücksichtigt lassen können. D.h., die relativ hohe Zahl von V3-Strukturen hat nichts mit Sprachwandel oder grammatischer Reanalyse zu tun und kann daher in der weiteren Diskussion unberücksichtigt bleiben.

Interessanterweise kommen in dieser Periode auch etliche Verb-Letzt-/Verb-Später-Stellungen vor, was für die skandinavischen Texte des Mittelalters unter wortstellungstypologischen Gesichtspunkten ungewöhnlich ist, da im Dänischen (wie im Schwedischen) SVO die leitende Wortstellung bildet. M.a.W., die Wortstellungsnorm in dänischen Gliedsätzen ist anscheinend in Bewegung geraten, ohne allerdings einer (erkennbaren) chronologische Entwicklungslinie zu folgen.

Was man jedoch aus dem Diagramm 5 im Appendix ablesen kann, ist, dass Bibeltexte, sowohl das Lukas-Evangelium wie der Genesis-Text, am wenigsten für solche Veränderungen in der Wortstellungsnorm empfänglich sind, während sich die drei bereits genannten erzählenden Prosatexte sowie der in Jütland (und damit in der Nähe zum deutschen Sprachgebiet entstandene) Rechtstext in dieser Beziehung als wesentlich offener für diese Neuerung erweisen. Dies würde gut zum Einfluss vonseiten des Deutschen passen, da es für die Prosatexte wie auch für das Jütische Recht keine (schriftlichen) Vorlagen gibt, wie dies für Bibeltexte der Fall ist. Charakteristisch für den westdänischen Rechtstext ist jedoch – wenn man einmal von den textsortentypischen zahlreichen Konditionalsätzen absieht –, dass er sehr stark auf der mündlichen Rechtstradition in Jütland basiert. Nur das Vorwort ist vom kanonischen Recht (dem Decretum Gratiani von ca. 1150) geprägt (vgl. *Kulturhistorisk Leksikon* VIII: 50f.).

Ob sich diese Veränderungen allerdings d i r e k t auf deutschen Einfluss zurückführen lassen, steht damit noch nicht zweifelsfrei fest. Es gilt zu bedenken, dass viele Schreiber auch Latein, zumindest in schriftlicher Form gut beherrschten, so dass durchaus auch in Erwägung zu ziehen ist, diese Schwankungen hinsichtlich der Position des finiten Verbs, die insbesondere in Nebensätzen zutage treten, ganz allgemein mit der relativ freien Wortstellung in lateinischer Schriftprosa in Verbindung zu bringen. In lateinischer Prosa orientiert sich die Stellung der Satzglieder nicht zuletzt an kommunikativen Präferenzen, also einer Art Thema-Rhema-Fokussierung, wie u.a. Panhuis (1982) zeigen konnte. Dennoch spricht die konkrete historische Kontaktsituation eher für direkte Transferenzen aus dem Deutschen, das seinerseits wiederum von der lateinischen schriftsprachlichen Textnorm beeinflusst worden ist.

4.2. Schwedische Texte

4.2.1. Die Auswertung der Wortstellung im schwedischen Teil des Korpus ergibt ein im Vergleich zum Dänischen sehr ähnliches, sogar fast deckungsgleiches Ergebnis.[13] Wiederum überwiegt die Verbzweitstellung im Haupt- wie im Nebensatz sehr deutlich, so dass wir es auch beim älteren Schwedischen offenkundig mit einer symmetrischen V2- bzw. einer SVO-Sprache zu tun haben, was den Sprachtypus angeht.

Auch hier sollen die Verteilungsmuster bezüglich der Stellung des finiten Verbs bei den verschiedenen Satztypen näher untersucht werden. Ebenso soll der Frage nachgegangen werden, ob es eine Entwicklungstendenz über die Jahrhunderte hin gibt, wobei wiederum besonders die V3- und die Verb-Später-/Verb-Letzt-Stellungen interessant sind, zumal man bei einem positiven Befund mutmaßen könnte, dass eine Beeinflussung vonseiten des Mittelniederdeutschen und/oder des Frühneuhochdeutschen vorgelegen haben könnte.

4.2.2. Wie ein Blick auf die Wortstellung der schwedischen Texte insgesamt ergibt, unterscheidet sich dieses Bild so gut wie nicht von dem des Dänischen (s. 4.1.2.): Diagramm 6 im Appendix.

Das Diagramm zeigt wiederum sehr deutlich, dass die *V2-Wortstellung* (dunkle Färbung) in Haupt- wie in Neben-/Relativsätzen eindeutig die beherrschende ist. Eine Erststellung des finiten Verbs findet man (in Hauptsätzen) nur bei Imperativsätzen und bei Entscheidungsfragen, was jedoch der Erwartung bzw. der grammatischen Norm entspricht. Auch die Nebensätze (einschl. der Relativsätze) ergeben ein weitgehend ähnliches Bild, wenn auch festgestellt werden muss, dass hier Verbdritt-, Verbspäter- und Verbendstellungen durchaus vorkommen, wobei der Anteil an V3-Stellungen bei den Relativsätzen höher liegen muss, da die dem Subjekt vorangehende Satzkonstituente bei der von uns vorgenommenen Art der Auswertung aus

[13] Das Überraschende an diesem Vergleich ist, dass die diesen Diagrammen zugrunde liegenden Werte in den meisten Fällen fast identisch sind, obwohl es sich um eine völlig andere Zusammenstellung von Texten mit unterschiedlicher zeitlicher Gewichtung handelt. Worin sich die beiden Korpora noch am deutlichsten unterscheiden, ist (a) die Anzahl der V2-Stellungen in Relativsätzen (dän. 53 vs. schwed. 70) sowie (b) hinsichtlich der VL/Sp-Stellungen insgesamt (dän. 42 vs. schwed. nur 23). Aus diesen beiden Abweichungen lassen sich jedoch keine Schlüsse irgendwelcher Art ziehen, auch wenn die Anzahl der VL/Sp-Stellungen bei der dänischen Textauswahl fast doppelt so hoch wie bei der schwedischen ist.

syntaktisch-funktionalen Gründen mitgezählt wird. Würde man die Relativpronomina zu den Konjunktionen zählen, erhöhte sich automatisch der V2-Anteil dementsprechend (vgl. die ausführliche Diskussion dazu in 4.1.3.).

Wie ein Blick auf das im Vergleich zur vorherigen Übersicht anders angeordnete Diagramm 7 im Appendix zeigt, fallen die *Nicht-V2-Wortstellungen* nicht sehr ins Gewicht, wobei der Satztyp keine Rolle spielt. Es wird allerdings deutlich, dass solche von der V2-Norm abweichende Wortstellungen so gut wie nur in Neben- oder Relativsätzen vorkommen, wenn man einmal von den V1-Stellungen absieht, die zur Kennzeichnung von Imperativsätzen und Entscheidungsfragen dienen. Als Beispiele für Nebensätze mit V3- (8/9) und VL/Sp-Stellung (10/11) seien folgende Zitate aus dem Korpus angeführt:

(8) at borghamestra ok radhmen kiffuande **wardha** sin i mellen vm walet (Magnus Erikssons stadslag KgB 7.0)
(9) at han ey **formatthe** styra tessalie rike, (Historia Trojana 4).
(10) som iak sant **sigher**. (Magnus Eriksson stadslag KgB 1.1)
(11) mädan tw j wälmakt **är** (Historia Trojana 66).

Nur das Stellungsmuster in Beispiel (9) hat bis heute, auch im Dänischen, überlebt, denn in allen modernen festlandskandinavischen Sprachen werden in Nebensätzen die Satzadverbien (hier: in Form einer Negation) vor das finite Verb gestellt (vgl. auch unten 4.2.4.). Eine symmetrische Wortstellung im Haupt- wie Nebensatz wie im Inselnordischen ist, was die Stellung der Satzadverbien bzw. der Satznegation angeht, nur unter sehr eingeschränkten Bedingungen möglich (nach *verba sentiendi/putandi* im übergeordneten Satz, vgl. auch Vikner 1995: 54, 63 u. passim).

Es gibt also bereits seit dem späten Mittelalter zwei *Ausnahmen zum Prinzip der Verbzweitstellung* im ostskandinavischen (hier: schwedischen) Nebensatz, (a) die Stellung des finiten Verbs in Relativsätzen, d.h. in Nebensätzen mit satzgliedwertiger Konjunktion, und (b) die Nebensätze, die Satzadverbien enthalten. Somit wird deutlich, dass das Prinzip der symmetrischen V2-Sprache – auch für die heutigen festlandskandinavischen Sprachen – immer nur mit gewissen Einschränkungen gegolten hat, was jedoch die typologische Einordnung zu den symmetrischen V2-/SVO-Sprachen nicht grundsätzlich infrage stellt.

4.2.3. Vergleicht man das Verhältnis von *V3-* zu *VL/Sp-* im schwedischen Nebensatz mit dem im Dänischen, ergibt sich eine gewisse Verschiebung zugunsten von mehr V3-Stellungen im Schwedischen. Der Anteil an Verb-Später- bzw. Verb-Letzt-Stellungen ist noch geringer als im Dänischen, zumindest bei der ersten drei Texten aus dem 14. und 15. Jahrhundert. Im 16. Jahrhundert gibt es jedoch keine Unterschiede mehr (vgl. Historia Trojana: 1529 und die beiden Bibeltexte: 1540/41). Ungewöhnlich, aber wahrscheinlich eher zufälliger Natur, ist die Fehlanzeige bei der Verbendstellung in den „Sju vise mästare" (in der Übersetzung A).

Es bleibt festzuhalten, dass es zumindest im 16. Jahrhundert im Dänischen wie im Schwedischen etliche Nebensätze mit V3- und VL/Sp-Stellung gibt, die möglicherweise auf Deutschen und/oder auf stilistischen Einfluss aus dem Lateinischen zurückzuführen ist. Diese Problematik wurde bereits in 4.1.3. anhand des dänischen Befundes diskutiert und soll weiter unten anhand von anderem Material noch vertieft werden (s. 4.2.4.).

(Diagramm 8 im Appendix).

Was man aufgrund dieser jeweils sechs Stichproben sagen kann, ist, dass es Ausnahmen zur strikten Verbzweitstellung in ostskandinavischen Nebensätzen gibt, die jedoch nicht so dominant sind, dass sie zu einer gleichsam gespaltenen Wortstellung wie im Deutschen zwischen Haupt- und Nebensatz (SVO_{HS}/SOV_{NS}) führen würden. Davon kann keine Rede sein. Was man jedoch feststellen kann, ist, dass es intervenierende Faktoren (welcher Art auch immer) gibt, die andere Wortstellungsmöglichkeiten als grammatisch möglich erscheinen lassen.

Die einfachste Erklärung für einen solche Befund liefert die Mehrsprachigkeitsforschung, die zeigen konnte, dass Zweisprachige Wortstellungsmuster bevorzugen, die in den beiden von ihnen beherrschten Sprachen übereinstimmen (vgl. allg. Nichols 1992 sowie Nettle 1999: 137f.). Mit dieser Parallelführung wird möglicherweise eine gewisse übereinzelsprachliche grammatische (hier: syntaktische) Kompetenz aufgebaut, die über diejenigen Regeln verfügt, die für b e i d e vom Sprecher beherrschten Sprachen gelten. Auch wird durch eine solche Parallelführung in der Wortstellung das Code-Switching zwischen den betreffenden Sprachen erheblich erleichtert, da nun an mehreren Stellen im Satz von der einen in die andere Sprache gewechselt werden kann, ohne dass dies zu Brüchen im Satzbau führen würde, worunter nicht zuletzt auch die Verständlichkeit leiden würde. Gerade diese Möglichkeit dürfte für Deutsche eine nicht unerhebliche Rolle gespielt haben, da davon auszugehen ist, dass sie weiterhin Deutsch als Familien- und Institutionssprache benutzt haben.

4.2.4. Ludger Zeevaert (2005) konnte zeigen, dass der Anteil an V3- und V-End-Stellungen im Schwedischen von 1350 (beginnend mit einem Genesistext einer weit vorreformatorischen Bibelübersetzung) über die Birgitta-Texte (1360) und Diplome (1375) bis hin zur Übersetzung des Markus-Evangeliums (1526) und schließlich der Genesis in der Gustav-Wasa Bibel (1540/41) von anfänglich 1% bis auf 27% ansteigt. Diese Zahlen lassen sich mit den hier präsentierten in Übereinstimmung bringen, wobei jedoch darauf hinzuweisen ist, dass sich unsere Prozentangaben immer auf alle Nebensätze beziehen, während bei Zeevaert (2005) nur die Relativsätze – dafür aber anhand weitaus größerer Datenmengen – untersucht und ausgewertet worden sind.

Hinsichtlich der *Parametrisierung* (*OV* vs. *VO*) stellt er fest, dass die VO-Parametrisierung, man könnte auch sagen, die Rechtsmodifizierung, seit 1350 stetig, aber doch deutlich auf dem Rückzug befindlich ist: Während um 1350 (früher Genesistext) noch 87% aller Relativsätze VO aufweisen, liegt der Prozentsatz von VO im Jahre 1529 bei 39% und kurze Zeit später, 1541, bei nur noch 36%. Die einzige Ausnahme zu dieser Entwicklung bilden die Birgitta-Texte (um 1360), in denen es in Relativsätzen keinerlei Abweichung von der VO-Parametrisierung zu geben scheint, zumindest nicht in Relativsätzen.

Diese Untersuchung, die auf einer sehr viel größeren, wenn auch hinsichtlich des Untersuchungsbereichs eingeschränkteren Datenmenge aus demselben Forschungsprojekt basiert, zeigt ganz eindeutig, dass wir es spätestens im 16. Jahrhundert mit einem Umbruch in der Wortstellung in den schwedischen (und möglicherweise auch in dänischen) Nebensätzen zu tun haben, der plausiblerweise mit Einflüssen durch Sprachkontakt zu erklären ist: Es ergibt sich nämlich eine sehr deutliche Tendenz, wahrscheinlich ausgelöst von bilingualen Sprechern/Schreibern, die dahin geht, die typologischen Differenzen in der Wortstellung dort zu reduzieren, wo sie am größten sind, nämlich in den Relativsätzen (und vielleicht in Nebensätzen allgemein, was wir anhand unseres relativ kleinen Korpus jedoch nicht nachweisen konnten).

Hinsichtlich des Verhältnisses von Satzadverb zu finitem Verb (*AV* vs. *VA*) stellt Zeevaert (2005) fest, dass mit Ausnahme der Diplome aus dem Ende des 14. Jahrhunderts (1375) und von Karlmar stads tänkebok (1393–1493) fast alle Hauptsätze in der Zeit von 1350 bis 1541 eine *VA-Parametrisierung* auszeichnet. D.h., fast alle Satzadverbien stehen in schwedischen Hauptsätzen während des ganzen Spätmittelalters und des 16. Jahrhunderts (ebenfalls rechtsmodifizierend) n a c h dem finiten Verb, wie dies auch heute im gesamten festlandskandinavischen (historisch: ostskandinavischen) Bereich der Fall ist. Die weiteren Abweichungen von diesem Prinzip finden sich wiederum, wie bereits bei den Relativsätzen gesehen, einerseits bei den Diplomen aus dem Ende des 14. Jahrhunderts sowie in Karlmar stads tänkebok (1393–1493) und andererseits bei den Bibelübersetzungen des 16. Jahrhunderts, die der eher im Deutschen üblichen Parametrisierung von Adverb und finitem Verb folgen: AV.

Die Tatsache, dass in beiden Fällen die Diplome eine Sonderrolle spielen, sollte uns vor einer kurzschlüssigen oder pauschalen Erklärung dieser Befunde mit deutschem Einfluss bewahren, denn gerade bei den Diplomen dürfte sich der Einfluss der lateinischen Urkundensprache prägend durchgesetzt haben. Für die verbleibenden Fällen ergibt eine Erklärung, die sich auf Sprachkontakt zum Mittelnieder- wie später Frühneuhochdeutschen beruft, jedoch eine durchaus wahrscheinliche Deutung ab.

5. *Fazit*

5.1. Unsere Untersuchungen an insgesamt zwölf ausgewählten ostskandinavischen Texten des späten Mittelalters und der frühen Neuzeit haben ergeben, dass die Varianz in der *linken Peripherie von C* (oder im Fundamentfeld, wie man in anderen Grammatikmodellen formulieren würde) deutlich abgenommen hat. Subjekte und Adverbien dominieren in hauptsatzeinleitender Position zu über 84%, und zwar unterschiedslos sowohl in dänischen wie in schwedischen Texten. Nach links dislozierte Objekte stellen – im Gegensatz zur Kontaktsprache Deutsch (Niederdeutsch oder Hochdeutsch) – die große Ausnahme dar. Wenn ab und an vorangestellte Objekt-NPs auftreten, dann meistens in Form von Pronomina, bei denen aufgrund ihrer (bis heute noch erhaltenen) *casus rectus/obliquus*-Markierung klar zu erkennen ist, dass es sich bei diesen Formen nicht um Subjekte (im Nominativ) handeln kann.

5.2. Des Weiteren konnte gezeigt werden, dass *V2* ganz eindeutig die *unmarkierte Wortstellung* sowohl im Haupt- wie auch im Nebensatz darstellt. Während es bei den selbstständigen Sätzen meist nur grammatisch-funktional motivierte Abweichungen von der Verbzweitstellung, z.B. in Form von Imperativsätzen oder bei Entscheidungsfragen mit V1-Stellung gibt und V3-Stellungen mehr oder weniger die Ausnahme sind, ist die Stellung des finiten Verbs in *Nebensätzen* weniger bindend bzw. (noch) nicht formal-grammatisch festgelegt.

Es konnte gezeigt werden, dass Ausnahmen hierzu auftreten, und zwar unabhängig davon, ob man die Wortstellung bei Relativsätzen mit satzgliedwertigen einleitenden Konstituenten mitzählt und so zu etlichen V3-Stellungen mehr kommt oder nicht. Es bleiben, je nach Textsorte, in beiden untersuchten Sprachen etliche Verb-Später- wie auch Verb-Letzt-Stellungen übrig, die es zu erklären gilt, weil sie dem symmetrischen V2-Typus, wie er sich heute ausnahmslos in allen festlandskandinavischen Sprachen findet, zuwider laufen.

Bei der *Parametrisierung* der Konstituenten, d.h. bei der Abfolge von modifizierendem und modifiziertem Satzglied, ist zu beobachten, dass die Reihenfolge VO[bjekt] bzw. VA[dverb] eindeutig vorherrscht. D.h. wir haben bei den ostskandinavischen Sprachen (hier vornehmlich anhand des Schwedischen diskutiert) gesehen, dass es sich im Spätmittelalter wie in der frühen Neuzeit um Sprachen handelt, bei denen eine *Rechtsmodifizierung* zugrunde liegt. M.a.W. sowohl die Objekte (VO) wie die Satzadverbien (VA) folgen dem jeweiligen finiten Verb nach.

Dennoch gibt es auch im Fall der Stellung der Adverbien Ausnahmen, die einer Erklärung bedürfen. Da es sich um eine grundsätzliche, wenn auch nur sporadisch auftretende Änderung in der Parametrisierung wichtiger Satzkonstituenten handelt, wird der auslösende Faktor derselbe sein, den man auch für den gelegentlichen Wandel in der Reihenfolge der Wortstellung von VO zu OV beobachten kann, für den es ebenfalls eine Erklärung zu finden gilt.

5.3. Auf dem Hintergrund des heutigen Wissens über das Verhalten von Sprechern in Sprachkontaktsituationen und unter Einbezug der Erkenntnisse aus der *Mehrsprachigkeitsforschung* haben wir versucht, Argumente dafür vorzubringen, dass die Vereinfachungen an der linken Peripherie von C (bzw. im Fundamentfeld von selbstständigen Sätzen) am plausibelsten mit *L2-Lernerstrategien* zu erklären sind. Sowohl das historische wie soziale Umfeld der damaligen Kontaktkonstellationen wie die Art der zu beobachtenden Lernerstrategien stützen unsere These.

Erklärungen, die mit direkten Projektionen von der dominanten zur unterlegenen Kontaktsprache operieren, können diesen Sprachwandel, der in der Syntax wie insgesamt im Textaufbau ostskandinavischer Sprachen am Ende des Mittelalters und im 16. Jahrhundert stattgefunden hat, nicht befriedigend erklären, weil sowohl das Mittelniederdeutsche wie das frühe Neuhochdeutsche typologisch anders strukturiert sind und (im Fall des Hochdeutschen bis heute) über genau die Distinktionen verfügen, die in den beiden ostskandinavischen Sprachen beseitigt worden sind. Sie hätten sich – aus rein typologischer Sicht – problemlos aus dem Deutschen übertragen lassen, womit sich das Ostskandinavische dann mehr oder weniger parallel zum Westskandinavischen entwickelt hätte. Dies hätte jedoch die Beibehaltung der (komplexen) früh- wie hochmittelalterlichen skandinavischen Nominalflexion vorausgesetzt, deren Erwerb einen nicht unbeträchtlichen Lernaufwand für L2-Lerner erfordert hätte.

Beides trat, wie wir wissen, in dieser Form nicht ein: zum einen wurden im Großen und Ganzen nur frequente Konstituenten wie Subjekte und Adverbien satzeinleitend übernommen, zum anderen wurde die ehemals sehr differenzierte Nominalflexion bis auf Reste bei den Personalpronomina abgebaut. Beide Phänomene hängen m.E. eng zusammen und können mit nur einer Lernertheorie widerspruchsfrei erklärt werden.

Hinsichtlich der Wortstellung und den Abweichungen in Bezug auf den VO-Sprachtypus konnte plausibel gemacht werden, dass für diese Abweichungen *Sprachkontakt*, genauer Parallelführungen zu den Wortstellungsmustern der dominanten Kontaktsprache, mit großer Wahrscheinlichkeit verantwortlich zu machen ist. In nicht allen Fällen, d.h. nicht bei allen Textsorten, konnte zweifelsfrei gezeigt werden, dass es sich bei der beeinflussenden Sprache zwingend um das Nieder- oder Hochdeutsche gehandelt haben musste. Vieles spricht dafür, dass etwa bei formelhaften Texten, wie z.B. Rechtstexten oder Diplomen, die Normen der lateinischen Schriftsprache in gleicher Weise als Vorbild infrage kommen können. Das Problem hierbei ist nur, dass dies in gleicher Weise auch für die entsprechenden deutschen Textsorten gilt, die ebenfalls ohne eine lateinische Schriftlichkeit mit Vorbildfunktion nicht vorstellbar sind.

5.4. Ziel unseres Beitrags in *theoretischer* Hinsicht war es zu zeigen, dass die moderne Zweisprachigkeitsforschung viel zur Erklärung von Sprachwandelprozessen beitragen kann, wenn sie konsequent angewandt wird und wenn nicht für historische Sachverhalte völlig andersartige Erklärungen als für die heute beobachtbaren Phänomene anstrebt werden. Denn wie soll man erklären, dass sich Menschen in vergleichbaren Situation früher völlig anders verhalten haben, als sie dies heute tun? Wie will man rechtfertigen, dass zur Beschreibung sprachlicher Sachverhalte in der Vergangenheit völlig andere Modelle herangezogen werden müssen, als wenn es um in der Gegenwart zu beobachtende Verhältnisse geht?

Zu diesen Gesichtspunkten wie zur Modellbildung bei Sprachwandelvorgängen wurde von mir an anderer Stelle sehr ausführlich wie grundsätzlich Stellung bezogen (s. Braunmüller 2004b). Ein Erkenntnisfortschritt wird nur dann eintreten, wenn die methodische Zweigleisigkeit, d.h. die grundsätzliche Verschiedenheit bei der Beschreibung von zurück liegenden und gegenwärtigen Sprachzuständen, aufgegeben wird, und wenn es uns gelingt, zu einer einheitlichen Theoriebildung für sprachhistorische wie nicht-sprachhistorische Sachverhalte zu kommen.

5.5. Auf eine kurze Formel gebracht, lässt sich zusammenfassend feststellen, dass es im Osten Skandinaviens eine Vereinfachung im Vorfeld von Hauptsätzen aufgrund des prägenden Einflusses sozial einflussreicher L2-Sprecher deutscher Herkunft gegeben haben dürfte, während es sich bei den Veränderungen in der Wortstellung von Nebensätzen um einen Transfer (wahrscheinlich) vom (Nieder- wie Hoch-) Deutschen auf das Skandinavische gehandelt hat. Es muss darüber hinaus allerdings damit gerechnet werden, dass sich auch bildungssprachlicher Einfluss vonseiten des Lateins niedergeschlagen hat, da beide am Kontakt beteiligten Sprachen, also Dänisch/Schwedisch einerseits und Nieder-/Hochdeutsch andererseits, hinsichtlich der Wortstellung in abhängigen Sätzen ihrerseits direkt stark vom Lateinischen und seiner Textnorm geprägt worden sind, wobei dies in höherem Maße für das Deutsche als das Skandinavische zutreffen dürfte.

Literatur

Brattegard, Olav 1963: „Niederdeutsch und Norwegisch am hansischen Kontor zu Bergen in Norwegen." In: *Niederdeutsches Jahrbuch* 86, 7-16.

Braunmüller, Kurt 1993: „Syntaktische Divergenzen und Transferenzen. Ein struktureller Vergleich anhand mittelniederdeutscher und altskandinavischer Volksbücher." In: *Niederdeutsch und die skandinavischen Sprachen I* (Kurt Braunmüller & Willy Diercks, Hgg.). Heidelberg, 231-270.

— 1995: „Semikommunikation und semiotische Strategien. Bausteine zu einem Modell für die Verständigung im Norden zur Zeit der Hanse." In: *Niederdeutsch und die skandinavischen Sprachen II* (Kurt Braunmüller, Hg.). Heidelberg, 35-70.

— 2004a: "Niederdeutsch und Hochdeutsch im Kontakt mit den skandinavischen Sprachen. Eine Übersicht." In: *Deutsch im Kontakt mit germanischen Sprachen* (Horst Haider Munske, Hg.). Tübingen, 1-30.

— 2004b: „Plädoyer für eine Umorientierung in der Beschreibung von Sprachwandelprozessen." In: *NOWELE* 44, 21-49.

Christoffersen, Marit 1993: *Setning og sammenheng. Syntaktiske studier i Magnus Lagabøters landslov*. Kristansand.

— 2002: "21. Nordic language history and research on word order." In: *The Nordic languages. An international handbook of the history of the North Germanic languages* (Oskar Bandle et al., eds.). Berlin, New York, Bd. 1, 182-191 (HSK 22.1).

Daneš, František 1970: „Zur linguistischen Analyse der Textstruktur." In: *Folia Linguistica* 4, 72-78.

Delsing, Lars-Olof 1999: "Från OV-ordföljd till VO-ordföljd. En språkförändring med förhinder". In: *Arkiv för nordisk filologi* 114, 151-232.

Diercks, Willy 1993: „Zur Verwendung prä- und postmodifizierender Morpheme im Mittelniederdeutschen und in den skandinavischen Sprachen." In: *Niederdeutsch und die skandinavischen Sprachen I* (Kurt Braunmüller & Willy Diercks, Hgg.). Heidelberg, 161-194.

— & Braunmüller, Kurt 1993: „Entwicklung des niederdeutsch-skandinavischen Sprachkontakts. Untersuchungen zur Transferenz anhand von volkssprachlichen Texten des 15., 16. und 17. Jahrhunderts – eine Projektübersicht." In: *Niederdeutsch und die skandinavischen Sprachen I* (Kurt Braunmüller & Willy Diercks, Hgg.). Heidelberg, 9-40.

Faarlund, Jan Terje 2004: *The syntax of Old Norse. With a survey of the inflectional morphology and a complete bibliography*. Oxford etc..

Heusler, Andreas 1921: *Altisländisches Elementarbuch*. 2. Aufl. Heidelberg.

Jörgensen, Nils 1987: *Studier över syntax och textstruktur i nordiska medeltidslagar*. Lund.

Kossuth, Karen C. 1978: "Typological contributions to Old Iceland word order under particular consideration of the verb. In: *Acta Philologica Scandinavica* 32, 37-52.

Kulturhistorisk leksikon for nordisk middelalder Bd. VIII. 2. Auflage. Kopenhagen, s.v. Jyske Lov (S.50f.).

Mørck, Endre 2005: "Connective/narrative inversion in Middle Norwegian declarative clauses", in: *Contexts - historical, social, linguistic. Studies in celebration of Toril Swan* (Kevn McCafferty, Tove Bull & Kristian Kille, eds.), Bern, 263-78.

Muysken, Pieter 2000: *Bilingual speech. A typology of code-mixing*. Cambridge etc.

Nestle, Eberhard 1961: *Novum testamentum latine. Textum vaticanum (...)*. 9. Aufl. Stuttgart.

Nettle, Daniel 1999: *Language diversity*. Oxford etc..

Nichols, Johanna 1992: *Linguistic diversity in space and time*. Chicago, London.

Norde, Muriel 1997: *The history of the genitive in Swedish. A case study in degrammaticalization.* Amsterdam (Phil. Dissertation).

Nygaard, M[arius] 1906: *Norrøn syntax.* Nachdruck Oslo 1966.

Panhuis, Dirk G. J. 1982: *The communicative perspective in the sentence: a study of Latin word order.* Amsterdam, Philadelphia.

Platzack, Christer 1980: *Meningsbyggnaden i några fornsvenska kröniker.* Lund: Institutionen för nordiska språk.

— 1985: "Narrative inversion in Old Icelandic." In: *Íslenskt mál og almenn málfræði* 7, 127-144.

Rieger, Gerd Enno 1968: „Die Spitzenstellung des finiten Verbs als Stilmittel des isländischen Sagaerzählers." In: *Arkiv för nordisk filologi* 83, 81-139.

Ringgaard, K[ristian] 1986: „Fleksionssystemets forenkling og middelnedertysk." In: *Arkiv för nordisk filologi* 101, 173-183.

Rosenthal, Dieter 1987: „Über den Umfang des niederdeutschen Einflusses auf das Schwedische." In: *Sprachkontakt in der Hanse. Aspekte des Sprachausgleichs im Ostsee- und Nordseeraum (...)* (P. Sture Ureland, Hg.). Tübingen, 179-202.

Thoma, Chrystalla & Zeevaert, Ludger 2006: „Klitische Pronomina im Griechischen und Schwedischen. Eine vergleichende Untersuchung zu synchroner Funktion und diachroner Entwicklung klitischer Pronomina in griechischen und schwedischen narrativen Texten des 15. bis 18. Jahrhunderts." In: *Arbeiten zur Mehrsprachigkeit, Serie B/70.* Hamburg: Sonderforschungsbereich 538 Mehrsprachigkeit (51 Seiten).

Vikner, Sten 1995: *Verb movement and expletive subjects in the Germanic languages.* New York, Oxford.

Wessén, Elias (ed.) 1954: *Äldre Västgötalagen.* Stockholm-Kopenhagen-Oslo.

Zeevaert, Ludger 1995: „Wie intensiv war der mittelniederdeutsch-skandinavische Sprachkontakt wirklich? Untersuchungen von Transferenz im Grundwortschatz." In: *Niederdeutsch und die skandinavischen Sprachen II* (Kurt Braunmüller, Hg.). Heidelberg, 145-179.

— 2005: "Språkkontakt, syntaktisk variation och syntaktisk förändring. Kan det påvisas ett samman hang i fornsvenska texter?" In: *Svensk språkhistoria 10* (Lars-Olof Delsing & Cecilia Falk, eds.). Lund.

APPENDIX

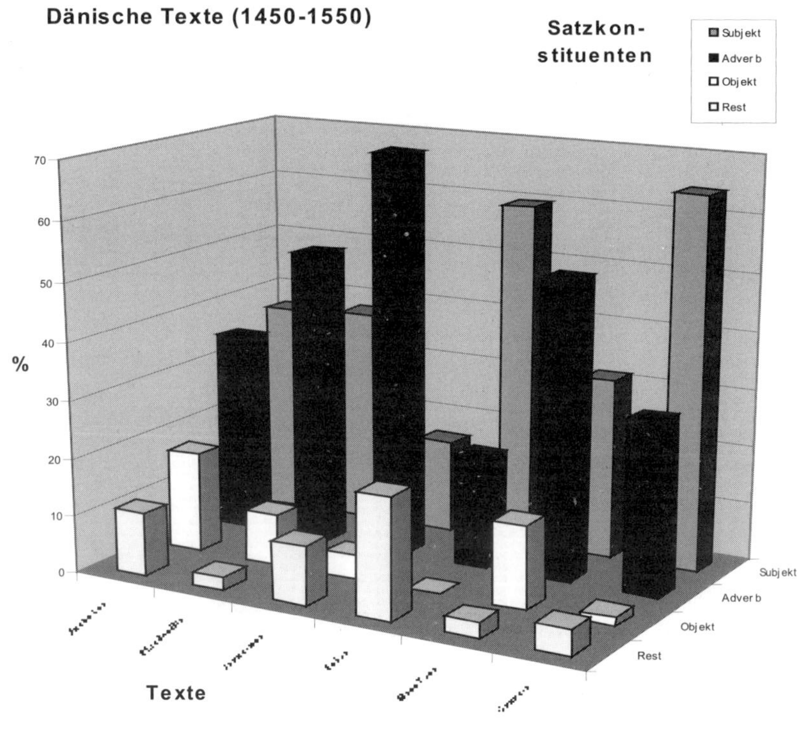

Diagramm 1

Texte von links: Jyske Lov – Mandeville – Jeronimus – Lukas – Hans Taus – Genesis

Satzkonstituenten von rechts: Subjekt – Adverb – Objekt – Rest

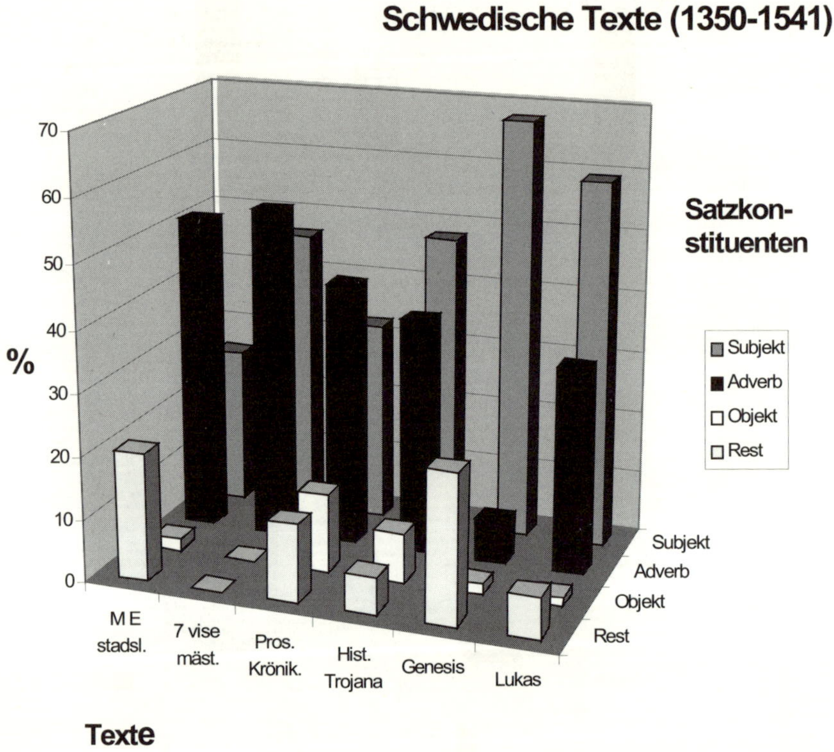
Schwedische Texte (1350-1541)
70
60
50
40
30
20
10
0
%
Satzkon-
stituenten
Subjekt
Adverb
Objekt
Rest
M E
stadsl.
7 vise
mäst.
Pros.
Krönik.
Hist.
Trojana
Genesis
Lukas
Subjekt
Adverb
Objekt
Rest
Texte

Diagramm 2

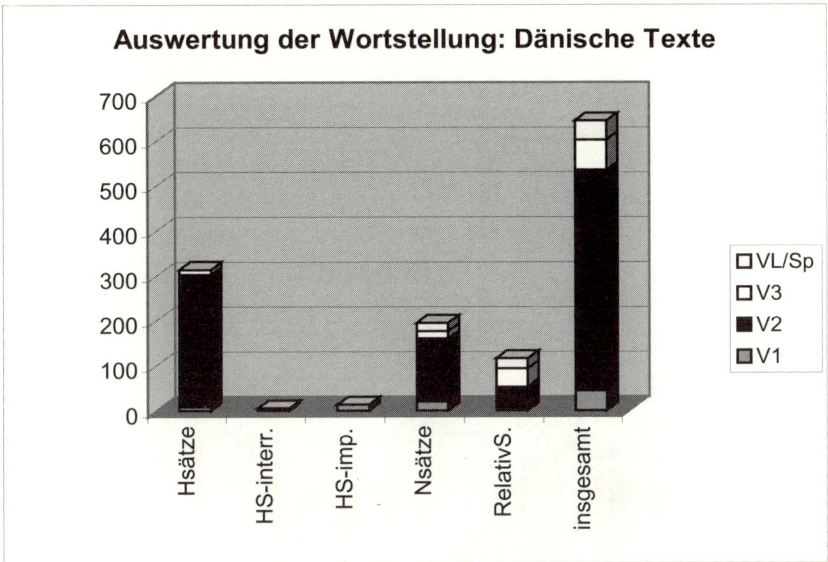

Diagramm 3

Diagramm 4

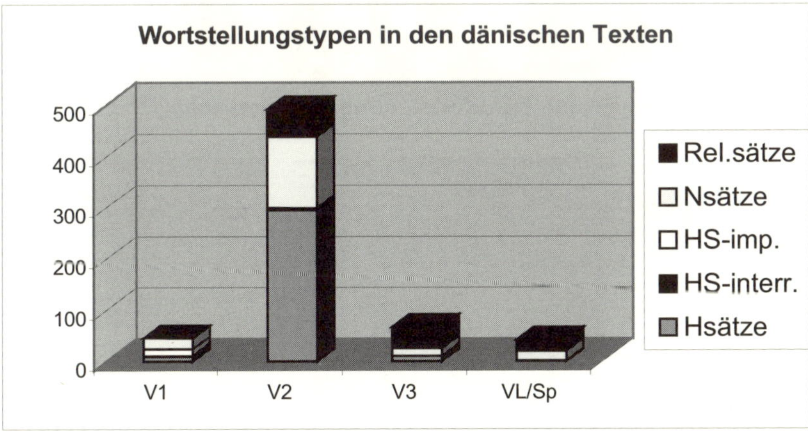

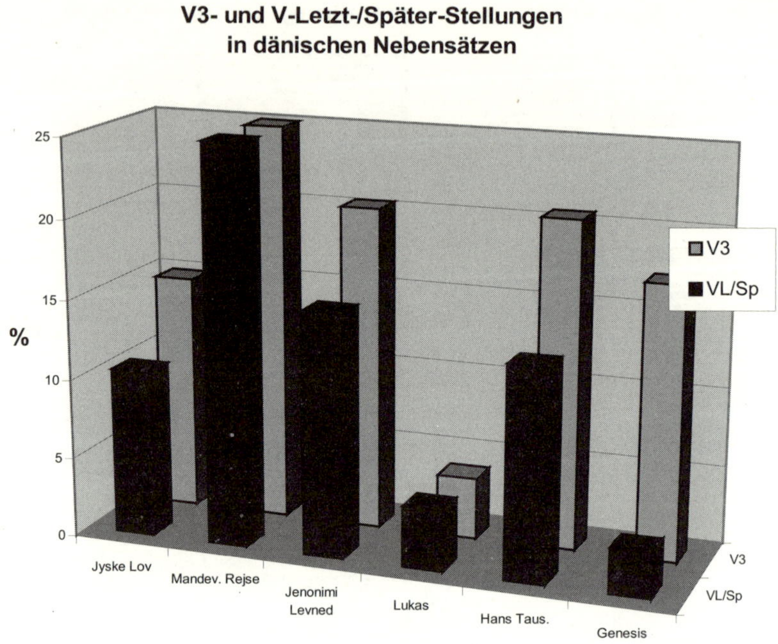

Diagramm 5

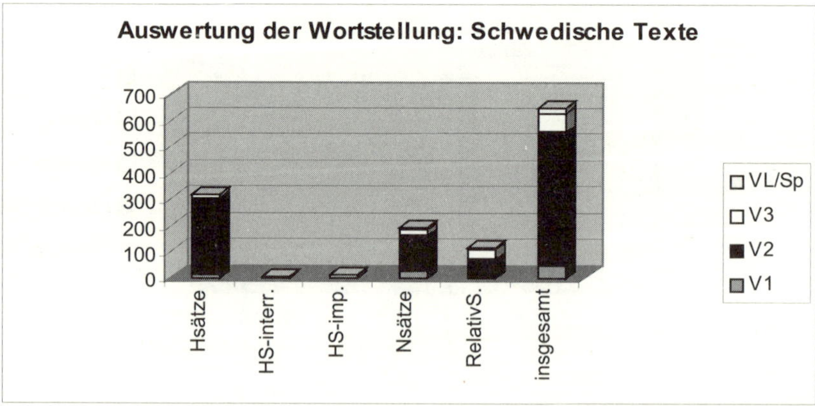

Diagramm 6

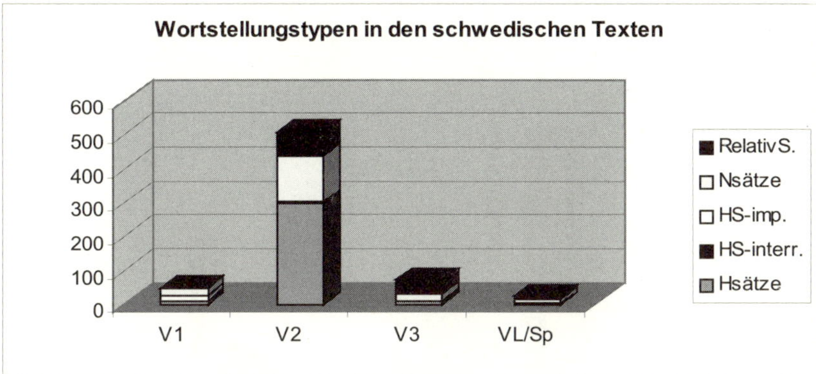

Diagramm 7

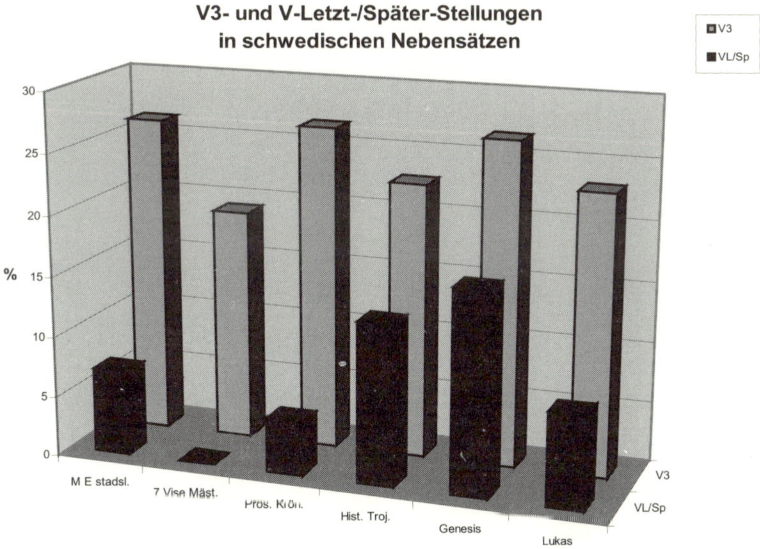

Diagramm 8

Texte von links:
M E stadsl. – 7 Vise Mäst. – Pros. Krön. – Hist. Troj. – Genesis - Lukas

Amsterdamer Beiträge zur älteren Germanistik 62 (2006), 243-246

IN MEMORIAM PROF. DR. C. SOETEMAN

von Norbert Voorwinden — Leiden

Am 11. November 2005 starb im Alter von 93 Jahren einer der Grundleger der Abteilung für deutsche Sprache und Literatur an der Universität Leiden: Prof. Dr. C. Soeteman. Geboren am 19. Juli 1912 in Rotterdam, hatte er von 1930 bis 1936 an der Universität Groningen Germanistik studiert. Seine Lehrer waren die Professoren J. M. N. Kapteyn, der Nachfolger des großen Philologen Barend Symons, und Th. C. van Stockum, der in Soeteman die bis zu seinem Tode währende Bewunderung für Thomas Mann entfachte. Nach Abschluß seines Studiums in Groningen verbrachte er - von März bis September 1937 - ein halbes Jahr in Berlin, wo er an seiner Dissertation über die Übersetzungstechnik Otfrids von Weißenburg arbeitete. 1938 wurde er dann Studienrat in Middelharnis, einem damals entlegenen Ort auf der (ehemaligen) Insel Overflakkee, wo er den Lehrerberuf in der Praxis erlernen mußte, denn die niederländischen Universitäten bildeten damals nicht Lehrer, sondern Philologen aus. In Middelharnis konnte er auch in aller Ruhe weiter an seiner Dissertation arbeiten. Nach der Promotion (1939) folgte 1940 die Ernennung am städtischen Gymnasium in Delft und 1941 die am Maerlant-Lyceum in Den Haag. Die Jahre 1940-1945 waren für einen Deutschlehrer in den Niederlanden eine schwierige Zeit, weil Lehrer und Fach von den Schülern nur allzu oft mit der verhaßten Besatzungsmacht identifiziert wurden. Sobald man aber Soetemans korrekte politische Gesinnung erkannt hatte, wurde er mehr respektiert als Kollegen, die Englisch oder Französisch unterrichteten und im Verdacht standen, NS-Sympathien zu haben. Seit 1946 war er nebenamtlich tätig als Dozent an einem Institut für die Lehrerausbildung auf dem zweiten Bildungsweg in Den Haag und als Mitglied der staatlichen Prüfungskommission für Mittel- und Oberschullehrer. Im Jahre 1956, dem Gründungsjahr der germanistischen Abteilung an der Universität Leiden, kam er, zuerst als Mitarbeiter des in jenem Jahr als Gastprofessor in Leiden tätigen amerikanischen Philologen Taylor Starck, nach Leiden, ein Jahr später folgte seine

Ernennung zum Ordinarius für deutsche Sprache und Literatur des Mittelalters.

Soeteman ist in erster Linie immer Lehrer im weitesten Sinne des Wortes gewesen. Er war ein ausgezeichneter Dozent und er war immer bestrebt, den persönlichen Kontakt mit seinen Studenten nicht aus den Augen zu verlieren. Von fast noch größerer Bedeutung waren jedoch seine organisatorische Begabung und seine natürliche Autorität. Es war denn auch selbstverständlich, daß er jahrelang Vorsitzender der germanistischen Abteilung war, nur unterbrochen in den Jahren 1968/1969, als er eine Gastprofessur in Austin (Texas, USA) innehatte, und 1970/1971, als er Rector Magnificus der Leidener Universität war.

Auch internationale Anerkennung wurde ihm zuteil, was nicht nur aus der Einladung nach Austin, sondern auch aus der Tatsache hervorgeht, daß er korrespondierendes Mitglied des Wissenschaftlichen Rates des Instituts für deutsche Sprache in Mannheim war. Seine Verdienste für die Förderung des Studiums der deutschen Sprache und Kultur in den Niederlanden fanden offizielle Anerkennung, als ihm im Jahre 1970 die Goethe-Medaille in Gold des Instituts zur Pflege deutscher Sprache und Kultur in München und 1971 das Große Verdienstkreuz der Bundesrepublik Deutschland verliehen wurden. Die Gesamtheit seiner Tätigkeiten wurde im Jahre 1976 mit der königlichen Auszeichnung „Ridder in de Orde van de Nederlandse Leeuw“ gewürdigt.

Bei seinem Abschied im Jahre 1978 wurde ihm eine Festschrift (Studien zur Linguistik und Didaktik. Festschrift für C. Soeteman, hg. von André van Raad und Norbert Voorwinden. Leiden 1978) angeboten, in die ein fast vollständiges Verzeichnis seiner Schriften aufgenommen ist. Einige damals übersehene Titel, sowie die nach seiner Emeritierung erschienenen Aufsätze und Rezensionen sind im folgenden Nachtrag aufgeführt. Das Vorwort zu dieser Festschrift schließt mit den Worten: „Die niederländische Germanistik wird sich an den Gedanken gewöhnen müssen, daß Soeteman nicht mehr an der Leidener Universität tätig ist.“ Inzwischen sind fast all seine Schüler nicht mehr im Amt und hat Soeteman selbst seinen Platz unter den Großen in der Geschichte der niederländischen Germanistik eingenommen.

Ergänzungen zum Schriftenverzeichnis von 1978

1. *Aufsätze*

"Een Groninger in Leiden", in: *Liber Amicorum voor N. F. Hofstee*. Leiden 1978, 1-15.

Een eeuw Nederlandse germanistiek. Afscheidscollege. Leiden 1978.

"Levensbericht Alberta Johanna Portengen", in: *Jaarboek van de Maatschappij der Nederlandse Letterkunde te Leiden* 1978/1979. Leiden 1979, 75-81.

"Ritterroman und Gesellschaft. Versuch über die Soziologie der höfischen Epik", in: *Oral Poetry. Das Problem der Mündlichkeit mittelalterlicher epischer Dichtung*, hg. v. Norbert Voorwinden und Max de Haan. Darmstadt 1979, 271-291.

"Die Anfänge der Literaturgeschichte. Gedanken über althochdeutsche und frühmittelhochdeutsche Literatur", in: *Studien zur deutschen Literatur des Mittelalters* (Festschrift Lohse). Bonn 1979, 96-107.

"Fünf Jahre nach Thomas Manns 100. Geburtstag. Bibliographie, Briefe, Biographie, Tagebücher", in: *Duitse Kroniek* 31, 1980, 90-96.

"Jacob Grimm an L.P.C. van den Bergh und H.W. Tydeman und andere Grimm-Briefe in der Universitätsbibliothek Leiden", in: *Brüder Grimm Gedenken* 3, hg. v. Ludwig Denecke. Marburg 1981, 249-257.

"Drei niederländische akademische Reden über Jacob Grimm", in: *Brüder Grimm Gedenken* 3, hg. v. Ludwig Denecke. Marburg 1981, 258-264.

"De briefwisseling tussen Matthias de Vries en Jacob Grimm 1852-1863", in: *130 jaar Woordenboek der Nederlandsche taal 1851-1981*. Leiden 1982, 25-62.

"Mittelalterliches bei André Gide, Thomas Mann und Simon Vestdijk", in: Q. I. M. Mok e.a. (réd.), *Mélanges de linguistique, de littérature et de philologie médiévales, offerts à J. R. Smeets*. Leiden 1982, 271-280.

"Duitse stemmen over Leiden uit de 18e en 19e eeuw", in: *Leids Jaarboekje* 1983. Leiden 1983, 139-148.

"Jacob Grimm im Briefwechsel mit niederländischen Philologen", in: *In diutscher diute. Festschrift für Anthony van der Lee zum sechzigsten Geburtstag*, hg. v. M. A. van den Broek und G. J. Jaspers. Amsterdam 1983, 173-182 (= Amsterdamer Beiträge zur älteren Germanistik 20).

"Der Briefwechsel zwischen Jacob Grimm und Matthias de Vries", in: *Brüder Grimm Gedenken* 4, hg. v. Ludwig Denecke. Marburg 1984, 148-182.

"Oskar Schade und sein Wörterbuch", in: *wortes anst, verba gratia. donum natalicium gilbert a.r. de smet*, hg. v. H. L. Cox, V. F. Vanacker & E. Verhofstadt. Leuven 1986, 463-470.

"Ein bei De Vreese fehlender Brief von Jacob Grimm an Jan Frans Willems", in: *Brüder Grimm Gedenken* 6, hg. v. Ludwig Denecke. Marburg 1986, 208-210.

"Vijf brieven van Jonckbloet aan Jacob Grimm", in: *Nieuw letterkundig magazijn* 4/2, 1986, 26-28.

"W. J. A. Jonckbloet, noch ein Niederländer im Blickfeld Jacob Grimms", in: *Brüder Grimm Gedenken* 7, hg. v. Ludwig Denecke. Marburg 1987, 140-147.

"Hoffmann von Fallersleben: Anreger einer niederländischsprachigen Neuphilologie", in: *Languages and Cultures. Studies in Honor of E. C. Polomé*. Berlin 1988, 631-647.

"Willem Bilderdijk und Jacob Grimm", in: *Palaeogermanica et Onomastica.*

Festschrift für J. A. Huisman zum 70. Geburtstag, hg. v. A. Quak und F. van der Rhee. Amsterdam 1989, 229-242 (= Amsterdamer Beiträge zur älteren Germanistik 29).

"Brief an den Jubilar", in: *Waltende Spur. Festschrift für Ludwig Denecke zum 85. Geburtstag*. Kassel 1990, 199-203.

2. *Rezensionen*

Friedrich Georg Jünger, Der erste Gang. In: *Duitse Kroniek* 7, 1955, 88-89.

Robert Faesi, Thomas Mann. Ein Meister der Erzählkunst. In: *Duitse Kroniek* 7, 1955, 109.

Fragen und Forschungen im Bereich und Umkreis der germanischen Philologie. Festgabe für Theodor Frings. In: *Duitse Kroniek* 9, 1957, 51-52.

Frank Thiess, Geister werfen keinen Schatten. Roman. In: *Duitse Kroniek* 9, 1957, 54-56.

Wilhelm Scherer - Elias von Steinmeyer. Briefwechsel 1872-1886, hg. v. H. Brunner und J. Helbig. In: *Beiträge zur Namenforschung* 19, 1984, 473.

Gabriele Seitz, Die Brüder Grimm. Leben, Werk, Zeit. In: *Deutsche Bücher* 14, 1984, 292-293.

Zu den Brüdern Grimm. In: *Deutsche Bücher* 15, 1985, 268-271.

Wolfgang Mieder, „Findet, so werdet ihr suchen!“ Die Brüder Grimm und das Sprichwort. In: *Deutsche Bücher* 17, 1987, 294-296.

Amsterdamer Beiträge zur älteren Germanistik 62 (2006), 247-329

BESPRECHUNGEN

Brian Murdoch & Malcolm Read (eds.), Early Germanic Literature and Culture [= The Camden House History of German Literature. Volume 1]. - Camden House o. O. [= Rochester, NY & Woodbridge, Suffolk] 2004. x, 334 S., 10 Abb. (ISBN 1-57113-199-X.). GBP 65 / USD 90.

Brian Murdoch (ed.), German Literature of the Early Middle Ages [= The Camden House History of German Literature. Volume 2]. - Camden House o. O. [= Rochester, NY & Woodbridge, Suffolk] 2004. xiv, 283 S., 7 Abb. ISBN 1-57113-240-6. GBP 60 / USD 85.

Im Verlag Camden House erscheint eine zehnbändige englischsprachige Geschichte der deutschen Literatur, deren erste zwei Bände mit zwölf bzw. zehn Beiträgen hier besprochen werden. Der erste Band ist der vorliterarischen Periode und der Entwicklung zur Schriftlichkeit im Bereich der germanischen Völker gewidmet. Nach der von Murdoch und Read verfassten Einleitung (S. 1–24) beleuchten mehrere Autoren den Hintergrund, vor dem die volkssprachige Literatur entstanden ist: Heinrich Beck ('The Concept of Germanic Antiquity', S. 25–38), Herwig Wolfram ('*Origo gentis*: The Literature of Germanic Origins', S. 39–54), Adrian Murdoch ('Germania Romana', S. 55–71), Rudolf Simek ('Germanic Religion and the Conversion to Christianity', S. 73–101) und schließlich R. Graeme Dunphy ('Orality', S. 103–118). In Becks kritischer Übersicht über die Entwicklung der Altgermanistik werden die Begriffe der Altertumskunde und des Germanischen problematisiert. Wolfram behandelt u. a. die Frage der (vermeintlichen) skandinavischen Urheimat bestimmter ethnischer Einheiten; anlässlich der gotischen Herkunftsfrage stellt er fest, dass "a Scandinavian origin was in any case quite simply a prestigious one to have“ (S. 49).

Klaus Düwels ausgewogener Beitrag 'Runic' (S. 121–147) leitet zum volkssprachigen Schrifttum und zur volkssprachigen Literatur hinüber. Düwel behandelt nicht nur gesichertes Wissen, sondern auch Umstrittenes. Brian Murdoch ('Gothic', S. 149–170) führt den Leser von der gotischen Vorgeschichte über Wulfilas Tätigkeit bis zum neuzeitlichen Umgang mit dem Gotischen. Theodore M. Andersson ('Old Norse-Icelandic Literature', S. 171–203) ist es gelungen, die reiche nordische Überlieferung übersichtlich zu skizzieren und sie in einen breiteren europäischen Zusammenhang zu stellen; er spricht auch allgemeinere Themen wie die Entdeckung des Selbst ("selfhood“, S. 186) an. Fred C. Robinson ('Old English', S. 205–233) legt in seiner Darstellung der umfangreichen altenglischen Überlieferung ein auffälliges quantitatives Interesse an den Tag, indem er u. a. die Anzahl von Manuskripten, von Wörtern usw. erwähnt. Murdochs Beitrag 'Old High German and Continental Old Low German' (S. 235–261) kann als allgemeine Einführung in die Thematik des zweiten Bandes gelesen werden; es wird allerdings auch das im 2. Band nicht berücksichtigte Altsächsisch behandelt.

Dem christlichen Charakter des *Heliand*, den Linda Archibald (Bd. II, S. 143) mit Recht betont, wird Murphy in seinem mit offensichtlicher Begeisterung geschriebenen Beitrag 'The Old Saxon *Heliand*' (S. 263–283) kaum gerecht; er verbindet den Wortschatz der Stabreimdichtung zu einseitig mit vorchristlichen Vorstellungen. Einzelne Hinweise auf vorchristliche Überlieferung, wie der Vergleich der Taube auf der Schulter Jesu (*Heliand*, Zeile 988) mit den Raben auf Odins Schultern (S. 274), sind allerdings sehr einprägsam. Auf S. 263 ist bezüglich des *Heliand* die Rede von "its neglect within the context of German literary history“; dies ist unbegründet, wie z. B. das *Handbook* von J. K. Bostock (1976) und auch Haubrichs Darstellung der Anfänge der deutschen Literatur (1995) mit ihren jeweils 15 bis 16 dem *Heliand* gewidmeten Seiten zeigen; (angeblich) vorchristlich-germanische Merkmale bekommen in diesen Darstellungen jedoch weniger Aufmerksamkeit als in Murphys Beitrag. Im Falle einer Neuauflage sind die in den altsächsischen Zitaten in zu großer Zahl vorhandenen Satzfehler zu korrigieren.

Murdoch skizziert in der Einleitung zum zweiten Band (S. 1–32) die erfasste Periode (750 bis 1100), den erfassten Raum sowie das Verhältnis zwischen volkssprachiger Überlieferung und lateinischer Literatur. Der behandelte Raum umfasse außer dem heutigen Deutschland, der Schweiz und Österreich auch die Niederlande und Teile Italiens (S.1f.); der Band schenkt jedoch mit Recht auch Denkmälern aus jetzt zu Frankreich gehörenden Gebieten wie dem *Ludwigslied* und Otfrids *Evangelienbuch* gebührende Aufmerksamkeit.

Jonathan West behandelt im Beitrag 'Into German: The Language of the Earliest German Literature“ (S. 35–56) vor allem Glossen, Glossare und Interlinearversionen sowie Fragen des Verhältnisses zwischen Latein und Althochdeutsch. Leider fehlen in der Aufzählung der ahd. Vokale (S. 36) *ī ,ā, ō* und *ū*; *Abrogans* bedeutet nicht "humility“ (so S. 42), sondern "humble“ (so ebenfalls auf S. 42). Die Bemerkung (S. 43), dass die *Pariser Gespräche* sich "in a Vatican manuscript and also in a manuscript in Paris“ finden (S. 43), lässt anderes vermuten als die Überlieferung in einer Pariser Handschrift mit Ausnahme des ersten Blattes, das jetzt im Vatikan liegt.

Murdoch ('Charms, Recipes, and Prayers', S. 57–72) zeigt, dass die Grenzen zwischen Zaubersprüchen, Rezepten, Gebeten und Segensformeln nicht scharf gezogen werden können. In einem weiteren Beitrag ('Heroic Verse', S. 121–138) behandelt Murdoch nicht nur das *Hildebrandslied*, sondern auch den *Waltharius* und das *Ludwigslied.*

Linda Archibald ('Latin Prose: Latin Writing in the Frankish World, 700–1100', S. 73–85) stellt die deutsche Kultur in einen irisch-angelsächsischen Zusammenhang. Im umfangreichen Korpus lateinischer Prosa, dem Kontext der aufkommenden volkssprachigen Literatur, unterscheidet sie insgesamt fünf Bereiche: 1. Bibelkommentar, 2. Erziehung, 3. Theologie, 4. Biographisches, 5. Briefe. Ein Schwerpunkt ihrer Darstellung ist Hrabanus Maurus; auch Dhuoda, eine der wenigen bekannten weiblichen Autoren des deutschen Frühmittelalters, wird behandelt. Stephen Penn ('Latin Verse', S. 87–118) bietet einen gelungenen, mit vielen Zitaten versehenen Überblick über die aus dem deutschen Sprachraum stammende frühmittelalterliche lateinische Überlieferung, teils mit Stoff aus der Völkerwanderungszeit, teils mit jüngerem Stoff.

Linda Archibald ('Otfrid of Weissenburg', S.139–156) würdigt Otfrids *Evangelienbuch* als "a carefully crafted textbook for use in an educational context" (S. 154), dessen Kohärenz als literarisches Werk sie hervorhebt (S. 153). Viel Aufmerksamkeit schenkt sie den Verbindungen zwischen Weißenburg und St. Gallen. Christopher Wells ('The Shorter German Verse Texts', S. 157–199) behandelt Fragen der Metrik, die alliterierenden Dichtungen *Wessobrunner Gebet* und *Muspilli* sowie mehrere Texte mit Endreim, u. a. das *Georgslied* und das *Ezzolied.*

R. Graeme Dunphy ('Historical Writing in and after the Old High German Period', S. 201–225) grenzt die unterschiedlichen historischen Schriften aus althochdeutscher und frühmittelhochdeutscher Zeit (Annalen, Chroniken und Biographien) sorgfältig gegeneinander ab. Er behandelt auch einzelne Texte, z. B. das *Annolied*, den ersten deutschen Chronikversuch, und im Rahmen der Biographien das *Ludwigslied*, das aber auch ein Ereignisbericht sei. Ludwig III. wird irrtümlicherweise als "grandson" (S. 221) von Ludwig dem Frommen, statt als dessen "great-grandson" bezeichnet.

Jonathan West ('Late Old High German Prose', S. 227–245) behandelt u. a. Notker III., Williram von Ebersberg und Otloh von St. Emmeram. Dem produktiven und innovativen Notker werden allerdings nur sechs Seiten gewidmet. Als Notkers Todestag nennt West ohne nähere Begründung den 28. Juni, nicht wie üblich den 29. Juni 1022 (S. 231). Die Bezeichnung des Namens *Notker* als "pagan" (S. 230) ist nicht korrekt; es handelt sich um einen aus germanischen Bestandteilen zusammengesetzten Personennamen, aber nicht um einen aus heidnischer Überzeugung gegebenen Namen. Auf S. 234 wird Willirams *Paraphrase des Hohen Liedes* nicht, wie angegeben, nach Braunes *Lesebuch*, sondern nach der Ausgabe von Bartelmez zitiert.

Auffälligerweise werden im zweiten Band Franz Brunhölzls *Geschichte der lateinischen Literatur des Mittelalters* (I–II, München 1975–1992) und *Histoire de la littérature latine du Moyen Âge* (I-II, Turnhout 1990–1996) völlig übergangen.

Einzelne Überschneidungen stören nicht. So wird im zweiten Band aus unterschiedlichen Blickwinkeln das *Ludwigslied* sowohl von Murdoch (II, S. 130–134) als auch von Dunphy (II, S. 221f.) besprochen. Innerhalb eines Bandes und zwischen den beiden Bänden hätten aber Widersprüche vermieden werden können. Linda Archibald datiert Otfrids Leben "from around 800 until around 875" (II, S. 139), West aber "ca. 800–ca. 867" (II, S. 227). Laut Linda Archibald soll Hrabanus Maurus "around 776–856" gelebt haben (II, S. 76), Penn datiert Hrabanus "ca. 784–856" (II, S. 92). Linda Archibald versieht Alcuin einmal mit den Jahreszahlen "ca. 735–804" und einmal mit der Angabe "around 732–804" (II, S. 74 bzw. 76).

Randbemerkungen zu benachbarten Wissensgebieten können mehr oder weniger verfehlt sein. Dies trifft u. a. zu für die von Andersson im Beitrag zur altnordischen Literatur gemachte Feststellung, dass die ahd. Literatur erst im frühen 19. Jh. wieder "recovered" worden sei (I, S. 171). Otfrids *Evangelienbuch* und das *Ludwigslied* erschienen ja bereits 1571 bzw. 1696 im Druck.

In den beiden Bänden zur frühmittelalterlichen Literatur bleibt das Friesische mit Recht weitgehend unbeachtet. In Murdochs Aufzählung der heutigen westgermanischen Sprachen (I, S. 149) fehlen das Friesische und das Niederländische aber zu Unrecht. Murdochs Zuordnung der friesischen Mundarten zum Altniederdeutschen (II, S. 16) dürfte eher Staunen als Beifall hervorrufen. Unvollständig und somit falsch ist seine Lokalisierung des altwestfriesischen Sprachraums "in the modern province of Noord-Holland in the Netherlands“ (I, S. 255).

Beide Bände haben einen umfassenden Index und eine ausführliche, systematisch geordnete Bibliographie. In deutschen bibliographischen Angaben werden nur ausnahmsweise (z. B. II, S. XI) die deutschen Silbentrennungsregeln befolgt; im Falle einer Neuauflage wäre m. E. die Befolgung der deutschen statt der englischen Silbentrennungsregeln in deutschen Aufsatz- und Buchtiteln erwägenswert.

Ein Vergleich mit dem *Handbook on Old High German Literature* von J. Knight Bostock (2. Auflage von K. C. King und D. R. McLintock, Oxford 1976) liegt natürlich nahe. Das *Handbook*, das in seiner gediegenen, sorgfältigen und mit ausführlichen Textbeispielen und Übersetzungen versehenen Darstellung einen älteren Wissensstand widerspiegelt, dürfte sich neben den beiden hier angezeigten Bänden als Orientierungshilfe behaupten können.

Tette Hofstra

W. Braune/I. Reiffenstein, *Althochdeutsche Grammatik* I, *Laut- und Formenlehre*, 15. Auflage bearbeitet von Ingo Reiffenstein (*Sammlung kurzer Grammatiken germanischer Dialekte* nr. 5/1). - Max Niemeyer Verlag, Tübingen 2004, 394 S. (ISBN 3-484-10861-4). Euro 24,00. / Richard Schrodt, *Althochdeutsche Grammatik* II, *Syntax* (*Sammlung kurzer Grammatiken germanischer Dialekte* nr. 5/2). - Max Niemeyer Verlag, Tübingen 2004, 242 S. (ISBN 3-484-10862-2). Euro 24,00.

Wilhelm Braune's *Althochdeutsche Grammatik* is een monument, en dat al meer dan honderd jaar. Verschenen in 1886 werd het boek vanaf de 5de druk bewerkt door Karl Helm (1936), vanaf de 8ste druk door Walther Mitzka (1953), vanaf de 13de druk door Hans Eggers (1975), en nu de 15de druk door Ingo Reiffenstein (2004). Het is verheugend dat steeds opnieuw iemand gevonden wordt die bereid is en in staat om een nieuwe editie te verzorgen. Nog verheugender is, dat dat ook iedere keer weer nodig is. Maar op dit moment het beste nieuws is dat Braune’s klassieker is uitgebreid met een tweede deel, door Richard Schrodt (Wenen), gewijd aan de Oudhoogduitse syntaxis. Qua omvang (242 blzz.) is deel 2 vergelijkbaar met het eveneens later pas toegevoegde syntaxis-deel van Ingeborg Schröbler bij Paul's *Mittelhochdeutsche Grammatik* (217 blzz.). Maar anders dan daar heeft de uitgever ervoor gekozen de Oudhoogduitse syntaxis in een aparte band uit te geven.

Schrodt begint zijn Voorwoord met: "Die Darstellung der althochdeutschen Syntax ist ein Wagnis", en daar is niets te veel mee gezegd. Want hoe rijk we ook gezegend zijn met Oudhoogduitse teksten, vergeleken bij de Middelhoogduitse en latere overlevering is het al bij al maar weinig. En dat weinige stamt dan nog uit heel verschillende streken en verschillende periodes, vertegenwoordigt uiteenlopende genres, en is dikwijls in een moeilijk precies te traceren mate afhankelijk van Latijnse originelen. Des te meer waardering verdient Schrodt's "waagstuk". Het onderzoek kan enkel maar voortgaan als af en toe iemand een overzicht geeft, in dit geval zelfs voor het eerst zo'n overzicht, op gevaar af de plank mis te slaan, en in het volle besef van alle beperkingen. Het is ook geen geringe waarde van een overzicht als dit dat daardoor niet alleen beter toegankelijk wordt wat we weten, of menen te weten, maar ook dat beter zichtbaar wordt wat we nog niet weten. Aan het slot van zijn Voorwoord lezen we: "Eine Arbeit wie diese will man nach der Fertigstellung sofort wieder neu machen", en hij spreekt dan ook verder van "das Zustandekommen dieses Zwischenstadiums".

In het Voorwoord geeft Schrodt kort aan wat zijn uitgangspunten geweest zijn, zijn "methodische Grundlage". Dat is eerst en vooral "die Methode des Bedeutungsminimalismus", oftewel vertrekken van de taalvormen, met hun veelal abstracte basisbetekenis. Context-betekenissen en implicaties (interpretaties) worden zo veel mogelijk buiten de deur gehouden. En ook: "Die Darstellung selbst wurde möglichst theorienneutral gestaltet".

Het boek heeft vervolgens zeven hoofdstukken. Hoofdstuk 1 is gewijd aan woordgroepen (verbale groepen, nominale groepen, adjectivische groepen en voorzetselgroepen). Hoofdstuk 2 behandelt de zinsdelen en zinsstructuren, uitgaande van de werkwoordsvalentie; hoofdstuk 3 gaat over adverbiale vormen; hoofdstuk 4 handelt over "der minimale Satz"; hoofdstuk 5 behandelt samengestelde zinnen; hoofdstuk 6: woordvolgorde; en ten slotte worden in een zevende hoofdstuk nog enkele kleinere kwesties aan de orde gesteld. Alle hoofdstukken zijn royaal van voorbeeldzinnen (met bronvermelding) voorzien. Het boek wordt afgesloten met een literatuurlijst en een bescheiden register.

Het uitgangspunt voor de beschrijving, Schrodt's "Bedeutungsminimalismus", lijkt me in principe heel wijs. Alle pogingen om sterk theorie-gestuurde syntaxissen van oudere taalstadia te maken, van Behaghel's *Syntax des Heliand* (1897) tot Hopper's *Syntax of the simple sentence in proto-germanic* (1975), waren bij verschijnen al aanvechtbaar en twee of drie theorieën verder kan men er maar moeilijk iets in vinden. Terwijl een theoretisch "naief" werk als de oude *Grundzüge der deutschen Syntax* van Erdmann uit 1886 nog steeds een rijke en toegankelijke bron van informatie is.

In feite spelen theoretische overwegingen bij Schrodt, die er in zijn Voorwoord slechts een enkele alinea aan besteedt, nog minder een rol dan die alinea suggereert. Een zin als de volgende illustreert deze bescheiden bekommernis. Na de vermelding van het principe van de talige vormen met hun (abstracte) betekenissen, lezen we: "Konversationelle Ableitungen, Kontextbedeutungen und Gruppen von Verwendungsweisen werden nur dann beschrieben, wenn sie als erkennbare und etablierte Kategorien empirisch abgesichert werden können". Het moge duidelijk zijn dat contextbetekenissen ophouden contextbetekenissen te zijn zodra ze "etablierte Kategorien" zijn.

Wat dan die "etablierte Kategorien" zijn, lijkt me overigens, zelfs binnen een zeer bescheiden theoretisch kader, allerminst duidelijk. Zo lijkt me de bedoelde status van "Prädikat", "Subjekt" en "Aspekt" in dit verband betwistbaar, terwijl evidenter categorieën als "Dativ" en "Akkusativ" dan weer een ondergeschikte rol krijgen; informatie over datieven en accusatieven moeten we bijeen sprokkelen uit de hoofdstukken 2, 3 en 5. En waar het gaat over "Aktionsarten" en "Aspekt und Aspektualität" (hoofdstuk 4.3 en 4.4) lijkt het gekozen uitgangspunt zelfs eventjes helemaal vergeten. Buiten misschien het prefix *gi-* heeft het Oudhoogduits op dat punt zo goed als niets, terwijl er toch 26 bladzijden aan besteed worden.

Het meest knelt het gekozen uitgangspunt mijns inziens bij de zg. perifrastische werkwoordsvormen. De notie "perifrastische werkwoordsvorm" is zonder twijfel, lang geleden, ingegeven door Latijnse grammatica's die als voorbeeld dienden voor grammatica's van het Duits, Engels, Frans, Nederlands, enz. Waar een Latijnse werkwoordsvorm bij een vertaling naar deze talen vertaald moest worden door een combinatie van werkwoordsvormen, is men de combinatie een naam gaan geven en als taalkundige categorie gaan opvatten. De invloed van de Latijnse grammatica's werkt lang door, want deze gewoonte lijkt onuitroeibaar. Toch staat ze op gespannen voet met het (veel betere) principe van het "Bedeutungsminimalismus". Overigens blijkt Schrodt in de praktijk, zodra het om concrete feiten gaat, gelukkig zeer terughoudend om, bijvoorbeeld, werkwoorden als *muozzan*, *thurfan*, *kunnan* en *wizzan* "hulpwerkwoord" te noemen.

Maar voor een boek als dit is het theoretisch kader en een consequente toepassing daarvan slechts van beperkt belang. Het kan me eigenlijk niet zoveel schelen welk uitgangspunt gekozen werd, en of de auteur zich daar wel stipt aan houdt. Theoretische kaders veranderen toch iedere tien jaar. Veel belangrijker is: biedt de auteur ons veel feitelijke informatie, is zijn informatie betrouwbaar, en is die informatie goed te vinden? Op de eerste en de tweede vraag kunnen we volmondig ja zeggen: Schrodt biedt een schat aan informatie, zeer terzake kundig, goed gedocumenteerd, met goed voorbeeldmateriaal, en met gebruikmaking van veel zowel oudere als recentere relevante publicaties. Wat betreft de vindbaarheid van de geboden informatie ben ik iets minder enthousiast: ik vind de indeling van het boek niet zo vanzelfsprekend. Maar zoals gezegd: dat is niet echt belangrijk; ik gun ieder zijn theoretische stokpaardjes en een wat uitgebreider "Sachverzeichnis" zou het boek meteen al veel toegankelijker maken. Ik verwacht ook dat dat zal gebeuren: het is een werk dat stellig herdrukken zal beleven, en het is het meer dan waard om (nog) verder verbeterd te worden.

Dit brengt mij op een laatste punt. Volstrekt geen punt van kritiek, maar een voorstel om dit mooie boek in de toekomst nog iets mooier te maken. Zoals het nu is opgezet, richt het boek zich op studenten en onderzoekers van het Oudhoogduits. En dat tamelijk exclusief. Ofschoon het academisch onderwijs in deze oude taalfase de laatste decennia minder tijd krijgt dan vroeger het geval was (zowel Schrodt als Reiffenstein wijzen daar elk op in hun Voorwoord), er wordt gelukkig nog steeds Oudhoogduits gedoceerd en daarbij zijn goede handboeken noodzakelijk. Waar

Schrodt in de opzet van zijn syntaxis echter niet aan lijkt te denken, is dat een boek als dit in de huidige wetenschap en het tegenwoordige academisch onderwijs ook vaak, en misschien zelfs wel vaker gebruikt wordt door anderen: studenten en onderzoekers die de diachronie van het Duits door alle eeuwen heen op het oog hebben (o.a. in het grammaticalisatie-onderzoek), onderzoekers van het Oudengels, Oudnederlands en Oudsaksisch, van Skandinavische talen, van algemeen Germaanse of algemeen Indo-Europese vergelijkende syntaxis, typologen, enz. enz. De gebruikers van een boek als dit zijn veel talrijker en gevarieerder dan de auteur lijkt te denken. Ik zeg: *lijkt* te denken, omdat elke verwijzing naar latere ontwikkelingen in het Duits of naar nauw verwante talen ontbreekt. In de fase van het Oudhoogduits is de afstand van het Hoogduits tot het Nederduits, het Engels, en het Nederlands aanzienlijk veel kleiner dan in later eeuwen. En van alle grammatische domeinen geldt dit wel het sterkst voor de syntaxis. Daar zou, dunkt mij, meer gebruik van gemaakt kunnen worden. Ook al geef ik gaarne toe dat ook in de traditie van Engelse handboeken over het vroegste Engels zelden of nooit verwezen wordt naar het vroegst overgeleverde Duits.

Heel concreet betekent dit dat bijvoorbeeld een onderzoeker van het Engelse *do* + Infinitiv het werk van Schrodt ter hand zal nemen om te zien hoe de situatie in het oudste Duits was. Daar wordt inderdaad iets over gezegd (blz. 9, in de kleine lettertjes van Anmerkung 1, al is het niet veel voor zo'n veelbesproken thema). Of een onderzoeker van het latere Duits of Nederlands, die op zoek is naar de oudste stadia van werkwoord + partikel (*aufmachen*, *mitessen*, *zuteilen*), wat misschien deels een lexicale kwestie is, maar voordat het diachronisch een lexicale kwestie werd, was het een syntactische kwestie. Ik heb daarover niets kunnen vinden. Of iemand die op zoek is naar de voorgeschiedenis van *davon*, *womit*, enz., een soort formaties die in het Duits na een zekere bloei weliswaar verstard is, maar in het hedendaagse Nederlands een uiterst productieve categorie is (en van een hoogst onduidelijke syntactische structuur). In het Gotisch komen ze nog niet voor, en ze beginnen te ontstaan precies in de periode van het Oudhoogduits, Oudnederlands, Oudengels enz.

Ik besef ten volle dat men op syntactisch gebied nooit het soort volledigheid kan bereiken dat mogelijk is bij de klankleer of de flectievormen. Het voorgaande is dan ook geen pleidooi om het boek meteen met de genoemde kwesties en tientallen andere uit te breiden. Wat geboden wordt, is al heel veel. Wat ik ermee bedoel te zeggen is slechts dat dit boek waarschijnlijk meest gebruikt zal worden door studenten en onderzoekers van uiteenlopende taalkundige disciplines, en dat met dit feit nog weinig rekening wordt gehouden. De meeste gebruikers zullen er niet op uit zijn de Tatian te gaan lezen of Otfrid, en zij zullen dit boek dan ook niet van voor naar achter lezen, maar op zoek zijn naar heel specifieke informatie. Daarvoor moet een boek toegankelijk zijn, of als dat niet lukt: een uitgebreid en perfect register hebben. En het zou helemaal fantastisch zijn als ook een beetje rekening werd gehouden met het soort vragen dat allerhande onderzoekers stellen: het Oudhoogduits is nu eenmaal, door zijn relatief rijke overlevering, voor velen buitengewoon interessant. Nu een kenner zich heeft opgeworpen om een Oudhoogduitse syntaxis te schrijven, durven we hem wel aan te moedigen om voort te gaan en zijn boek verder te verrijken.

Niet minder belangrijk maar anders van aard is de prestatie van Ingo Reiffenstein die een herziene editie verzorgd heeft van Braune's boek uit 1886, de Oudhoogduitse *Laut- und Formenlehre*, maar dat ook al door respectievelijk Helm, Mitzka en Eggers onder handen genomen was. Reiffenstein heeft gedaan wat onder de gegeven omstandigheden mogelijk was: de structuur van het werk van Braune enz. is gehandhaafd, zelfs de paragraafnummering is behouden (maar uiteraard niet altijd de nummering van de Anmerkungen), de literatuurlijst is fors uitgebreid en geactualiseerd, en eindelijk eens bibliografisch genormaliseerd naar thans gangbare criteria (Eggers was hiermee tot in 1987 erg ouderwets). De omvang is, denk ik, min of meer gelijk gebleven, al is dat moeilijk te zeggen bij de (veel betere) nieuwe letter en layout. Dit alles doet echter geen recht aan de zeer vele kleine verbeteringen en toevoegingen, met name in de Anmerkungen.

Reiffenstein is er zich van bewust, blijkens zijn Voorwoord, dat het gebruik van dit boek door de jaren heen veranderd is. Braune schreef een leer- en studieboek, maar het is allengs meer een naslagwerk geworden. Vandaar zijn woorden: "Möglicherweise ist diese 15. Auflage die letzte neubearbeitung des Buches. Er wäre an der Zeit, es durch eine aus den Quellen neu erarbeitete wissenschaftliche Grammatik zu ersetzen, die nicht mehr durch die Aufgabe belastet wird, gleichzeitig auch Studienbuch sein zu müssen". Misschien heeft hij gelijk. Maar ik durf wel te voorspellen dat ook na het verschijnen van zo'n werk de Althochdeutsche Grammatik van Braune nog druk gebruikt blijft worden.

J. M. van der Horst

Wilhelm Schmidt. Geschichte der deutschen Sprache: Ein Lehrbuch für das germanistische Studium. Erarbeitet unter der Leitung von Helmut Langer und Norbert Richard Wolf. 9., verbesserte Auflage. - S. Hirzel, Stuttgart. 2004. 410 S. €. (ISBN 3-7776-1277-4.)

Nach vier Jahren erscheint die neueste, wieder verbesserte, das heißt vor allem im Literaturverzeichnis aktualisierte Auflage dieses bewährten Werkes, dessen recht interessante Vorgeschichte (1. Auflage Berlin-Ost 1969) in dem wieder abgedruckten Vorwort zur 6. Auflage immer noch nachzulesen ist. Neben den auf der Titelseite genannten Autoren haben unterschiedlichen Anteil am Text ferner: Rudolf Bentzinger, Elisabeth Berner, Brigitte Döring, Erwin Koller und Horst Naumann. Zu den reichen Literaturangaben ist zu vermerken, dass um die siebzig Titel aus den Jahren 2000-2002 verzeichnet sind.

Die sehr detaillierte, dazu leicht vereinfachte Inhaltsübersicht vermittelt einen fast irreführenden Eindruck von dem in fünf Hauptkapiteln behandelten, zweckdienlich doch recht einfach gegliederten Gehalt: Einführung, Vorgeschichte und Geschichte der deutschen Sprache – bis einschließlich "Das Deutsch der jüngsten Neuzeit (1950 bis zur Gegenwart)“ –, Althochdeutsch, Mittelhochdeutsch, Frühneuhochdeutsch. Für diese drei letztgenannten, frühesten mit Texten belegten sprachgeschichtlichen Epochen werden jeweils nach einer Einleitung zur zeitlichen und räumlichen Gliederung folgende Bereiche behandelt: Schreibung, Lautlehre, Formenlehre und Satzbau, wobei das Mittelhochdeutsche zusätzlich hinsichtlich Aussprache und Verslehre beschrieben wird. So kann man geschichtlich ohne Mühe diesen Text vorwärts wie rückwärts vergleichend studieren. Dass man aber bei der Behandlung der grammatischen Kategorien etwa mit dem Jahr 1650 (dem Frühneuhochdeutschen) aufhört, verleiht dem Ganzen eine uneinheitliche Note.

Fünfzehn Abbildungen, neun Karten und sechs Tafeln (letztere und eine der Karten sind auf separaten Blättern gedruckt) ergänzen den Text in dankenswerter Weise. Leider werden in den wenigsten Fällen die Quelle der bildhaften Materialien genannt, was kein gutes Vorbild für Studierende bedeutet. Das könnte in einer zu erhoffenden nächsten Auflage wohl ohne allzu viel Aufwand verbessert werden. Dagegen wäre es sehr aufwendig, aber dennoch wünschenswert, die weniger genauen Seitenangaben zu den Aufsätzen, Artikeln und dergleichen im Format "[erste Seitenangabe]ff.“ mit vollständigen Seitenangaben zu verzeichnen. An manchen Stellen fehlen Angaben überhaupt, bzw. stimmen diese mit den im Text genannten Werken der Sekundärliteratur nicht überein, so Behn (11, 59), Moser und Schieb (11, 99), Pfeiffer 1989 (56), Sonderegger 1980 (193, 195). Haarmann 1990 (49) ist wohl in 1991 (386) zu verbessern. Das wichtige Sammelwerk *Sprachgeschichte* (377) ist erstens nach der zweiten Auflage zu zitieren (man vergleiche 60: Karte 3; 392: Möhn, Moser; 399 Sonderegger); inzwischen sind zweitens auch Teilbände 3 und 4 erschienen. Manchmal stimmt die Angabe zur Auflage mit der Angabe im Literaturverzeichnis nicht überein: Düwel (49, 383); Schützeichel (81, 398). Die 30. Auflage des *Minnesangs Frühling* 1950 ist ja wie die 4. Auflage von de Boors Literaturgeschichte (380) längst überholt. Naumann/Betz (392) ist in einer 4. Auflage 1967, Neidharts Lieder (392) sind ebenfalls in einer Neuauflage erschienen (1999, dazu diese Zeitschrift, Bd. 54, S. 190). Die redundante Angabe Bergmann, R. [et al.] (380) ist samt einem Druckfehler (E. statt L. Voetz) zu streichen (man vergleiche 377). F. Kern wäre vor P. Kern einzuordnen. Zu Hehn (43) und Klaproth (35) gibt es im Verzeichnis keine entsprechende Angabe. Wohl nach Abschluss des Manuskripts sind wichtige Neuauflagen erschienen: Sondereggers Einführung *Althochdeutsche Sprache und Literatur* (399) in inzwischen 3. Auflage 2003; Löfflers *Germanistische Soziolinguistik* (390) 2004 ebenfalls in der 3. Auflage.

Das Register zu diesem doch inhaltsreichen Werk bietet leider nur eine dann auch unvollständige Auswahl. Diese Entscheidung wäre wohl zu überlegen. So fehlen etwa Angaben zu Namen beziehungsweise zur Onomastik, zum Nebensatz (von manchen als Gliedsatz bezeichnet). Die zwei Angaben zum *Heiland* (406) wären zu vereinen. Begriffe wie *Evangelienharmonie* (191) und *Vulgata* (190) verdienten es gerade in Hinsicht auf Studierende wohl, mindestens kurz erläutert zu werden.

Bei einer Übersetzung aus dem Althochdeutschen könnte man genauer vorgehen: *mordes inti manslahta, ubarâssi, ubartrunchî* ist besser mit "durch Mord und Totschlag, Fressen und Saufen"– anstatt mit "Mord, Totschlag, Saufen und Fressen" (S. 236; zur Stelle im übrigen vergleiche John M. Jeep, *Alliterating Word-Pairs in Old High German,* Studien zur Phraseologie und Parömiologie 3, Bochum, 1995, S. 146) – wiederzugeben. Stabreimverse wären zweckdienlich mit der Zäsurangabe zu drucken (62)

Die hier als verbesserungsbedürftig bezeichneten Angaben wollen diesem verdientermaßen anerkannten, äußerst reichhaltigen Werk nur zugute kommen.

John M. Jeep

Bettina Jung. Das Nürnberger Marienbuch. Untersuchungen und Edition. Texte und Textgeschichte 55. - Max Niemeyer, Tübingen. 2004. viii + 88* + 207 S. (ISBN 3-484-36055-0. ISSN 0081-7236).

Unikal überliefert in der Bamberger Handschrift (Bayerische Staatsbibliothek, Codex Hist. 157 [früher E VII 16]) ist das Nürnberger Marienbuch, das aus einem Marienleben, einer Mirakelsammlung und Auslegungen besteht, von denen letzteren die Magnifikat-Auslegung von Wolfram K. Legner schon 1973 herausgegeben wurde (Heinrich von St. Gallen. Die Magnifikat-Auslegung, Kleine deutsche Prosadenkmäler des Mittelalters Band 11), und deshalb in der hier zu besprechenden Edition nicht wiederholt wurde. So ediert Bettina Jung das Marienleben (fol. 1r-122v), die aus 102 relativ kurzen Texten bestehende Mirakelsammlung (122v-220v) und die Ave-Maria-Auslegung (220v-232r), auf das in der Handschrift die erwähnte Magnifikat-Auslegung (232r-270r) folgt; zwei weiteren Texte beschließen die Handschrift und folgerichtig diese Ausgabe: ein Lobpreis Marias (Ablassgebet) und ein Lobpreis über Christi Geburt (270r-271v). Anders als die von Heinrich von St. Gallen verfaßte Magnifikat-Auslegung, sind die übrigen Texten dieser Handschrift anonym überliefert. Bettina Jung ortet die Herkunft allerdings in das damals starke dominikanische Umfeld (33*), wobei zu beachten ist, dass die Klarissen franziskanisch orientiert waren. Der als Abschrift zu bestimmende Textzeuge, die früher zum Handschriftenbestand des Nürnberger Klarissenklosters gehörte, lässt sich der Nürnberger Schreibsprache zuordnen (4*-7*, 33*). Jung stellt eine Liste der neunzehn für die Zeit um 1410 bekannten, überwiegend deutschsprachigen Handschriften aus diesem Kloster zusammen; vierundzwanzig nach 1410 ins Klarissenkoster gekommene Handschritfen werden ebenfalls aufgelistet. Diese Verzeichnisse helfen Interessierten, die literarische Umwelt der Zeit der Niederschrift und der Nachwirkung bis ca. 1500 zu begreifen, bezeugen wohl auch, dass die Texte unmöglich im Klarissenkloster verfasst worden sein können, da die entsprechenden Quellenwerke dort nicht vorhanden waren.

Jung beschreibt in den Untersuchungen zunächst Handschrift und Sprache, Inhalt und Konzeption der Textsammlung, dann die verschiedenen Quellen und kommt zu dem Ergebnis, dass die Texte wohl etwa zwanzig Jahre vor der Niederschrift kurz nach 1410 verfasst wurden. Besonders wichtig an diesem Text ist die Prosafassung des Marialebens, die hiermit eingeleitet wurde. Dieser Text bildete die Grundlage eines weit verbreiteten Prosalegendars (circa 200 Handschriften), "Der Heiligen Leben". An mehreren gut gewählten Beispielen zeigt Jung, wie die Umarbeitung des Verfassers von "Der Heiligen Leben" vor sich ging. Das Resultat war ein Werk, deren Beliebtheit als erwiesen gilt. "Der Heiligen Leben" diente dann anscheinend später als Vorlage für eine Marienvita und eine Mirakelsammlung (im "Magneten unserer lieben Frau"), wobei die übernommenen Wundergeschichten eher auf das Nürnberger Marienbuch als Quelle weisen.

In der Einleitung werden meist kürzere Textpassagen aus unterschiedlichem Quellenmaterial herangezogen und den entsprechenden Stellen aus dem Nürnberger Marienbuch synoptisch gegenübergestellt, um die Bearbeitungsmethoden des Autors sichtbar zu machen.

Nicht erwähnt wird der Artikel von Kurt Gärtner "Mariendichtung" in der 3. Auflage des *Reallexikons der deutschen Literaturwissenschaft* (Band 2 hg. von Harald Fricke, 2000, 538-541); inzwischen erschienen ist der Aufsatz von Werner Williams-Krapp, "Die Bedeutung der reformierten Klöster des Predigerordens für das literarische Leben in Nürnberg im 15. Jahrhundert" (S. 88*: man ergänze Leiden, 311-329).

Jung erwähnt an mehreren Stellen "Doppelformen" im Text, womit meist synonyme Wortpaare gemeint sind, die eigens untersucht werden könnten. Ein Register hätte die Nutzbarkeit des Bandes erhöht. Diese Edition soll überhaupt zu weiterer Forschung anregen. Die sorgfältig gedruckte Ausgabe eignet sich auch gut für den Unterricht. Schade, dass die zugrundeliegende 1996er Dissertation solange auf sich hat warten lassen müssen.

John M. Jeep

Albrecht Classen. Late-Medieval German Women's Poetry: Secular and Religious Songs. Translated from the German with Introduction, Notes and Interpretive Essay (Library of Medieval Women). - Cambridge: D. S. Brewer, 2004. 157 S. (ISSN 1 84384 021 9)

Der vorliegender Band aus der Reihe Library of Medieval Women macht fast fünfzig "Frauenlieder" des späten 15. und des 16. Jahrhunderts für das englischsprachige Publikum zugänglich. Die Lieder wurden bereits 1999 und 2002 von Classen im Original herausgegeben. In diesem neuen Buch folgen auf 34 weltliche 13 religiöse Lieder. Die weltlichen Lieder stammen aus Liedsammlungen in Handschriften und gedruckten Büchern, mit einem Beispiel aus einer Mischhandschrift (Bayerische Staatsbibliothek, Cgm 439). Bei den religiösen Texten lassen sich die Liedtexte nach Autorinnen ordnen; neben den zehn in diesem Band durch Texte vertretenen Frauen nennt Classen sieben weitere Autorinnen (S. 110); vier der sieben lebten und wirkten bis ins siebzehnte Jahrhundert hinein, was auf eine Fortsetzung der Hymnentradition hindeutet.

Eingerahmt wird die Anthologie von einer Einleitung und einem "Interpretative Essay". Die schwierige Frage der Zuordnung vor allem anonymer, aber auch mit Personennamen verbundener Texte hinsichtlich der Autorenschaft bleibt ohne klare Antwort. Eine narrative Frauenstimme kann halt sowohl von einem Mann als auch von einer Frau gedichtet worden sein. Wahrscheinlich lassen sich ähnlich frustrierende Fragen hinsichtlich der Identität der KomponistInnen stellen. Classen hat mit seinen Forschungen auf die Tatsache hingewiesen, dass auch andere Texte immer noch entdeckt werden können.

Zwei wenig miteinander verträgliche textrelevante Sichtweisen treten bei der Arbeit mit dieser Sammlung hervor: eine Gruppe von weltlichen Texten, bei der man eine von wem auch immer erdichtete Frauenstimme (mit Frauenperspektive) dingfest macht beziehungsweise machen will, eine zweite religiöse Gruppe, bei der man vor allem dank der Überlieferungslage eine Frau als Autorin mit mehr oder weniger Sicherheit annehmen kann, bei der aber keineswegs eine bewusst erzählende Frauenstimme erwartet werden kann. Interessant wäre beispielsweise zu untersuchen, inwieweit sich religiöse, von Frauen verfasste Lieder an Männer, Frauen oder an beide Gruppen richten. Classens vorläufige Antwort aufgrund der hier untersuchten Texte ist, dass das Geschlecht den Inhalt der religiösen Liedertexte relativ wenig bestimmt (S. 138). Die Zusammenwirkung der Bereiche Literatur, Religion, Musik und etwa Überlieferungsgeschichte ließen sich unter Beachtung dieser und anderer Texte wohl erhellen.

Eine neue Anthologie mit Texten, die man bislang nicht oder nur sehr umständlich studieren konnte, ist ein Grund zur Freude. Classens (Auswahl)Bibliographie mit Kommentar ist vor allem für das englischsprachige Publikum gedacht; leider wurde weder dieser Teil des Werkes noch die Anmerkungen für das Register bearbeitet. Ein Verzeichnis der Liedanfänge wäre für die tätigen Forschenden hilfreich gewesen. Bei Internetangaben zeigen sich gelegentliche Fehlmeldungen, was nicht immer auf das Konto des Autors zurückgeht; veraltete Literatur, bei www-Angaben nicht erkennbar, sollte man allerdings als solche kennzeichnen. Abweichungen zwischen den gebotenen Textübersetzungen und Auszügen in dem Aufsatz ("maid" gegenüber "virgin") stören gelegentlich, sowie sich widersprechende Stellungnahmen zur Forschung (etwa S. 76 und 154).

John M. Jeep

Fritz Peter Knapp, Die Literatur des Spätmittelalters in den Ländern Österreich, Steiermark, Kärnten, Salzburg und Tirol von 1273 bis 1439, II. Halbband. Die Literatur zur Zeit der habsburgischen Herzöge von Rudolf IV. bis Albrecht V. (1358-1439) (Geschichte der Literatur in Österreich von den Anfängen bis zur Gegenwart. Herausgegeben von Herbert Zeman, Band 2/2). - Akademische Druck- u. Verlagsanstalt, Graz/ 2004. 744 S. (ISBN 3-201-01812-0).

Der Band ist der zweite Halbband (2/2); zusammen mit dem ersten Halbband (2/1) umfasst er die Geschichte der Literatur in Österreich im späten Mittelalter, von 1273 bis 1439. Im ersten Halbband wird die Literatur der frühen Habsburger bis zum Tod Albrechts II. im Jahre 1358 dargestellt, im zweiten Halbband die Periode von 1358-1439. Die Kapitel tragen in den beiden Bänden die gleichen Titel, in Bd. 2/1 fehlt aber das Erzstift Salzburg. Nicht nur darin, sondern auch in den vielen Hinweisen auf den ersten Halbband, vor allem in den ersten Kapiteln, wie auch im abschließenden Kapitel, zeigt sich der Zusammenhang dieser beiden Bände.

In fünf Kapiteln wird die Literatur in den damaligen österreichischen Ländern vorgestellt, in den Herzogtümern Österreich, Steiermark und Kärnten, im Erzstift Salzburg und in der Grafschaft Tirol. In zwei einleitenden Kapiteln bespricht Fritz Peter Knapp die geschichtlichen Hintergründe der Zeit und alte und neue Wege des Bildungswesens. Ein Anhang ist der hebräischen Literatur gewidmet. Den Abschluss bildet das Profil der Epoche mit einem Bildteil mit 58 Abbildungen, von denen zehn farbig, die anderen schwarzweiß (Der Bildteil hat gegenüber dem in Bd. 2/1 eine viel bessere Qualität). Dazu ein Abbildungsverzeichnis und der Bildquellennachweis. Hinzu kommt ein Abkürzungsverzeichnis und zu jedem Kapitel eine ausführliche Literaturübersicht. Weiter ein Handschriftenverzeichnis und ein Register der behandelten Autoren mit ihren Werken. Das vordere Vorsatzblatt zeigt in einer Übersichtskarte die südöstlichen Länder des Reiches um 1400.

Die in diesem Band dargestellte Periode umfasst die Regierungszeit von Rudolf IV. bis Albrecht V., die Jahre von 1358-1439. Herzog Rudolf IV. (1358-1365), aus dem Hause Habsburg, nahm sich auf dem Gebiet der Wirtschaft, Verwaltung und Kultur seinen Schwiegervater Karl IV. zum Vorbild. Dies zeigt sich u.a. im Bau des gotischen Langhauses des Stephansdomes in Wien (begonnen 1359) nach dem Beispiel des Veitsdomes in Prag, und in der Gründung der Rudolphina, der neuen Universität in Wien (1365), nach dem Beispiel der Karlsuniversität. Er hatte nicht nur seinen Blick auf Wien und Österreich gerichtet, sondern auch auf Tirol. Auch leitete er, vor seinem frühen Tod im Jahre 1365, die Erwerbung von Vorarlberg und das Görzer Territorium ein. Unter seinen Nachfolgern Albrecht III. (1365-1395) und Leopold III. (1365-1386) kam es zu einer Schwächung der Macht durch Erbteilung (ab 1379). Die Albertiner bekamen Österreich unter- und oberhalb der Enns, die Leopoldiner die übrigen Teile, die nochmals geteilt wurden, so dass Steiermark, Kärnten, Krain und die Besitztümer in Istrien und Friaul in die eine, Tirol und die Vorlande in die andere Hand kamen.

Im ersten Kapitel 'Die Literatur im Herzogtum Österreich' bespricht Knapp verschiedene Literaturgattungen, vom anonymen deutschen Psalmenkommentar und Heinrich von Mügeln bis zu Neidhartiana. Vor allem dem lateinischen Schrifttum der Wiener Universitätslehrer widmet er viel Aufmerksamkeit. Nach einer kurzen Einleitung stellt er eine Reihe von Autoren vor (Heinrich von Langenstein, Heinrich von Oyta, Franz von Retz, Nikolaus von Dinkelsbühl und Johannes Nider). In einer biographischen Skizze schildert Knapp die Laufbahn dieser Autoren, ehe sie an die Rudolphina berufen wurden. Dann geht er näher ein auf das Phänomen der Vorlesungsmanuskripte, die damals bei der Lehrtätigkeit eine große Rolle spielten. Nur sehr wenige sind erhalten geblieben und bis jetzt sind sie noch nie systematisch erfasst worden. Anschließend behandelt er die Fachgebiete, auf denen diese

Universitätslehrer tätig waren und gibt er einen Eindruck ihrer Leistungen auf dem Gebiet anderer Wissenschaften.

Ein Paragraph dieses Kapitels ist dem geistlichen Spiel gewidmet. Ein erster Hinweis auf die Aufführung eines geistlichen Spiels im Wiener Raum stammt aus dem Jahre 1432 (bei Neumann Nr. 2809). Skepsis von seiten der Kirche und Universität setzte aber der Entfaltung Grenzen. Mit einem Verweis auf den Zyklus der Erlauer Spiele, die in Kapitel 3 an die Reihe kommen, fängt er die Besprechung an mit dem Wiener Passionsspiel II (das Wiener Passionsspiel I wurde in Bd. 2/1 besprochen). Er erzählt den Inhalt kurz nach und referiert an Übereinstimmungen mit anderen Passionsspielen, wie das St. Galler, das Frankfurter und das Alsfelder Passionsspiel, auch weist er auf die Tiroler Spiele aus späterer Zeit (15./16. Jahrhundert). Beispiele von Übereinstimmungen und Unterschieden mit diesen Texten vervollständigen das Bild. In ähnlicher Weise verfährt er mit der Wiener Rubin-Rolle und mit drei kleineren Fragmenten, dem Welser Passionsspielfragment, dem Wiener Susannenspiel und dem Wiener Weltgerichtsspiel.

Knapp legt die Themen mit großer Sachkenntnis dar und gibt zu jedem Thema viel Details. Von vielen Werken erzählt er den Inhalt nach, von anderen gibt er Textbeispiele. Die lateinischen Textteile haben eine Übersetzung ins Neuhochdeutsche und verschiedene mittelhochdeutsche Texte eine Übertragung ins Neuhochdeutsche. Teilweise handelt es sich bei diesen Texten um noch nicht eher edierte Texte, die hier zum ersten Mal vorgestellt werden. Man darf in dieser Hinsicht sicher von einer Pionierarbeit sprechen.

Im zweiten Kapitel befasst sich Knapp mit der Literatur aus der Steiermark, die Themen der Paragraphen sind Geschichtsschreibung, deutsche Glaubenslehre in Prosa und Vers, deutsche Legenden in Prosa und Vers und Hugo von Montfort.

Das dritte Kapitel, 'Die Literatur im Herzogtum Kärnten' hat nur einen Paragraphen mit dem Titel 'Geistliches Spiel'. Knapp beschäftigt sich darin ausführlich mit den Erlauer Spielen, auf die er schon bei der Behandlung der geistlichen Spiele im Wiener Raum wiederholt hingewiesen hat. Die literarische Tätigkeit war in Kärnten in dieser Zeit gering, was vielleicht daran liegt, dass es lange Zeit als Nebenland betrachtet wurde. Weil Knapp diese Spiele als literarische Zeugnisse Kärntens bewertet, konnte dem Herzogtum in diesem Band ein Kapitel gewidmet werden. Es spricht aber auch einiges gegen diese Auffassung. Die Sprache der Erlauer Spiele ist südbairisch mit mittelbairischen Einflüssen, aber sie ist nicht kärntnerisch. Die Spiele sind überliefert in einer Handschrift aus dem 15. Jahrhundert, die sich in Eger in Ungarn befindet. Es handelt sich um sechs Spiele, ein Weihnachtsspiel (Erlau I), ein Dreikönigsspiel (Erlau II), ein Osterspiel (Erlau III), ein Magdalenenspiel (Erlau IV), ein Wächterspiel (Erlau V) und eine Marienklage (Erlau VI). Am Ende des letzten Spieles befindet sich ein Hinweis auf Gmünd als Entstehungsort, es könnte sich dabei um Gmünd in Kärnten handeln. Damals lag die Ortschaft zwar auf Salzburger Gebiet, gehörte aber zu Kärnten. Ob dieser Verweis für alle sechs Spiele gilt, oder nur für die Marienklage, ist nicht geklärt. Eine weitere Andeutung in Erlau III ließe sich auf Kärnten beziehen. In der Krämerszene nennt der

Knecht Rubin in seiner Aufzählung der Länder, die sein Meister besucht hat, den Fluss die Mur (III, 196). Die Mur ist aber ein langer Fluss, der nicht nur durch Kärnten fließt. Wie dem auch sei, die Spiele werden hier besprochen, ausführlich wird der Inhalt der verschiedenen Spiele wiedergegeben, vor allem der des dritten Spieles, mit Textbeispielen und Hinweisen auf Spieltexte aus anderen Sprachkreisen. Auch wird auf allgemeine Sachen, wie auf Aufführungen in der Kirche und im Freien, Spielleiter, Kostüme, die Schauspieler und Bedeutung der Aufführungen, eingegangen.

Im vierten Kapitel kommt die Literatur im Erzstift Salzburg an die Reihe. Wie in Kärnten war auch hier die literarische Tätigkeit gering, was bemerkenswert ist, weil die Voraussetzungen in der Stadt Salzburg günstig waren (Domkapitel, St. Peter). Knapp behandelt Geschichtsschreibung und geistliche und weltliche Lyrik. Ausführlich werden hier die Werke des Mönches von Salzburg, dem Dichter-Komponisten, besprochen, u.a. mit einem vollständigen Abdruck des Liedes *Das guldein abc des Münchcz*, gefolgt von einer Interpretation.

Im fünften Kapitel befasst sich Knapp mit der Literatur in der Grafschaft Tirol; in den Paragraphen kommen Geschichtsschreibung und -dichtung, deutsche Reimpaarerzählung und Reimpaarrede, deutsche Übersetzungsprosa, die Sterzinger Miszellaneenhandschrift, die Anfänge der Tiroler Spiele und Oswald von Wolkenstein an die Reihe. Da die Blütezeit der geistlichen Spiele in Tirol, die mit den Namen Vigil Raber und Benedikt Debs verbunden ist, erst im späten 15. Jahrhundert liegt, also zeitlich später als die in diesem Band behandelte Periode, werden die Werke nur genannt und wird auf die in diesem Zusammenhang wichtigen Werke von Rolf Bergmann und Bernd Neumann hingewiesen. Viel Aufmerksamkeit besteht in diesem Teil für Oswald von Wolkenstein (der Bildteil hat als erstes Bild das Farbbild des einäugigen Oswald), für seine Lebensgeschichte und seinen dichterischen Werdegang.

Das Kapitel 'Das Profil der Epoche' bildet eine wichtige Ergänzung auf die literarischen Themen der vorhergehenden Kapitel. Knapp behandelt verschiedene Arten bildender Kunst, wie Baukunst, Skulptur, Glasmalerei, Wandmalerei, Tafelmalerei und illustrierte Manuskripte, mit Hinweisen auf die Abbildungen im Bildteil. Hierdurch bekommt der Leser einen Eindruck der Erzeugnisse dieser Künste, ihrer Entwicklung und der Zusammenhänge mit der Literatur. Das Kapitel endet mit einem Überblick (S. 619-637), in dem der Autor den »ideen- und mentalitätsgeschichtlichen Gehalt der Literatur« in der in diesem Band behandelten Periode zusammenfasst, wie das auch in den vorhergehenden Bänden geschah.

Zweifellos handelt es sich bei diesem Band (und das gilt auch für die früheren Bände) um ein wichtiges Unternehmen. Knapp legt mit diesem Band eine ausführliche Darstellung der Literatur in den österreichischen Ländern in einer verhältnismäßig kurzen Periode vor. Der Band verlangt von dem Leser große Konzentration und genaues Studieren, nur dann eröffnen sich ihm die dargelegten Zusammenhänge. Zum Studium, auch und vielleicht vor allem von Teilgebieten der österreichischen Literatur, eignet der Band sich ausgezeichnet. Man wird ausführlich informiert, auch über Zusammenhänge mit Erzeugnissen in anderen deutschsprachigen Gebieten. Die zum Thema gehörenden Bibliographie kann dabei zum weiteren Studium Anregungen geben. Der Band ist vor allem so umfangreich geworden, weil Knapp nach Vollständigkeit strebt und dabei nicht nur ausführlich auf die Entwicklung einzelner literarischen Gattungen eingeht, sondern auch den Begriff Literatur sehr weit interpretiert und Texte behandelt, die zur Sekundärliteratur gehören. Dazu gibt er viele Textbeispiele, u.a. der lateinischen Werke (mit Übersetzung), die bestimmt zum weiteren Lesen anregen. Teilweise handelt es sich um noch unedierte Werke, die mit Hilfe von Mikrofilmen studiert wurden.

Cobie Kuné

Rolf H. Bremmer Jr., Hir is eskriven. Lezen en schrijven in de Friese landen rond 1300, - Uitgeverij Verloren, Hilversum 2004, 165 S. (ISBN 90-6550-817-1)

Der Autor konzentriert sich auf die friesische Schreib- und Schriftkultur des - mit Jacques le Goff - ‘langen’ 13. Jahrhunderts; damit ist etwa die Zeit von 1180 bis 1330 gemeint. Aber natürlich wird zuerst den Fragen nachgegangen, seit wann in Friesland geschrieben wurde und wie sich das Friesische einen Platz neben dem Latein eroberte. Weil es aus früheren Jahrhunderten nur wenige friesische Textzeugen gibt, muss man sich bei einer solchen Untersuchung oft auf ‘außerliterarische’ Quellen beziehen. Überhaupt sind sehr wenige Beweise einer frühen Schriftkultur erhalten geblieben, weil während der Reformationszeit und schon vorher viele Klöster zerstört wurden. Ihre Bibliotheken fielen dem Feuer oder dem Raub zum Opfer. Die christliche Geschichte fängt mit den Missionaren im 8. Jh. an, aber eine Welle von Klostergründungen erfolgt erst im 12. und 13. Jh. Obwohl viele Klosterchroniken verloren gegangen sind, bieten einige (z.B. die Chronik des Klosters Bloemhof in Wittewierum) gerade fürs 13. Jh. interessantes Material. Schon vor 1200 muss in vielen Klöstern und Pfarrschulen das Lateinische unterrichtet worden sein. Die Bibliothek des Klosters Mariëngaarde bei Hallum umfasste Werke von den klassischen Dichtern Persius, Juvenal, Vergil, Horaz, Ovid, Cicero und Seneca und den frühchristlichen Autoren Gregor dem Großen, Ambrosius, Augustin, Hieronymus, Boethius, Prudentius, Arator und Sedulius. Persius, Juvenal, Vergil, Horaz, Prudentius, Arator und Sedulius gehörten zum sogenannten Schulpensum, wie es bis 1200 (in deutschsprachigen Gebieten) üblich war [E.L.]. Somit enthielt diese Bibliothek einen großen Schatz an schulischem und theologischem Wissen. Aus der Chronik des Klosters Bloemhof wird deutlich, dass auch außerhalb der Schule lesen und schreiben gelernt wurde. Seit wann genau Friesisch geschrieben wurde, bleibt vorläufig unklar, da der ‘älteste’ friesische ‘Text’, die friesischen Psalmenglossierungen, von den Forschern unterschiedlich datiert wird. Im Allgemeinen einigt man sich heute auf ca. 1200. Noch während des ganzen 13. Jhs. bleibt das Lateinische die dominante Gebrauchssprache; wohl trifft man öfter friesische Wörter in einem lateinischen Kontext, in Verträgen, in

Chroniken, in Abtenviten. Es wurde in den Kirchen wahrscheinlich in friesischer Sprache gepredigt, aber anscheinend ging es zu weit, erbauliche Texte in der Volkssprache aufzuschreiben. Oder vielleicht waren die Geistlichen so wenig mit der friesischen Orthographie bekannt, dass sie nicht Friesisch zu schreiben wagten. Auffallend ist jedoch, dass bei den ältesten friesischen (Rechts)Texten (kurz nach 1200?) von sprachlicher und orthographischer Unsicherheit nicht mehr die Rede ist [E.L.]. Schon oft wurde bemerkt, dass es so merkwürdig ist, dass von der anzunehmenden reichen friesischen Schriftkultur nur die altfriesischen Rechtstexthandschriften übrig sind. Wahrscheinlich hat dies mit der Tatsache zu tun, dass die Handschriften im Besitz der 'Häuptlinge' waren, die sich mit der regionalen Rechtspflege befassten. So konnten diese Handschriften den Klosterzerstörungen im 16. Jh. entkommen. Schon im 16. und 17. Jh. interessierten sich außerdem Sammler (Beispiele sind Justus Josephus Scaliger, Ubbo Emmius und Franciscus Junius) für diese besonderen Handschriften. Seit dem 17. Jh. konnten die friesischen Rechtsquellen sich eines größeren wissenschaftlichen Interesses erfreuen, das bis heute andauert. Indem sich der Autor weitere Textausgaben von vielen unveröffentlichten Handschriften wünscht, können die friesischen Studien noch nicht als abgeschlossen betrachtet werden. Eine deutliche Anregung, ein allgemeines Interesse an der friesischen Schriftkultur zu erwecken, ist dem Autor mit dieser Studie bestimmt gelungen. Die deutliche Kapiteleinteilung, die schönen Illustrationen, die vier Appendices (1. eine Liste der in der Chronik von Bloemhof genannten Bücher, 2. Quoniam contra falsam assertionem, 3. eine Liste von Briefen, die in Emos Teil der Chronik von Bloemhof aufgenommen wurden, 4. eine vorläufige Liste - nach Bibliotheken geordnet - von Handschriften und Handschriftfragmenten aus dem 13. und 14. Jh.) regen zu weiterer Beschäftigung mit dem 'Altfriesischen' an.

Folgende Bemerkungen und Fragen habe ich bei der Lektüre dieses Buches zusammengetragen; ich möchte überhaupt nicht am ganzen Buch nörgeln, sondern nur auf Einzelheiten eingehen:

a. Im laufenden Text wird zwar auf 'literarische' Quellen hingewiesen, aber nicht wird genau gesagt, woher die Einzelheiten stammen; als Beispiel dafür S. 25, wo erzählt wird, dass kurz nach Bonifatius' Tod in Dokkum eine kleine Kirche gebaut wurde.

b. Auf S. 10 wird eine Karte von Friesland beigegeben. Darauf stehen die Teile Frieslands, nach denen im Text verwiesen wird: Westergo, Ostergo, Fivelgo etc. Es hätte jedoch dem Leser sehr geholfen, wenn auf eine solche Karte die Klöster, die genannt werden, eingetragen wären, denn bei der ersten Nennung eines Klosters wird nicht gesagt, in welchem Teil Frieslands es liegt. Erst nachdem ich mir eine Liste der Klöster und der dabei vorkommenden Jahreszahlen und Orte zusammengestellt hatte, erhielt ich eine Übersicht, wann und wo die Klöster gegründet wurden.

c. Auf S. 13 (und 56) sagt Bremmer zu den glossierten ostfriesischen Psalmfragmenten, dass die Glossen höchstwahrscheinlich dem Unterricht gedient haben. Das war nicht meine Schlussfolgerung, als ich mich 1990 mit diesen Glossen befasste;

ich zitiere aus meinem Aufsatz: "[man kann sagen], daß eine solche Glossierung, zumal wenn man von einer lateinischen Vorlage mit interlinearen Glossierungen ausgeht, nur vorbereitete auf eine vollständige interlineare fries. Psalmenübersetzung, die in der Syntax dem Lateinischen noch untergeordnet war." Dass eine solche Interlinearübersetzung für den Unterricht gemeint war, ist nur eine der Möglichkeiten.

d. Auf S. 20 stehen zwei Fotos von einem Schreibbrett (mit Text) aus dem 1. Jh., das in der Warft von Tolsum gefunden wurde. Es ist mir aber nicht klar, warum die Innenseite des Bretts zweimal nebeneinander abgebildet ist.

e. Zur Bedeutung des spätmerovingischen Amuletts (S. 24 und Abb. 8), das einerseits eine thronende segnende Chistusfigur mit den Buchstaben Alpha und Omega und andererseits SOL und LUNA zum stilierten Kreuz darstellt, sagt Bremmer, dass die Bedeutung unsicher sei. Erstens muss dazu bemerkt werden, dass ein Amulett eine apotropäische und glückbringende Funktion hat. Die Bedeutung muss wohl diese sein, dass das Amulett die Kreuzigung und den Tod Christi in Erinnerung bringt; auf vielen Kreuzigungsdarstellungen erscheinen Sonne und Mond am Himmel, *beide verhüllt*, weil eine Finsternis über das Ganze Land zog (vgl. Matth. 27: 45, Marc. 15: 33, Luk. 23: 44-45). Die thronende, segnende Christusfigur (in einer Mandorla?) als Weltrichter (?) stellt die Überwindung des Todes dar; vg. Lexikon der christlichen Ikonographie, 2, 606ff. v.a. 610.

f. Auf S. 26 wird von den drei (oder vier) Bistümern gesprochen, zu denen die friesischen Gebiete gehörten. Nicht erklärt wird, wie die Verteilung der Gebiete über die Bistümer zu Stande kam.

g. S. 31: zu Abb. 11 mit vier Aposteln (stammend aus der Walburgkerk in Groningen) steht: "... ieder veelzeggend met een boek in de hand", alsob im alten Friesland die Apostel erst mit Büchern dargestellt werden konnten, nachdem den Friesen die Schrift, das Lesen und somit Bücher bekannt waren. Das Buch ist ein bekanntes Attribut, nicht nur von den Evangelisten, sondern von allen Aposteln, da sie das Evangelium verkündigten. Das Buch wird oft geschlossen dargestellt, weil es ein Buch der Wunder symbolisiert; Aufgabe der Apostel ist es, die Wunder des Evangeliums zu 'übersetzen'.

h. S. 39 und 64: es wurde ein Eid *an tha withum* geschworen. Ich erinnere mich noch an einen Vortrag von Professor Galama (bei einer Altgermanistentagung), in dem ausgeführt wurde, dass neben der gängigen Erklärung 'auf die Reliquien' an den meisten Stellen, wo dies in den friesischen Rechtsquellen vorkommt, nicht nur die Reliquien, sondern auch (oder eher) die heilige Hostie gemeint sein könnte. Ist Galamas Meinung inzwischen überholt, oder könnte sich *an tha withum* tatsächlich auf die Hostie beziehen? (vgl. auch ABäG 31/32, 85-101.)

i. Die Ausweitung über Psalter auf S. 44 gehört nicht unbedingt in das Kapitel über das Kloster Mariëngaarde; außerdem werden da nur drei Psalter (aus dem Gebiet westlich der Lauwers und aus Ostfriesland) genannt; der vierte Psalter (mit den altfriesischen Glossen), Hs. UB 404, bleibt hier unerwähnt.

j. Die Kritik, die Bremmer an anderen Forschern übt, mutet mitunter etwas scharf an. (Ich verweise auf Bemerkungen auf S. 38, Anm. 17; 65f.; 68, Anm. 20; 81; 84; 87, Anm. 19; 106, Anm. 29; 107, Anm. 32 und 34; 113, Anm. 49; 123, Anm. 12; 125 und 133, Anm. 28.)

k. Eine Frage zur Bemerkung auf S. 69: "Daar de taal van deze opsomming in dit geval Latijn is, mogen we aannemen dat de schrijver een geestelijke is geweest." Ist es nicht so gewesen, dass jeder, der schreiben lernte, Latein kannte, aber dass nicht jeder, der Latein lernte ein Geistlicher zu sein brauchte? Vgl z.B. S. 71, wo steht: "Voor de gehele dertiende eeuw en nog lang daarna bleef men zich in de Friese gewesten voornamelijk van het Latijn bedienen voor wat de producten van individuele geletterdheid betreft."

l. Eine Möglichkeit (S. 77): Könnte der Beiname 'goda brother' von Prior Godschalk eine Wortspielerei mit seinem Namen gewesen sein?

m. Da eine historische Übersicht nicht aufgenommen wurde, bleibt der Leser im Unklaren, seit wann die holländische Verwaltung in Friesland gilt (S. 82), wo die große Sturmflut 1287 wütete (S. 87), wann die Schlacht bei Boorne war (S. 120), warum der römische König Wilhelm II. den Friesen 1248 Privilegien verlieh (S. 121f.), warum es ging in der Schlacht bei Warns (1345) gegen den Grafen Wilhelm IV. von Holland (S. 123) usw.

n. S. 130: Könnte es nicht so sein, dass der Kopist, der einen Text aus dem "Westerlauwers" ins "Oosterlauwers" abschrieb, nicht einige Verbformen anzupassen vergaß, sondern sie brauchte, um den Reim zu erhalten?

o. Merkwürdig ist, dass in der Biographie die Namen mit *Von* (nicht aber die mit *Van*) unter V geordnet sind; so folgen nach nacheinander: Verwijs, E; Vliet, Kaj van; von Richthofen, Karl; von Scarpetti, Beat; von See, Klaus; Vries, Oebele.

Folgende (kleinere) Fehler könnten bei einem zweiten Druck verbessert werden. Ich unterscheide Fehler im Lateinischen, Deutschen und Niederländischen:

1. Die Fehler im Lateinischen: **a**. S. 22: Warum steht *copiam (librorum)* im Akkusativ? Wurde *copiam* buchstäblich zitiert? **b**. S. 33: Im zitierten Gedicht unter Abb. 13 fällt in der dritten Zeile das Wort *benedictus* auf. Wäre diese Form richtig, dann müsste die Übersetzung statt "Moge wat hij de kunstenaar gegeven heeft, gezegend zijn door de rechterhand van Christus" lauten: 'Moge *hij om* wat hij de kunstenaar gegeven heeft, gezegend zijn ...' Betrachtet man aber den in Stein geritzten Spruch auf Abb. 13 genau, dann ist statt "benedictus" *benedicta* zu lesen; die beigegebene niederländische Übersetzung ist daher richtig; **c**. S. 37: Der letzte Teil der Transkription der Glockeninschrift (einer Glocke der St. Maternianuskirche in Ochtersum) lautet: OCCONIS MEMMONIS TEMPORIBUS ULRICI ... CONIS, bei der die Übersetzung 'ten tijde van de priesters [...] Okko (en) Memmo, (en) Ulrik, [de aartsde]ken' steht. Merkwürdig ist das *-s* von ...CONIS; sollte nur Ulrik Archidiakonus gewesen sein, wie sich aus dem weiteren Text zeigt, dann ist das *-s* zu streichen. Oder: alle drei Männer waren 'aartsdekens' und der weitere Text muss dem angepasst werden; **d**. S. 37: Die Transkription der Glockeninschrift aus Campen (Abb. 17) lautet: ANNO . DOMINI .M:DD.XCV . FAUDA .SUM . AEMBONE. Sie sollte jedoch lauten: ANNO . DOMINI . M:CC.XCV . FACTA . SUM .

AEMBONE; die Übersetzung ist richtig; **e**. auf S. 49 wird von zwei Weihnachtsliedern erzählt, die mit Notenschrift in die Hs. in Quarto 18 (Emden) aufgenommen wurden. Das lateinische *Procedentem sponsum de thala* ist in *Procedentem sponsum de thalamo* zu verbessern, wie auch auf Abb. 22 zu sehen ist; **f**. S. 77: *quem in suo ordo* + kepere *appellant* muss wohl heißen: *quem in suo ordine* +kepere *appellant*; **g**. S. 79: in Anm. 33 ist 'vir in omnis puncto honorabilis ...' in 'vir in *omni* puncto honorabilis ...' zu ändern; **h**. S. 103: Die Jahreszahl *Anno Domini MCCXVIJ* kann nicht stimmen bei der Übersetzung: In het jaar van onze Heer 1327; **i**. auf S. 106 ist im lateinischen Zitat *fraters nostri* in *fratres nostri* zu ändern; **j**. und auf S. 140 (Anm. 12) ist der Titel des Aufsatzes '*Condensa et tenebrosa*' in '*Condensa atque tenebrosa*' zu ändern, da diese drei Wörter, und also auch das Wörtchen *atque*, in den altfriesischen Psalmenglossen problematisch waren.

2. Die Fehler im Deutschen: **a**. S. 6: statt Hannover, Niedersächsisches Landesbibliothek Hannover, Niedersächsische Landesbibliothek; **b**. S. 30 (Anm. 9): statt *Kirchegeschichte*: *Kirchengeschichte*; **c**. S. 37 (Anm. 15): statt *mittelalterliche*: *mittelalterlichen*; **d**. S. 67 (Anm. 16): statt *Zeichnen*: *Zeichen*; **e**. S. 75 (Anm. 14): statt *Das 'Fivelgoer' Handschrift*: *Die 'Fivelgoer' Handschrift*; **f**. S. 97 (Anm. 10): statt *Altnordischer*: *Altnordische*; **g**. S. 101 (Anm. 23): statt *Das 'Fivelgoer' Handschrift*: *Die 'Fivelgoer' Handschrift*; S. 147ff. (Bibliografie): **h**. [Arlinghaus] statt *spätmittelalterliche*: *spätmittelalterlicher*; **i**. [Buma] statt *Die altfriesische Texte herasgegeben*: *Die altfriesischen Texte herausgegeben*; **j**. [Folkerts] statt *Eine neuer Text*: *Ein neuer Text*; **k**. [Geris], auf S. 42, Anm. 2 aber Gerits; **l**. [van Lengen] statt *landschäftliche*: *landschaftliche*; **m**. [Schmeidler] statt Leipzich: Leipzig.

3. Die Fehler im Niederländischen: **a**. S. 23: lies statt "door de ontwrichting die de ...": door de ontwrichting, die de ...; **b**. S. 26: statt "oostelijke": oostelijk; **c**. S. 39: statt "de relatief vrij goed bewaardgebleven fresco's": de relatief goed ..., oder: de vrij goed ...; **d**. S. 39: statt "die zijn rechterhand lerend of zegenend opheft": die zijn rechterhand zegenend opheft; **e**. S. 43 statt (zweimal) "completten": completen; **f**. S. 57: statt "Opgericht in Spanje rond 1200, vestigden de Dominicanen zich ...": Nadat hun orde in Spanje rond 1200 gesticht was, vestigden de Dominicanen zich ...; **g**. S. 67: statt "onmiddlijk": onmiddellijk; **h**. S. 73: statt "iets dat": iets wat; **i**. S. 75: statt "Anders is het ...": Niet anders is het ..., oder: Net zo is het ...; **j**. S. 86: in "Het Premonstratenzer klooster van Dokkum - de oorspronkelijke kanunniken gemeenschap uit de achtste eeuw, maar kort daarvoor hervormd door Mariëngaarde - startte in 1204 ..." ist undeutlich, wann die Reformation stattfand: im 8. Jh. oder kurz vor 1204; **k**. S. 98: statt "Deze aanvullende bepaling zal het oude gebruik vervangen hebben die stelde ...": ... zal de oude in gebruik vervangen hebben die ..., oder: zal het oude gebruik vervangen hebben dat ...; **l**. S. 98: statt "... waren ook al vereist geworden": ... waren ook al vereist; **m**. auf S. 109 (Z. 7) wird auf Abb. 28 verwiesen; dies ist in Abb. 29 zu ändern; **n**. lies auf S. 110: statt "... dat de tekst ... te begrijpen zijn": ... dat de teksten ... te begrijpen zijn, oder: ... dat de tekst ... te begrijpen is; **o**. S. 113: statt "redacatie": redactie; **p**. S. 123: statt "maar hij zag er net zo uit als henzelf": ... als zijzelf; **q**. S. 130, Anm. 25: statt "*iof* (r. 73) 'gaf' vd.

ief (r. 114)": *iof* ... vs. *ief..*; **r**. S. 150 (Bibliografie): [Huisman] statt *van de Groninse ...*: *van de Groningse ...*; **s**. die Worttrennungen "lelies-cepter" (S. 122) und "Aldf- rysk" (S. 144, Anm. 20) sind in lelie-scepter und Ald- frysk zu berichtigen.

Erika Langbroek

Blandade runstudier 3 (Runrön. Runologiska bidrag utgivna av Institutionen för nordiska språk vid Uppsala universitet 18) - Uppsala 2004. 105 pp. (ISBN 91-506-1771-0).

Personal and geographical names constitute a relatively small part of the words occurring in the Viking-Age inscriptions. But whereas interpretation of the predominantly formulaic texts is in very many cases hardly problematic, names offer many more difficulties. In the preface of Runrön 18 we are told that the Viking-Age inscriptions contain about 1400 personal names and about 140 geographical ones, of which about 200 and 20 respectively have not been interpreted. That is why the discussion of a number of names in the volume under discussion must be welcomed. Six out of the seven articles are based on lectures given at a seminar which took place on May 10th, 2003 and which was called "Runor och namn". This was also the title of the "festskrift" to Lena Peterson (1999). So the present Runrön volume may therefore be seen as a modest supplement and sequel to the "festskrift".In it we find discussions of inscriptions from both the Viking Age and the Middle Ages.

The first article, by Staffan Fridell, deals with the inscriptions on two spindle whorls. The author convincingly re-interprets the inscription of the former object by reading two suspected **i**'s as punctuation marks. He points out, though, that the use of an **i**-shaped character as a punctuation mark is unique. I may add here that uniqueness need not be of importance: in Swedish and Danish Viking-Age runic inscriptions nine different punctuation marks occur that are unique. Whereas this spindle whorl was found "near home" - in Småland - the other comes from Ukraine. Its inscription runs thus ᛋᛁᚷᚱᛁᚦ. Fridell mentions Elena Melnikova's idea that we here find a **g** from the older, 24-character futhark. This is strongly doubted by the author, considering that the object dates from the 12th century. He rather thinks of the ᚷ as the Cyrillic Х, so that we here have an instance of "grafemsubstitution".

Magnus Källstrom discusses three names. The first is **haiRa** (Ög 229), where the author suggests that the medial vowel probably represents /æ/ although /æi/ is not impossible either. He compares the name with that in the Kolunda inscription: **hiRa** and suggests that both words stand for *Hæri* (Swedish 'hare'). He draws our attention to the fact that personal names derived from animal names occur quite frequently. Kallström's discussion of the third name - **haramsrka**, on +Sö 68 - is fraught with more speculations. Of course the main problem here is tbat we have to do with an inscription that has got lost so that we have to rely on old illustrations.

Patrik Larsson has devoted his attention to **anasuiþr** on a Hälsingland stone (Norrala, Hs 2). His first suggestion is that the "word" represents two names and that it is the beginning of the inscription, although it stands in the middle of the rune-band and although the two names are not linked by a conjunction. Larsson points to the distance between the "two" names, which is greater than that between the other runes. He also draws our attention to the rather irregular use of the punctuation marks. I do not think this irregularity is present if one sees the punctuation marks used in order to split the inscription into groups of words. The author's second suggestion is that **an** is the conjunction *en* followed by the name *A:sviðr*. In that case the inscription would begin with *æftiR*, which is not unique. The third suggestion is that we have to do with the names *Ánn* and *A:sviðr*, that the first word of the inscription is *æftiR* and that an expression such as "står dessa runor" has been either forgotten or purposely left out. It is praiseworthy that the author concedes that all three suggestions contain elements of uncertainty, although he favours the third.

Michael Lerche Nielsen wrote an article with what we might call a moral. It deals with a gaming-piece apparently found in a Polish chamber grave from about the year 1000. The name with which the "owner inscription" begins looks like *Ión* but this interpretation was refuted because of the early date. Other interpretations were unsuccessfully tried. On renewed contact with the Polish archaeologist who drew the Danish runographers' attention to the find, it appeared that due to faulty communication the gaming-piece had been dated to about 1000. It was not found in the chamber grave but at a late 11th or early 12th century site. This made the original interpretation of the name as *Ión* quite acceptable.

Per Stille studied the name ᚴᛁᛏᛁ on U 644 and U 654. His conclusion is that it may quite well represent the name *Gildi*, which also occurs on two neighbouring stones. As regards the spelling **kiti**, Stille thinks that the runographer first wrote the right-hand branch of **t** since most of the runes are constructed in such a way that they only have branches on the right-hand side of their mainstaffs. I must object to this statement. Runes with branches only on the right-hand side occur in 42.6 % of all runes in U 644 and in 45.7 % in U 654. To me it seems more likely that the runographer first forgot the **l** so that he started on a **t** (or even finished it). On discovering his mistake, the only thing he could do was to add an **l**-branch (or to see the right-hand branch of **t** as the branch of **l**). This resulted in what seemed to be a bind-rune. It is not surprising that we must read the bind-rune, which looks like **t͡l** as **l͡t**, as this "wrong" order is not infrequent (cf. the "reverse-read" bind-runes mentioned in MacLeod. *Bind-runes* (2002), p. 126, 186, 205-7 and 218-23).

Henrik Williams discusses the presumable personal name **kina/kinu,** which occurs in four inscriptions in districts that are wide apart. In spite of the fact that in two inscriptions the name was thought to be a woman's, Williams tries to demonstrate that we in all four cases have to do with a man's name. He sees the name as either representing *Ginna* (derived from *ginna*, "to dupe") or *Gína* (derived from *gína*, "to gape"). The latter interpretation is seen as the more likely since it belongs to a rather common type of bynames. It may be useful to add that Williams refutes Otterbjörk's theory that **kina** in Sö 196 should be read **knia**, in other words, the word would be due to a mistake. Solving interpretational problems with the help of a "mistake" should be a procedure only to be used as a last resort. As long ago as 1870 Sophus Bugge warned against this.

Marit Åhlén, starting from the signature in U 116, by way of an introduation gives a survey of the different ways in which runographers separated their signature from the rest of the inscription. In all these cases the signature is at the end of the inscription, clearly separated from the memorial text. In a small number of cases we are told at the beginning of the inscription who executed it: they thus begin with the "signature". The author shows quite convincingly that U 166 is one of these cases and that the word **runar** is not a verbal form in the signature, but that it is the name of one of the sponsors.

Jan Meijer

Gregorius von Hartmann von Aue. Herausgegeben von Hermann Paul, neu bearbeitet von Burghart Wachinger, 15., durchgesehene und erweiterte Auflage (Altdeutsche Textbibliothek Nr. 2). Max Niemeyer Verlag, Tübingen 2004. XXVIII + 141 S., kartoniert, Euro 10,00 (ISBN 3-484-20001-4).

Im Jahre 1992 erschien die 14. Auflage dieser Ausgabe; die 15. Auflage wäre mit der Vorgängerin zu vergleichen, und das Augenmerk richtet sich auf Neuerungen; hierzu meldet der Editor Burghart Wachinger im Vorwort auf S. V der 15. Auflage: "Die wichtigste Neuerung [...], der zweite Apparat mit fortlaufenden Erläuterungen, ist zugleich ein programmatisches Experiment für die Reihe. In der veränderten Situation des akademischen Unterrichts scheint es [...] eine Aufgabe der Altdeutschen Textbibliothek zu sein, einsprachige Alternativen zu den vielbenutzten zweisprachigen Ausgaben anzubieten, aber den Zugang zu den Texten stärker als bisher durch Hilfen zu erleichtern. [...] Im übrigen ist die Konzeption der Ausgabe seit der 13. Auflage unverändert geblieben; ich habe lediglich das neugefundene Fragment N und die neuere Forschungsliteratur eingearbeitet. [...]" Die Einleitung (S. VII-XXV) und die sich ihr anschließenden Literaturhinweise (S. XXVI-XXVIII) sind dementsprechend im kleinen und im großen umgearbeitet worden, zumal die Auskünfte über die Handschriften (S. VII-XVI) weisen erstaunlich viele veränderte und neue Details auf. Die Textkritik bleibt dem seit Hermann Pauls Tagen geübten Verfahren treu (S. XX), "man bietet einen eklektischen Text, d.h. man setzt alle erreichbaren Kenntnisse über Hartmanns Sprache und Stil und über die Eigenarten und Qualitäten der einzelnen Handschriften und der Handschriftengruppen und dazu ein an diesen Kenntnissen geschultes, aber oft nicht mehr im einzelnen begründbares 'Gespür' ein, um an jeder Stelle die beste, d.h. dem vermutlichen Text Hartmanns nächste Fassung aus der gesamten Überlieferung auszuwählen oder zu erschließen." Usw., wie wir es auch in der 14. Auflage lasen, doch auf S. XXI springt uns eine neue *cauda* ins Auge: "Pauls Ausgabe setzt allerdings voraus, daß die Differenzen der Überlieferung nicht erkennbar auf verschiedene Autorfassungen zurückgehen. Beim heutigen Stand unserer Kenntnisse scheint mir diese Annahme zumindest vertretbar."

So urteilt der Editor, womit er Hermann Pauls Methode bekräftigt. - Ich wage einen Widerspruch gegen jene eklektische Textfindung. Ich begründe meinen Widerspruch zunächst mit meinem Studium einer einzigen Verszeile, die freilich aufschlußreich sein dürfte; ich meine die 'Gregorius'-Verszeile 108, die mit zwei vom Autor selbst verfaßten Lesarten überliefert ist, wenn ich recht sehe. (Ich habe meine diesbezüglichen Vermutungen in den Bänden 40 und 51 dieser Zeitschrift veröffentlicht.) Weiter: Mein Widerspruch gründet sich zur Hauptsache auf meine Lektüre eines ganzen Romans, des Ambraser 'Erec'-Romans, dessen Schreiber eine praktisch tadellose Vorlage getreu kopierte: Hans Rieds Kalligraphie bietet uns einen Lesetext, der keinen Editor zum Vermittler braucht, man lese den Text im Faksimile und wünsche kein Surrogat, das sich ja erübrigt. Den Nachweis für die Richtigkeit dieser meiner Behauptungen erbringe ich in meinem Begleitbuch zum Ambraser 'Erec' unter dem Titel: Hartmann von Aue, Der Ambraser 'Erec'-Roman, Transkription mit Erläuterungen herausgegeben von Lambertus Okken, Heft 1 und Heft 2, Bilthoven 2000, und Heft 3: Nachlese, Bilthoven 2003. Meine Transkription verdeutliche ich durch eine Umschrift ins Philologen-Mhd. mitsamt einer lükkenlosen nhd. Wiedergabe mit eingestreuten Notizen, dies alles unterm Strich: unterhalb der Transkription. Auch die Textkritik findet in meinem Buch nur unterm Strich ihren Ort und rührt absolut nicht an die Transkription. Die aufspürbaren Kopierfehler Hans Rieds scheinen durchweg Verlesungen zu sein; und Augensprünge fand ich, wie sie dem Kalligraphen gerne unterlaufen. Oft genug sind die Versehen des Kopisten heilbar, wie mir scheint. Mein Umgang mit dem überlieferten 'Erec'-Text führt mich zur Annahme, daß die 'Gregorius'-Überlieferung Handschrift für Handschrift studiert werden sollte: Man mache den Versuch, man lese jeweils eine Handschrift einzeln und verstehe ihren Text womöglich aus sich selbst; man helfe sich und der Kollegenschaft eventuell mit Begleitbüchern, *probatum est*. Wir sollten uns nicht von der Furcht ängstigen lassen, daß wir in der Kritik des 'Gregorius' dann vielleicht von vorn anfangen müssen, wie bereits in der 'Erec'-Textkritik ein radikaler Neubeginn nötig geworden ist.

Doch jetzt im Moment bespreche ich die 15. Auflage des 'Gregorius'-Textes Paulscher Provenienz. - Aus der Einleitung hebe ich den letzten Absatz hervor, der vom neuen zweiten Apparat handelt (S. XXV): "In der vorliegenden 15. Auflage wurden schließlich noch fortlaufende Erläuterungen zum Text hinzugefügt. Ihr Ziel ist es, das genaue Textverständnis zu sichern und zugleich die allgemeine mhd. Sprachkompetenz zu fördern. Soweit Übersetzungshinweise gegeben werden, sind sie daher mehr als Verständnisbrücken denn als Vorschläge für eine Übertragung in flüssiges Neuhochdeutsch gemeint. Die Benutzung eines der beiden kleinen mhd. Wörterbücher wird vorausgesetzt. [...] Der Akzent liegt auf syntaktischen Erläuterungen [...]. Nur vereinzelt finden sich elementare Sach- und Sinnerklärungen sowie textkritische Bemerkungen, die im Apparat I nicht unterzubringen waren." Hiermit schließt die Einleitung. Die Literaturhinweise (S. XXVI-

XXVIII) sind stark erneuert, ein paar alte Titel entfielen und Neues fand Aufnahme. Und dann kommt der kritische Text, nunmehr mit zwei Apparaten unterm Strich, einem oberen Apparat für die Lesarten und einem unteren Apparat für die Erläuterungen.

Wenn ich recht sehe, ist der Text bis auf diese vier Stellen unverändert geblieben:

874 *der ie mannes namen gewan* nunmehr ohne das von Lachmann eingefügte Wort *mannes*, jetzt also: *der ie namen gewan*.

1043-1044 jetzt ohne die eckigen Klammern, welche die beiden Zeilen als ein unechtes Verspaar markiert hatten.

3432 nicht länger *veiz mit guotem vlîze* sondern jetzt *mit werdeclichem vlîze*, an die Stelle der K-Lesart ist somit die A-Lesart getreten.

3738 anstelle des bisherigen Wortlauts *weinde si des jâhen* (B-Lesart) gilt jetzt *wande si des jâhen* nach den Hss. AJK(L).

Im Apparat der Lesarten bemerkte ich Neues dort, wo Daten des Fragments N eingearbeitet wurden, und natürlich dort, wo der veränderte Text auch Anpassungen des Apparats nach sich zog, und an einigen Stellen, wo Literatur nachgetragen worden ist.

Unvollständig blieb der Apparat zu Vers 108, vermerkt ist hier *ungeschôz* ohne *ungelos* und die Quelle ABäG 40 (1994) 107-109 ohne den Nachtrag ABäG 51 (1999) 147-148. Ich erinnere jetzt an die von mir dort vorgetragene Deutung der K-Lesart *vngebloss* und der J-Lesart *siglos*: In beiden Lesarten sei das ahd. Wort *ungelos* = "ungehorsam" noch erkennbar, und in *vngebloss* stecke eine Autorkorrektur, welche bezweckt habe, jenes ahd. Wort zu ersetzen durch das mhd. Wort *ungeschôz* = "ohne Schoß", d.h. "ohne Lendentuch".

Die Erläuterungen im neuen zweiten Apparat halten, was ihr Urheber versprach; Korrekturen möchte ich an sechs Stellen nachtragen:

Vers 1282-1285 bedeutet "(Die Leute bekundeten,) falls er es hätte im Punkte der Geburt, so wäre sehr wohl ein reiches Land zu seiner Tüchtigkeit angebracht." Worauf deutet *ez* in Vers 1282? Nicht auf das reiche Land, welches dem tüchtigen Junker zustehen würde, sondern auf das "gewisse Etwas", das not täte, damit der jeweils anvisierte Zweck erreichbar wäre; und zwar hier und jetzt: ein "gewisses Etwas" *an gebürte*, im Punkt adliger Herkunft.

Den Satz in den Versen 1338-1339 beschließe man mit einem Ausrufzeichen, er bedeutet: "Wollte er doch nur, daß man seinen Skandal verschwiege !" Das den Satz eröffnende Wörtchen *wan* bezeichnet eine Ausnahme oder einen Vorbehalt, eigentlich bedeutet es "ohne"; im Niederländischen ist es noch heute als Präfix zahlreicher Wörter gang und gäbe, siehe das Woordenboek der Nederlandsche Taal, Deel 24, Leiden 1989, Sp. 815-846.

Vers 1406: Mhd. *sich nieten* deute man durch Bezugnahme auf E. G. Graff, Althochdeutscher Sprachschatz, 2. Theil, Berlin 1836, Sp. 1048-1050: NIOT und Ableitungen mit dem Bedeutungskern "Verlangen, *desiderium*". Das Verb bedeutet also "sein Verlangen befriedigen", in bezug auf eine Sache, die im bezugnehmenden Genitiv genannt wird.

Vers 1893: *daz im dar under nie gebrast* heißt: "(so) daß ihm inzwischen überhaupt nicht Mangel (an Geld) entstand", weswegen er kreditwürdig und ein beliebter Gast blieb.

Vers 2773: *der lîplôse man* = "der Mann ohne Lebensgeist". Belegt ist das Adjektiv noch bei Heinrich von dem Türlin, 'Die Krone' (ATB 112), Vers 2435 *leiplos* und in der Gestalt *liebelos* im Ambraser 'Erec' Vers 5324 und in der Wiener Handschrift des 'Tristan' Vers 7825 (Codex Vindob. 2707,3, Blatt 52rb, Zeile 17); dasselbe Wort schreibt sich *libelos* im Oeuvre Notkers des Deutschen, wo es an drei Stellen erscheint: in der 'Consolatio' (Cod. Sang. 825, Seite 78, Zeile 7-9) und zweifach in den 'Categoriae' (Cod. Sang. 825, Seite 275, Zeile 26-32, und Cod. Sang. 818, Seite 3, Zeile 19-22).

Vers 2995: *der wanc* meint eine seitliche Abweichung von der geradeaus weiterführenden Richtung; vgl. *âne wanc* = "ohne Seitensprung und Winkelzug". Siehe DWb, 13. Band, Sp. 1788-1796.

Meine Rezension beschließe ich, indem ich bekunde, daß mein Plädoyer gegen Pauls Methode sich gut verträgt mit meinem Urteil, daß in ihrer Art die vorliegende Ausgabe unstreitig ein ausgereiftes gutes Buch ist.

Lambertus Okken

Thomasin von Zerklaere, Der Welsche Gast. Ausgewählt, eingeleitet, übersetzt und mit Anmerkungen versehen von Eva Willms. Walter de Gruyter, Berlin und New York 2004. Paperback. V + 201 S. (ISBN 3-11-017543-6).

Den Titelseiten I-V folgt eine detailreiche Einleitung (S. 1-20), aus der sogleich einige Daten referiert seien, welche das vorliegende Werk dem Publikum vorstellen mögen. Der Autor Thomasin und seine Umwelt (S. 1-5) und die Absichten und Strategien seines Erzählens und Lehrens (S. 6-8) werden umsichtig charakterisiert; sodann wird über Sprache, Verse, Reime berichtet (S. 9-13), und hier sollte die Leserschaft des Werkes besonders genau hinschauen: Textbasis ist die Ausgabe von Heinrich Rückert 1856, um die es bedenklich steht. Rückert hatte für seine Ausgabe zwar den besten Text gewählt, der in Hs. A überliefert ist, und nur zum Auffüllen der Lücken der Hs. A hatte er Stücke der Texte der Hss. G und D eingegliedert, aber dann hatte er die Metrik auf den Text losgelassen, und so (S. 10:) "korsettierte er den Text durch Anwendung aller Möglichkeiten der Apokope, Synkope, Ekthlipsis, Elidierung, Kontraktion und, wenn nötig, Ejektion. Zu lange Verse bringt er so auf das gewünschte Maß, ein Verfahren, das schon deshalb nicht frei von Willkür ist, weil viele Verse an verschiedenen Stellen 'reguliert' werden können. Die zu kurzen Verse ergänzt er häufig durch und mit D und G, gelegentlich auch, wenn ihm in allen drei Hss. eine Silbe fehlte, mit einem semantisch unbedeutenden Wort wie *ouch* (z.B. v. 1398) oder *nu* (z.B. v. 6429). Die Negation *en-* setzt oder streicht er nach Bedarf, tauscht flektierte gegen unflektierte Adjektivformen und umgekehrt und tilgt in zahlreichen Fällen parallele Fügungen wie z.B. v. 2324 *sîn hitze und (sîn) trücken*, wodurch der Text als Grundlage für Untersuchungen zu Sprache und

Stil Thomasins nahezu unbrauchbar geworden ist." Klar ist auch, daß auf dieser Basis (S. 10:) "gültige Urteile über Thomasins Versbau nicht erstellt werden können. Nur eine vollständige und gründliche Untersuchung aller Handschriften und ihres Schreiberverhaltens könnte hier Abhilfe schaffen. Sie wurde für diese [= die von Eva Willms jetzt vorgelegte] Textauswahl nicht geleistet. Aber ein paar vorläufige Beobachtungen, wie sie sich bei der zweckgebundenen Beschäftigung mit den ausgewählten Texten ergaben, will ich [= Eva Willms] mitteilen." Die "vorläufigen Beobachtungen" (S. 10-11) sind der hinfällige Ertrag verlorener Mühe und werden fallen gelassen (S. 12): "Aber eigentlich ist dies alles bloße Spekulation. Hier stößt jede Beurteilung an ihre Grenze, weil wir über die Vortragsart dieser wie aller Dichtungen des Mittelalters so gut wie nichts wissen. Tatsache ist, daß etwa bei Wolfram und vor allem bei dem wenig beachteten, höchst eigenwillig metrisierenden Herbort von Fritzlar Vergleichbares zu finden ist, und möglicherweise auch die übrigen Dichter der Zeit uns ein ähnliches Bild böten, wenn nicht in aller Regel die von den Herausgebern bereits metrisch gereinigten Texte zum Vergleich herangezogen würden." Mit Eva Willms sehen wir es ein: Die aus metrischen Gründen verfälschten Texte und die aus metrischen Gründen gefälschte Metrik drehen sich im Teufelskreis. Brechen wir aus! Es gibt keine antike und mittelalterliche Dokumente zur Begründung unserer Pseudo-Metrik. Dieses Blend- und Zauberwerk ist für keinen unserer alten Poeten verbindlich gewesen, auch nicht für Thomasin, und ist auch für uns Germanisten nicht verbindlich und das sagt jetzt Eva Willms laut und klar, bravo !

Auf den Seiten 14-15 wird der Aufbau des 'Welschen Gastes' analysiert, mit dem Schluß (S. 15): "Die Breite der Anlage, der Ausgriff in so viele Bereiche des damaligen Denkens und Wissens macht den 'Welschen Gast' über seinen Wert als historisches Dokument hinaus auch für den heutigen Leser interessant. Hat Thomasins Beschreibung dessen, was der Mensch tun soll, ihrer ideologischen Begründung wegen auch viel von ihrer Verbindlichkeit verloren, seine Beschreibung dessen, was der Mensch tut, ist von erschreckender Aktualität." Einen Abriß der Überlieferung erhalten wir auf S. 15-16; das Ergebnis lautet (S. 16): "Die Handschrift A bietet einen so exzellenten Text, die Handschriften D, F und G stimmen so weitgehend mit ihr überein, füllen also so problemlos [...] die Lücken von A [...], daß auch eine künftige kritische Ausgabe, die immer wieder gefordert wird, kaum relevante Änderungen am Textbestand enthalten wird [...]." Bildprogramm und Rezeption sind auf S. 16-17 an der Reihe. Eva Willms berichtet zuletzt noch in eigenster Sache unter den Zwischentiteln "Zu dieser Ausgabe" und "Zur Übersetzung" (S. 17-20); hier erklärt sie (S. 17): "Diese Ausgabe ist gedacht und eingerichtet für die Interessierten aus anderen Fächern, für historisch Interessierte außerhalb des universitären Lehrbetriebs, vor allem aber für die Studierenden der Mediävistik [...]. Für sie wurde ausgewählt, als Verständnishilfe übersetzt und kommentiert. Alle Begleittexte: Einleitung, Übersetzung, Apparat und Anmerkungen sind für sie gedacht und wurden für sie als Anfänger und für Außenstehende formuliert." Den Text bezieht Eva Willms aus Rückerts Ausgabe, notgedrungen. (Dessen Text stellt immerhin den

Text der Hs. A dar.) Wir lesen (S. 18): "Rückerts Text wurde in folgenden Punkten verändert: Offensichtliche Versehen (Druckfehler?) wurden ohne weiteres korrigiert, einige unnötige Abweichungen von A wurden rückgängig gemacht und einige Korrekturvorschläge von Leitzmann und Rocher übernommen" und einige Buchstaben wurden vereinfacht und die Interpunktion wurde leicht umgebaut. "Für textkritische Studien wird man nicht zu einer Auswahl greifen, also auch von dieser Auswahl keinen textkritischen Apparat erwarten [...]." Hierzu lesen wir (S. 19): Es wurde "ein Rumpfapparat erstellt, der die Herkunft des Textes im Fall der Abweichung von A [...] sowie die textrelevanten Abweichungen aus D und G verzeichnet. [...] Dieser Rumpfapparat wurde nach dem Facsimile der Hs. A sowie nach Filmkopien [der Hss. D und G] erstellt [...]." Die Probleme des Übersetzens, die auf S. 19-20 angesprochen sind, wurden, wie Eva Willms uns zu verstehen gibt, nur zum Zweck einer reell lesbaren Wiedergabe irgendwie gelöst; die Übersetzerin bringt ihre Arbeitsweise zum Beschluß auf diese hübsche Formel (S. 20): "Also handelt man nach der alten Maxime aus dem Lateinunterricht: so genau wie möglich, so frei wie nötig, und macht Inkonsequenz und Kompromiß zum Prinzip."

Ich habe aus der Einleitung des vorliegenden Buches jetzt zuende referiert und blättere weiter. Text und Übersetzung stehen auf den Seiten 21-169 und machen einen augenfällig guten Eindruck mit der Anordnung in zwei Spalten pro Seite - links Text, rechts Übersetzung, unterm Strich Apparat. Bilder aus dem Bildprogramm sind hier und da eingestreut, und ein paar reproduzierte Seiten aus den Handschriften zeigen uns, wie der 'Welsche Gast' reell in der Überlieferung aussieht. Das Ganze ist gut und schön gemacht.

Die Übersetzung verdient ein volles Lob. Sie erfaßt jedes Wort und Gefüge, jeden Sinn mitsamt den Nuancen, lückenlos. Die Wiedergabe geschieht zielsicher treffend, mittels einer modernen Sprache, flott und ohne Schminke. Eva Willms kennt offenbar ihren Text und ist mit dessen alter Sprache ersichtlich so vertraut wie diese uns überhaupt noch vertraut werden kann durch unsere Studien. Die Lektüre der nhd. Wiedergabe ist ein angenehmes Erlebnis und bewirkt eine leichte Aufnahme des mhd. Textes. Der kenntnisreichen und sehr rücksichtsvoll auf Leserfreundlichkeit bedachten Übersetzerin müssen wir zubilligen, daß sie mit dem alten Sinn der Modalverben recht locker umgeht; mit einer solchen - nur bei den Modalverben wahrnehmbaren - Lockerheit des Wiedergebens mag ich selbst mich aber nicht einverstanden erklären. Man erwäge: Wie taxiere man *ich sol* und *ich muoz* und *ich mac* und die anderen Verben dieser Sorte bei Thomasin? Er ist Ausländer, und er verwendet sie häufig und er reimt gern mit ihnen. Eva Willms bewertet sie darum wie abgenutzte Münze, vermute ich; ich aber nähme sie wie schweres Geld mit Prägungen, deren Unterschiede mir viel bedeuten: *ich sol* = "ich soll (pflichtschuldig)" und *ich muoz* = "ich kann, d.h. ich darf bzw. ich muß (je nachdem wie ich meinen bedingt freien Willen in meinem weiten bzw. engen Spielraum betätige)" und *ich mac* = "ich vermag", etc. Weil ja die Verben dieser Sorte massenhaft in Thomasins Text vorkommen, würde eine Okken-Version sich durch fein gezeichnete "modale" Züge überall abheben von der vorliegenden Übersetzung.

Ich habe soeben meinen einzigen Einwand gegen die von Eva Willms geschaffene Übersetzung vorgebracht. Er kann kein Lob schmälern, auch die folgenden Randnotizen aus meiner Lektüre der Übersetzung können das nicht, obwohl hier und da eine Korrektur vorgeschlagen wird. Positive Lesefrüchte überwiegen.

Für einen Gewinn halte ich schon die drei Belege des mhd. adverbialen Komparativs *gerne* = "lieber"; wir finden sie im Apparat zu den drei Versen 18, 9097 und 11104. Siehe Gustav Ehrismann, Rezension, in ZfdPh 33, 1901, S. 393-406, insbes. S. 404-405.

Das mhd. Verb *giuden* ist siebenmal belegt, und in fünf Belegen verbindet sich formelhaft mit ihm das Verb *schallen*, und so wird denn *giuden* plausibel im Sinne 'prahlen' aufgefaßt (297, 301, 304, 310, 335, 339 und 11376). Die gehäuften ersten sechs Belege deuten aufs prahlerische Geldverschwenden in der Kneipe; da frage ich: Bedeutet *giuden* vielleicht "(verschwenderisch) prahlen", dürfen wir diese Bedeutung für das mhd. Verb aufgrund des nhd. Verbs *vergeuden* ansetzen?

Den Passus 451-454 verstehe ich anders als Eva Willms. Ich zitiere ihn, um ihn zu erörtern und neu zu übersetzen: *Wil sich ein vrowe mit zuht bewarn, / si sol niht âne hülle varn. / si sol ir hül ze samen hân, / ist si der garnatsch ân.* In der letzten Zeile erkennen wir ital. *guarnaccia*, frz. *garnache*, = "Oberkleid, wohl mit Pelz gefüttert"; die *hülle* oder *hül* kann ein Mantel (d.h. ein Umhang) oder ein Kopftuch sein. (Elke Brüggen, Kleidung und Mode in der höfischen Epik des 12. und 13. Jahrhunderts, Heidelberg 1989, S. 216 und S. 227.) Weil Thomasin die *hülle* zum Ersatz des Oberkleides macht und weil ein weibliches Oberkleid doch wohl tief (bis auf die Füße) reichte, halte ich die *hülle* hier für ein Kopftuch, das freilich sehr groß ist und auch wie ein Mantel (= Umhang) dienen kann und nach Thomasins Willen so dienen soll. Nun übersetze ich: "Will eine Dame durch gute Erziehung ausgezeichnet sein, soll sie nicht ohne Großes Kopftuch ausgehen. Sie soll ihr Großes Kopftuch (nicht offen tragen, sondern vorne von oben bis unten) zusammenhalten, wenn sie ohne Oberkleid ist."

In Vers 847 bedeutet *list* eher lat. *ars*, also "(in einem Schulfach geordnetes) gelehrtes Wissen", vgl. 8899-8932.

Man beachte *wan* = "nur, außer" in den Versen 931, 1068, 3271, 9106 und 12253. Siehe Lexer III, Sp. 667-668.

1337 *rouben* = "rauben": Ein Kavalierdelikt im Vergleich mit dem niederträchtigen Delikt des Diebstahls.

2140 *stiuwerruoder* = "Steuerruder": Es ist ein (nicht zum Antrieb sondern) zur Lenkung des Schiffs traditionell an Steuerbord aufgehängtes Ruder.

Das Vollverb *ich sol* sehe ich nicht nur in Vers 8847, sondern zudem in Vers 2683-2686. Diese Stelle möchte ich darum so wiedergeben: "Schuldet man (*sol man*) mir etwas, bekümmert mich, daß das Zahlungsmittel (*diu werunge*) nicht bereitsteht. Schulde dagegen ich (*sol aver ich*) etwas, ist mir arg, daß ich nichts habe, womit ich zahle (*ich wer*)."

Mhd. *der stric* bedeutet ja u.a. "die Schlinge", vgl. ndl. *de strik*, und richtig steht im übersetzten Vers 10553 nhd. *Schlinge* für mhd. *stric*; genauso sollte *stric* auch in

3302 und 3358 und 14253 durch *Schlinge* wiedergegeben werden.

9697 und 9699 *âder* hier eher "Sehne", siehe Lexer I, Sp. 21.

Die beiden Wörter *wâfen* und *gewaefen* bedeuten sicher "Wappen" in 10441 bzw. in 10446, 10455, 10458 und 10468.

11276: Statt *als mêre* schreibe man lieber *als maere* = "ebenso lieb". Siehe Lexer I, Sp. 2045.

11289: Eventuell *vür in* = "als sein Stellvertreter".

14684: Das Wort *alzan* ist identisch mit *alzehant* = "allsogleich". Siehe Lexer I, Sp. 47, wo die beiden Stichworte zu vereinigen wären. Vgl. ndl. *althans* = (früher auch) *altehant*.

Dem Text mitsamt der Übersetzung ist ein Stellenkommentar beigefügt, unter dem Titel "Anmerkungen" (S. 171-197). Dieser Kommentar ist in der Tat hilfreich. Er ist wohl in der realen Welt unserer Studien nützlich und durch die knappe Dosierung der Daten wirklich nutzbar. (Ich habe von dem kleinen Kommentar profitiert.) Das Literaturverzeichnis (S. 199-201) beschließt das Buch.

Lambertus Okken

Hartmann von Aue, Erec. Herausgegeben von Manfred Günter Scholz. Übersetzt von Susanne Held. (Bibliothek des Mittelalters, herausgegeben von Walter Haug. Band 5). - Deutscher Klassiker Verlag, Frankfurt am Main 2004, 1069 S. In Leinen gebunden. 76,00 Euro (ISBN 3618660502).

Der Deutsche Klassiker Verlag beschert uns einen wahren Klassiker, auch an Ausstattung: eine Augenweide ist dieses Buch. Es bietet den Text mitsamt Übersetzung, bei aufgeschlagenem Buch lesen wir den Text auf der linken und die Übersetzung auf der rechten Seite, von Seite 10 bis Seite 565. Der Kommentar folgt auf S. 567-999, er beginnt mit einem Abschnitt über Autor und Werk (S. 569-576), der von Hartmanns ganzem Oeuvre handelt. Dem Erec gilt im übrigen der Kommentar, mit einem Handlungsüberblick (S. 577-581), einem Bericht über Stoff, Quellen, Bearbeitung, Wirkung (S. 581-586) und über Interpretationsprobleme und Leitlinien der Deutung (S. 586-589) und über Vers und Reim bei Hartmann (S. 589-595) und über die Überlieferung (S. 595-600) und über die Editionsgrundsätze (S. 600-602); die Abweichungen vom Text der Ausgabe Cormeau/Gärtner sind auf S. 603-619 aufgelistet. Und dann kommt der Stellenkommentar, eine Fundgrube, der allen Benutzern etwas bringt, ersichtlich der Ertrag vieler arbeitsreicher Jahre des Sammelns und Sichtens und Ordnens, dieser Leistung gebührt höchster Respekt. Den Beschluß bilden Namenverzeichnis, Register zum Stellenkommentar, Abkürzungs- und Literaturverzeichnis und die Danksagung (S. 1001-1068), mit dem Inhaltsverzeichnis auf der letzten Seite.

Wer vermöchte auf angemessene Weise das Werk zu würdigen? Vor dem Stellenkommentar kapituliert der Rezensent nach mehreren Tagen des Studierens und Auswertens, beschämt von der Konkurrenz, der er begegnet ist. Die Übersetzung wird besser von poetisch versierten Kennern gewürdigt. Bleibt dem Rezensenten der Text.

Man liest den Text in dem schönen Buch, den vertrauten Text, den man fast auswendig weiß, und an bestimmten Stellen wird man stutzig und am Ende fragt man sich: Sehe ich recht, ist das nicht der ATB-Erec 1985? Er ist es, man bekommt die Auskunft am Schluß des Buchs auf Seite 1068, wo der Editor seinen Dank sagt, u.a. dem Verleger des ATB-Erec 1985: "Dem Max Niemeyer Verlag Tübingen danke ich für die Erlaubnis, den Text der Ausgabe Cormeau/Gärtner als Arbeitsgrundlage verwenden zu dürfen; das Einscannen hat freundlicherweise Paul Sappler besorgt. Für Auskünfte und klärende Mitteilungen bedanke ich mich bei Kurt Gärtner [...]." Der neue Editor des alten Textes erklärt seine Editionsgrundsätze weiter vorn im Buch, auf Seite 600-602, wo man liest: "Am Anfang der Erec-Editionen steht 1839 die Ausgabe von Moriz Haupt, der 1867 die von Fedor Bech an die Seite trat, gefolgt von Haupts zweiter Ausgabe 1871. Beide Herausgeber haben nicht auf Hs. A, sondern nur auf eine fehlerhafte Abschrift zurückgegriffen. Erst Albert Leitzmann, der 1939 die Erec-Ausgaben der Altdeutschen Textbibliothek begründete, ging direkt auf die Hs. zurück, wodurch der Text endlich einige Verbindlichkeit beanspruchen konnte. Die dritte bis fünfte Auflage, von Ludwig Wolff betreut, ändert gegenüber Leitzmanns Text nur wenig, und auch die sechste, die heute maßgebliche Erec-Edition von Cormeau/Gärtner, hat im Vergleich zum Text ihrer Vorgänger 'nur in begrenztem Maße' Änderungen vorgenommen. Dabei ist sie 'in der Regel gegen Leitzmann zur Hs. und damit meist zugleich auch zum Text Haupts zurückgekehrt' (S. XXII). Diesen Weg geht die vorliegende Ausgabe weiter. Noch nachdrücklicher als Cormeau/Gärtner kehrt sie zu Hs. A und Haupt zurück, daneben zu Bech, bezieht aber auch neuere textkritische Überlegungen, v.a. von Okken, ein und trifft gelegentlich auch eigene Entscheidungen. So konnten im Text um die 600 Änderungen gegenüber Cormeau/Gärtner vorgenommen werden. Sie betreffen zum großen Teil nur Kleinigkeiten, sind deshalb aber nicht unwichtig, weil sie die Illusion verabschieden helfen, man könnte aus einer Hs. des 16. Jahrhunderts den Hartmann-Text verläßlich rekonstruieren. [...] Bei der Existenz nur einer (fast) vollständigen Hs. ist die Wahl von A als Leithandschrift eine Selbstverständlichkeit (in Zweifelsfällen, die der textkritische Apparat bei Cormeau/Gärtner gelegentlich aufwarf, wurde das Faksimile von A konsultiert). [...]"

Ich selber habe also den letztlich von Moriz Haupt stammenden und uns heute noch vorliegenden kritischen Text neugestalten helfen, ohne es zu ahnen. Ich leistete den textkritischen Beitrag, indem der Editor Scholz aus Veröffentlichungen von mir schöpfte, die er auf Seite 1046 und Seite 1047 aufzählt; dort nennt er meine beiden Erec-Aufsätze 1991 und 2000, die in dieser Zeitschrift erschienen, und meinen Hartmann-Kommentar 1993 (und auch meinen Tristan-Kommentar 1984-1988 und 1996), nicht aber meine Erec-Bücher, die ich 1999 und 2000 (mit Nachlese 2003) unter interessierte Leute brachte. Diese beiden Bücher hat Scholz anscheinend nicht zu sehen bekommen. Schade: Weil Scholz nicht den Weg zu mir fand und weil mir unbekannt blieb, daß Scholz an einer Erec-Edition arbeitete, deren Ergebnis mir im Frühjahr 2005 überraschend bekannt wurde und mir erst dann zu Gesicht kam -, darum leider wehre ich mich hier und jetzt zu spät gegen das von Scholz durchgeführte Auswerten des veralteten Teils meines Erec-Lebenswerks. Jawohl, erst mein letztes Erec-Buch, und zwar das oben erwähnte Buch der Jahre 2000 und 2003, präsentiert die textkritischen Erkenntnisse, die für ihre Entwicklung und Klärung bei mir kaum weniger als drei bis vier Jahrzehnte gebraucht haben. Die beiden Aufsätze, und textkritische Bestandteile meines Hartmann-Kommentars, und noch das ältere der beiden oben erwähnten Erec-Bücher, also das Buch vom Jahre 1999 - das alles stellt nur noch quasi für Historiker dar, daß ich der ererbten Textkritik unseres Fachs allzu fest verhaftet war, viel zu lange ihr treu blieb, und stufenweise und schubweise mit großen Mühen von ihr loskam. Scholz wertete meine alte Textkritik aus, von der ich mich löste, was er nicht geahnt haben dürfte. Und nun habe ich seinen kritischen Text zu kritisieren, der meine alte Textkritik enthält, und mein Kritisieren geschieht von dem Standpunkt her, den ich aufgrund meiner endlich geklärten Erkenntnisse jetzt einnehme.

Ich erinnere die ABäG-Leserschaft an den Titel jenes letzten Erec-Buchs von mir: Hartmann von Aue, Der Ambraser 'Erec'-Roman, Transkription mit Erläuterungen herausgegeben von Lambertus Okken. 1. Heft: Vers 1-5067. 2. Heft: Vers 5068-10135. 3. Heft: Nachlese. Bilthoven 2000 (1. und 2. Heft) und 2003 (3. Heft). In dem Buch habe ich den im Ambraser Heldenbuch überlieferten Erec transkribiert aus dem Faksimile der Handschrift. (Ich habe den Text in der Handschrift in Wien nachträglich studiert und die Erträge der Autopsie sodann in der Nachlese mitgeteilt.) Die Transkription bildet möglichst genau die Schriftzeichen mit allem Beiwerk ab, zeilengetreu, um dem Bild der Handschrift präzise zu entsprechen. Das transkribierte Bild soll dem Betrachter des faksimilierten Bildes helfen, dieses mit allen Details recht zu erfassen. Das Faksimile ist der Text, zu diesem Text führt die Transkription. Was Vernunft und Wissenschaft beitragen können zur Kritik und Erklärung des Textes, im Maße meines Könnens und Wissens: das habe ich im Apparat untergebracht. Der Apparat bietet eine Umschrift des Textes in unser künstliches Standard-Mhd., und diverse Erläuterungen, auch Vorschläge für die Korrektur von Fehlern im Text. Aber kein Eingriff gelangt aus dem Apparat in die Transkription, diese bleibt absolut abgeschirmt gegen die Philologie, die im Apparat bleibt, der ihre Spielwiese ist. Ein kritischer Text wird nicht mehr angestrebt.

Denn was ist ein kritischer Text? Eine Fata Morgana, solange wie man hinwill, und ein Blend- und Zauberwerk, sobald man die Illusion zu fixieren versucht auf dem Papier einer Ausgabe, eines Buchs. Ich sehe für unsere philologische Arbeit einen Sinn und Zweck nur noch im Studium der Texte, d.h. der Texte, wie diese uns in den Handschriften überliefert sind. Zu unserem Glück erschließt uns jetzt das Internet die Handschriften, wir können sie jetzt reell studieren, wenn wir wollen. Unsere Studien bringen uns vielleicht ein Wissen, das uns befähigt, aus diesem oder jenem Text ein Produkt zu destillieren, welches auf dem Markt verkäuflich ist und irgendwie konsumierbar ist; grob gesagt: eine Nacherzählung beispielsweise, für eine oder die andere Zielgruppe, oder ein Drehbuch, und so weiter. Für die Fachleute aber könnten wir ja daneben Ausgaben gewinnen, die freilich nurmehr jeweils einen einzigen Text abbilden, einen real in seiner Handschrift existierenden Text. Abzubilden wäre er durch eine Transkription. Mein Erec-Buch muß nicht unbedingt das Muster sein, da denke ich lieber an eine mir selbst musterhaft vorkommende neue Edition einer Tristan-Handschrift. Ich teile den Titel mit: Gottfried von Straßburg, Tristan und Isolde, Diplomatische Textausgabe der Zimelien-Handschrift Codex Vindobonensis 2707 mit Konkordanzen und Wortlisten auf CD, herausgegeben von Evelyn Scherabon Firchow unter Mitarbeit von Richard Hotchkiss, S. Hirzel Verlag Stuttgart 2004. Mir scheint, daß solche Ausgaben den Fortbestand unserer Philologie sicherstellen können, während wir inzwischen hoffentlich in die Schule der Klassischen Philologie heimkehren.

Ich habe gezeigt, von welchem Standpunkt aus ich die kritisch hergestellten Texte jetzt betrachte, und widme mich nun der Aufgabe, einen solchen Text zu rezensieren. Dem Editor des Textes mache ich seinen Standpunkt, der dem meinigen entgegengesetzt sein mag, nicht streitig, sondern indem ich als Rezensent mich dem Editor zugeselle, lasse ich seine Sache gelten, sofern er sie gut besorgt, und fördere ich sie durch meine Kritik womöglich.

Der Stellenkommentar gibt hier und da Einblick in die vom Editor geübte Praxis der Textherstellung. - Das überlieferte Sprachgewand des Textes ist ein editorisches Problem. Hierzu sagt der Editor vorweg unter der Rubrik Überlieferung auf Seite 597: "Daß eine Rückgewinnung des Hartmannschen Originals utopisch ist, daß der Rekonstruktion von Hartmanns Mhd. aus Rieds Frühnhd. Unsicherheiten anhaften, dessen sollte man sich allerdings stets bewußt sein." Eine entsprechende Probe aufs Exempel gestattet mir Vers 1248 und die von Scholz durchgeführte Behandlung dieses Verses. In diesem Vers überliefert Hans Ried uns die Verbform *geweltigt*. Der ATB-Erec 1985 bietet dafür die Konjektur *gevalte*. Scholz setzt *geweltiget'* in seinen Text und begründet (S. 669): "Durch Apokope des *-e* wird der Vers auch für Puristen metrisch akzeptabel, und die Konjektur *gevalte* ist nicht notwendig [...]." Ich sehe, daß für den kritischen Text eine standard-mhd. Form *geweltigete* infrage gekommen ist und daß sie offenbar einem Metrum zuliebe apokopiert worden ist.

Auf S. 670 bespricht Scholz den Vers 1333, der im ATB-Erec 1985 so aussieht: *und guote naht vür übeln tac*. Hans Ried schrieb: *vnd zwo guette nacht für einen v̈blen tag*. (Ich muß jedoch die modernen Umlautzeichen dort setzen, wo Hans Ried den Umlaut durch übergeschriebenes *a* bezeichnet.) Scholz bleibt bei der Version des ATB-Erec 1985, weil der überlieferte Wortlaut "die Metrik des Verses überfrachtet" (S. 670).

Auf S. 704-705 ist Vers 1986 an der Reihe, den Hans Ried so schrieb: *den pesten prau¨nen Scharlach so man vant*. Der ATB-Erec 1985 hat dafür: *den besten brûnât den man vant*. Scholz übernimmt Einwände gegen die Konjektur *brûnât* und folgert (S. 705): "Diesem Urteil und allfälligen metrischen Bedenken trägt ein Text Rechnung, der lediglich das überschüssig scheinende *praunen* tilgt." Scholz gibt dem Vers diese Gestalt: *den besten scharlach, den man vant*.

Auf S. 708 ist die Rede vom Vers 2027. Ihn schrieb Hans Ried so: *mit golde v¨bertragen*. Scholz schreibt in seinem Text stattdessen: *und mit golde übertragen*.

Der ATB-Erec bot: *mit liehtem golde übertragen*. Scholz begründet seine eigene Neuerung so (S. 708): "Das in der Hs. fehlende *und* ist hier aus metrischen Gründen hinzugefügt; auf den Zusatz *liehtem* (seit Leitzmann, Ausg.) kann dann leicht verzichtet werden."

Ich bilde mir eine Meinung aufgrund des Befundes der soeben besprochenen vier Stellen. Bei allem der Sache des Editors gebührendem Respekt halte ich mich für berechtigt, den Editor zu fragen: Was sind das für Dinge, jene metrischen Gründe nämlich, um derentwillen der Editor mal ein Wort im rekonstruierten Mhd. apokopiert und mal zwei Wörter aus der Zeile tilgt und ein andermal ein Wort aus der Zeile entfernt und mal ein Wort in die Zeile einfügt? Herr Editor, wo stehen die Definitionen jener Dinge und wo sind die antiken und mittelalterlichen Dokumente, mit denen jene Dinge legitimiert sind? Ich selbst meine: Solange wie ein Editor die Gültigkeit seiner metrischen Gründe nicht dargetan hat, gemäß den üblichen Regeln der Historiker unserer transparenten freien Welt, ebenso lange darf ein Editor nicht mit der Germanistenmetrik gegen die Überlieferung vorgehen. In der real existierenden Welt unserer Zunft gibt es allerdings eine Praxis, sich mit der Zauberformel *aus metrischen Gründen* einen Freibrief für liberale Emendationen zu verschaffen. Wer diese Praxis übt, mache sich aber auf Kritik von außen her gefaßt. Und unsere Zunft sollte überlegen, ob sie auf Dauer im Geschäft bleibt, wenn sie den metrisch begründeten Pfusch nicht abstellt.

Ich lege jetzt Scholzens neue Textausgabe und mein Erec-Buch 2000-2003 nebeneinander und vergleiche die beiden Texte fortlaufend vom ersten Vers an und notiere Stellen, wo nach meinem Dafürhalten der von Scholz hergestellte Text weiter umzugestalten wäre im Licht des uns von Hans Ried überlieferten Textes.

Vers 3. *der*] lies *der beidiu* ohne Tilgung. Der Ausdruck *beidiu ... und* bedeutet "sowohl ... als auch". Hans Ried schrieb *baiden*, statt *n* lies *u*, hier wie in 9703.

Vers 13. *schoene*] lies *schône*, denn dieses Adverb bildet mit *wol* den Ausdruck *schône und wol*, in diesem Vers wie in 1586-1587, 1816-1817, 2914, 4008, 7224, 7293-7295, 8609 und 8938. Der Ausdruck bedeutet "auf glänzende bzw. fertige und gute Weise". Die junge Dame ist nicht besonders schön, siehe 210-212; nur glänzend und wohl gekleidet ist sie.

Vers 67. *dehein*] lies *niht ein*, Hans Ried schrieb *nit ein*.

Vers 74. *unz*] lies *und als*, Hans Ried schrieb *vnd als*.

Vers 75. *daz daz*] lies *daz ditze* (oder *diz*), Hans Ried schrieb *daz ditz*.

Vers 76. *muget ir wêniger mir gesagen*] lies ohne Tilgung überlieferter Wörter *er sprach: nû muget ir wêniger man mir gesagen*, denn aufgrund welcher gültigen Gründe wäre das Tilgen erlaubt?

Vers 96. *daz getwerc im'z*] lies *daz im daz getwerc* in der überlieferten Reihenfolge.

Vers 112. *under ougen*] lies *under sînen ougen* ohne Tilgung.

Vers 162. *im*] lies *in*.

Vers 176. *des wirt*] lies *der wirt*, wie Hans Ried schrieb.

Vers 260. *daz hûs er schouwen begunde*] nimm statt *schouwen* lieber den Lückenbüßer *besehen*, denn ein Augensprung *be<sehen be>gunde* ist augenfälliger;

das Verb *besehen* ist in 2518 und 7682 bezeugt.

Vers 261. *enwânde*] lies *enmeinde*, denn was spräche gegen das überlieferte Wort? Vgl. 853.

Vers 289. *einem edeln manne gelîch*] lies mit Hans Ried einen Genitiv der Bezugnahme, also *eines edeln mannes gelîch* = "konform in bezug auf einen Edelmann".

Vers 305. *willekomen*] lies *grôze willekomen* ohne Tilgung.

Vers 317. *genc*] lies *gê*, Hans Ried schrieb *gee*.

Vers 320 und Vers 325. Die beiden Verse werden zweckmäßig mit einigen anderen Versen betrachtet, wo die überlieferten Buchstaben *ie* auch problematisch sind. - Hans Ried schrieb *die* an Stellen, wo wir mhd. *dô* (253, 525, 833, 954, 2606, 5279, 7818, 9476 und vielleicht 6554) oder *dâ* (2578, 8104) schreiben möchten; dort mag Hans Ried ein *o* oder *a* in seiner Vorlage verlesen haben. Umgekehrt schrieb er irrtümlich *zwar* (205) statt unseres mhd. Wortes *zwir*, das in Hans Rieds Vorlage wohl die Gestalt *zwier* zeigte, vgl. *zwier* in 3984. Hinwiederum meint Hans Rieds *ie* vermutlich unseren Laut und Buchstaben *a* in den beiden Versen 320 und 325, wo Hans Ried *begieng* und *giezieret* schrieb und wo der kritische Text dafür *beganc* und *gezat* bieten sollte. (Das *ie* in der Vorsilbe *gie-* hingegen ist wohl der Reflex eines *i*: In der Vorlage wird Hans Ried die Vorsilbe *gi-* zu sehen bekommen haben; er schrieb ja auch *piegen* für den mhd. Infinitiv *begên* in 1836; denselben Infinitiv stellte er in 5482 durch *bigeen* dar.) Das Partizip *gezat* ist eine Form des mhd. Verbs *zeten* = "streuen". Zur bezeichneten Sache noch: Enites *roc* ist verschlissen, die Fäden streuen sich schütter und locker in dem fadenscheinigen Stoff, weil die Faserhärchen ab waren, die das Gewebe im neuwertigen Tuch einst dicht gemacht hatten. Der dünn gewordene *roc* ist *abhar, ab-haere* = "ohne Faserhärchen" und läßt folglich Enites helle Haut dort durchblicken, wo das *hemede* Risse hat (327-330).

Vers 342. *ir*] lies *ouch ir* ohne Tilgung.

Vers 349. *daz ist guot getân*] ein Kommentar des Erzählers, zum Großen Wort des Gastgebers, der hiermit seinem Gast verwehrt, sich einzumischen. Der Satz ist außerhalb der Anführungszeichen zu halten.

Vers 390. Tilge das Wort *die*, es steht nicht in der Handschrift.

Vers 474. *begarwe*] Hans Ried schrieb *die gabe*, konjiziere *die gaehe* = "im Eiltempo".

Vers 480. *ûf genâde*] lies *ûf die genâde* ohne Tilgung.

Vers 483. *mich's*] lies *mich*.

Vers 487. *ez*] lies *ich*, Selbstironie.

Vers 503. *mit*] lies *mit mînem* ohne Tilgung.

Vers 507. *behabete*] lies *behabe*.

Vers 541. *er mac den rîchen*] Hans Ried schrieb *er macht ain reich,* konjiziere *er mehte einen rîchen*.

Vers 569. *als*] lies *daz*.

Vers 614. *ez*] lies *selhez*.

Vers 643. *missesehen*] lies *missejehen*.

Vers 650. *ouch*] lies *iuch*.

Vers 656. *ode*] lies *ob*.

Vers 669. *in in*] lies *in mit*.

Vers 681. *sâhen si*]Hans Ried schrieb nur *Sÿ*, ergänze <*sâhen si*> *si*, so leuchtet leichter ein, daß ein Augensprung den Textverlust auslöste.

Vers 705. *es enwellen iu*] lies *sîn enwellen*.

Vers 721. *oder*] lies *noch*.

Vers 749. *daz ros*] lies *ros*.

Vers 751. *sîn helfe im*] lies *im sîner helfe*.

Vers 755. *in'z*] lies *in ûz*.

Vers 760. *ruorte*] lies *vuorte*.

Vers 808. *daz ez*] lies *dâ ez*.

Vers 833. *dar*] Hans Ried schrieb *die*, konjiziere *dô*. Siehe oben zu den beiden Versen 320 und 325.

Vers 850. *als*] lies *alsô dâ diu*.

Vers 853. *wânde*] lies *meinde*, wie in 261.

Vers 861. *in im*] lies *im den*.

Vers 954. *des*] Hans Ried schrieb *die*, konjiziere *dô*. Siehe oben zu 833.

Vers 962. *selh herzenleit*] lies *selher herzenleide*.

Vers 963. *bî lîbe*] lies *belîben*.

Vers 1022. *ir mich*] lies *ir*.

Nachdem ich die ersten 1000 Verse fortlaufend revidiert habe als Verteidiger der Überlieferung, möchte ich die Revision weiterhin nur noch hier und da durchführen. Sonst käme ich nicht so bald zu Rande.

Vers 1190. *oder er hât*] lies *und hât* etc. = "und mag freilich (er = Erec) den Ritter als Sieglosen gesandt haben". Der hoch interessante Konzessivsatz weist sich als solcher durch Ersparnis des Subjekt-Pronomens aus, das Pronomen darf also nicht im kritischen Text ergänzt werden. Vgl. 1315, 2674, 2791, 3158, 3463, 4139, 4261-4267, 5540, 5716, 6316, 6318, 6677, 7085, 7456, 7827, 8221, 8629, 9179 und 9453.

Vers 1363. *daz er nie rîcher wart*] Hans Ried schrieb *daz Er nÿe wart*. Ein Textverlust durch Augensprung wird plausibler wettgemacht, wenn man *rîcher* entweder vor oder nach *er* setzt.

Vers 1365. *ir bî mir*] Hans Ried schrieb *jr mir*, wir haben ein durch Augensprung verloren gegangenes Wort zu ergänzen, zur Wahl stehen *bî* (1366) und *mit* (1367). Letzteres Wort mag als Lückenbüßer plausibler sein, lies *ir mit mir*.

Vers 1428-1429. Der Textverlust traf nicht den ganzen Vers 1429, sondern beide Verse teilweise, ergänze <*reit / sîn brust starc unde*>.

Vers 2302. *und niender dem erren gelîch*] Hans Ried schrieb *vnd nÿenen dem erennen geleich*, entziffere so: *und ungenendeme rennen gelîch* = "und nichtkühnem Galoppieren konform". Man riskiert den zweiten Schild lieber nicht im kühnen Speerstoß-Anlauf! Die Konjektur setzt voraus, daß Hans Ried *nÿe* schrieb, weil er in seiner Vorlage *ũye* stehen sah, d.h. ein *u* mit Nasalstrich und ein *g*, das aus *y* mit lose aufgesetztem waagrechtem Strich bestand und dann ein *e*. Vgl. 6712 *nÿeneme* = *ungenæme*, 7974 *nÿemat* = *jungen rât*, 8888 *niegeтröstet* = *ungetroestet*.

Vers 2310-2311. *diu rîs, ze breit noch ze smal, / si beviengen daz bret über al*] Hans Ried schrieb *die riß zepreit noch ze schmal . Sÿ beuieng das ẅprete vberal,* lies also *diu rîse* etc. *si bevienc* etc. = "das Tuch umfaßte das Brett (= den aus Brettern gefügten Schild) ganz". Das Leinentuch ist gemeint, welches das Bretter-System straff umspannt, um die Bretter stabil beisammen zu halten. Und *des bestuont diu mouwe* (2312) = "deswegen hatte der Ärmel Bestand".

Vers 2351. *ein wagen*] Hans Ried schrieb *wagen*, ohne *ein*. Und im Vers 2224 steht in der Handschrift ein nachgetragenes *ein*, und in Vers 2293 hat die Handschrift bloß *mowe*, ohne *ein*. Verstehe: Ein artikelloses Substantiv macht die bezeichnete Sache eher als Gattung denn als Einzelwesen kenntlich, also: Adel tritt auf (2224), Erec erscheint als Ärmelritter (2293), seine Speere werden per Wagen versandt (2351).

Textkritische Leckerbissen fand ich weiterhin zumal an diesen vier Stellen:

Vers 3851. *niht sprechen*] Hans Ried schrieb *nit sprechende*, lies *nîtsprechende* = "verleumderisch"; vgl. *wolsprechender* (2199). Hans Ried mag *nit* in seiner Vorlage gesehen haben, ohne es recht zu verstehen; sonst hätte er hier vielleicht *neÿd* geschrieben, vgl. in Vers 1495 *neÿd noch haß*. In Vers 2733 hat er dasselbe Wort auch verkannt, dort gab er das Wort in der Gestalt *nichts* wieder.

Vers 5324. *lîplôse*] Hans Ried schrieb *liebelose*, lies *lîbelôse*. Das ahd. Wort *lîbelôs* bedeutet "lebensgeistlos", es ist zweimal klar bezeugt im Oeuvre Notkers des Deutschen, und zwar in den 'Categoriae', ed. Evelyn S. Firchow, Cod. Sang. 818, Seite 3, Zeile 19-22 sowie Cod. Sang. 825, Seite 275, Zeile 26-32 und in der 'Consolatio Philosophiae', ed. Evelyn S. Firchow, Cod. Sang. 825, Seite 78, Zeile 7-9. Dasselbe Wort erscheint auch in Gottfrieds Tristan-Roman, in der Wiener Handschrift, Cod. Vindob. 2707, Blatt 52rb, Zeile 17 (= Ranke Vers 7825), in der Gestalt *liebelos*: genau so, wie das Wort auch aus Hans Rieds Feder kam.

Vers 5539-5540. *unde hôhe ûf stoup, swaz dar gehaft wære*] Hans Ried schrieb *vnd hohe auf haubt lüt . aus der crafft ware*. (Hier setze ich wieder das moderne Umlautzeichen anstelle des *a*, das Hans Ried dem *u* in *lut* aufsetzte.) Lies *und hôhe ûf stoup. blû't* (= *blûwe et*), *ûz der craft wære* = "mochte er halt bleuen (= schlagen), mochte es (= das Bleuen) auch aus der Kraftfülle sein". Zwei Konzessivsätze liegen vor, zweimal ist das Subjekt-Pronomen erspart; vgl. wegen der Konstruktion Vers 1190 und die beigefügten Parallelen.

Vers 7141. *daz ein teil*] Hans Ried schrieb *das dritte tail* = "ein Drittel"; vgl. *die aindlif edlen staine* (7738) = "elf der zwölf Edelsteine". Wegen des alten Teilungsbrauchs siehe den Thesaurus Linguae Latinae, Vol. X,1, Fasc. III, Spalte 452, Zeile 54-73.

Hans Ried ist ein Kopist gewesen, der seine Abschrift kalligraphisch schrieb und der allein schon darum sehr treu kopierte. Wer kalligraphiert, kann sich nicht mehr um den Text kümmern und ist zum beiläufigen Edieren der Wörter unfähig, weil er seine Aufmerksamkeit voll und ganz für die Gestaltung seiner Buchstaben braucht. Dieses Faktum wird jeder uns bestätigen, der manchmal ein Buch mit seiner schönsten Schülerhand ins reine geschrieben hat. Nein, man verändert den Text nicht beim Kalligraphieren, aber man reißt Lücken in den Text, weil man Augensprünge macht. Diese Fehlerquelle lernte ich in Hans Rieds prächtiger Kalligraphie spät vermuten, nach häufig wiederholter Lektüre des Faksimile. Dann habe ich die mir hier und da beim Lesen spürbaren Anstöße wahrgenommen als ebensoviele Indizien mutmaßlicher Augensprünge, als Signale der Existenz kleiner Lücken, und dann suchte ich nach Lückenbüßern. Ich hatte natürlich Vorgänger in diesem hübschen Spiel. Von ihnen rühren die längst gefundenen Lückenbüßer her, die mir als Muster dienten. Einige solcher älteren Funde glaube ich verbessern zu können. Den Ertrag meiner Suche auf diesem speziellen Feld der Textkritik teile ich zuguterletzt mit.

Vers 4144. *ez dâ*] schließe die Lücke statt mit *ez* lieber mit *daz*, lies *daz dâ*.

Vers 4483-4485. Der Textverlust geschah nicht in Vers 4483, sondern in Vers 4484. Lies *nu wâ möhte anderswâ ein vriunt <vriunt>lîcher binden zuo den zîten vinden* = "ein Partner partner-konformeres Verbinden" etc.

Vers 5284-5286. Auch in Vers 5285 gibt es Textverlust, lies *den künec muote sô sêre <daz>, daz er nicht mêre in dem walde <wolde> bestân.*

Vers 7489. *sô wil ich iuch wizzen lân*] Hans Ried schrieb *so wissen lan*, ergänze so: *sô wizzen <wil> lân* = "so wissen lassen wollen mag". Hier erspart der Konzessivsatz das Subjekt-Pronomen *ich.*

Vers 7680-7681. In der Handschrift steht *Es was diser dewedere . drangürtl noch stichledere.* (Wieder ersetze ich mit einem modernen Umlautzeichen das *a* auf dem *u.*) Lies *ez was diser dewe<der le>der dar an gürtel noch sticleder* = "Leder war in bezug auf keins dieser beiden daran, weder (an) Gurt noch (an) Steigleder". Das Wort Steigleder ist geschrumpft aus Steig(bügel)leder(riemen).

Vers 9276-9277. Ergänze *in* nicht in Vers 9277 sondern vor dem überlieferten *in* in Vers 9276, lies *und wolde <in> in allen gâhen vaste zuo im vâhen.*

Vers 9899. Weil der Satz in der Handschrift mit *Wann daz* beginnt, tut ein finites Verb not. Ergänze so: *wan daz vrou Saelde <sande> ir stiure* = "nur daß ja die Herrin Fortuna ihr (= der Amme) eine Unterstützung sandte". Vgl. Vers 5206.

Die soeben betrachteten Augensprünge konnten an gleichgültigen Stellen mitten in den Zeilen geschehen. Nun gibt es aber noch die Zeilenschlüsse bzw. die Anfänge der Zeilen, und hier sind die Stellen, wo der Kalligraph seine Buchstaben besonders leicht aus dem Auge verliert und er sich beim Wiederfinden vertut. Was ich an solchen Stellen bemerkte, steht hier beisammen:

Vers 3392-3394. Ersetze den Textverlust in Vers 3393 und lies: *dannoch wâren ir viere. <der einen> der eine schiere ouch tôten von dem rosse stach* = "einen jener (vier Räuber) stach der Einzelkämpfer (= Erec) rasch auch als einen Toten vom Pferd". Wenn Hans Ried *einē* statt *einen* zu lesen bekam, passierte ihm der Augensprung besonders leicht.

Vers 3493. Die Lücke ist im überlieferten *gepot*, lies *ge<raete ge>bôt*. Das *geraete* in der Burg bot dem Diener gewiß auch Tischtücher. Vgl. 7200-7201 und 8593-8595.

Vers 3911. Schließe die Lücke so: *guotes alsô <wol> gan*.

Vers 4944. Dies wäre der plausible Lückenbüßer: *<gemanet> âne nôt*. Was Hans Ried in seiner Vorlage las, sah vielleicht so aus: *gemanot an not*. Er kopierte *an not*. Den Lückenbüßer gewinnt man aus den Versen 4872 und 4881.

Vers 5230. In der hier spürbaren Lücke fehlt jedenfalls das finite Verb, und dessen Verlorengehen wird noch am ehesten verständlich, wenn die Verbform sowohl vor als auch hinter *danne* stand. Setze versuchsweise *wart* ein, zwischen vorausgehendem und nachfolgendem *danne*, und in Vers 5228-5230 erscheint der Satz *von zouberlichen sinne nie bezzer meisterinne <danne wart> danne Fâmurgân* = "von zauberkonformem Kunstverstand her erstand dann nie (eine) bessere Meisterin als Famurgan". Diese Zauberin ist gemeint mit dem Pronomen *Sy* in Vers 5226.

Vers 6747-6748. Hier ist bloß eine kleine Silbe ausgefallen; ergänze: *ûf die strâze er kêrte, die er ge<gen>wert dar reit* = "die entlang er in Gegenrichtung dorthin geritten war". Vgl. oben zu 3392-3394: Wenn die kleine Silbe in der Gestalt *gē* dem Kopisten vor Augen stand, war sie besonders leicht zu überspringen.

Vers 7303-7304. Der Wortlaut *wey/s . so* in der Handschrift birgt eine Lücke, die so zu schließen wäre: *<wîz sô> wîz sô*. Nach der Reparatur versteht sich der ganze Passus 7300-7310, wie er überliefert ist, problemlos so: "Nun hatte die andere Seite (und zwar) die ehere (= die früher erwähnte Schildseite, die linke), zum Gegensatz sicher alle ihre (Farb-)Kraft an total-weiß: so weiß wie diese (Seite) schildseitig war, von der ich Euch nun dort gelesen habe: ebenso (intensiv) schwarz war diese (rechte Seite) hier. Dort, wo die Weißheit abging - es war ja doch (mit den Pigmenten) schwarz und weiß die (färbende) Erde verschieden (farb-)kräftig - , war klar unterschieden", nämlich mit einem grünen Trennstrich. Die "Erde", die weiß bzw. schwarz färbte, war Kreide bzw. Schieferschwarz; letzterer Ausdruck bezeichnet einen dunklen Tonschiefer, der als schwarze Kreide zum Zeichnen verwendet wurde. (Quelle: Hermann Kühn: Farbmaterialien, Pigmente und Bindemittel. In: Reclams Handbuch der künstlerischen Techniken, Band 1, Zweite Auflage, Stuttgart 1988, S. 18 und S. 42.)

Vers 8389. Hier ergänze man das finite Verb vor *daz*, lies: *<tuot> daz, herre wirt, erkant* = "macht das bekannt, Herr Gastgeber".

Lambertus Okken

Elmevik, Lennart (utg.). *Språkhistoria och flerspråkighet. Föredragen vid ett internationellt symposium i Uppsala 17-19 januari 2003.* (Acta Academiæ Regiæ Gustavi Adolphi 87). Uppsala: Kungl. Gustav Adolfs Akademien för svensk folkkultur, Uppsala 2004. (ISBN 91-85352-56-X).

In January 2003 a symposium was held in Uppsala to celebrate the publication of the first volume of *The Nordic Languages. An International Handbook of the Histo-*

ry of the North Germanic Languages. Ten of the twelve papers that were read at this symposium, and are published in this volume, deal with the theme the organisers had chosen for the conference: language contact and language history. The remaining two papers are devoted to a discussion of how the work on the Handbook was carried out (Oskar Bandle) and what the planned *Svenska Akademiens språkhistoria* should look like (Bo Ralph).

In his paper on the expression of 'future tense' in five European languages Anders Ahlqvist suggests that language contact is the cause of the fact that French, Irish and English may express future tense by means of a verb meaning 'to go', whereas Swedish and Finnish use a verb meaning 'to come' instead. Unfortunately, the author does not provide any other evidence in support of this hypothesis than the mere fact that the languages that use GO are spoken in one area in Europe, and those that use COME in another.

It is an interesting question why one variety of Norse (Norn) did not survive contact with a related language (Lowland Scots) in Shetland and the Orkneys, whereas another (Faroese) is still alive and kicking after a similar contact (with Danish) in the Faroes. According to Michael Barnes the most important differences in the history of the Norse varieties in the Faroes on the one hand and in Shetland and the Orkneys in the other were the following: (a) Scots arrived earlier in the Northern Isles than Danish did in the Faroes, Norn had already become extinct before National Romanticism could revitalise it, wheras Faroese was still a living language in the time when language was considered to be the true expression of a nation's "soul"; (b) there were more Scots speakers in Shetland and the Orkneys than there were speakers of Danish in the Faroes.

Kurt Braunmüller presents a challenging new theory on the language of the inscriptions in the old *futhark*. He assumes that the rune carvers were well acqainted with the Roman way of life, and were in fact bilingual in Latin and (Proto-)Norse. The use of a figure of speech like hyperbaton, for instance, shows that they were familiar with Roman literary style. The most spectacular claim made by Braunmüller is, however, that Latin had such a profound influence on the language of the rune-carvers that they introduced a new synthetic passive as a kind of copy of its Latin counterpart: "Min tese er nemlig, at suffikset *–ika/-eka* i forbindelse med verbet *haita* står som grammatisk mærke for den passive betydning af verbet *haita*" (p 74). Later the *–eka* suffix spread to the other persons: "Grundlaget for denne tese er, at tosprogethed har været årsag til denne udvikling, hvor den desambiguerende passiv verbform *haitika*, en paralleldannelse til lat. *vocor*, står som udgangspunktet. Den følgende udvikling kan forklares som grammatikalisering af et suffiks" (p 75). Although it does not seem unlikely that those who could write had some knowledge of Latin, the lingua franca of that time, it is not very probable that the influence of these happy few upon the language of the illiterate masses was such that it could change the grammatical system.

According to Elin Fredsted there exist 'peripheral languages' which are characterised by the following properties: (a) archaisms; (b) reduction or even loss of inflectional morphology, and (c) changes due to longlasting contact with a neighbouring language. She suggests that this language type is represented in the Germanic branch of Indo-european by the dialect of South Jutland (sønderjysk), by Afrikaans and by Pennsylvania Dutch (German). One of the more interesting claims made by Fredsted is that the tonal accent in the dialect(s) of SE-Jutland came into existence as an answer to the loss of final unstressed *–e*, which it so to speak replaces as a means of conveying morphological information. Unfortunately this theory does not explain the presence of the tonal accent in non-apocopated words with two or more syllables. At the end of the section on sønderjysk (p 84) Fredsted repeats the idea put forward by Grimm in 1848 that "sønderjysk er den sydligste udpost for de nordgermanske sprog, på den anden side også den nordligste periferi af de vestgermanske sprog. Et fælles træk med de vestgermanske sprog er f.eks. den foranstillede definite artikel." This theory is not only wrong, as the prefix *æ/a* in Jutlandic has the same distribution as the definite suffixes *–en, -et, -ene* in the other Danish dialects, but it is dangerous as well, as is proven by Grimm's text which could serve as an ideological justification of the annexation of Jutland by Prussia: "Dann aber wird nicht ausbleiben, so bald Seeland aufhört eine nordische hauptstadt zu enthalten, dass auch die Jüten in ihren natürlichen verband zu Deutschland, wie er ihrem althertum gemäss und durch die deutliche spur des sächsischen dialects unter ihnen (in Nordschleswig und Jütland steht z.b. noch der artikel vor, nicht nach) gerechtfertigt ist, wiederkehren."

In his paper on language contact and diachronic syntax Jan Terje Faarlund analyses three cases of syntactic change: the emergence of (a) the *for*-subject with infinitives (e.g.: For FN å la dette passere stod for meg som å innby Stalin til en ny Berlin-aksjon); (b) the infinitive marker *te* in the dialect of Bergen, and (c) the loss of V2 in subordinate clauses. Traditionally (a) and (b) are considered to be the result of language contact, but (c) an autonomous development in continental-Scandinavian. Faarlund arrives at a diametrically opposite conclusion in all three cases.

A particularly clear case of grammar change brought about by language contact is described by Hans-Peter Naumann in his interesting essay on the omission of the auxiliary of the perfect in subordinate clauses in German and Swedish. He shows that in the 16th century it became increasingly fashionable to leave out *sein* and *haben* in subordinate clauses, especially in newspapers (the "Relationen"), scientific prose, novels and letters. German Baroque writers seem to have been extremely fond of this figure of speech, and the same holds for their Swedish colleagues (Wivallius, Columbus, Lucidor a.o.) who were all well versed in German. In Germany the construction lost its popularity at the beginning of the 18th century[1], but in Sweden it became part of the grammar of the language. In written Swedish it is far more frequent than its finite counterpart, and it is becoming increasingly popular in the

---

[1] See Anne Breibarth's recent dissertation *Live fast, die young: the short life of Early Modern German auxiliary ellipsis* (2005) for a thorough discussion of the history of the afinite construction in High German. http://www.lotpublications.nl/publish/articles/001464/bookpart.pdf

spoken language. Why Swedish, in contradistinction to Danish and German, has incorporated the afinite construction in its grammar remains a mystery.

Lars Wollin discusses the question whether it is possible to find proof of diglossia in the older stages of Swedish. That there were different styles of speech in the 18th and 19th century is directly attested by the grammatical works of Sven Hof (1753) and Adolf Noreen who both connect specific forms to specific situations and social classes. But Wollin suggests that it might be possible to discern some traces of diglossia in the various translations from Latin into Swedish made in Vadstena, which seem to vary according to what kind of public they were meant for. He does not exclude either that diglossia was already present in the Viking Age, with Hedeby-Nordic as a prestige dialect.

Evaluation. Most of the essays collected in this volume are easy-reading, and seem to have been written for a wider audience. This might explain why only in a few of them new ideas or new theories are presented on the theme of the book: language contact and language history. The phenomena are hardly ever described in depth, (Barnes and Naumann are the exceptions here), but this was probably not the intention of the writers and the editor either.

Harry Perridon

Friedrich E. Grünzweig. Runeninschriften auf Waffen. Inschriften vom 2. Jahrhundert n. Chr. bis ins Hochmittelalter (Wiener Studien zur Skandinavistik Band 11). - Edition Praesens, Wien 2004. 203 S. (ISBN 3-7069-0227-3).

Inschriften auf Waffen bilden eine alte Gattung, die in den verschiedensten Kulturen vorkommt. Innerhalb der germanischen Runeninschriften haben sie einen beträchtlichen Anteil an der ältesten Überlieferung. De Autor dieses Buches unternimmt es, gerade diese Gruppe näher zu untersuchen. Dabei ist es schade, dass aus finanziellen Gründen eine Autopsie nur bei wenigen Inschriften möglich war (S. 13). Es erweist sich ja, dass eine genaue Betrachtung mit Lupe und mit modernen Hilfsmitteln sehr aufschlussreich sein kann. Aber Grünzweig geht in der Analyse sehr vorsichtig vor, sodass man annehmen kann, dass seine Forschungen gut unterbaut sind.

Das erste Kapitel des Buches beschäftigt sich mit den Inschriften aus dem 2. und 3. Jahrhundert, wobei die Neufunde aus Illerup ådal in Jutland eine wichtige Stellung einnehmen (gerade sie wurden durch Autopsie überprüft). Die erste Gruppe umfasst die vier Lanzenspitzen (Rozwadów, Dahmsdorf, Kowel und Mos), die zur ostgermanischen Tradition gehören. In diesem Fall werden auch die "Beizeichen" herangezogen, die sogenannten "sarmatischen" Zeichen, die auch ohne Runen auf Lanzenspitzen vorkommen (S. 19-27, vor allem die Abbildungen auf S. 24-27). Die bisherigen Deutungen der Inschriften werden kritisch durchleuchtet und der Autor zögert nicht, Inschriften als undeutbar zu bezeichnen, wenn die Lesung oder die Interpretation zu viele Fragezeichen aufruft, was man durchaus eine gesunde Einstellung nennen kann, die in der Runologie nicht immer gepflegt wird. Es wird deutlich, dass gerade die "sarmatischen" Zeichen diese Lanzenspitzen in eine kontinentale, ostgermanische Tradition stellen. Dann sei die Möglichkeit einer nichtgermanischen Sprache nicht auszuschließen, etwa für die Inschrift von Mos: **sioag**. Tentativ verweist der Autor auf sarmatisch *syāvak, syāvag 'schwarz', wobei allerdings ein Zusammenhang zwischen Namen und Waffe schwer zu finden ist, während die anderen Lanzenspitzen Waffennamen zu enthalten scheinen (**ranja, tilarids**). Die zweite Gruppe umfasst die Lanzenspitzen von Øvre Stabu, Illerup und Vimose, wobei vor allem die letzten interessant sind, weil es sich dreimal um dieselbe Inschrift handelt. Das suggeriert, dass **wagnijo** ein Waffenfabrikant war. Nach den Lanzenspitzen kommen die Schwertscheidenbestandteile daran. Auch sie stammen meistens aus Moorfunden (Vimose, Illerup, Thorsberg). Dieselben Fundorte liefern auch Schildbestandteile wie etwa Schildfessel 3 aus Illerup mit der Inschrift **laguþewa**. Abschließend findet sich auf S. 78 eine Karte mit den Fundorten.

Die zweite Abteilung befasst sich mit den Inschriften auf Waffen aus dem 4. und 5. Jahrhundert. Hier kann man sehen, wie sich die Runenschrift von Skandinavien aus weiter verbreitet. Der Schwerpunkt liegt zwar noch in Skandinavien, aber jetzt kommen auch Deutschland (Liebenau) und die Niederlande (Bergakker) dazu. Die letztgenannte Inschrift weise nach Grünzweig (S. 99-100) auf Grund der grammatischen Formen (etwa *-am* im Dativ Plural) eher ostgermanische Züge auf. Dazu kann man aber bemerken, dass eine solche frühe Inschrift durchaus archaische Formen aufweisen könnte, *-um/-om* kommt noch in altniederländischen Ortsnamen des 9. Jahrhunderts vor.

In einer Zwischenbilanz erörtert Grünzweig den eventuellen römischen Einfluss auf die frühen Inschriften. Seiner Meinung nach dürfte der nicht so groß sein, wie oft angenommen wird. Dass man den eigenen Namen auf die Waffe notierte, dafür brauche man wohl kein Vorbild. Die Tatsache, dass es sich bei den Funden meistens um Opfer in Mooren handelt, ruft die Frage auf, ob man vielleicht die Inschrift erst bei der Opferung angebracht hat. Beim Schildbuckel von Thorsberg scheint das ziemlich sicher. Mit Recht weist der Autor (S. 112) in diesem Zusammenhang darauf hin, dass aus dem Gebiet, woher die Invasoren bei Thorsberg stammen, aus der Zeit vor 400 keine Inschriften bekannt sind. Anschließend kommt er zu der Auffassung, dass es naheliegt, "eine Ausbreitung der Runen von Skandinavien aus anzunehmen" (S. 114, wiederholt in den Schlussfolgerungen S. 164).

Aus dem 6. Jahrhundert hat man zunächst die altenglischen Inschriften, wobei der Autor bemerkt, dass Inschriften auf Waffen nur aus Kent und der Isle of Wight bekannt sind. Allerdings gibt er S. 165 zu, dass es sich insgesamt um drei Inschriften handelt. Im süddeutschen Raum finden sich etwa sieben Inschriften auf Waffen, wobei bemerkt werden muss, dass schon ziemlich früh auch lateinische Buchstaben und Inschriften erscheinen: "Alle[m] Anschein nach löst die Lateinschrift die Runenschrift aus dieser [= fränkischer] Richtung ab" (S. 140).

Relativ wenig Inschriften auf Waffen sind aus der Wikingerzeit bekannt. Das fällt um so mehr auf, wenn man bedenkt, dass diese Periode von etwa 900 bis etwa 1300 läuft. Mit 12 Inschriften sind das nicht viel mehr als die 11 Inschriften aus dem 6.

Jahrhundert! Es handelt sich bei diesen Inschriften ausschließlich um Besitzer- und Herstellerinschriften, soweit sie überhaupt deutbar sind. Der Autor stellt denn auch fest, dass sie in dieser Periode keine besondere eigene Tradition (mehr) aufweisen.

In der Zusammenfassung betont der Autor, dass die Inschriften auf Waffen eine sehr heterogene Gruppe bilden. Was vor allem wichtig ist, ist die Tatsache, dass man sie mit der Mobilität der Krieger verbinden kann. Hier liege vielleicht die Ursache für die Ausbreitung der Runenschrift. Möglicherweise können wir von einem Austausch zwischen den Eliten in Skandinavien und in den Küstengebieten der Nordsee bis ins 6. Jahrhundert ausgehen. Auf diese Art und Weise dürften ja auch die literarischen Stoffe der Heldenpoesie gewandert sein. Die Studie von Grünzweig zu diesem Teilgebiet der überlieferten Runeninschriften ist anregend und gediegen.

Arend Quak

Robert Nedoma. Personennamen in südgermanischen Runeninschriften. Studien zur altgermanischen Namenkunde I,1,1 (Indogermanische Bibliothek. Dritte Reihe) - Universitätsverlag Winter, Heidelberg 2004. 450 S. (ISBN 3-8253-1646-7).

Dieses Buch steht in engem Zusammenhang mit dem Projekt 'Altgermanische Personennamen', vgl. Hermann Reichert mit seinem 'Lexikon der altgermanischen Namen I-II' (Wien 1987 und 1990). Es handelt sich um ein auf insgesamt sieben Bände angelegtes Arbeitsvorhaben, wobei das altgermanische onomastische Material (etwa 3.000 Namen) etymologisch und bibliographisch erfasst werden sollen. Als erster Teil erscheinen jetzt die Personennamen in südgermanischen Runeninschriften.

Die erste Frage, die man sich dabei stellen kann, ist natürlich: Was versteht man unter "südgermanisch"? Nedoma nimmt es geographisch und setzt dabei die nordgermanischen/urnordischen, die ostgermanischen und die nordseegermanischen Inschriften als gesonderte Gruppen an. Die Inschrift von Meldorf bleibt auch außer Betracht, da sie in der Interpretation zu unsicher sei. Im Grunde handelt es sich also um Inschriften, die man als althochdeutsch, altsächsisch und langobardisch bezeichnen könnte, im Buche eventuell als "voralthochdeutsch" angedeutet. Die Kriterien sind nicht ganz klar. Die sogenannten Weser-Runen werden mitgezählt, obwohl sie nach Ausweis der **h**-Rune eher mit der nordgermanischen Gruppe im Zusammenhang stehen. Dagegen fehlen die Inschriften von Bergakker und Vremen. Über Bergakker wird nur bemerkt (S. 331-32), dass es sich wohl um eine ostgermanische Inschrift handle. Dagegen wird EHO in der Inschrift von Donzdorf, die meistens für nordgermanisch gehalten wird - vgl. auch die einstrichige **h**-Rune - mit behandelt.

Der Schwerpunkt liegt in diesem Buch somit auf der süddeutschen Tradition des 6. Jahrhunderts, die allerdings wohl auf die nordgermanische Tradition zurückgehen dürfte, vgl. Lüthi und Martin in: 'Alemannien und der Norden. Internationales Symposium vom 18.-20. Oktober 2001 in Zürich (Hg. von Hans Peter Naumann unter Mitwirkung von Franziska Lamer und Oliver Szokody (Ergänzungsbände zum RGA 42), Berlin-New York 2004). Unter den Namen finden sich sogar BIRG und SELBRAD aus der wohl gefälschten Inschrift vom Kleinen Schulerloch. Obwohl man sich zunächst wundert, dass eine offensichtliche Fälschung aufgenommen wurde, lässt sich dies doch verteidigen, da der Autor S. 238-29 eine Reihe von Argumenten aufzählt, die gegen die Echtheit der Inschrift sprechen.

Den Hauptteil des Buches bildet natürlich die ausführliche Darstellung der 76 in den Runeninschriften mehr oder weniger sicher belegten Personennamen (S. 137-422). Der Autor gibt eine ausführliche und genaue Darstellung der Überlieferung, der eventuellen Etymologie, eventueller verwandter Namen in der sonstigen altgermanischen Überlieferung (hauptsächlich bei antiken Autoren) und in der jüngeren direkten Überlieferung der einzelnen germanischen Sprachen. Dabei wird die bisherige Forschung sehr kritisch gesichtet. Mit Recht bemerkt der Autor in einigen Fällen, dass die Überlieferung des Namens zu unsicher sei, um eine Deutung zu geben, vgl. Nr. 14 ARAB/AUAB. Mit den Interpretationen des Autors kann man meistens einverstanden sein. Gerade die Namen und Wörter in Runeninschriften sind manchmal umstritten - man vergleiche etwa die Diskussion um die Inschrift Pforzen 1 -, aber Nedoma versucht auch anderen Deutungen gerecht zu werden und die betreffende Literatur zu geben. Beim Namen AIGIL (Pforzen 1) wird wohl mit Recht die Verbindung mit der Wurzel **agi(l)-* abgelehnt. Nach Nedoma handle es sich hier um ein ursprüngliches Appellativ, ein Nomen agentis zum Verb **aigan* 'besitzen'. Das könnte stimmen, denn Nomina agentis auf *-il-* dürften zu einem alten Typ gehören, vgl. *thrasil* 'Schnauber, Stier' in der 'Lex Salica'. Das erste Element in AILRUN wird zu der Wurzel von ae. *ál* 'Brand, Feuer' gestellt, das allerdings unsichere Parallelen in anderen germanischen Sprachen hat. Das scheint etwas heikel, obwohl man zugeben muss, dass andere Erklärungen noch weniger zuzutreffen scheinen. Auch AMO wird behandelt, obwohl der Autor zugibt, dass es möglicherweise nur eine Fehlritzung von ADO in derselben Inschrift ist, wobei also **d**- und **m**-Rune verwechselt wurden. Auf Grund von Vergleichen kommt Nedoma zu dem Schluss, dass BOSO wohl nicht mit der Wurzel von dt. *böse* zusammenhängt, sondern eher mit einem germ. **bōsa-* 'Brocken, Klumpen' (S. 256). Bei HUSIBALD/HUSIWALD wird die Interpretation des ersten Elements als zu **hūs-* 'Haus' gehörig abgelehnt. Eher müsse man an Zusamenhang mit ae. *hysi* 'Jüngling, Krieger' denken. Bei IMBA wird angenommen, dass das überlieferte **imuba** eine Art Sprossvokal enthalte. Die Argumente dafür haben den Mangel, dass Belege für einen Sprossvokal bei ahd. /m/ nicht gegeben werden. Bei /l/ und /r/ ist es kein Problem, bei /n/ ist es schon äußerst selten, aber bei /m/ kenne ich keine Beispiele, obwohl die Kombination /mb/ doch ziemlich oft vorkommt. Nr. 73 SIÞWAGGAND sei als Appellativ aufzufassen: **sinþ-waggandên* 'wegen der Reisebetreibung'. Der Zusammenhang mit ahd. *weggen* 'bewegen, schütteln', erregen' scheint doch etwas heikel, da das /j/ hier fehlt. Die Annahme einer Analogiewirkung des starken Verbs *wegan* sieht eher einer Notlösung ähnlich. In einem

Appendix erscheinen dann noch vier altenglische Personennamen aus der ältesten Periode als Vergleichsmaterial.

Das gesamte Material in diesem Band bietet interessante Einblicke in die Sprachentwicklung des Voralthochdeutschen. So kann man feststellen, dass die Lautverschiebung offenbar nur in der Inschrift von Wurmlingen (DORRIH) vorliegt. Die Monophthongierung von /au/ zu /o:/ ist schon im Gange, wie aus Schreibung wie AODLINÞ und AONO hervorgehen dürfte. Daneben findet sich allerdings eventuell auch noch AUNR(A)D. Weiter ist die Feststellung interessant, dass das Material ein etwas anderes Bild zu bieten scheint als die sonstige Überlieferung. Von 76 Namen sind nur etwa 24 als zweigliedrig vom Typ *Segi-merus* einzustufen. Die Mehrheit ist eingliedrig und dürfte eher Kosenamen und dgl. enthalten. Das könnte eventuell mit den Überlieferungsträgern zu tun haben. Das südgermanische Material findet sich ja vor allem auf Schmuck und Waffen aus Gräbern und dürfte oft zur Intimsphäre gehört haben, wo sich häufiger Kurznamen finden. Man vergleiche auch, das relativ häufige Vorkommen von **leub** in den Inschriften.

Allein schon die Behandlung der Namen, auch wenn die Überlieferung manchmal höchst unsicher ist, hat seine Verdienste, da eine kritische Auseinandersetzung mit der Forschung manchmal sehr erleuchtend ist. Wichtig ist weiter die sehr ausführliche Bibliographie, die fast ein Viertel des Bandes umfasst (S. 31-136). Vollständig ist sie allerdings nicht, was bei der Fülle an Publikationen auch kaum wundern kann. So fehlt etwa: C. Marynissen, *Hypokoristische suffixen in Oudnederlandse persoonsnamen inz. de -z- en -l-suffixen* (Gent 1986), das bei einigen Kurznamen eventuell nützlich hätte sein können. Im Großen und Ganzen hat Nedoma eine vorbildliche Studie publiziert und man darf auf die versprochenen weiteren Bände gespannt sein.

Arend Quak

Handwörterbuch zur deutschen Rechtsgeschichte (HRG). 2., völlig überarbeitete und erweiterte Auflage. Hg. v. Albrecht Cordes, Heinr Lück und Dieter Werkmüller unter philologischer Mitarbeit von Ruth Schmidt-Wiegand. 1. Lieferung: Aachen-Anarchismus. - Erich Schmidt Verlag, Berlin 2004. XVI S. + 224 Sp. (ISBN 3-503-07911-4). Euro 24,- im Abonnement.

Zu den Handbüchern, die man als Mediävist benutzt, gehört auch das 'Handwörterbuch zur deutschen Rechtsgeschichte', das 1997 abgeschlossen wurde und jetzt in einer überarbeiteten Neuauflage erscheint. Es liegt natürlich nahe, diese erste Lieferung mit der Originalausgabe zu vergleichen. Dabei stellt man fest, dass die erste Ausgabe bis zum Lemma "Andeling" 158 Spalten brauchte, während die zweite 224 Spalten umfasst. Das ist ein erheblicher Unterschied und zeigt, dass die Neuauflage bemüht ist, ausführlicher zu informieren. Sie ist ja auch auf sechs Bände geplant (s. Vorwort S. I). Manche Lemmata sind denn auch weit umfangreicher. So umfasst der Artikel "Abandon" in der ersten Auflage nur eine Zeile, während jetzt Verweise nach den Artikeln Preisgabe, Seerecht, Bergrecht und Gesellschaftsrecht zusammen mit einer kurzen Angabe der Bedeutung aufgenommen wurden. So umfasst "Aberglaube und Recht" jetzt 12 statt 4 Spalten. Neue Artikel sind etwa "Absolutismus" (9 Spalten), "Abtreibung" (6), Abzahlungskauf (2), Abzugsrecht (3) usw. Insgesamt finden sich in der Neuauflage 52 Artikel gegen 39 in der ersten Auflage, wobei man bedenken soll, dass auch Umstellungen stattgefunden haben. So findet sich jetzt das Lemma "Additio sapientium" unter "Lex Frisonum" in einer künftigen Lieferung und wurde "Allodifikation" unter "Allod" untergebracht. Bei den einzelnen Lemmata stellt man fest, dass sie überarbeitet wurden und dass die Sekundärliteratur auf den neuesten Stand gebracht wurde. Wie im Vorwort gesagt wird, liegt in der zweiten Auflage der Schwerpunkt etwas stärker auf der Rechtsgeschichte des 19. und 20. Jahrhunderts, aber "die Stichwörter zu Themen der früh- und hochmittelalterlichen germanischen und nordischen Rechte" werden beibehalten, was für die Mediävisten eine Beruhigung sein wird, da das Handwörterbuch weiterhin als Nachschlagewerk nützlich sein dürfte. Man kann nur hoffen, dass es gelingen wird, die Drucklegung der Lieferungen - es sollen zwei pro Jahr erscheinen - zügig fortzuführen.

Arend Quak

Ira Natalie Schimpf. Das Bibelglossar der Handschrift Rom, Pal. lat. 288. Edition des Bibelglossars mit Übersetzung. - Universitätsverlag Winter, Heidelberg 2004. 230 S. + CD-Rom. Geb. (ISBN 3-8253-1637-8). Euro 54,-.

Die Handschrift Rom, Pal. lat. 288 enthält ein Bibelglossar und stammt aus dem Kloster Frankental, das zwischen Worms und Speyer liegt. Im Kodex stehen 109 althochdeutsche Glossen, die bisher in der jetzt wohl veralteten Art und Weise herausgegeben wurden: lateinisches Lemma und althochdeutsche Übertragung. Es unterliegt keinem Zweifel, dass dieses Verfahren nicht mehr den modernen Erfordernissen entspricht, da der Kontext, auch der lateinische, heute als wichtig angesehen wird. Daher wird das ganze Glossar auf der beigefügten CD-Rom neu herausgegeben (= Kap. 3). Sie enthält den Text vollständig inklusive einer neuhochdeutschen Übersetzung.

In Kap. 2 werden die Handschrift und deren Geschichte genau beschrieben. Das Bibelglossar mit den althochdeutschen Glossen findet sich auf den Bl. 53r-61r der Handschrift und zwar in der Reihenfolge der Bibelbücher. Die Besitzvermerke weisen auf das Augustiner-Chorherrenstift Groß-Frankental als Herkunftsort.

Eine Edition der althochdeutschen Glossen mit einer sprachlichen Analyse wird in Kap. 4 gegeben. Jede Glosse wird genau analysiert und etwaige Eigentümlichkeiten, etwa die Schreibung mit <dd> in *sumerladda* 'virgultum' (Glosse 1) werden behandelt, vgl. dazu S. 172. Auch werden kurze etymologische Hinweise gegeben. Nur ab und zu könnte man kritische Bemerkungen oder Ergänzungen machen. So scheint es nicht ganz richtig, wenn zu Glosse 9 (*slehtiu* 'polimita', S. 72) gesagt wird, dass das Adjektiv *sleht* auf das schwache Verb *slihten* 'glätten' zurückgehe, das dann wieder aus germ. **slihta-* 'eben, geglättet' stammen würde. Eher soll man von germ. **slehta-* ausgehen und *slihten* als eine Ableitung mit e/i-

Wechsel zu diesem Adjektiv sehen. Die Glosse *druchsezzo* zu lat. *pistor* 'Bäcker' ist höchst seltsam. Daher hat die Autorin wohl Recht, wenn sie die Glossen mit der vorigen (Nr. 12) verbindet und vermutet, dass der Glossator an das Hofamt gedacht hat (S. 75). Bei Glosse 19 *ketti betdi* 'loculum' ist vor allem die erste Glosse seltsam, da es sich um ein Wort unbekannter Herkunft handelt, das sonst nur bei Otfrid (3,24,83) erscheint. Die Parallele zu Otfrids Text scheint in diesem Falle sehr stark. Bei *in binizze* 'in carecto' würde man an erster Stelle germ. **benuta-* als ursprüngliche Form ansetzen (S. 83). Bei der nächsten Glossen hat man vielleicht Bedenken, *in binizzenfasze* 'in papirione' als Zusammensetzung zu sehen. Man würde eher *binuzfaz* o.ä. erwarten. Liegt hier nicht eher ein Stoffadjektiv zu *binuz* vor? Bei der Behandlung von *quahtelun* (Glosse 30) sollen die beiden niederländischen Substantive (*kwakkel* und *kwartel*) klein geschrieben werden. Die Interpretation der Glosse *zig urcundine* (Nr. 35) als Form von *zi urkundî ziohan* ist doch seltsam. Warum soll man nicht *zi g(i)urcundine* lesen, also mit einem Infinitiv im Dativ? Das scheint viel näher zu liegen, da ein Imperativ eher *ziuh* lauten würde und der lateinische Text auch einen Infinitiv gibt: *contestare*. Dass in der Glosse nur ein <n> steht, ist in dieser Handschrift nicht weiter auffällig, da der Glossator häufiger Schwierigkeiten mit der Doppelschreibung gehabt zu haben scheint: vgl. *zeinna* (Nr. 14) und *nezi* (Nr. 45). Bei Nr. 75 *trunc* 'sti(r)ps' handelt es sich um ein Lehnwort aus lat. *truncus* (S. 137) und wäre die Möglichkeit da, dass der Kopist die lateinische Abkürzung für *-us* vergessen hat. Bei Glosse 106 wurde versehentlich *zur Torheit* nicht kursiviert, obwohl das Verb 'zur Torheit machen' und nicht nur 'machen' bedeutet (S. 164).

Die sprachgeographische Einordung der Glossen ist schwierig, da sich fränkische, niederdeutsche und alemannische Elemente finden. Unverschobenes /p/ findet man etwa in *pedema*. Im Hinblick auf nhd. *Truchsess* scheint mir ahd. *-sezzo* keine Affrikata zu enthalten. Zum Übergang von /þ/ zu /d/ lässt sich bemerken, dass dieser Laut in *githígenen* wohl kaum als "inlautend" (S. 173) bezeichnet werden kann. Ein Druckfehler steht auch auf S. 173, wo bemerkt wird, dass "in *druchsezzo* (13) ist germ. /t/ vor /h/ ausgefallen." Das soll wohl *nach* /h/ sein. Da auch *knet* für *kneht* überliefert ist, dürfte die Kombination -χt- wohl unsicher geworden sein, was auch die Form *nathram* (56b) erklären dürfte. Die Erscheinung kommt im Fränkischen häufig vor. Auffällig ist weiter die Schreibung <ua> in *huarhus*, wo doch meistens *uo* monophthongiert worden ist. Nach der Analyse der Laute folgt dann S. 179-183 eine flexionsmorphologische Analyse der Glossen.

Das vorletzte Kapitel behandelt das Glossierungsverfahren und die Übersetzungstechnik. Auffällig ist, dass die Prologe des Hieronymus relativ am stärksten glossiert wurden und zwar ausschließlich mit lateinischen Glossierungen, was wohl auf die Schiwerigkeit der Texte zurückzuführen ist, wie die Autorin S. 191 meint. Die althochdeutschen Glossen beziehen sich ausschließlich auf die biblischen Bücher, nicht auf die Prologe. In einigen Fällen wurde der biblische Kontext berücksichtigt, vgl. Nr. 96 *greiffa / mistgabela*. Interpretierend ist auch Nr. 50, wo lat. *culter* 'Messer' mit *wâfa[n]* übersetzt wurde. In Glosse Nr. 9 liegt wohl das Antonym zum lateinischen Begriff vor, was eventuell als Wortschatzübung gelten und somit auf eine Schule deuten könnte.

Es handelt sich um eine genaue und ausführliche Darstellung der althochdeutschen Glossen in dieser Handschrift.

Arend Quak

Michael Graf. Mittelhochdeutsche Studiengrammatik. Eine Pilgerreise. - Max Niemeyer Verlag, Tübingen 2003. 304 S. (ISBN 3-484-64022-7).

Es handelt sich um "eine Sprachpilgerreise in die Vergangenheit", wobei der Pilger/Gebraucher in die mittelhochdeutsche Sprache und Literatur eingeführt wird. Im Epilog des Buches werden die Ziele erläutert. Zum Verständnis und zur Interpretation mittelalterlicher Texte bilden Kenntnisse des Mittelhochdeutschen eine Voraussetzung. Diese einfache Wahrheit erfordere aber eine andere Einstellung zur mittelhochdeutschen Grammatik als in den bisherigen Lehrbüchern. Nach der Auffassung des Autors soll das Ziel des Unterrichts in der mittelhochdeutschen Sprache darin liegen, dass man die Fähigkeit erlangt, normalisierte mittelhochdeutsche Texte zu verstehen. Deswegen stehen die Morphologie und die Syntax im Zentrum des Interesses; das Lehrziel ist ja grammatische Erschließung mitelhochdeutscher Literatur (S. 242). Die Basis für das Buch bildet ein Kanon von 10 mittelhochdeutschen Texten, wozu die Verserzählungen Hartmanns von Aue, Wolframs 'Parzival', Gottfrids 'Tristan', Strickers 'Daniel vom blühenden Tal', Wernher der Gartenæres 'Helmbrecht', Konrad von Würzburgs 'Pantaleon' und der 'Moriz von Craûn' gewählt wurden. Diese Gruppe soll man im Grunde auch nahe zur Hand haben, weil in dieser Studiengrammatik dauernd auf die betreffenden Textstellen hingewiesen wird. Die Darstellung konzentriert sich auf Übersetzungs- und Verständnisfragen, wobei zugleich auch Realien der mittelhochdeutschen Literatur und Kultur mit behandelt werden. Auch wird regelmäßig Rücksicht genommen auf die Entwicklungen zum Neuhochdeutschen hin. Der Autor gibt selbst schon an, dass es hier einen Einführungsteil von hoher Lernrelevanz (S. 42-129 und 199-234) und einen Vertiefungsteil (S. 130-198) gebe.

Der individualistische Stil des Autors und sein apartes Vorgehen - "Haben Sie es eilig? Dann überfliegen Sie das Kleingedruckte" (S. 27) - machen das Buch auf jeden Fall nicht langweilig. Auch finden sich manchmal interessante Zwischenbemerkungen, die zum Weiterdenken anregen. So etwa, wenn er S. 118 darauf hinweist, dass Kinder im Alter von 4 bis 7 Jahren oft das Personalpronomen verwenden, ohne den Bezug deutlich zu machen, wie es auch oft im Mittelhochdeutschen der Fall ist. Das Buch sowohl für Selbststudium wie für Seminare geeignet, wenn man auch im ersten Fall wohl über die Texte des Korpus verfügen soll.

Arend Quak

Mittelniederdeutsches Handwörterbuch. Begründet von A. Lasch und C. Borchling. Mit Unterstützung der Deutschen Forschungsgemeinschaft und der BAT-Stiftung der Universität Hamburg herausgegeben von Dieter Möhn. Band II. 31. bis 33. Lieferung rêpant bis rüwsam. Bearbeitet von Beate Hennig (**rêpant-rôrwörtele**) und Kay W. Sörensen (**ros-rüwsam**). - Wachholtz Verlag, Neumünster 2004. Sp. 2049-2370. (ISBN 3-529-04605-1).

Mit dieser Doppellieferung wird der Buchstabe R abgeschlossen. Außerdem findet sich zu diesem Heft ein Nachtrag zur Sonderlieferung mit einem Siglen- und Abkürzungsverzeichnis (*69-*81), woraus hervorgeht, dass immer noch neues Material hinzukommt, sowohl aus neuen Publikationen wie aus älteren Werken, die manchmal schon im 19. Jahrhundert erschienen sind. Schön an diesem Wörterbuch ist, dass sich die Herausgeber nicht scheuen, ausführliche Erklärungen zum Hintergrund mancher Wörter zu geben. Dadurch bekommt das Werk noch etwas stärker den Charakter eines Nachschlagewerks für die mittelniederdeutsche Kultur. Das Werk bildet eine sehr nötige Ergänzung sowohl zu den mittelhochdeutschen wie zu den mittelniederländischen Wörterbüchern. Immer wieder ist man geneigt, die Überlieferung dieser drei Sprachen nebeneinander zu legen, um zu sehen, wie eng sie oft miteinander verbunden sind. Interessant ist etwa der Beleg für *ropsen* 'hervorbringen, hervorstoßen' aus dem Westfälischen Psalter, weil er in die Tradition der interlinearen Psalter der Frühzeit passt, vgl. *utropizot* 'eructat' in Ps. 18 der altniederländischen Wachtendonckschen Psalmen, das in einer niederländischen Übersetzung vom Jahre 1612 als *ropset uyt* erscheint.

Die Angaben und Übersetzungen zu den einzelnen Lemmata sind sorgfältig bearbeitet. Höchstens könnte man hier und da eine kleine Ergänzung oder Suggestion machen. So fragt man sich, ob sich *rödenridder* 'unehrenhaft handelnde Person, Täuscher?' (Sp. 2183) möglicherweise eine Parallele zu den Nebenbedeutungen von mnl. *reude* 'Schuft, Unmensch, ungehobelte Person' aufweist. In Sp. 2239 ist bei *rösekôk* 'Klumpen aus Schweinefett?' vielleicht an mnl. *reusel* 'Schweinefett' zu denken, so dass man eventuell *röselkôk* ansetzen müsste.

Man darf hoffen und wünschen, dass die Arbeit an diesem Wörterbuch zügig weitergeht. Jetzt kommt ja der sehr umfangreiche Buchstabe S.

Arend Quak

Rune Palm. Vikingarnas språk 750-1100. - Norstedts, Stockholm 2004. 523 S. Geb. (ISBN 91-1-301086-7).

Ein Buch über die Sprache der alten Wikinger kann natürlich eine dürre, rein wissenschaftliche Angelegenheit sein, braucht das aber nicht. Rune Palm, der sich schon einen Namen auf dem Gebiet der Runologie gemacht hat (vgl. *Runor och regionalitet. Studier av variation i de nordiska minnesinskrifterna* (Runrön 7), Uppsala 1992) legt mit diesem Band ein ganz anderes Buch vor: ein angenehm geschriebenes informatives Werk, wobei die Runeninschriften der Periode 750-1100 als Basis genommen werden, um die Sprache dieser Zeit zu beschreiben. Dass der Band dabei ziemlich stark auf Schweden zugeschnitten ist, lässt sich verstehen wenn man bedenkt, dass die runischen Denkmäler dort in manchen Provinzen buchstäblich am Straßenrand stehen und somit den Schweden einigermaßen bekannt sein dürften.

Die erste Abteilung geht auf die historische Bedeutung der Wikinger ein, die mit der Plünderung des bekannten Klosters von Lindisfarne im Jahre 793 richtig auf die Bühne der mittelalterlichen Welt traten, wo sie dann etwa 250 Jahre lang die westliche Welt verunsicherten. Nach Auffassung des Autors bietet die Sprache einen Zugang zu diesen mittelalterlichen Piraten und dabei sind die zeitgenössischen Texte an erster Stelle von Bedeutung. Daher bilden die Runeninschriften als Hauptquelle einen Großteil der Information, denn es lässt sich aus diesen Inschriften viel mehr Auskunft gewinnen als man beim ersten Blick glauben würde. Deshalb findet sich in diesem Abschnitt des Buches eine kurze Einführung in die Runologie mit Bemerkungen zur Art und Weise, wie die Texte wiedergegeben werden, und zugleich auch eine kurze Darstellung der Rolle der Wikinger in der schwedischen Geschichte und Literatur (im 20. Jahrhundert etwa Jan Fridegård und Frans G. Bengtsson). Als eine Art Zwischenstück findet sich dann auf S. 25-29 eine Behandlung der bekannten Inschrift auf dem Stein von Rök.

Die Wikingerfahrten sind das Thema des zweiten Abschnitts, namentlich solche nach Westen und Osten. Der Norden wird nur kurz erwähnt (S. 43-44), wobei man sich darüber wundert, dass der Autor nichts über die bekannte Reise von Ohthere-Óttar sagt, die in König Alfreds 'Orosius' enthalten ist. Die Beschreibung der Fahrten nach Westen und Osten geben dem Autor Anlass, die Frage nach den eventuellen gegenseitigen Einflüssen der altnordischen Sprache und der Sprachen, denen man begegnete, zu erörtern. Hier finden sich dann als Intermezzo die Runeninschriften von Arkels Tingstad (S. 81-89), die bekannten Inschriften von Ulf i Borresta und Ulf i Skålhamra.

In den folgenden Abteilungen wird zunächst die Herkunft und die Entwicklung Runenschrift in Skandinavien erläutert. Über die Runenmeister, die vor allem in den Gegenden um den Mälersee aktiv waren, werden Informationen gegeben, wobei u.a. darauf hingewiesen wird, dass aus der Inschrift von Hogrän (Gotland) hervorgeht, dass mehrere Leute an einem Stein gearbeitet haben können: GæiRvid habe die Ornamentik (*ormálur*) gemacht, Rodbjærn den Großteil der Runen und GæiRlæif den Rest. Dieselbe Inschrift macht auch deutlich, dass der Stein gefärbt war. Mit Recht wird betont, dass die Leute dieser Zeit die Runen müssen haben lesen können, denn sonst hat es ja keinen Zweck einen Runenstein zu errichten. Bei den Betrachtungen in diesem und in den anderen Abschnitten werden dauernd Texte aus den Dichtungen und Sagas herangezogen, um auf den Zusammenhang zu zeigen. Es wird klar, dass man aus den vielen Inschriften Information zu Leben und Denken der Menschen der damaligen Zeit bekommen kann. So fällt auf, dass christliche Inschriften im Schweden des 11. Jahrhunderts - erst am Ende eben dieses Jahrhunderts endgültig christianisiert - vorherrschen. Mit Sicherheit heidnische

Inschriften sind äußerst selten. Als Intermezzo findet sich dann der Runenstein im Kirchturm von Vallentuna mit dem ältesten endreimenden Gedicht in der schwedischen Literatur.

Danach wird auf die mündliche Tradition eingegangen, die ja bis ins 12. Jahrhundert in Skandinavien gedauert hat. Auch hier wird fleißig aus der altnordischen Literatur zitiert. Von der Poesie der Wikinger findet sich in den Runeninschriften auch einiges, woraus man etwa schließen kann, dass diese Poesie auch in Schweden bekannt war, wenn sie auch hauptsächlich durch isländische Vermittlung überliefert ist. So findet sich ein Gedicht in *dróttkvætt* auf dem Stein von Karlevi und eine Strophe in Fornyrdislag auf dem Stein von Rök und auch auf anderen Steinen findet man Poesie, wenn man auch feststellen muss, dass es manchmal ein bisschen hausbackene Poesie ist. Als Intermezzo finden sich dann einige Fragmente aus den 'Nesjavísur' von Sighvat Thordarson, die anlässlich der Schlacht bei Nesjar 1016 gedichtet wurden.

Die letzten Abschnitte des Buches befassen sich dann knapp mit den diachronen Entwicklungen, die zur heutigen schwedischen Sprache geführt haben, wobei noch bemerkt wird, dass sich die 20 üblichsten Wörter im heutigen Schwedisch auf das Altnordische zurückführen lassen. Erst auf Platz 21 kommt das erste niederdeutsche Lehnwort: *men* 'aber'. Eine kurze Beschreibung des altnordischen Sprachsystems und eine Geschichte der Erforschung der Runen und der Sprache der betreffenden Periode schließen die eigentliche Darstellung ab. Eine "kleine Wikingergrammatik" findet sich auf S. 429-57. Herrscherlisten für das Mittelalter, eine historische Übersicht, eine Auswahl aus der Literatur, ein Verzeichnis der genannten Inschriften und eine Darstellung der geographischen Verbreitung der Inschriften, ein Wörter- und ein Abbildungenverzeichnis ergänzen diesen hübschen Band.

Natürlich ist das Buch an erster Stelle auf ein schwedisches Publikum gerichtet, aber auch andere werden es mit Nutzen lesen können. Die konsequente Art und Weise, wie die überlieferten Texte der Periode 750-1100, d.h. Runeninschriften und Poesie aus Edda und von den Skalden, als Ausgangspunkt für die Darstellung genommen werden, ergibt einen ganz anderen Gesichtswinkel als sonst bei dieser Art Literatur.

Arend Quak

Thorgunn Snædal, Marit Åhlén & Bengt A. Lundberg. Svenska runor. - Riksantikvarieämbetet, Stockholm 2004. 143 S. Geb. (ISBN 91-7209-366-8).

Populärwissenschaftliche Bücher über Runen erscheinen regelmäßig, vor allem in Skandinavien. Besonders wenn sie von Fachleuten herausgegeben werden, können sie einen informativen Beitrag liefern und den Unsinn, der sich häufig in populären Büchern zu diesem Thema findet, bekämpfen. Auch das vorliegende Werk wurde von Experten geschrieben und außerdem mit schönen Farbbildern illustriert. Es ist wohl kein Zufall, dass es sich um eine schwedische Ausgabe handelt. Ist ja Schweden das reichhaltigste Runenland mit mehr als 3000 Inschriften. Die Tatsache, dass die Steine manchmal buchstäblich am Wegrand stehen, lässt auch das Interesse verstehen, dass solchen Büchern entegegngebracht wird.

Im ersten Kapitel werden die Herkunft und die Geschichte der Runen behandelt, wobei die Autoren zurückhaltend sind in Bezug auf die Frage, welches mediterrane Alfabet den Runen zugrundeliegt. Mit Recht meinen sie, dass die Runenschrift erst in Skandinavien richtig entwickelt wurde, da die kontinentalen Inschriften deutlich jünger sind. Das Buch enthält weiter ein Kapitel über die Frage, wie man Runen lesen soll, wobei Translitteration und Transkription behandelt werden, und weiter eins über die Ornamentik der Runensteine, die ja in den letzten Jahren stärker in den Mittelpunkt der Forschung gerückt ist. Interessant und vom Standpunkt des Riksantikvarieämbetet verständlich ist auch das Kapitel über den Unterhalt der Runensteine, was meistens in Übersichtswerken vergessen wird. S. 41-138 werden die einzelnen Provinzen Schwedens mit ihrer Runenüberlieferung behandelt. Die farbigen Illustrationen verdeutlichen noch extra dieses informative Buch. Eine Literaturliste und ein Register der behandelten Inschriften schließen das Buch ab. Nur ein komischer Fehler fällt auf: Unten auf den Seiten des Buches ist der Titel in Runen angegeben, wobei die **f**-Rune für schwed. <v> benutzt worden ist, sodass überall in Translitteration **sfenska runor** steht. Man darf annehmen, dass das auf das Konto des Druckers oder des Verlages geht.

Arend Quak

Angelika Lozar & Sybill De Vito-Egerland (Hgg.). Mittelalter und Renaissance in honorem Fritz Wagner. - K. G. Sauer, München-Leipzig 2004. Geb. 120 S. (ISBN 3-598-73018-7).

Festschriften sind häufig dicke Wälzer mit einer reichen Auswahl an Themen. Diese Festschrift zur Gelegenheit der Emeritierung des Mittellateiners Fritz Wagner (FU Berlin) bildet da eine Ausnahme. Es handelt sich um ein hübsch herausgegebenes Bändchen mit dem Text von drei Vorträgen, die 2003 bei einem Symposium im Königshaus des Brandenburger Klosters Lehnin gehalten wurden. Die drei Vorträge spiegeln jedoch zugleich die Interessengebiete des Emeritierten: Mittelalter, Renaissance und Kultur- und Geistesgeschichte.

Im ersten Vortrag spricht der Kunsthistoriker Günther Binding über einen Aspekt der mittelalterlichen Terminologie auf dem Gebiet der Architektur. Ausgehend vom St. Gallener Klosterplan (um 830) wird anhand der Quellen die Frage erörtert, ob man im Frühmittelalter mit dem Wort *columna* einen Unterschied zwischen 'Säule' und 'Pfeiler' machte. Das ist von Bedeutung für die Baugeschichte, u.a. für die Frage, ob in St. Gallen eine Säulenbasilika geplant war oder nicht. Binding macht deutlich, dass man erst viel später einen Unterschied gemacht hat.

Der Mediziner Werner Köhler behandelt dann im zweiten Beitrag die Blutwunder des Mittelalters und deren Ursache, die vermutlich im Vorkommen einer Bakterie namens Serratia marcescens oder Bacterium prodigiosum zu suchen ist. Gerade die Tatsache, dass hier von einer anderen Disziplin aus die Blutwunder und vor allem auch deren Folgen, die manchmal mit Judenpogroms verbunden sind, behandelt werden, macht klar, wie wichtig Interdisziplinarität in der Mittelalterforschung ist.

Im dritten Beitrag geht Clemens Zintzen auf die Hintergründe der Entstehung der Renaissance in Italien ein. Vergleichspunkt dabei ist das augusteische Rom, das sich auch an eine frühere Zeit anschloss und zwar an die klassische griechische Kultur: Die römische Literatur erlebte ihre Blüte, "indem sie sich an die bereits voll ausgebildete griechische Literatur [anschloss]" (S. 78). So hat sich auch die Renaissance an eine Blütezeit angeschlossen, aber ebenso wie die Römer in bestimmter Hinsicht eigene Wege gingen, so hat auch die italienische Renaissance das getan. Der Beitrag von Zintzen ist illustrativ und fesselnd.

Das Bändchen ist interessante Lektüre und ehrt dem Emeritierten ebenso wie den Beitragenden.

Arend Quak

Amalie Fößel, Die Königin im mittelallterlichen Reich. Herrschaftsausübung, Herrschaftsrechte, Handlungsspielräume. - Wissenschaftliche Buchgesellschaft, Darmstadt 2000. Geb. 443 S.

Die Verf. hat sich als Ziel gestellt, nachzuforschen, in welchem Maße für die mittelalterliche Königin das Ideal der *consors regni* galt. Hatte sie ein Mitbestimmungsrecht in Bezug auf das politische Leben, oder nicht? Die Schlussfolgerung früherer Werke, die sich auf das frühe und hohe Mittelalter beschränken, lautet: Im 10. und 11. Jahrhundert spielten die Kaiserinnen eine große Rolle im politischen Leben, während ihr Einfluss im 12. und in der ersten Hälfte des 13. Jahrhunderts kaum von Bedeutung war. Doch registriert die Verf. das Fehlen einer Analyse des Phänomens "Frauen und Macht", die sowohl das hohe als auch das späte Mittelalter berücksichtigt. Zwar ist durch das Aufkommen der Geschlechtergeschichte (*Women and Gender Studies*) die Anzahl der Forschungen auch über dieses Thema explodiert. Doch die einschlägigen Publikationen behandeln vor allem Einzelfälle, wie bedeutend und einflussreich die betreffenden Persönlichkeiten auch gewesen sein mögen. Somit unternimmt die Verf. einen Versuch, die Rolle der Königin im Mittelalter zu klären.

Als Voraussetzung für die politische Stellung der Königin führt Verf. Faktoren an, die ihren Status bestimmen, worunter die Krönung selbstverständlich an erster Stelle steht. Es ist nicht deutlich, weshalb die königlichen Gatten im hohen Mittelalter ausschließlich getrennt, seit dem Ende des 12. Jh.s aber überwiegend gemeinsam gekrönt wurden. Erschwert wird die Erforschung der Rolle, die die Königinnen-Krönung spielt, auch durch die unterschiedlichen Begriffe, mit denen sie in der mittelalterlichen Historiographie angedeutet wird. Manchmal ist die Rede von einer *coronatio*, ein anderes Mal von *consecratio* und/oder *benedictio*, oder auch:*wîhe*. Neben der Weihe erfolgte aber auch (S. 42f.) die Krönung. Es gibt einen deutlichen Unterschied zwischen der Königs- und der Königinnen-Krönung. Der König spielt eine aktive Rolle - er muss Eide leisten. Die Königin bleibt passiv - sie wird gesalbt, bekommt die Krone aufs Haupt (und, zum Unterschied von dem, was historiographische und bildliche Quellen melden, eben keinen Zepter in die Hand) und Gebete werden über sie gesprochen. Von ihr wurde auch nicht erwartet, sich auf den Thron Karls des Großen zu setzen. Letztendlich befindet die Verf., dass mit dem *consors*-Titel kein konkreter rechtlicher Anspruch verbunden war. Bertha von Turin, die den Titel ebenso führte wie Kaiserin Agnes, hat keine politische Rolle erreichen können, die mit der ihrer Schwiegermutter vergleichbar wäre.

Wichtiger als die Faktoren, die den offiziellen Status der Königin ausmachen, findet die Verf. die Rahmenbedingungen für die konkrete Ausübung der Herrschaft - die Präsenz am Hof, die Möglichkeit zur Intervention und Petition bei der Ausstellung der königlichen Urkunden. Die Analyse bezeugt, dass die Königin, vor allem die des hohen Mittelalters, zusammen mit dem König (der ja sozusagen vom Sattel aus regierte) umherreiste. Im späten MA war aber die Königin, mit politischen Aufgaben betraut, viel öfter allein unterwegs.

Was ihr Auftreten als Intervenientin und Fürbitterin betrifft: Seit der Zeit der Kaiserin Adelheid - die in einem Drittel aller Urkunden Ottos I. figuriert - übt die Königin auf diesem Gebiet einen großen Einfluss aus. In salischer Zeit steigert sich ihr Anteil auf ca. zwei Drittel der Dokumente und wird erst im 12. Jh. wieder verringert, um letztendlich gänzlich wegzufallen - was mit dem Wandel im Beurkundungswesen und der Entwicklung der Zeugenformel zusammenhängt. Die Königin war im hohen Mittelalter die am häufigsten intervenierende Persönlichkeit und wird von der Verf. beurteilt als herausragende Beraterin und tatkräftige Politikerin am Hof - auch kann man daraus das Vorhandensein einer hohen politischen Akzeptanz bei den Zeitgenossen folgern.

In einem weiteren Kapitel wird auf die verschiedenen Aufgabenbereiche der politischen Aktivität der Königin eingegangen. Die Quellen weisen drei Königinnen vom 10. bis zim 12. Jh. im Vorsitz des Königsgerichts an. Sie handelten in Absprache mit dem König und verfügten dabei über alle königlichen Befugnisse. Im Prinzip gilt dies auch für das Lehenswesen. Vor allem im hohen Mittelalter habe die Königin, vor allem im hohen Mittelalter, bei der Verteilung von Lehen an weltliche Fürsten im Rat der Großen des Reiches eine wichtige Mitsprache besessen. In staufischer Zeit aber habe sich der Wirkungsbereich der Königin nunmehr lediglich auf ihre eigenen Erblanden beschränkt. Laut der spärlichen Quellen sehe das Bild bei den Besetzungen der kirchlichen Ämter ähnlich aus. Die Verf. nimmt an, dass, da die Königin bis in die Mitte des 12. Jh.s eine sehr bedeutende Beraterin des Königs war, sie dann grundsätzlich auch in diesem Punkt viel Einfluss besaß. In staufischer Zeit ließen sich aber in den Quellen nur sehr vereinzelt und ausschließlich persönlich motivierte Protektionen der Königin für Verwandte feststellen. Des Weiteren fehlt jeglicher Quellenbeleg dafür, dass die Königin je eine Bischofsinvestitur vorgenommen hat. Vermutlich wäre das Überreichen von Ring und Stab durch eine Frau aus kirchenrechtlichen Gründen nie erlaubt, doch die Verf. lässt die Frage aufgrund der vagen Quellenlage offen.

Das nächste Kapitel behandelt den Spielraum der Königin in der "großen Politik" - bei Auseinandersetzungen und Konflikten des Königs mit Reichsfürsten, auswärtigen Mächten und mit dem Papsttum. Die Verf. poniert, dass die Rolle, welche Königinnen in solchen Situationen gespielt haben, in der Forschung bis jetzt vielfach unterschätzt wird. Vor allem Königinnen, die auch sonst sehr aktiv auf politischem Gebiet aufgetreten sind, hätten vielfach ihr politisches Ansehen eingesetzt um zu vermitteln und nahmen den einflussreichsten Platz am Hofe ein. Wohl wogen persönliche und familiäre Beweggründe leichter als die Interessen des Königtums - dort würden die Grenzen ihres Einflusses deutlich sichtbar.

Am Ende behandelt die Verf. die Kulmination der Herrschaftsausübung der Königin: Regentschaften, Reichsverweserschaften, Statthalterschaften. Die Regentschaft der Kaiserinnen Theophanu und Adelheid und die der Kaiserin Agnes waren allgemein akzeptiert. Nach dem Tode Heinrichs II. und Heinrichs V. standen die Königinnen Kunigunde und Mathilde formal an der Spitze des Reiches.

Die im 12. Jh. aber in den Vordergrund rückende Tendenz, dass die Königin, vor allem in ihren eigenen Erblanden unbeschränkt herrschte, setzt sich im Spätmittelalter weiter fort. Die Verf. gibt verschiedene Gründe dafür an, z.B. die zunehmende Rezeption der römischen Rechts und die Juridifizierung von Rechten - juridisch gesehen war die Königin vor allem die Gemahlin des Königs und die Mutter seiner legitimen Kinder. Zum anderen sucht sie die Gründe im Entwicklungsprozess der Reichsverfassung - als die Macht der Fürsten größer wurde, repräsentierte die Königin nur noch das Königtum und nicht mehr auch das Reich, wie im hohen Mittelalter. Als einen wesentlichen Faktor sieht die Verf. auch die immer wichtiger werdende freie Königswahl der Fürsten, wobei der dynastische Aspekt weiter verdrängt wurde und es keiner Regentin mehr bedurfte.

Die Verf. unterstreicht am Schluss (kurz) mit Recht auch den subjektiven Faktor - den informellen, individuell freilich verschiedenen Grad persönlicher Einflussnahme auf den König, die Fürsten und anderer Herrschaftsträger, den man nur spärlich in den Quellen zurückfindet.

Alles in allem handelt es sich um ein interessantes, hübsches und nützliches Buch. Einige winzige Mängel (auf S. 34 heißt *Edgith* auch einmal *Edgitha* und auf S. 36 scheint der Stil in dem Satz "Verheiratet mit seiner Cousine Magarete von Brabant [...] wurde das Paar 1309 [...] gekrönt" nicht der allerbeste) tun dem Werk keinen Abbruch.

Julia Quak-Stoilova

Suffixbildungen in alten Ortsnamen. Akten eines internationalen Symposiums in Uppsala 14. - 16. Mai 2004. Herausgegeben von Thorsten Andersson und Eva Nyman (Acta Academiae Gustavi Adolphi 88). - Uppsala 2004. 220 S. (ISBN 91-85352-57-8).

Bekanntlich gehören die Suffigierungen innerhalb der Toponymie großer Teile Europas zu den ältesten Namenbildungen, und schon seit Jahrzehnten hat man versucht, die Systematik in diesen onomastischen Erscheinungen zu entdecken. Ein Problem dabei war immer wieder, dass sich viele Forscher nur mit einem Teilbereich der alten Toponymie beschäftigten und sich nicht immer darüber klar waren, was von Kollegen anderswo geleistet wurde. Deshalb ist die Initiative der Kgl. Gustav Adolfs Akademie für schwedische Volkskultur zu loben, die für das Frühjahr 2004 zwanzig Namenforscher aus fünf verschiedenen Ländern, Dänemark, Deutschland, Norwegen, Schottland und Schweden, eingeladen hat, um auf einem Symposium in Uppsala über das Thema "Suffixbildungen in alten Ortsnamen" zu diskutieren.

Der vorliegende Band enthält zwölf Vorträge, die auf Deutsch oder Englisch während dieses Symposiums gehalten wurden, und bietet einen interessanten Einblick in die unterschiedliche Art und Weise, wie man auf die Problematik der toponymischen Suffixe eingehen kann. Im Hinblick auf ihre Herkunft und ihren Hintergrund ist es nicht verwunderlich, dass sich die Symposiumsteilnehmer chronologisch gesehen in erster Linie mit Ortsnamen aus der germanischen und vorgermanischen Zeit beschäftigt haben, während sie als geographischen Ausgangspunkt zumal Nordeuropa, die britischen Inseln, den Nordwesten Kontinentaleuropas und die Grenzzone zwischen Germania und Slavia genommen haben.

Wie überall, wo das Thema der alten Suffigierungen erörtert wird, hing auch hier der Schatten Hans Krahes über dem Symposium. Obwohl seine Theorie der alteuropäischen Hydronymie schon vor mehr als sechzig Jahren entwickelt wurde, ist sie noch immer ein Gegenstand lebhafter Diskussionen zwischen Befürworter und Gegner. Auch hier zeigte sich wieder, dass die skandinavischen Namenforscher im diesem Bereich kritischer als ihre Kollegen aus Deutschland und Großbritannien sind.

Das Suffixproblem ist von den Teilnehmern des Symposiums auf verschiedener Art und Weise in Angriff genommen, sowohl kategorial als geographisch gesehen. Einige haben sämtliche Ortsnamekategorien in ihre Überlegungen bezogen, andere haben sich auf die Kategorie der Gewässernamen beschränkt. Die geographische Breite spannte sich von der ganzen Germania bis zu einzelnen Landsteilen.

Im Lichte dieser zwei Einteilungskriterien gesehen, soll der Beitrag von Thorsten Andersson, "Die Suffixbildungen in der altgermanischen Toponymie", unzweifelhaft als der am meisten deckende betrachtet werden. Er weist u.a. darauf hin, dass man in der nordischen Namenforschung immer wieder die Bedeutung des Unterschiedes zwischen sekundärer und primärer Namenbildung betont hat, was die Vorfechter der alteuropäischen Theorie Krahes seiner Meinung nach viel zu wenig getan haben. In seinem Beitrag "Die Rolle der Derivation in der altgermanischen Hydronymie" macht Albrecht Greule an Hand der Suffixbestände von germanisch **mari-, *har-u* und **hweita-* klar, dass es keine spezifischen hydro- oder toponymischen Suffixe gegeben hat, dass aber vielmehr appellativische und toponymische Suffigierung in den genannten Bereichen miteinander vernetzt sind.

Das Grenzgebiet zwischen Germanisch und Slavisch ist Ausgangspunkt für Ernst Eichler in seinem Beitrag "Suffixale toponymische Bildungen im deutsch-slavischen Sprachgebiet", worin er besonders den Suffixen in eingedeutschten Orts- und Gewässernamen Aufmerksamkeit schenkt. Unter dem Titel "Suffixbildungen in alten Ortsnamen Nord- und Mitteldeutschlands" bietet Jürgen Udolph eine Fülle toponymischer Belege zur Unterstützung seiner These, dass besonders der Süden Niedersachsens als ein Kerngebiet altgermanischer Namengebung betrachtet werden muss.

In zwei schwedischen Beiträgen kommen einzelne toponymische Suffixe an die Reihe, nämlich in jenem von Lennart Elmevik, "Über die *-n-* und *-sn-*Suffixe in nordischen Appellativen und Ortsnamen" und in jenem von Eva Nyman, "Das *-s-*Suffix in nordischen Ortsnamen". Auch der Däne Bent Jørgensen erörtert ein Einzelsuffix, in "Old *-inge-*derived names in Denmark. Place-names, tribal designations or both".

Im Lichte der zentralen Rolle, die die Krahesche Theorie der alteuropäischen Hydronymie für dieses Symposium gespielt hat, wundert es nicht, dass nicht weniger als fünf Beiträge sich ausschließlich mit Fragen der Gewässernamengebung beschäftigen. In "The functions of suffixes in early Scottish hydronymy" vergleicht W. F. H. Nicolaisen die ältesten Gewässernamen Schotlands verschiedener sprachlicher Herkunft, und kommt unter anderem zur Folgerung, dass nicht nur in Schotland, sondern in ganz Großbritannien deutlich Spuren der alteuropäischen Hydronymie nachzuweisen sind. Ganz andere Töne hören wir im Beitrag von Gottfried Schramm, "Südliche Zuflüsse von Ost- und Nordsee. Suffixe als Zeugen im Streit um Alteuropa". Der Verfasser gilt schon längere Zeit als ein scharfer Gegner der Theorie von Hans Krahe, und auch hier betont er, dass es besser sei, die Vorstellung einer gesamtalteuropäischen, einheitlichen Flussnamenschicht über Bord zu werfen, und die Einsicht zu akzeptieren, dass Alteuropa von vornherein in toponymischer Hinsicht regional untergliedert war.

In seinem Vortrag "Ableitungstypen in Flussnamen Westnorwegens" bietet Botolv Helleland eine Übersicht über die unterschiedlichen Bildungsweisen der Hydronyme seines Untersuchungsgebietes, und betont, dass es unter diese eine Vielzahl von uralten Typen gibt. Die hundert Jahre alte These von Elof Hellquist, dass es in Schweden Seenamen gäbe, die mit einem *-t-*Suffix gebildet sind, wird kritisch von Jan Paul Strid untersucht in seinem Beitrag "Zur Frage eines hydonymbildenden *t-*Suffixes im Norden". Der Befund seiner Untersuchung ist negativ und bezieht sich nicht nur auf Schweden, sondern sogar auf ganz Skandinavien. "Dehydronymische Ableitungstypen" ist der Titel des Vortrags von Svante Strandberg. Er beschäftigt sich mit der Frage, inwieweit Gewässernamen mit Hilfe von Derivation aus älteren Gewässernamen entstanden sein können, und bietet dafür viele Beispiele. Zugleich stellt er fest, dass es zwischen dem Norden und dem europäischen Kontinent besonders im Bereich der Seenamen deutliche Unterschiede in der dehydonymischen Namenbildung gibt.

Die Suffixbildungen gehören zu den ältesten Schichten des europäischen Ortsnamenvorrats, und schon deswegen verdienen sie unsere volle Aufmerksamkeit. Mit dem vorliegenden Band liegt nun ein wertvolles Hilfsmittel vor, womit wir unseres Interesse an diesem Namentyp im Zukunft weiter vertiefen können.

Rob Rentenaar

Klaus von See, Beatrice la Farge, Eve Picard, Katja Schultz, *Kommentar zu den Liedern der Edda*. Bd. 3: Götterlieder (*Vǫlundarkviða*, *Alvíssmál*, *Baldrs draumar*, *Rígsþula*, *Hyndloliód*, *Grottasǫngr*). Unter Mitarbeit von Debora Dusse, Ilona Priebe, Betty Wahl. - Carl Winter, Heidelberg 2000. 964 blz. (ISBN 3-8253-1136-8).

Het ziet er naar uit dat het door de bekende nordist Klaus von See opgezette, alomvattende Frankfurter Edda-commentaar nu werkelijk van de grond is gekomen. Een compliment is dit zeker waard. Veel van dergelijke projecten immers brengen het niet verder dan de tekentafel, terwijl andere, die wel uit de startblokken komen, na enige tijd een zachte dood sterven. Niet zo bij het Frankfurter project. In totaal zijn thans drie lijvige delen uitgekomen, terwijl de verschijning van een vierde deel – nummer één van de geplande reeks van zes – op stapel staat, zodat men rustig van een succes kan spreken. Typografie, papiersoort en lay-out hadden misschien beter gekund – wat dat betreft scoort Dronke's commentaar wellicht hoger –, maar over smaak valt niet te twisten en uiteindelijk gaat het om de inhoud. De gevolgde werkwijze – een werkgroep in plaats van één enkele auteur – staat er borg voor dat het gegeven commentaar niet dan na uitvoerige discussie op papier wordt vastgelegd, zodat individuele stokpaardjes tijdig worden afgevlakt. Dit komt de degelijkheid van het commentaar zeker ten goede, maar leidt er toe dat de behandeling van de tekst wel eens als erg uitvoerig wordt ervaren. De grote hoeveelheid medewerkers heeft het mogelijk gemaakt de vakliteratuur grondig door te pluizen en de lijst van geraadpleegde publicaties is indrukwekkend. Omissies zijn, evenals in de andere delen, uiteraard onvermijdelijk. Als de auteurs in het commentaar op Hyndluljóð vermelden dat Bugge en Gering als *einzige Forscher* getracht hebben de protagonist Óttarr te identificeren met een uit historische bronnen bekend persoon, zien ze over het hoofd dat R. C. Boer in zijn tijd al een poging hiertoe deed. Ernstiger is dat de filologische analyse een enkele keer te wensen overlaat. Als voorbeeld noem ik Völundarkviða, waar ik me ooit zelf over gebogen heb en dus een beetje over kan meepraten. Ik stelde destijds voor het in strofe 20,8 overgeleverde **dyr** te interpreten als ON *dýrð* in de zin van 'kostbaarheid, kleinood', een betekenis die weliswaar niet geattesteerd is in de Oudijslandse manuscripten – waar het gebruikt wordt in de zin van lat. *gloria* –, maar die, naar de inscriptie op de kunstvol bewerkte runensteen van Hagstugan in Södermanland laat zien, oudtijds in Scandinavië bekend moet zijn geweest. Het feit dat met ON *dýrð* overeenkomende woorden in de andere Germaanse talen deze betekenis ook vertonen kan de conclusie ondersteunen. Het probleem is dan, hoe verklaar je de handschriftelijke vorm <dyr>? Ik verwees hiertoe op andere woorden in Codex Regius waar de –ð ontbreekt, een verklaring die netjes wordt aangehaald in het *Kommentar* van von See c.s. Nadat mijn bijdrage destijds ter perse was gegaan drong het tot mij door dat de oplossing natuurlijk eenvoudiger was. Het volgende woord begint namelijk met een s- (*á dýr sjá*), zodat we vermoedelijk te maken hebben met een ook elders voorkomende wegval in sandhi. Door hierop te wijzen had het *Kommentar* de wetenschappelijke discussie kunnen beslechten en het probleem van Vǫl. 20,8 kunnen afvoeren van de lijst van cruces eddicae. Dat dit niet gebeurd is laat zien dat een groepsdiscussie, hoe waardevol ook, niet alleenzaligmakend is, ook als de lat qua tekstvolume zo hoog gelegd wordt als hier. De uitvoerigheid van de behandeling leidt er ook niet toe dat dit commentaar alle andere overbodig maakt, zoals von See in een beginfase van het project ooit optimistisch stelde. Nog steeds stuit men herhaaldelijk op uitdrukkingen als "Fazit: Etymologie und Bedeutung des Wortes bleiben unklar". Dat laat onverlet dat de makers hun best hebben gedaan alles samen te vatten wat er over een bepaalde passage is gepubliceerd en gezegd kan worden dat ze daar over het algemeen goed in geslaagd zijn. Een vergelijking met Dronke's Edda-commentaar, dat herhaaldelijk blijk geeft van een – wetenschappelijk overigens legitieme – tunnelvisie, maakt dit nog eens volkomen duidelijk. De uitvoerigheid van het commentaar en de wens alles te willen verklaren leidt soms tot een wijdlopigheid waarvan de zin niet altijd duidelijk is. Zo besteden de makers (p. 399) meer dan een bladzijde aan de vraag of <senn> in Baldrs draumar nu staat voor "sofort, schnell", dan wel "zugleich, gleichzeitig", waarmee een inhoudelijk weinig relevant probleem gecreëerd wordt dat alleen voor vertaalwetenschappers interessant is. Een andere valkuil die het niet altijd gelukt is te ontgaan is dat een volledige behandeling van alles wat er over een bepaalde passage is gezegd licht de indruk wekt dat de verschillende verklaringen gelijkwaardig zijn, ook waar dit bepaald niet het geval is. Als voorbeeld kan de behandeling gelden van de vorstenheiti on. *Kjárr* (of *Kiárr*) in Völundarkviða strofe 14. Von See en de zijnen noemen (p. 188) twee mogelijkheden: het woord is òf Keltisch, als geopperd door Bugge en Müllenhoff, òf we hebben te maken met een oude ontlening aan lat. *caesar*. Deze laatste verklaring is veel aannemelijker, maar uit het gegeven commentaar blijkt dit niet. In andere gevallen zijn de makers gelukkig duidelijker, zoals op p. 305, waar na een lezenswaardige discussie van drie bladzijden gesteld wordt dat Alv. 3,4 <vagna verz> verklaard moet worden als "Mann der Wagen", waarbij overigens nogal gemakkelijk heen wordt gestapt over het door Kuhn gesignaleerde probleem dat Þórr's wagen elders altijd *kerra* en *reið* wordt genoemd." Ernstige bezwaren heb ik tegen de bewering (p. 401), dat de naam Balder is "möglicherweise in der latinisierten Dativform *Baldruo* bereits auf einem Weihestein von Utrecht (aus dem 3. oder 4. Jh.) bezeugt". De lezing *Baldruo* is een spookattestatie, bij elkaar gefantaseerd door Vollgraff uit wat krassen waarmee op een wijsteen de oorspronkelijke inscriptie onleesbaar is gemaakt en terecht van de hand gewezen door Jan de Vries, die toch welwillend genoeg was tegenover alles wat een bijdrage zou kunnen leveren aan de ontsluiting van de religieuze voorstellingen der Germanen. Kennelijk had men er echter moeite mee een zo mooi bewijsstuk voor de hoge ouderdom van de god Balder bij de Zuid-Germanen op te geven, want De Vries' kritiek ten spijt nam Gutenbrunner de beweerde attestatie klakkeloos over in zijn boek over Germaanse godennamen in antieke inscripties, van waaruit het idee zijn weg vond naar de publicaties van Green (The Carolingian Knight), Åke Ström (Germanische und Baltische Religion), Cowan (Leuvense Bijdragen 60,3), Kuhn en, meer recentelijk, Schier (in de nieuwe Hoops). We kunnen von See dus niet al te hard vallen dat hij, gelukkig met enige reserve, de vermeende attestatie heeft opgenomen, maar het blijft een gemiste kans dat hij hier geen opruiming heeft gehouden. Hoe eerder deze misleidende vermelding uit de literatuur verdwijnt hoe beter. Kanttekeningen als de bovenstaande laten zich moeiteloos vermeerderen, maar op het indrukwekkende totaal van bijna duizend bladzijden commentaar wegen zij niet zwaar. Dat het *Kommentar* een geslaagd boek is en een belangrijk hulpmiddel voor huidige en toekomstige onderzoekers leidt geen twijfel.

Kees Samplonius

Katja Schulz, *Riesen. Von Wissenhütern und Wildnisbewohnern in Edda und Saga.* - Carl Winter, Heidelberg 2004. 332 blz. (ISBN 3-8253-1570-3).

Genoemd boek is de tot handelseditie omgewerkte versie van de in 2002 door de auteur aan de Universiteit van Frankfurt ingeleverde dissertatie. Qua titel en ook wel qua opzet hoort het boek thuis in de reeks proefschriften die zich bezighouden met een of ander aspect "in der altislandischen Überlieferung". Echter, waar deze bijna traditioneel te noemen Duitse dissertaties met hun uniforme grijze jasje inhoudelijk wel eens aan de magere kant zijn, onderscheidt Schulz zich in gunstige zin door een brede en, gedeeltelijk althans, uitdiepende benadering van de behandelde stof. De toegenomen electronische toegankelijkheid van Oudnoorse teksten verschaft onderzoeksmogelijkheden waar een vorige generatie slechts van kon dromen, maar is verraderlijk in zoverre dat de verschillende tekstcorpora niet in gelijke mate digitaal ontsloten zijn, zodat een vergelijking licht een scheef beeld oplevert. Schulz gaat uit van vier conventioneel als verschillend beschouwde tekstgroepen, te weten skaldenpoëzie, eddapoëzie, Íslendingasögur en fornaldarsögur, en vergelijkt het voorkomen van de voor 'reus' gebruikte termini in ieder van deze groepen. Uitgangspunt is het, door Schulz helaas niet gedefinieerde, Duitse predikaat "Riesen", dat enigszins luchtig wordt gekoppeld aan de Oudnoorse termini *jǫtunn*, *þurs*, *risi*, maar ook aan *trǫll*, *skálabúi*, *gýgr*, *skessa*, *flagð* enz. Deze gelijkstelling en veronderstelde uitwisselbaarheid is niet van gevaar ontbloot en leidt tot beweringen (p. 14) als zouden de Oudnoorse wetten het strafbaar stellen iemand een reus te noemen. Echter, de betreffende wetstekst luidt *það er fullrettes orð ef maðr* [...] *kallar hann troll. æða fordåða* en stelt een zware straf op het betitelen van iemand als *troll* of *fordæða*, begrippen die toverkundige capaciteiten benadrukken en met het kenmerk "reusachtig zijn" weinig van doen hebben. Ook op de soms problematische afbakening van de genoemde vier tekstgenres van elkaar, en de daarmee samenhangende vraag hoe *einheitlich* deze afzonderlijke groepen eigenlijk zijn, gaat Schulz weinig in. Staan de Helgi-liederen in Codex Regius inhoudelijk niet dichter bij sommige fornaldarsögur dan bij Vǫluspá? Nogal beknopt is de behandeling (p. 121-134) van de reuzen in de skaldenpoëzie, die enigszins de indruk van een verplicht nummer heeft, maar evengoed lezenswaard is. Schulz's kracht ligt duidelijk in het analyseren van handelingspatronen waarin reuzen optreden, met name de interactie tussen mensen en reuzen, wier interactie zij kundig en met kennelijke interesse bespreekt. In het centrum van het onderzoek staan dan ook, naar Schulz zelf onderstreept, die tekstgenres waarin reuzen handelend optreden, te weten fornaldarsögur en eddapoëzie. Of de ontleding in deelmotieven van het thema "reuzen" in Abschnitt V (p.137-308), die herinnert aan de door Vladimir Propp en de Finse School gehanteerde methodiek, werkelijk de doeltreffendste manier is om een goed inzicht te krijgen in het voorkomen en het karakter van deze krachtgestalten, daarover kan men strijden, vast staat dat Schulz's monografie de literatuur over dit onderwerp in belangrijke mate verrijkt. Schulz gaat (2.2.2.1 "Die Anciennität der Herrschaft", pp. 263-273) uitvoerig in op het motief 'afstamming van de reuzen', als geattesteerd in de genealogieën van sommige IJslandse geslachten, maar ook, en in het bijzonder, bij de jarlen van Hladir, de tegenspelers van Harald Schoonhaar en zijn geslacht. Zowel de tekst *Hversu Noregr byggðist* als *Fundinn Noregr* maakt deze jarlen tot nazaten van mythische reuzen die ooit (Noord-)Noorwegen ontdekten en om die reden als de legitieme oerheersers over dit gebied konden gelden. Zij wijst erop dat in deze gevallen reuzen kennelijk niet alleen maar negatieve eigenschappen kregen toebedeeld en dat er ook sprake moet zijn geweest van een positieve connotatie. Daar valt weinig tegenin te brengen, al vraag je je wel af hoe dit te rijmen is met de omstandigheid dat de oudste attestatie van jarl Hákon's afstamming van reuzen te vinden is bij Adam van Bremen. Veel aandacht krijgt de vooral in de fornaldarsǫgur voorkomende erotische relaties tussen menselijke mannen en reuzinnen, waarbij zich twee hoofdtypen laten onderscheiden, de een goed, de ander afkeurenswaardig. In het laatste geval laat de held zich verleiden tot een liaison met een als schone vrouw vermomde reuzin, in het eerste wordt hij door omstandigheden gedwongen het bed te delen met een uiterlijk weerzinwekkende oude vrouw, die zich vervolgens, bij het ochtendgloren, ontpopt als een betoverde, zeer schone prinses. Het eerste geval leidt nooit tot een legitieme verbintenis, omdat, zoals Schulz in navolging van Clunies Ross en Meulengracht Sörensen terecht onderstreept, zulke verbintenissen alleen seksueel geduld werden, niet wetmatig en sociaal, al lukt het in een aantal gevallen de uit de verbintenis voortgesproten zoon wel de dynastieke rechten aan zich te trekken. Uit de geschiedenis (als tegengesteld aan literatuur) zijn gevallen bekend dat een buitenechtelijke zoon zich met succes als troonopvolger opwerpt, maar niet zonder strijd. Willem de Veroveraar, door zijn vader verwekt bij de dochter van een leerlooier, moest langdurig strijd voeren voordat de baronnen van zijn vader hem wilden erkennen als opvolger. Bij een door hem belegerde stad hingen de verdedigers dierenhuiden over de stadswal en vroegen of hij kwam looien, een grap die ze allemaal de kop heeft gekost. Niet door wet gesanctioneerde afstamming kon derhalve een belemmering voor erfopvolging vormen. In de fornaldarsǫgur worden de moeilijkheden soms overwonnen met behulp van de reuzin-moeder die hem met haar toverkunst ter zijde staat. Schulz behandelt de problematiek uitvoerig op een manier die van antropologische interesse getuigt en gaat aansluitend in op de verwante, door de Snæfriðr episode van de Haralds saga gerepresenteerde thematiek. De behandeling van deze thematiek is een sterke kant van het boek, al is het verband met het begrip reuzen niet altijd even duidelijk, of het moet zijn dat reuzen behoren tot de 'andere wereld', tot wat Hastrup op twijfelachtige gronden definieert als *útgarðr*. Overigens heeft Schulz kennelijk niet alle literatuur over de mogelijke achtergrond van de Snæfriðr episode gezien (vgl. Arctic. Journal of the Arctic Institute of North America 48, 1995). Ook vraag ik me af of er niet meer te halen valt uit het gloeiende stuk ijzer dat de reus Geirrøðr in Þórsdrápa (15, 17) Þórr achterna gooit. Schulz brengt (p. 290) het motief onder bij de ijzeren knuppels waarmee in de Oudijslandse overlevering de reuzen bewapend zijn en noemt deze het kenmerk van een primitieve bewapening. Dit lijkt mij twijfelachtig. Grote, zware knuppels zijn uiteraard kenmerkend voor de enorme fysieke kracht van de reuzen, niet alleen in Scandinavië maar ook daarbuiten, bijvoorbeeld in de Middelhoog/nederduitse overlevering (vgl. *Vitholphus mittenstange* in Þíðrekssaga). Dat kun je primitief noemen, maar knuppels waren de hele middeleeuwen in gebruik en vormden het gebruikelijke wapen van bisschoppen (die geen bloed mochten vergieten) –, en het feit dat ze van ijzer waren maant tot terughoudendheid. Er is bovendien sprake van gloeiend ijzer, wat suggereert dat de reus het proces van ijzerbewerking kende. Omdat Þórr ongewapend op pad is gegaan en later (str. 19) sprake is van de 'bloedige hamer' verbindt Margaret Clunies Ross de passage met het motief van het monster dat, als in Beowulf, alleen door zijn eigen wapen gedood kan worden, een wapen dat hier vervolgens Þórr's vaste attribuut Mjǫllnir wordt. Ten grondslag aan het verhaal ligt aldus, in Clunies Ross's optiek, een mythe over hoe de jonge god in het bezit komt van zijn hamer, namelijk door deze te ontworstelen aan zijn vader, die hij in de strijd ontmant. Deze verklaring, die het verhaal in de nabijheid van de Indo-europese mythe van de oerstrijd van de Olympische goden en de castratie van Saturnus plaatst, is een op zich toe te juichen poging door te dringen in de vóór-Christelijke mythen van Scandinavië. Clunies Ross heeft het ongewone aan het motief van het naar het hoofd geslingerde gloeiende ijzer duidelijk beter herkend dan Schulz, al lijkt het ook haar ontgaan te zijn dat de vertelling van het gloeiende ijzer dat een reus of troll een vertrekkende gast achterna gooit een herhaaldelijk voorkomend motief is in Scandinavische sprookjes (cf. H. F. Feilberg, Bjærgtagen 1910, 93), zodat hier een rijk onderzoeksgebied braak ligt. Het Þórsdrápa motief raakt aan een ander, door Schulz niet of nauwelijks behandeld probleem, de relatie – of confrontatie – tussen van oudsher inheemse ideeën over reuzen (als gerepresenteerd, mogelijk, in Þórsdrápa) en de in het spoor van de bekering geïntroduceerde, op Bijbelse passages gebaseerde voorstellingen hierover (als bijvoorbeeld in Vǫluspá str. 1). Samenvattend kan men zeggen dat Schulz enerzijds bepaalde Oudnoorse termen nogal gemakkelijk onder de noemer "reuzen" brengt, anderzijds de diverse naar voren komende aspecten niet in gelijke mate behandelt en ook betrekkelijk weinig oog heeft voor de verschillende cultuurhistorische achtergronden van het conglomeratische begrip "reuzen". Dat klinkt kritischer dan bedoeld. Tenslotte kan men niet alles hebben. Schulz kiest voor een bepaalde, folkloristisch georiënteerde insteek en doet dat bekwaam, zodat haar boek, als gezegd, een welkome verrijking is van de literatuur over dit onderwerp.

Kees Samplonius

Susanne Kramarz-Bein, ed., *Neue Ansätze in der Mittelalterphilologie – Nye veier i middelalderfilologien* (Texte und Untersuchungen zur Germanistik und Skandinavistik 55). - Peter Lang, Frankfurt am Main 2004. 272 S. (ISBN 3-631-52367-X).

Het boekje bundelt veertien tot artikelen omgewerkte lezingen die in oktober 2002 aan de Westphälische Wilhelms Universität te Münster werden gehouden. De voordrachten zijn thematisch gegroepeerd in de volgende vier secties: *Edda*, met bijdragen van Judy Quinn en Karl G. Johannesson, *Saga*, met bijdragen van ondermeer Torfi Tulinius, Gert Kreutzer, Hubert Seelow en Susanne Kramarz-Bein, *Skaldik*, met een bijdrage van Edith Marold en tenslotte, als restgroep, de aan het begin geplaatste sectie *Kulturwissenschaftliche Zugänge*. Deze openingssectie bestaat uit bijdragen van Stephanie Würth, Stephen Mitchell, Uwe Ebel en Heiko Uecker. Würth analyseert in "Kulturwissenschaftliche Ansätze in der Mediävistik" de veranderingen die zich in Duitsland de laatste decennia op het gebied van de *Mittelalterphilologie* hebben voltrokken, met name de ontwikkeling van de mediëvistiek tot een cultuurwetenschap. Uwe Ebel gaat in "Das Nibelungische als Ort einer Dämonologie des Demos" in op de moderne receptie van het Middelhoogduitse *Nibelungenlied* en de haat-liefde verhouding die de Duitse germanisten hiermee hebben. Zijn interessante, misschien meer onder het kopje *Forschungsgeschichte* thuishorende bespiegelingen reiken van de door Sven B. Jansson gesignaleerde overeenkomst in structuur van het *Nibelungenlied* met de Oudzweedse *Erikskrönikan* tot en met het optreden van Jacob Grimm als een der Göttinger Sieben, met uitschieters naar Kurt Tocholsky en Ortega y Gasset. Ebel heeft gelijk de grote bloei van de Duitse germanistiek in de tweede helft van de 19e eeuw en de eerste helft van de 20e eeuw te plaatsen naast de uitspraak van Grimm dat de universitaire filoloog "den lebendigen einfluß freier oder gestörter volksentwicklungen auf den gang der poesie" uit de doeken dient te doen. Een dergelijk programmatisch beginsel had *in nuce* een geschikte invulling kunnen vormen op de in de 60-er en 70-er jaren gestelde vraag naar de maatschappelijke relevantie van germanistiek als academische discipline, ware het niet dat een dergelijk antwoord na 1945 niet politiek correct en dus impliciet verwerpelijk was. Würth heeft gelijk als zij stelt dat de filoloog zich vóór alles met tekstbehandeling moet bezighouden, maar het is de vraag of dat het antwoord is op de discussie waar de naoorlogse germanist zich, meer dan andere filologen, mee geconfronteerd ziet, zeker waar deze discussie bij krimpende academische begrotingen niet altijd met open vizier gevoerd wordt. Van geheel andere aard is de geestige, met gevoel voor relativiteit geschreven bijdrage van Heiko Uecker "Geschichte, Erinnerung, Saga". Uecker gaat in de op de processen die werkzaam zijn bij de overdracht van een tekst en onderstreept het verschil tussen de traditionele filologie met haar aandacht voor het veronderstelde of gereconstrueerde archetype en de moderne benadering die ook interesse heeft voor de processen die werkzaam bij het doorgeven van deze tekst: "Kultur wird sichtbar in dem, welche Vergangenheit sichtbar wird und welche Wertperspektive dabei zum Ausdruck kommt" (p. 75) en "Das Grundprinzip der konnektiven Strukturen ist die Wiederholung. Dadurch entstehen wiederkehrenden Muster, und Elemente einer gemeinsamen Kultur werden identifizierbar. So kommt es allmählich zu einer Kanonisierung, die aber nicht fest geronnen ist, wie viele Varianten des Überlieferten zeigen" (p. 76). Herinnering, zegt Uecker, met een verwijzing naar het (in de bibliografie helaas niet gespecificeerde) werk van Elene Esposito, is een reconstructie van wat men in het verleden selectief heeft waargenomen "und hier kann man weitergehend fragen, welche Ideologie der je gegenwärtigen Erinnerung ihren Stempel aufdrückt". Uecker vraagt zich aansluitend af of we hier misschien de verklaring moeten zoeken voor het feit dat de *Íslendingasögur*, bij alle onderlinge verschillen, zo sterk op elkaar lijken. Het is goed mogelijk dat Uecker hierin gelijk heeft. Zijn bespiegelingen zijn, naar Uecker zelf aangeeft, niet in alle opzichten nieuw, maar door ze in een overzichtelijk kader te plaatsen en dit te relateren aan de totstandkoming van de IJslandse saga's geeft Uecker ze een literatuurhistorische relevantie die zeker bijdraagt tot een goed begrip van de achtergrond van deze saga's. Een geheel andere insteek biedt de bijdrage van Stephen Mitchell, die in "An evil woman is the Devil's Door Nail – Probing the Proverbial and Pictorial Patriarchate in Medieval Scandinavia" de achtergrond van genoemde uitdrukking onderzoekt aan de hand van de in Scandinavië voorkomende muurschilderingen. Het is een rijk onderzoeksveld dat Mitchell hier betreedt, maar ook één dat gelardeerd is met voetangels en klemmen. Als problematisch ervaar ik vooral dat de betreffende afbeeldingen eerst onderzocht worden in het licht van de *ondh qvinna*, de 'evil woman' van het in de titel genoemde spreekwoord, om vervolgens te dienen als illustratie daarvan. Mitchells conclusies zijn daarom nog niet onjuist, maar methodologisch bevinden we ons hier wel in de gevarenzone, hoe lezenswaardig zijn bijdrage ook moge zijn. De tweede sectie van het boek, *Edda*, opent met een bijdrage van Judy Quinn over de volgorde van de stanza's in *Oddrúnargrátr*, één van de zogeheten elegische gedichten, een genre dat de laatste tijd volop in de belangstelling staat. Aangenomen wordt gewoonlijk dat de stanza's in het handschrift door elkaar zijn geraakt en uitgevers zien het veelal als hun taak de vermeende oorspronkelijke volgorde te restitueren, een werkwijze waar Quinn al eerder bedenkingen tegen heeft geuit. Haar uitgangspunt is dat de compilator van de Codex Regius "had a better sense of eddic poetry" dan wij en dat wij daarom de door het manuscript geboden tekst niet lichtvaardig mogen veranderen. Daar zit wat in, al kan je je afvragen of de samensteller niet zijn eigen agenda kan hebben gehad bij het compileren van de teksten. Quinn wijst erop dat de in het manuscript gevonden volgorde gewijzigd is door de uitgevers van de Arnamagnæaanse uitgave (vol. II 1818), die de strofen 14 en 15 in de tekst naar voren haalden en achter strofe 10 plaatsten. Bugge ging nog verder. Hij accepteerde niet alleen de verandering, maar verplaatste zelf de tweede helft van strofe 19 naar het midden van strofe 13, waardoor het woord *mey* betrekking kreeg op Brynhildr, in plaats van op Oddrún. Quinn betoogt dat als we bereid zijn de dichter meer psychologische subtiliteit toe te kennen de stanza's begrijpelijk zijn in de volgorde waarin ze in Codex Regius voorkomen: "Restoring the text to its poetic simplicity provides us with a clearer picture of how this unusual eddic poem works and opens the way for a detailed appraisal of the many sophisticated poetic techniques used across the poem as a whole". De andere bijdrage in deze sectie is van Karl G. Johannesson. Deze Zweedse onderzoeker resumeert kort de nieuwe benadering van eddapoëzie (die zich richt op manuscriptoverlevering – waarom staat een gedicht in een bepaald handschrift? –, tekstoverdracht en schrijfmilieu en de overgeleverde varianten in hun eigen context wil zien, in plaats van ze dienstbaar te maken aan de reconstructie van een vermeend archetype van de tekst) en gaat vervolgens in op het schrijfmilieu van de gedichten *Vǫluspá* en *Merlínusspá*. Johannesson behandelt de diverse verschillen en overeenkomsten tussen deze twee gedichten en komt tot de conclusie – die mij niet onwaarschijnlijk voorkomt – dat *Vǫluspá* overgeleverd en opgetekend is in hetzelfde schrijfmilieu als waarin *Merlínusspá* ontstaan is. De derde sectie van het boek, "*Saga*", bevat niet minder dan zeven artikelen, geschreven door Trine Buhl, Torfi Tulinius, Gert Kreutzer, Harald Müller, Hubert Seelow, Susanne Kramarz-Bein en Fulvio Ferrari. Deze laatste onderzoeker beschouwt in "Mouvance des Textes und feudale Reinterpretation. Das Beispiel der *Örvar-Odds saga*" de handelingen van deze saga tegen de achtergrond van de spanningen die in de 12e en 13e eeuw op IJsland optredend als gevolg van een nieuwe sociale stratificatie. In "Political Exegesis or Personal Expression? The Problem of Egils saga" betwijfelt Torfi de juistheid van de veelgehoorde opvatting dat *Egils saga* anti-monarchistisch zou zijn en onderzoekt enkele in de saga voorkomende motieven en structuren, die hij wil verklaren met behulp van de in de 12e en 13e eeuw op het continent gangbare typologische exegese. Torfi wijst erop dat Egill de dood van zijn broer veroorzaakt – wat een verwijzing naar Cain zou zijn – en geld krijgt voor de dood van deze broer – wat naar Judas zou verwijzen. En, gaat hij verder "allusion to King David [...] can be seen as a model for Egill: Both are poets from pre-Christian times. Both deliver poetry to kings, are protected from the anger of kings by influent friends, and both wish to marry another man's wife, this man is killed in the front line of a battle both are responsible for sending him to. Both lose a son that was born to them and the other man's wife and both compose elegies in memory of their son and their best friend". Dergelijke overeenkomsten zijn uiteraard boeiend, maar de grote vraag is of ze ook relevant zijn voor onze beoordeling van het verhaal, en zo ja, op welke manier. De vergelijking met Judas en de dertig zilverlingen, hoe interessant ook, overtuigt maar ten dele: Judas hangt zich op, terwijl Egill het geld opstrijkt zonder een spoor van wroeging. Intrigerend is de vergelijking met David, al laten zich ook hier verschillen waarnemen, sommige zelfs aanzienlijk. Zulke vergelijkingen zijn, met andere woorden, alleen houdbaar op basis van een hoog abstractieniveau. Waar het om gaat is, geven deze overeenkomsten, als we ze aanvaarden, ook meerwaarde aan de receptie van het verhaal door een middeleeuws publiek en zo ja, waar bestaat die dan uit? Moeten we op grond van het feit dat de badende Bethsabee koning David prikkelt – mogelijk bewust, waarom gaat een mooie vrouw baden voor het oog van de koning - ons afvragen of Egill ook prikkels in die richting heeft ontvangen? Interessant is de vergelijking die Torfi maakt tussen Egill's reis naar Värmland en het bijbelse verhaal van de bruiloft in Kanaän, of juister, met de uitleg daarvan in bijbelcommentaren van de 13e eeuw, vooral als we de contouren daarvan leggen naast het verhaal van Abigail. In de saga (ch. 72) onderneemt Egill een gevaarlijke missie naar Värmland om belasting te innen voor koning Hákon, gevaarlijk omdat andere belastinggaarders niet van deze reis zijn teruggekeerd. Onderweg vindt hij na een moeizame tocht door de bergen onderdak bij Ármóðr. Dorstig als ze zijn drinken hij en metgezellen een heleboel *skyr*, totdat de dochter des huizes hen in een strofe waarschuwt zich in te houden aangezien er betere drank in aantocht is. In de drinkwedstrijd die volgt moet Egill overgeven door de vele *skyr* die hij gedronken heeft. Hierover vertoornd wil hij de volgende ochtend Ármóðr vermoorden, maar op de smeekbede van diens vrouw en dochter beperkt hij zich tot het afsnijden van de baard en het uitsteken van een oog, een verwijzing, mogelijk, naar Odins uiterlijk. Torfi benadrukt dat het wonder van de Kanaän bruiloft gebeurt op voorspraak van Maria en onderbouwt deze op zich magere overeenkomst met het bijbelverhaal met een verwijzing naar de typologische interpretatie hiervan in het Stockholms homilieboek, waar de door Christus geschonken nieuwe wijn vergeleken wordt met de verkondiging van het evangelie. Dat is nog steeds niet echt overtuigend, maar Torfi zet zijn betoog kracht bij door te verwijzen naar het verhaal van Abigail. Abigail leefde met haar rijke echtgenoot Nabal in de omgeving van de berg Carmel. David is daar in de buurt op een missie en verlangt van Nabal proviand en ezels, die Nabal niet wil geven tot Abigail hem overhaalt. Als David hoort van Nabals aanvankelijke weigering wil hij deze doden, maar ziet hiervan af door Abigails smeekbede. Jahweh doodt Nabal echter wel, waarna David Abigail tot vrouw neemt, een verbintenis die in sommige middeleeuwse bijbelcommentaren gezien wordt als een prefiguratie van het Nieuwe Verbond. Torfi wijst terloops op Egill's wonderbaarlijke genezing van Helga Þórsteinsdóttir, die geënt zou zijn op Christus' genezing van de dochter van Jairus, als betoogd door Bjarni Einarsson in zijn boek uit 1975. Wat Torfi niet vermeldt, althans niet in het artikel, is dat Davids gedrag jegens Uriah in de typologische bijbelexegese van de 13e eeuw niet onverdeeld op bijval kon rekenen. Honorius Augustodunensis geeft er in de 12e eeuw nog een draai aan (PL 172 283D), maar latere exegeten van Psalm 50 zijn aanmerkelijk terughoudender. Willem van Auvergne (tussen 1223 en 1240) wijst deze typologische duiding van "moord, overspel en verraad" categorisch van de hand, wat ook geldt voor Hendrik van Gent (tussen 1276 en 1292). Zelfs als we het door Torfi aangedragen verband wel aanvaarden is de prangende vraag wat we eigenlijk moeten aanvangen met Egill in de rol van David als prefiguratie van Christus. Torfi is hier minder stellig en wekt de indruk in het duister te tasten. Hij rept van een diep-persoonlijke "private religiosity of the post Latran IV period. A story somebody who had a long-standing conflict with his brother over their father's inheritance and wealthy and noble-born bride, might have composed to atone for his sins". Het probleem van de typologische benadering is dat ze op het eerste gezicht veel lijkt te verklaren, om in tweede instantie des te meer vragen op te roepen. Het is van tweeën één, Egill's reis is òfwel historisch, òf verzonnen onder invloed van het bijbelverhaal. Het kan niet allebei. En als de episode verzonnen is, speelt hij zich dan af in Zweden omdat dat land in de saga's als immanent heidens wordt voorgesteld? Of was er wèl een reis, maar niet meer dan dat en zijn de details later ingevuld en/of omgebogen om het gebeuren te laten overeenkomen met de oud-testamentische episode en zo ja, waarom, door wie en wanneer? Te wijzen valt in dit verband op het vliegtuig dat een aantal jaren geleden in het Andesgebergte in de sneeuw neerstortte, waarbij een deel van de passagiers omkwamen. De over-levenden legden de lijken in de sneeuw en begonnen deze op te eten toen hulp uit-bleef en de proviand opraakte. Het gebeuren baarde groot opzien toen ze kort daar-na gered werden, maar de daders rechtvaardigden hun kannibalisme met een beroep op de transsubstantiatie: zoals het genot van het lichaam van Christus de gelovigen redt van verdoemenis, had het verteren van de onschuldig gestorven medepassagiers hen van de ondergang gered. Hier werd een historisch voorval kort na het gebeuren ervan in een wijder perspectief geplaatst, die het gedrag van de betrokkenen vergoe-lijkt en zo goed als sanctioneert. Als het al mogelijk is de beleving van een ge-schiedkundig controleerbare situatie (er wàs een ongeluk, kannibalisme enz) op die manier aan te passen, wat voor mogelijkheden zijn er dan wel niet voor het aan-passen van een gebeurtenis die verder in de tijd terugligt. Zoals gezegd stuitte de typologische uitleg van Psalm 50 op weerstand bij 13de-eeuwse theologen, maar er was geen probleem David op grond van zijn boetepsalm voor te stellen als de zondaar die genade vond, vergelijkbaar met Petrus, Zacharias, Paulus en Maria Magdalena. Zou hier de sleutel kunnen liggen voor het typologische gebruik van oudtestamentisch materiaal in de saga? Zouden we te maken kunnen hebben met een bestaande overlevering rond Egill als historisch figuur en voorvader van de Sturlungen, die door zijn nazaten zo is bewerkt dat de pathologische doodslager/ hoofdpersoon, al was het maar versleuteld, de trekken aannam van een zondaar en verkondiger van het geloof? Misschien dat Torfi's op stapel staande monografie over Egils saga hier antwoord op kan geven. Gezien de frequentie waarmee Torfi's benadering in moderne secundaire literatuur wordt aangehaald, lijkt het erop dat zijn methode school gaat maken. Het wachten is op de onderzoeker die de eerste ontmoeting van Kormákr en Steingerðr in *Kormáks saga* in verband brengt met de passage van het Hooglied over de wand met venster die bruid en bruidegom scheidt (Cant. 2,9) *En ipse stat post parietem nostrum, recipiens per fenetras, prospiciens per cancellos*. Zijn de beschrijvingen van Steingerðr door het Hooglied geïnspi-reerd? Wat Torfi's bijdrage bovenal laat zien is dat onder Ijslandse onderzoekers de bereidheid om invloed van continentale schrijfcultuur in de *Íslendingasögur* te accepteren aanmerkelijk is toegenomen sinds de koele ontvangst en destijds door velen als blasfemie beschouwde boeken van Bjarni Einarsson in deze richting. Wat betreft de andere bijdragen in deze sectie, Trine Buhl betwijfelt in "Premises of

Literary History" de homogeniteit van de traditioneel als een apart literair genre beschouwde koningssaga's. In een degelijk, enigszins monotoon betoog komt zij tot de slotsom dat we nog steeds met lege handen staan als het er om gaat het plotselinge verschijnen van de koningssaga's als een vorm van geschiedschrijving te verklaren. Buhl pleit aansluitend voor het hanteren van narratologische parameters als *story* vs. *discourse* voor het onderscheiden van middeleeuwse fictie van geschiedschrijving, maar het staat te bezien of haar betoog veel weerklank zal vinden buiten de kring der academische narratologen. In een lezenswaardige bijdrage "Ethischer Diskurs und gesellschaftspolitische Tendenzen" focust Gert Kreutzer kort op in de sommige saga's, vooral in *Hrafnkels saga* aanwezige ethische, dan wel politiek gemotiveerde gedragingen van de protagonisten. De *Hrafnkels saga* staat ook centraal in de lange, collectieve bijdrage "Ethische Konzepte und transtemporales Bewußtsein in der *Hrafnkels saga Freysgoða* voortgebracht door een werkgroep aan de Westphälische Wilhelms Universiteit van Münster onder leiding van Harald Müller, met als deelnemers John W. Daly, Christopher Graz, Vera Johanterwage, Thomas Küper, Bert Röbekamp, Marcel Schmutzler en Jessica Wessels. Met de bewust gehanteerde term "transtemporales Bewußtsein" bedoelen de auteurs, naar op p. 164 blijkt, een begrip dat tegen "Geschichtsbewußtsein" aanleunt, maar zich daarvan inzoverre onderscheidt dat de laatste "durch die Verbindung zur Realhistorie ein neuzeitliches Geschichtsverständnis impliziert, das sich als 'faktisch' von 'Fiktion' abgrenzt. Der Begriff 'transtemporales Bewußtsein' will diese Trennung noch nicht vollziehen". Mij zegt de term weinig en de ervaring leert dat nieuwe termen vaak alleen maar verwarring scheppen, maar de werkgroep heeft het gebruik ervan kennelijk als bevredigend ervaren. Verrassend zijn de woorden waarmee de *Fornrit* uitgave als uitgangspunt wordt genomen (p. 164): "weil es sich offenbar um eine sehr sorgfältig zusammengestellte Fassung handelt". Samengesteld, inderdaad, dat mag men wel zeggen, men vergelijke het commentaar van Hubert Seelow (p. 199) op de door hem gebruikte *Fornrit* editie. Een literatuurwetenschappelijke invalshoek biedt ook Susanne Kramarz-Bein in "Literaturanthropologische Überlegungen zur *Þiðreks saga af Bern*". Uitgaande van het door Walter Haug uitgewerkte begrip 'Literaturanthropologie' voert zij argumenten aan dat de *Þiðreks saga* geen bijeengeveegde verzameling losse teksten is, maar een anthropologisch samenhangende compositie met een "Gesamttektonik" die wortelt in de levenscycli van Diederik van Bern en zijn twaalf *jafningar*. Dat de saga planmatig samengesteld is was reeds vastgesteld door Thomas Klein. Kramarz-Bein combineert Kleins bevinding met Haugs begrippenapparaat, knoopt er een uitvoerige bespiegeling over Aristoteles' drie-fasen-leer aan vast en wil aspecten van de middeleeuwse receptie hiervan terugvinden in de *Þiðreks saga.* Gelukkig begaat Kramarz-Bein niet de fout de *Þiðreks saga* in een bepaald model te dwingen. Haar bespiegelingen zijn degelijk onderbouwd - zij het ook ietwat rijk aan vakjargon - en kenmerken zich door een neiging overal de achtergrond van te willen traceren, zodat de lezer af en toe het gevoel heeft zich tien verdiepingen onder de tekst te bevinden. Pas op het einde keert de auteur bijna terloops naar *Þiðreks saga* terug en komt tot de conclusie dat de saga ontstaan moet zijn aan het hof van koning Magnús Hákonarson lagabœtir. Samenvattend kan men zeggen dat de bijdrage de wat behoudend ingestelde Oudnoorse literatuurgeschiedenis confronteert met een moderne stroming binnen de literatuurwetenschap. Meer traditioneel filologisch georiënteerd is Hubert Seelow's bijdrage over de ouderdom van *Grettis saga*. In een betoog waar geen speld tussen te krijgen is laat Seelow zien dat de alom geaccepteerde datering van de saga in de jaren 1310-1320 een wankele grondslag heeft en alleen berust op de mededeling (in cap. 49) van de vondst van Grettirs speer *eigi fyrr en í þeira manna minnum er nú lifa; þat spjót fannsk á ofanverðum dǫgum Sturlu logmanns Þórðarsonar*. Sturla Þórðarson stierf in 1284 en de traditionele redenering is dat de mensen die als getuige worden genoemd toen jong waren, in de tijd van de verteller op leeftijd waren gekomen. Seelow noemt een reeks indicaties die erop duiden dat de saga uit een aanmerkelijk latere tijd stamt "vielleicht sogar erst aus der Zeit um oder nach 1400". Seelows betoog is helder geschreven, zonder duister vakjargon, en een van de beste bijdragen uit de bundel. De laatste sectie, *Skaldik*, bestaat uit een bijdrage van Edith Marold, een van de meest kundige onderzoekers op dit gebied. In "Lebendige Skaldendichtung" verwerpt Marold de gangbare voorstelling dat skaldenpoëzie in Noorwegen tot ontwikkeling kwam, vandaar naar IJsland kwam en productief bleef, terwijl het in Noorwegen in een vroeg stadium weer verkommerde en tenonder ging. Zij wijst erop dat de diverse in runen overgeleverde versstrofen uit Vinje (rond 1200) en Bergen (14e eeuw) het voortleven van het genre in Noorwegen buiten kijf stellen. Marold keert zich aansluitend tegen de gedachte dat de skaldenpoëzie een typisch West-Scandinavisch fenomeen zou zijn. Terecht! Het is verbazend hoe een vorige generatie onderzoekers klakkeloos heeft kunnen aannemen dat de dróttkvætt strofe op de runensteen van Karlevi op Öland van een Noorse hand moest zijn, niettegenstaande het feit dat de gebruikte runen typisch Zweeds zijn. Marold wijst in dit verband op *Skaldatal*, een in *Snorra Edda* overgeleverde lijst van dichters, die verschillende Deense skalden noemt, waar niets van bewaard is gebleven. Het brengt haar tot de conclusie dat skaldenpoëzie als dichtgenre ooit in heel Scandinavië bekend was, zij het ook dat in Oost-Scandinavië mogelijk nog andere vormen in zwang waren. Stefán Karlsson heeft er al op gewezen dat de traditionele indeling in eddapoëzie enerzijds en skaldenpoëzie anderzijds, gebaseerd op formele criteria als metrum en behandelde stof, eigenlijk onhoudbaar is en herziening behoeft. Marold gaat een stap verder en pleit voor het hanteren van een nieuwe definitie van skaldenpoëzie gebaseerd op de communicatieve situatie en "Nicht-Narrativität". Een nauwkeurige en uitputtende omschrijving van het onderscheidende kenmerk "Nicht-Narrativität" wordt helaas niet gegeven, maar de gedachte is zeker nadere uitwerking waard. Ten slotte keert Marold zich tegen de gevestigde opvatting dat skaldenpoëzie, dat aan allerlei dichtregels moest voldoen, immuun zou zijn voor latere wijzigingen. Aan de hand van handschriftelijke varianten laat zij zien dat latere schrijvers en/of dichters zeer wel in staat waren de tekst te veranderen onder handhaving van formele criteria als metrum, alliteratie etc.

Het boek is voortreffelijk uitgegeven, op bladspiegel en gekozen lettertype valt weinig aan te merken. Het papier had van mij minder hagelwit gemogen, maar dat euvel laat zich tegenwoordig aan welhaast ieder boek waarnemen en zou kunnen samenhangen met het tegenwoordig door bibliotheken verlangde zuurvrije papier. Kleine druk- en schoonheidsfoutjes zijn uiteraard onvermijdelijk (zo ontbreekt het genoemde boek van Elene Esposito in de bibliografie, op p. 135 staat <ready> voor <read>), maar die doen weinig af aan de conclusie dat we hier met een geslaagde uitgave te maken hebben. Een aardig boekje! Een andere omschrijving voor deze door het Institut für Nordische Philologie aan de Westphälische Wilhelms universiteit in de reeks *Texte und Untersuchungen zur Germanistik und Skandinavistik* uitgebrachte uitgave is niet goed denkbaar.

Kees Samplonius

Helmut Birkhan, Geschichte der altdeutschen Literatur im Licht ausgewählter Texte. - Edition Praesens, Wien 2002-2005. 8 Bände.[1] (ISBN 3-7069-0170-6, 3-7069-0177-3, 3-7069-0150-1, 3-7069-0242-7, 3-7069-0243-5, 3-7069-0244-3 und 3-7069-0245-1).

Teil II (281 S.): *Mittelhochdeutsche vor- und frühhöfische Literatur* umfasst als ersten Abschnitt die Literatur der Salierzeit (1024-1137) mit u.a. Frau Ava, der "Kindheit Jesu" des Konrad von Fußesbrunnen, vielen theologischen Werken, u.a. der *Summa theologiae,* "die drei Jünglinge im Feuerofen", *daz anegenge"* und Heinrichs von Melk *Von des tôdes gehügede.* Der zweite Abschnitt befasst sich mit der Literatur der frühen Stauferzeit (1138-1170) und ist dem "Alexanderlied", dem "Rolandslied", dem "Graf Rudolf", "Flôre und Blanscheflûr" und der Spielmannsepik gewidmet.

Frau Ava (gestorben 1127) ist die erste namentlich bekannte Dichterin deutscher Sprache. Sie war wohl eine *inclusa*, d.h. dass sie sich in einer Zelle neben dem Kloster (Melk?) hat einschließen und einmauern lassen. Sie war eine bedeutende Persönlichkeit, die eine Reihe von geistlichen Dichtungen, u.a. "Der Antichrist", "Das jüngste Gericht" auf ihrem Namen hat. Als Ergänzung zu den Ausführungen des Verfassers über Frau Avas "Legende vom Kreuzholz" (S. 39-40) möchte ich bemerken, dass die Kreuzigung Christi hier sowohl der *iacente cruce* Tradition (*da legeten si ûf den gotesun*), wie dem *erecto cruce* Typ gerecht (*daz cruce si gestahten*) wird, und dass das Ausrenken der Arme Christi auf den präfigurativen Psalm 21,18 "Sie haben alle meine Gebeine gezählt" zurückgeht. Wichtig ist Birkhans Hinweis auf die späteren Passionsspiele, die diese Präfiguration und die beiden Kreuzigungsarten auch kennen.

Das Gedicht "Von der Siebenzahl" vom Priester Arnold (S. 59) behandelt die heilige Zahl 7, die in den *septem artes liberales*, den sieben Zeichen bei der Geburt

[1] Teil I: *Althochdeutsche und altsächsische Literatur* (ISBN 3-7069-0144-7) hat die Literatur der Karolinger-, Ottonen- und frühen Salierzeit zum Inhalt (770-1024). Dieser Teil wurde von Arend Quak in *ABäG* 61 (2006), S. 318-19 besprochen.

Christi, den sieben Stationen von Christus Leben, usw. vorkommt. Siehe auch unten Teil VIII.

Zu Recht widmet dieser Band dem "armen Knecht Heinrich", d.h. Heinrich von Melk, große Aufmerksamkeit. Ob er aber aus Melk stammt, wissen wir nicht. Der Verf. schildert humoristisch wie es heute "zum guten Ton gehört", die Unsicherheit "durch zweifelndes Wiegen des Hauptes oder mit beiden Händen in der Luft angedeuteten ‚Gänsefüßchen', was bezeugen soll, dass man einen kritisch-abgeklärten Standpunkt einnimmt" zum Ausdruck zu bringen (S. 84, Anm. 82). Literatur- und kulturhistorisch interessant ist Heinrichs Werk *Von des tôdes gehügede*, das zur Memento-Mori Tradition gehört, mit der Beschreibung des toten Geliebten, dessen Zunge jetzt tot in seinem Mund liegt, obgleich er früher ein so guter Minnesänger war. Der Minnesang wird also längere Zeit vor seiner ersten Erscheinung erwähnt.

Im Abschnitt der Visionenliteratur weist der Verfasser auf den Einfluss der Visio Tundali u.a. auf Dantes Divina Commedia hin. Die historische Literatur ist durch das Annolied und die Kaiserchronik vertreten. Das Annolied über den gleichnamigen Bischof von Köln führt die Entstehung der Stadt Köln auf den babylonischen Turm und die Franken auf die Trojaner zurück. Die ‚Kaiserchronik' eines bairischen Klerikers mit ihren 17.000 Versen war sehr beliebt; sie ist in mehr als 60 Handschriften auf uns gekommen. Sie behandelt die Geschichte der Kaiser von der Gründung Roms bis 1147. Sie wird in diesem Band ausführlich besprochen.

Nach einer Übersicht über die historischen Hintergründe behandelt Helmut Birkhan u.a. das Alexanderlied, das Rolandslied und die Spielmannsepen, oft mit erhellenden Auszügen aus der Primärliteratur. Die Unterschiede zwischen der Chanson de Roland und ihrem Nachfolger, dem Rolandslied, werden herausgearbeitet. Von den Spielmannsepen enthält der Band ausführliche Textfragmente mit Übersetzungen und Erläuterungen.

Teil III (271 S.): *Minnesang und Sangspruchdichtung der Stauferzeit* (1137-1225). Der deutsche Minnesang wird in all seinen Aspekten dargestellt (S. 9-38): die Minnedoktrin, die Form, die Musik, die handschriftliche Überlieferung, usw. Erfreulich ist, dass dem romanischen Einfluss große Aufmerksamkeit gewidmet wird, so auch den lateinischen *quinque gradus amoris*, den 5 Stufen der Liebe. Die Einteilung in donauländischen Minnesang, Hausengruppe und die großen Dichter, u.a. Walther von der Vogelweide, wird uns mit vielen Textbeispielen erklärt und relativiert, wie auch die Hauptgattungen *hôhe* und *nidere minne*, das Tagelied, das Kreuzzugslied. Erhellend ist der Abschnitt über Friedrich von Hausen und die Kontrafaktur (S. 58-71), in dem der Verfasser nicht das allgemeine Lippenbekenntnis zum Einfluss der Romanik auf den deutschen Minnesang ausspricht, sondern uns konkrete Fälle mit inhaltlich oder formal sich gleichenden mittelhochdeutschen, altokzitanischen und altfranzösischen Texten bietet, wodurch dieser romanische Einfluss jedem Leser sofort klar wird.

Mit dem Augenmensch Heinrich von Morungen wird die Aufmerksamkeit auf den Hof des Landgrafen von Thüringen gelenkt, wo um 1200 eine Hochburg des romanischen und antiken Einflusses auf die deutsche Literatur entstand: Morungens schönste Lieder (das Venuslied, das Elfenlied, das Narzisslied, das Tagelied) werden uns vorgeführt.

Nach den eigenwilligen Tageliedern von Wolfram von Eschenbach bleiben uns noch zwei große Dichter des hochhöfischen Minnesangs: Reimar von Hagenau und Walther von der Vogelweide (S. 94 ff.). Reimar gilt als der Sänger des ewigen Liebesleides und der unerfüllten Liebe. Dieses Bild ist hauptsächlich entstanden durch die Unechterklärung vieler Reimartexte durch die ältere Forschung. Viele überlieferte Reimarlieder streben aber auf die Erfüllung der fünften Stufe der Liebe hin und diese Spannung macht sein Werk so interessant. Das *schône getragen* seines Leides ist ein Lehnausdruck aus der Romania und sollte in dem Kontext verstanden werden. Die in der Forschung umstrittene Walther-Reimar Fehde erklärt uns der Verfasser objektiv.

Dem Prinzen der deutschen Lyrik des Mittelalters,Walther von der Vogelweide, stehen verständlicherweise viele Seiten zur Verfügung (S. 116-165). Die schwierige Aufgabe aus dem umfangreichen Oeuvre Walthers von der Vogelweide eine Auswahl zu treffen, löst Birkhan gut. Er greift die bezeichnendsten Beispiele aus der Lied- und Spruchdichtung Walthers heraus. Sein Minnesang ist z.B. vertreten mit der schönen Beschreibung der nackten Dame in Walthers *Si wunderwol gemachet wîp!* Helmut Birkhan vergleicht nicht nur Walthers Zurückhaltung in der Erwähnung was Walther von der Dame *da enzwischen,* d.h. zwischen Kopf und Fuß gesehen hat, als sie *ûz einem bade trat*, mit der Frauenbeschreibung beim Tannhäuser, der rückhaltlos bis aufs Haar genau angibt, was er von der nackten Dame gesehen hat, sondern er weist auch auf den Mentalitätsunterschied zu den heutigen Nacktstränden und gemischten Saunen hin (S. 127-132). Solche mittelalterlichen Parallelen und modernen Vergleiche sind höchst aufschlussreich. Walthers immergrünes Lied *Under der linden* erscheint mit vollständigem Text zusammen mit dem ebenso vollständigen deutsch-lateinischen Kontext von *Ich was ein chint so wolgetan* in dem ebenfalls ein Mädchen ihre Liebesgeschichte erzählt mit dem überdeutlichen *er rante mir in daz purgelin cuspide erecta* während Walther sein Mädchen mit zarten Andeutungen sagen lässt *wes er mit mir pflaege, niemer niemen bevinde daz, wan er und ich, und ein kleinez vogellîn----daz mac wol getriuwe sîn.* Das kleine Vögellein, das über ihr Abenteuer wohl schweigen wird, ist die Nachtigall, die in der ersten Strophe so schön gesungen hat. Der Bezug ihrer eigenen Situation auf die der Nachtigall, die anfangs schön singt und nach der Paarung schweigt, ist klar: unausgesagt sagt das Mädchen alles. Auch als Spruchdichter wird Walther ausführlich bedient. Zur zeitgenössischen Politik äußert er sich oft sehr scharf. Das Buch bietet uns an Hand der Texte einen ausgezeichneten Überblick.

Der späthöfische Minnesang ist durch die Sommer- und Winterlieder des "Bauerndichters“ Neidhart von Reuental (S.165-190) vertreten.Vom sagenumrankten Dichter Tannhäuser werden Leichs und einige Lieder interpretiert. Die "Autobiographie“ ‚Frauendienst' von Ulrich von Lichtenstein mit ihren Dutzenden von eingestreuten Liedern schließt den reichhaltigen Teil III ab.

Teil IV (277 S.): *Romanliteratur der Stauferzeit* behandelt die höfischen Romane von Heinrich von Veldeke, Hartmann von Aue, Gottfried von Straßburg und Wolfram von Eschenbach. Historisch ist diese literarische Periode von den Kaisergestalten Friedrich I. Barbarossa, seinem Sohn HeinrichVI., dessen Sohn Friedrich II. und vom Papst Innozenz III. geprägt. Bewundernswert sind die Ausführungen, die Heinrich von Veldeke gewidmet sind. Intensiv wird an Hand vieler Textbelege studiert, was die Leistung Veldekes für die deutsche Literatur gewesen ist (S. 18-51). Er fasst diese Bedeutung in 5 Punkten zusammen: 1. Veldeke führt die charakteristische Minneauffassung ein, 2. Veldeke vermittelt in seinem ‚Eneit' als erster Dichter im deutschen Sprachraum antike Stoffe, 3. Durch Veldeke wird die (vor)römische Geschichte ein Teil der Heilsgeschichte, 4. Veldeke führt die *translatio imperii* ein, 5. Veldeke führt die paarweise gereimten Kurzverse und den reinen Reim ein. Treffend finde ich den mittelalterlichen Hinweis *Dicebat Bernardus Castrensis nos esse quasi nanos, gigantium humeris insidentes*, der nicht nur für die Sicht des Mittelalters auf die Antike, sondern auch für die heutigen Mittelalterforscher gilt: wir können unserem Forschungsgegenstand nur als Zwerg auf den Schultern von Riesen nahen, d.h. wir, Zwerge, sind für unsere Beurteilung auf die Aussagen unserer literarischen Quellen, der Riesen, angewiesen (S. 49-50).

Nach einer Skizze des historischen Arthur, der Arthursage und deren Darstellung u.a. in den italienischen Kirchen von Modena und im südapulischen Otranto, wo sich in dem herrlichen 1163 vom Priester Pantaleone unterzeichneten Bodenmosaik der Kathedrale Bilder aus der antiken Mythologie, biblische Szenen und aus dem Artuskreis abwechseln, und auf den Fresken in Südtirol, wendet sich der Verfasser dem arthurischen Roman zu, dessen Anfänge in Frankreich, bei Chrestiens de Troyes (Ende des 12. Jhs.) liegen. Im deutschen Sprachraum war Hartmann von Aue (etwa 1160-1215) der Erste, der Chrestiens Werk bearbeitete. Nach einer Betrachtung der bekannten, für die Chronologie wichtigen, Saladinstelle in Hartmanns Lyrik (wer ist verstorben: Hartmanns Lehensherr oder Sultan Saladin?) folgt eine Analyse von Hartmanns erstem Artusroman, dem ‚Erec', einer Übertragung von Chrestiens ebenfalls erstem Roman ‚Erec et Enide'. Birkhan führt uns zunächst die Struktur des Werkes mit dem arthurischen Doppelweg vor. Danach interpretiert er die Bedeutung der *minne*: Erec vernachlässigt seine Ritterpflichten durch *verligen*, weil er seine Frau zu viel liebt, also zu lange ‚bei ihr liegt'. Damit verliert er seine *êre*. Die zwei ritterlichen Ausfahrten Erecs beabsichtigen seine Ehre wiederherzustellen. Die Interpretationen werden durch interessante Querverbindungen mit der französischen Vorlage und Hinweise auf die keltische Mythologie bereichert. Auch Hartmanns anderer Ritterroman, der ‚Iwein' kennt den symmetrischen Bauplan mit zwei Ausfahrten. Iwein *verliget* sich aber nicht; im Gegenteil, er *verrittert* sich und widmet sich zu viel seinen Rittertaten und vernachlässigt seine Ehefrau. Auch für seinen ‚Iwein' gebraucht Hartmann eine französische Vorlage von Chrestiens von Troye, *Le chevalier au Lion*, auch *Ivain* genannt. Iwein hat bei seiner ersten Ausfahrt seiner Frau Laudine versprochen in einem Jahr wieder zu Hause zu sein. Er verpasst durch die vielen Abenteuer aber die Frist, was ihm als Verrat und Untreue vorgeworfen wird. Er verfällt darauf dem Wahnsinn, wird aber durch eine Wundersalbe geheilt. Danach tritt er die zweite Ausfahrt an, die sich hauptsächlich durch Hilfeleistung an Arme und Verdrückte kennzeichnet. Iwein kehrt schließlich in seine Heimat zurück und versöhnt sich mit Laudine. Birkhan behandelt zwei Hauptprobleme dieses Romans. Er interpretiert das Verpassen der Jahresfrist nach der ersten Ausfahrt nicht als Schuld, sondern als (ungewollte) Unpünktlichkeit. Ein größeres Problem muss für Laudine gelöst werden: sie hat unmittelbar nachdem ihr Gatte getötet war, seinen Mörder, Iwein, geheiratet. Hartmann gibt sich große Mühe diese Sinneswandlung Laudines zu erklären, überzeugt aber uns, als heutige Leser, kaum. Vielleicht liegt die Lösung in der Geartheit der mittelalterlichen höfischen literarisch gebildeten Auftraggeberinnen, die sich manchmal in einer Situation befanden, die irgendwie mit der der Laudine vergleichbar war (Volker Mertens).

In diesem IV. Teil wird von Wolfram von Eschenbach (1170-1220) nur der ‚Parzival' (S.110) besprochen. Sein ‚Willehalm' und ‚Titurel' werden für Teil V aufgespart. Auch der Parzival hat französische Quellen, hauptsächlich ‚Li conte du Graal' von Chrestiens de Troye. Nach einer Inhaltsangabe der 16 Bücher des Parzival (Buch I-II Vorgeschichte des Vaters, Buch III-VI Geburt Parzivals, seine Ausfahrt in die Ritterwelt, Tötung des Ither, sein erster Besuch an der Gralsburg, VII,VIII sind Gawanbücher, IX Parzival beim Einsiedler Trevrizent, der Parzivals Augen für seine Schuld öffnet, X-XIV Gawanbücher, XV, XVI Parzival zum zweiten Besuch auf der Gralsburg. Er wird Gralskönig) werden Wolframs Stil und Humor augedeckt. Die Ausführungen breiten dem Leser ein großes Skala an Informationen aus (S. 113 ff.), weichen aber auch nicht vor den schwierigen interpretatorischen Fragen zurück. Der Parzivalroman vereint deutlich zwei Erzählsträhnen: die Artussage und die Gralssage. Parzival entwickelt sich vom unerfahrenen Knaben zum Artusritter und zum Gralskönig. Dabei begeht er Dummheiten – er stiehlt der Jeschute ihren Ring als Minnepfand – und gerät in große Schuld: Er tötet Ither im ritterlichen Zweikampf und legt sich dessen Rüstung an. Später zeigt sich, dass Ither ein Verwandter von ihm ist. Er erreicht schließlich die Gralsburg wo er von dem schwerkranken Gralskönig empfangen wird, stellt aber keine einzige Frage nach der Gesundheit des Königs. Im wichtigen IX. Buch unterrichtet der Einsiedler Trevrizent Parzival über seine durch die Erbsünde entstandene unbewusste Schuld. Seine wichtigen Sünden sind: der Tod seiner Mutter, die bei seiner Ausfahrt in die Welt vor Leid gestorben ist - Parzival wusste das aber nicht -, die Tötung des Ither, der sein Verwandter war - was er nicht wusste -, und die Unterlassung der Gralsfrage - die er bewusst nicht gestellt hat, weil er gelernt hatte, dass ein guter Ritter keine Fragen stellt. Birkhan weist nach, dass Wolfram bewusst von Chrestiens in Richtung Menschlichkeit abweicht.

Der IV. Teil schließt mit einer ausführlichen Behandlung des Romans ‚Tristan und Isolde' von Gottfried von Straßburg. Die Tristanlegende kennt eine sehr umfangreiche Vorgeschichte, deren Gestalten und Motive ausführlich dargestellt werden. Gottfried greift hauptsächlich auf die französischen Tristanfassungen zurück;

seine Quelle ist die Version von Thomas von Britannien. An Hand von 3 Textabschnitten aus dem Tristan– Prolog, Schwertleite, Minnegrotte (S. 178ff.) - führt uns der Verfasser die große Kunst des Dichters vor und zeigt er uns Tristans Künstlertum auch mit der Stelle von Tristans Virtuosität auf der Harfe: der Berufsharfner am Markehof überlässt Tristan seine Harfe, wonach Tristan die Saiten stimmt und so schön eine höfische Romanze spielte *in britûnischer wîse, daz maneger dâ stuont unde saz, der sîn selbes namen vergaz*." Und so festigt sich Tristans Position bei Hof“ (S. 203).

Teil V (296 S.): *Nachklassische Romane und höfische "Novellen“* umfasst die ziemlich umfangreiche weitere Literatur mit antiker, byzantinischer und arthurischer Thematik, der Karl- und Wilhelmsage, außerdem Liebes- und Abenteuerromanen, Versnovellen und zum Schluss dem ältesten Beispiel des mittelalterlichen geistlichen Dramas, dem Osterspiel von Muri. Man erwartet in diesem Band Werke aus der Zeit nach 1220. Der Verfasser greift aber zunächst aus thematischen Gründen auf die Dichter um den Landgrafen Hermann von Thüringen in den letzten Jahrzehnten des 12. Jahrhunderts zurück, wo Heinrich von Veldeke die Weichen für die spätere Epik gestellt hat. In seinen Fußstapfen stehen die Trojadichtungen nach ihm, die teils auf französische, teils auf lateinische Quellen zurückgreifen. Verfasser zeigt uns, dass Konrad von Würzburg (1220-1287) in Gottfried von Straßburg sein Vorbild suchte. Die späteren Dichter aber greifen oft auf Konrad zurück. Ausführlich behandelt er auf S. 78ff. den Titurel von Wolfram von Eschenbach. Bis in die Graphik des Textes wird hier Überraschendes und Anregendes geboten. Die epische Langzeile der Tatureldichtung wird aus der vergleichbaren Form des jüngeren Hildebrandsliedes erklärt. Wolfram hat diese Hildebrandsstrophe im 3. Vers verkürzt, “was wieder im Gegensatz zum überlangen 4. Vers steht“ (S. 79). Man schläft beim Lesen dieser Bücher nicht ein, wie oft bei vielen geläufigen Literaturgeschichten. Verfasser weist weiter darauf hin, dass die “holprige“ Metrik der Titurelstrophe durch eine besondere Melodie begründet gewesen sein muss, eine Melodie die tatsächlich erhalten ist, und zwar etwa beim Mönch von Salzburg (14. Jh,.) mit einem merkwürdigen Text, der Kenntnisse mit dem Parzivaltext voraussetzt. Die Melodie ist auf S. 282 abgedruckt. Diese Mitteilungen sind von Interesse für Mittelalterforscher und für Germanistikstudenten: fast alles was hier gesagt wird, bildet ein neues Forschungsgebiet.

Oft behandelt der Verfasser ein Werk ausführlich und gibt viele Textbelege und fremdsprachige Belegstellen dazu. Aber manchmal muss er sich kurz fassen. So etwa bei dem Prosa-Lanzelet mit seiner rätselhaften Herkunft aus dem Kölner Raum über ein mittelniederländisches Bindeglied, das seinerseits auf die französische Vorlage *Lancelot en prose* zurückgeht, oder gegen 1300 direkt aus diesem französischen Text übernommen ist. Jakob Püterich von Reichertshausen (Abb. 2 S. 272), der in seinem Literaturbrief 5 Lanzelot-Romane erwähnt, vervollständigt die Ausführungen. Alles Wichtige ist in dem Buch geballt wiedergegeben und der Leser wird implizit auf die internationale Verschlingung der europäischen Literatur hingewiesen und, im günstigen Fall, zu eigener Forschung angeregt.

Teil VI (233 S.): *Heldenepik der Staufer- und vom Anfang der Habsburgerzeit* behandelt das Nibelungenlied, die Kudrun und die Dietrichepen. Nach einer reichhaltigen Einführung behandelt dieser Teil den Nibelungenkreis, der ungefähr 100 Seiten umfasst. Die historischen Hintergründe und nordischen Parralelen und der Inhalt des Nibelungenliedes werden klar skizziert. Der Abschnitt über die fehlende Melodie des Nibelungenliedes (S.79-80) eröffnet interessante Forschungsperspektiven. Die Musikwissenschaft sieht in den spätmittelalterlichen Melodien der Trierer Marienklage, des Alsfelder Passionsspiels und des jüngeren Hildebrandsliedes (siehe die Abbildungen 12 und 13 auf S. 222) mögliche Parallelen zu der nicht erhaltenen Melodie des Nibelungenliedes. Dabei bieten aber die letzten Textstrophenzeilen dieser späten Melodien ein Problem, weil sie in der metrischen Struktur von der entsprechenden Zeile des Nibelungenliedes mit ihrer vollen Kadenz abweichen. Birkhan glaubt, dass durch ein Melisma das Problem für die unbekannte Nibelungenmelodie gelöst werden kann. Dazu muss gesagt werden, dass viele Nibelungenstrophen diese volle Kadenz nicht haben und also reibungslos zu der späten Melodie passen würden. Und auch müssen wir bedenken, dass im späten Mittelalter die "volle-kadenzlose“ letzte Zeile in gesungenen Stücken etwa im Augsburger Liederbuch, Königsteiner Liederbuch, Rostocker Liederbuch, bei Oswald von Wolkenstein und weiter in ganz Westeuropa, oft vorkommen, so dass die Trierer Marienklage, das Alsfelder Passionsspiel und das jüngere Hildebrandslied dieselbe allgemein bekannte metrische Struktur aufweisen. Darum steht nicht fest, dass sie auch melodisch auf das Nibelungenlied zurückgehen und man so die Nibelungenmelodie entdeckt hätte. Gleiche metrische Strukturen können auf gleiche Melodien hinweisen, brauchen es aber nicht. Eine ähnliche Situation liegt bei der niederländischen Nationalhymne (zweite Hälfte des 16. Jhs.) vor, die auch die gleiche metrische Struktur wie das Nibelungenlied (1200) hat. Man vergleiche:

Uns ist in alten maeren wunders vil geseit
von helden lobebaeren, von grôzer arebeit,
von fröiden, hôchgezîten, von weinen und von klagen,
von küener recken strîten muget ir nu wunder hoeren sagen.

und

Wilhelmus van Nassouwe ben ick van Duytsen bloet
den vaderlant ghetrouwe blijf ik tot inden doot;
een Prince van Oraengien ben ick vrij onverveert,
den Coninck van Hispaengien heb ik altijt gheeert.

Man nimmt an, dass die alte Melodie des *Wilhelmus* französischer Herkunft ist.

Dieser VI. Teil bietet neben den geläufigen wichtigsten literarhistorischen Fakten auch wieder viele neue Überraschungen. Es ist spannend zu lesen, dass der sprechende Vogel der "Kudrun“ sein Gegenstück in dem Star eines späten Volksliedes hat, der ausgeplaudert hat, wie eine Prinzessin von einer Zigeunerin geraubt und später von ihrem Bruder erkannt wird. Birkhan sieht jüdische Dichter, die ein großes Interesse an der Kudruntradition hatten, als Vermittler (S.129-135).

Die Dietrichsage erzählt über Dietrich von Bern, d.i.Theoderich von Verona, so genannt nach seiner Residenzstadt, der als Führer der Ostgoten im 5. Jahrhundert aus Byzanz nach Westen kam, sich auch in Ravenna mit seinem Hof niederließ und dem wir zum Teil die herrlichen Bauten und Mosaiken (San Apolinare Nuovo!) in dieser Stadt verdanken. Er war ein guter König, der mit sanfter Hand versuchte die Italiener für sich zu gewinnen, aber auch nicht davor zurückschreckte, bei einem Gastmahl anlässlich der Friedensverhandlungen mit Odoaker 493 eigenhändig mit einem Schwertstreich den Kopf seines Gastes vom Scheitel bis zum Brustbein zu spalten. Ein Dutzend europäische Sagen sind um ihn entstanden. Wegen seines arianischen Glaubens wurde er oft als Kirchenfeind betrachtet und er wird manchmal vom Papst in einen Vulkan (den Ätna) gestoßen oder vom Teufel aus seinem Bad geholt. Diese fesselnden Geschichten werden mit Textbelegen besprochen.

Teil VII (339 S.): *Minnesang, Sangspruchdichtung und Verserzählung der letzten Staufer- und ersten Habsburgerzeit* , umfasst ungefähr die Periode 1225-1275 und behandelt den Minnesang und die Spruchdichtung nach Walther von der Vogelweide, die Kleinepik des 13. Jahrhunderts (wie Versnovelle, Mären) und die Schwankepik.

Eine Übersicht über die historischen Hintergründe eröffnet diesen VII. Teil. Die politischen Hauptrollenspieler Kaiser Heinrich VI. und sein Sohn Kaiser Friedrich II. bis zum letzten Staufer Konradin, der 16jährig von seinen päpstlichen Gegnern in Neapel enthauptet wurde, sind auch als Minnesänger hervorgetreten – Friedrich II. in sizilianischer Sprache als Haupt der stark okzitanisch beeinflussten *Scuola poetica siciliana.* Der deutsche Minnesang aus der Mitte des 13. Jahrhunderts kennzeichnet sich einerseits als Fortsetzung der Walther-Reimar Schule, andrerseits durchbrechen Neidhart von Reuental mit seiner dörperlichen Tanzpoesie und seine Nachfolger diese Tendenz.

Bei der Behandlung des sog. ‚schwäbischen Minnesangs' (S. 53-57) übt Helmut Birkhan leise Kritik (S.56-57) an der Neifenphilologie, die dem Dichter sein Flachsschwingerinlied und sein Büttnerlied abspricht, weil sie stilistisch und durch den frivolen Inhalt von den übrigen unter seinem Namen überlieferten Liedern, die sich durch Minneklagen und ein hohes Maß an rhetorischem Können kennzeichnen, abweichen. Man kann ihm beipflichten, denn auch große Vorgänger wie Walther von der Vogelweide und Neidhart kennen solche gegensätzliche Lieder.

Die sechs Seiten (S. 60-65) über den schlemmenden Dichter Steinmar (um 1275) bieten uns fesselnde Zusammenhänge. In dem Lied IV mit der Anfangszeile *Wer sol mich ze fröiden stiuren* heißt es in der vierten Strophe, dass das Herz des Dichters aus seiner Brust zur Geliebten hin möchte, wie ein in einem Sack gefangenes Schwein, das kämpft wie ein wilder Drachen. Birkhan weist auf ein ähnliches Lied von Burkhard von Hohenfels (bezeugt 1212-1242) hin und öffnet dem Leser die Augen für unerwartete Querverbindindungen. Und die spätere geistliche Kontrafaktur *Himmelrîche , ich fröwe mich dîn* zu Steinmars *Sumerzîte, ich fröwe mich dîn* zeigt wie der Dichter literaturgeschichtlich wie ein Januskopf sowohl vorwärts wie rückwärts schaut.

Ein Genussmensch wie Steinmar muss sich in Wien zu Hause gefühlt haben. Deshalb glaube ich, dass seine Aussage in seinem III. Lied *Habe ich gen ir valschen muot der ich sender diene, sô geschehe mir niemer guot und müez ich von Wiene niemer komen mit fröidenrîchem muote* als Ausdruck seiner Liebe zu Wien interpretiert werden muss und bedeuten soll: "Wenn ich eine falsche Gesinnung meiner Geliebten gegenüber hegen würde, so möge mir nie mehr etwas Gutes geschehen und ich müsste (sogar eine herrliche Stadt wie) Wien nie mehr frohgemut verlassen".

Vom späten Schweizer Johannes Hadloub bietet Birkhan uns u.a. das Lied in dem der Dichter den "Manesse" als Urheber der Manessisichen Handschrift (C) bezeichnet. Sehr lehrreich ist seine Interpretation des sog. Kindheitsliedes des Wilden Alexander (S. 85-90), das sich als ein hoch intellektuelles Gebilde herausstellt.

Konrad von Würzburg (1230-1287) (S. 95 ff) gilt als der erste Stadtbürger, der von seiner Dichtkunst lebte. Sein umfangreiches Oeuvre – Lyrik und Epik - ist sehr gelehrsam. "Die Goldene Schmiede" (= das goldene Geschmeide), ein herrlicher Lobgesang auf Maria – *din lob hat uns gepredeget Dominicus und Franciscus* – , wird als sein Meisterwerk betrachtet.

Die Kleinepik (S. 224-288) ist im 13. Jahrhundert reich vertreten. Das bekannte "Meier Helmbrecht" von ‚Wernher der Gartenaere' erzählt das Schicksal eines Bauernsohnes, der den väterlichen Hof verlässt um Ritter zu werden. In seiner Überheblichkeit spricht er zu seinen Verwandten sogar ein verballhorntes Niederländisch, das *vlaemen*, weil Flandern als sehr höfisch galt. Ihm ergeht es schlecht. Man hängt ihn schließlich an einen Baum, weil er seinen Stand verlassen hat. Die fesselnde Geschichte versieht Birkhan überall von wertvollen Erläuterungen und neuen Forschungswegen.

Teil VIII (373 S.): *Lehrhafte Dichtung zwischen 1200 und 1300*, hat zum Inhalt: Naturlehre, Gesellschaftslehre, Minnelehre, Fachliteratur, Rechtswissenschaft, Geschichtswissen, Bibeldichtung, Legendendichtung, Predigtliteratur.

Ausführlich behandelt dieser Teil das erste und umfassende Erziehungswerk in deutscher Sprache, *Der welsche gast* von Thomasin von Zerklaere aus dem Friaul, der zum Gefolge Wolfgers, des früheren Bischofs von Passau und späteren Patriarchen von Aquileia gehörte. Thomasin war Italiener, schrieb aber auch in deutscher Sprache und kannte die deutsche Literatur sehr gut. In der deutschen Literaturgeschichte ist er bekannt durch seine Kritik an dem *guoten kncht* Walther von der Vogelweide, der den Papst scharf angegriffen hatte (S. 39). Der Leser bekommt selbst eine andere wichtige Stelle unter Augen, wo Thomasin sagt *daz mir missevalle iht swer strîfelt sîne tiusche wol mit der welsche sam er sol*, d.h. dass es ihm nicht missfällt, wenn jemand sein Deutsch notwendigerweise mit welschen (= okzitanischen) Worten schraffiert. Helmut Birkhan (S.41-43) interpretiert richtig *mit der welsche* als ‚Romanismen'. Mit dieser Interpretation wird dem Studenten wie dem Forscher das weite, wichtige Forschungsfeld der okzitanischen Lehnbedeutungen im Mittelhochdeutschen erschlossen. Die deutschen mittelalterlichen Dichter und ihr kundiges deutsches Publikum werden die ursprünglichen romanischen Bedeutungen bei der Interpretation der deutschen Texte berücksichtigt haben.

Erhellend ist der Absatz über die Bedeutung der Siebenzahl im theologischen Weltbild des Mittelalters, hier erläutert an Beispielen wie ‚Von der Siebenzahl' von Priester Arnold und ‚Die Auslegung des Paternoster'(S. 59). Im letzten Werk (aus 1135-1140) kommen auch die sieben Lebensstationen Christi vor, die in einigen germanistischen Studien unglücklicherweise zu einer Reduktion der Strophenzahl im Palästinalied von Walther von der Vogelweide geführt haben.

Birkhan versucht immer wieder in seinem Überblick der altdeutschen Literaturgeschichte die Verbindung mit der Moderne herzustellen. So auch in seiner Behandlung der mittelalterlichen Kochbücher. Nachdem er (S. 139) *Daz buoch von guoter spîse* aus 1350 besprochen und Beispiele von Scherzrezepten gegeben hat, die *ein guot lecker köstelîn* aus Mückenfüßen und Froschkehlchen vorschreiben – Scherzrezepte, die der Apotheker in den späteren Passionsspielen auch gerne gibt -, meldet er seine eigenen Erfahrungen mit dem Nachkochen mittelalterlicher Speisen: man stehe vor der Qual der Wahl: entweder "philologisch richtig" d.h. ungenießbar zu essen oder dem modernen Geschmack angepaßt, d.h. "unmittelalterlich" zu kochen. Einen Mittelweg hat er in einem kleinen Büchlein "Gaumenfreuden des Mittelalters" publiziert (S.140). Für einen weiteren Vergleich zwischen Mittelalter und heute siehe Abbildungen 16 und 17 auf S. 351: oben sieht man den Verweigerungsgestus auf der romanischen Kirche von Schöngrabern in Niederösterreich im Weinviertel, unten eine Abbildung aus der heutigen östereichischen Politik.

Auf den Seiten 224-232 wird die epische Darstellung der Heilsgeschichte "die Erlösung" mit Textbeispielen behandelt. Der Leser bekommt auch von dem römischen Schriftsteller Vergil, der dem Dichter als Quelle diente, Auszüge mit genauer Angabe der entliehenen Passagen.

Der Hinweis (S. 231-232) auf den Zusammenhang zwischen "der Erlösung" und dem mittelalterlichen geistlichen Drama ist auch begrüßenswert. Rolf Bergmann hat in seinem Buch "Studien zu Entstehung und Geschichte der deutschen Passionsspiele des 13. und 14. Jahrhunderts", München 1972 (S. 124-170) dieses Problem eingehend untersucht und lässt einen solchen Einfluss auch offen. Mehr als dreißig Jahre sind seitdem vergangen.

Bei der Behandlung der Bibeldichtung *der saelden hort* kommt "die heutige Vorstellung von Maria Magdalena als Freundin, Geliebte oder sogar Ehefrau Christi (mit Kindern?)" zur Sprache (S. 252). Diese Vorstellung war schon seit dem 4. Jahrhundert bekannt (Lexikon für Theologie und Kirche Band 7, Sp. 40 und Band 3, Evangelien Nr. 34ff. und 44) und hätte durch die "unterhaltsam-spannende Variante" in dem Kriminalroman von Dan Brown, The Da Vinci Code, 2003 keinen Anlass zur Entrüstung geben sollen.

Die acht schönen gehaltreichen Bücher kulminieren in dem letzten Kapitel des letzten Bandes (S. 319-330) über den berühmtesten deutschen Mystiker Meister Eckhart (1260-1328), der deutsch und lateinisch geschrieben hat, dessen lateinische Schriften aber zu einem großen Teil der kirchlichen Zensur zum Opfer gefallen sind. Bezeichnend in Eckharts Werken ist die Abwesenheit der Christusgestalt, die Identität der Gottheit mit dem Sein, die leere Seele als Einheit mit Gott – von diesen Auffassungen geben die im VIII. Band abgedruckten Texte wiederholt ein Bild. Eckhart wurde der Häresie angeklagt. Anstoß gaben an erster Stelle Sätze aus seinem "Buch der göttlichen Tröstung“. Die Bulle des Papstes Johannes XXII *"In agro dominico“* vom 27. März 1329 (S. 331-334) untersucht 26 Artikel von Eckharts Lehre und verwirft sie als "häretisch, übelklingend und verwegen“ und verordnet, "dass gegen diejenigen, welche diese Artikel verteidigen als gegen der Häresie Verdächtigte vorgegangen werde“. Was das bedeutet, wissen wir. Die Bulle erwähnt zwar, dass Eckhart am Ende seines Lebens seine Thesen widerrufen wollte, wenn sie als häretisch beurteilt werden sollten, aber zu seinem Glück war Eckhart schon ein Jahr vorher gestorben.

Fazit: In den 8 Teilen legt uns Helmut Birkhan, Professor für Germanistik an der Universität Wien, einen Überblick über die altdeutsche Literatur aus der Periode 800-1300 vor. Sie bilden den Inhalt der Vorlesungen die Helmut Birkhan auf dem Gipfel seines Wissens in den ersten vier Jahren des 21. Jahrhunderts an der Universität Wien gehalten hat. Jeder Teil behandelt eine abgeschlossene Subperiode mit ausführlichen Textbeispielen mit neuhochdeutschen Übersetzungen, Annotationen und Literaturhinweisen, so dass jeder Teil auch für Seminarübungen und Selbststudium dienlich ist. Die Bücher haben zwei Hauptqualitäten: Sie führen die Studenten in einer vorbildlichen Weise in die deutsche mittelalterliche Literatur ein, an Hand sehr gut ausgewählter Texte mit neuhochdeutschen Übertragungen, und sie überraschen den erfahrenen Germanisten auf fast jeder Seite mit fesselnden Einzelbemerkungen, unerwarteten Gesichtspunkten und neuen Forschungswegen. Dazu enthalten die 8 Bände zusammen mehr als 200 hochinteressante Abbildungen die viel zum Verständnis des behandelten literarischen Materials beitragen und die die Lektüre zu einem Fest machen. Jeder Teil enthält allgemeine bibliographische Hinweise und spezifische Angaben zu den abgedruckten Texten und den Erläuterungen. Eine entscheidende Stärke aller Teile ist ihre direkte Unkompliziertheit und ihre klare Sprache, die die schwierigsten Probleme bewältigt. Außerdem zeichnet sich der Überblick durch unerwartete fesselnde Vergleiche mit der Moderne aus. Die acht Teile – jeder ist gesondert zum Ladenpreis von 28,70 Euro erhältlich – sind für die germanistische Forschung, für Studenten, für Unterrichtszwecke und für ein breiteres Publikum sehr zu empfehlen.

Anton Touber

Franz Josef Worstbrock, Ausgewählte Schriften. Bd. 1: Schriften zur Literatur des Mittelalters, hrsg. von Susanne Köbele und Andreas Kraß, S. Hirzel, Stuttgart 2004, 366 S. (ISBN 3-777-6-1352-5).

Zum 70. Geburtstag von Franz Josef Worstbrock, der zu den international renommiertesten Mediävisten der Gegenwart gehört, erschien der erste Band seiner Schriften mit sechzehn ausgewählten Aufsätzen zur Literatur des Mittelalters. Diese konkretisieren drei zentrale Arbeitsfelder Franz Josef Worstbrocks. Die Aufsätze der ersten Gruppe befassen sich mit der 'Planctus'- Dichtung des Petrus Abaelard, rhetorischen Formtypen mittelalterlicher Lyrik, Sangsprüchen Walthers von der Vogelweide im Umfeld lateinischer Dichtung seiner Zeit, mit den Budapester Minnesang - Fragmenten, dem deutschen Minnesang um 1210-1230, dem 'Kindheitslied' des Wilden Alexanders unter dem Aspekt der Poetik allegorischen Dichtens im deutschen Spätmittelalter.

Die Beiträge des zweiten Teils behandeln einerseits übergreifende Themen wie die Geschichte der 'Translatio artium', die Tradition des Trojastoffs, das Phänomen des Wiedererzählens und Übersetzens, andererseits die Poetik zentraler höfischer Epen wie des 'Erec' Hartmanns von Aue, des 'Tristan' Gottfrieds von Straßburg und des 'Trojanerkriegs' Konrads von Würzburg.

Die Abhandlungen des dritten Teils widmen sich der mittelalterlichen Brieflehre, den Anfängen der Frühzeit der 'Ars dictandi' in Frankreich sowie Buchformen der Wissensliteratur wie den 'Libri pauperum'.

Dieser vorzügliche Band erweist Franz Josef Worstbrock zugleich als ausgezeichneten mediävistischen Komparatisten, was beredten Ausdruck in der ihm zum 60. Geburtstag gewidmeten Festschrift fand (Mediävistische Komparatistik. Festschrift für Franz Josef Worstbrock zum 60. Geburtstag, hrsg. von W. Harms und J.-D. Müller in Verbindung mit S. Köbele und B. Quast, Stuttgart/Leipzig 1997).

Fritz Wagner

Hans-Jörg Uther, The Types of International Folktales. A Classification and Bibliography. Based on System of Antti Aarne and Stith Thompson. Editorial staff: Sabine Dinslage, Sigrid Fährmann, Christine Goldberg und Gudrun Schwibbe. Part I: Animal Tales, Tales of Magic, Religious Tales, with an Introduction. Part II: Tales of the Stupid Ogre, Anecdotes and Jokes, and Formula Tales. Part III: Appendices (FF Communications 284, 285, 286) – Academia Scientiarum Fennica, Helsinki 2004. 619 S., 536 S., 285 S. (ISBN 951-41-0955-4; ISBN 951-41-0961-9; ISBN-41-0963-5).

Der Herausgeber des hier anzuzeigenden Typenkatalogs ist einer der gegenwärtig international renommiertesten Erzählforscher. Auf der Grundlage der zweiten, revidierten Auflage (1961) des Typenkatalogs von Antti Aarne und Stith Thompson, der neuesten wissenschaftlichen Erfordernissen längst nicht mehr genügte, hat Hans-Jörg Uther nun eine grundlegende Neufassung des Aarne/Thompson vorgelegt mit umfangreichen Ergänzungen und Neuerungen. Neben den älteren Standardwerken wurden alle einschlägigen Forschungen der letzten vier Jahrzehnte bis 2004 berücksichtigt, u. a. die Artikel der *Enzyklopädie des Märchens*, Beiträge der Zeitschrift *Fabula,* Kataloge für einzelne Regionen und Ethnien sowie Monographien zu Erzählmotiven. Beredte Zeugnisse für den vermehrten Materialreichtum ist das Anwachsen des Katalogteils auf den doppelten Umfang und des Literaturverzeichnisses auf das Zwölffache im Vergleich zu Aarne/Thompson. Das trifft gleichfalls auf das wesentlich umfangreichere Register der Themen und Motive zu.

Sämtliche Typenbeschreibungen sind unter Berücksichtigung der gesamten Forschungsliteratur neu erstellt und präzisiert worden. Mehr als 250 Erzähltypen wurden ergänzt. Die sich in den letzten Dezennien innerhalb der historisch-komparatistischen Erzählforschung vollzogenen Paradigmawechsel haben wesentliche Auswirkungen auf die Neugestaltung von Uthers Typenkatalog (ATU) gehabt. Fast alle Genre erfahren durch Uther bemerkenswerte Bereicherung an neuesten Forschungsergebnissen, z. B. die Fabeln, Tiermärchen, Legenden, Exempla, Sagen, Mythen Epen, Ätiologien, Anekdoten, Witze, Lebensgeschichten und Familiengeschichten. Zahlreiche Volkserzählungen wurden auf ihre reiche schriftliche Tradierung zurückgeführt, nicht wenige in ihren stofflichen Ursprüngen auf Werke der Weltliteratur. Dies trifft etwa auf die mit dem Namen des Äsop verbundenen Fabeln und auf vergleichbare Erzählungen aus orientalischer Tradition zu. Als Vermittler der schriftlichen Tradierung kommen auch Exempla, Fabliaux und Novellen des Spätmittelalters zur Geltung, die wiederum in den Literaturen der Neuzeit nachwirkten. Die Inhaltsbeschreibungen der einzelnen Typen und Motive erfassen weiterführende Literatur und Angaben über das Alter, die Quellen und die jeweilige geographische Verbreitung, außerdem Hinweise auf Kombinationen mit anderen Typen.

Das Register von Uthers Typenkatalog dokumentiert die wichtigen Sachbegriffe, Stoffe und Motive, Erzählfiguren und Örtlichkeiten. Die Bibliographie umfasst mehr als 100 Seiten. Uthers epochales Werk ist auch für die Ältere Germanistik ein fundamentales Handbuch.

Fritz Wagner

Mitarbeiter an diesem Band

Prof. Dr. Kurt Braunmüller, Dept. für Sprache, Literatur und Medien II, Skandinavistik, Universität Hamburg, von-Melle-Park 6, 20146 Hamburg, DEUTSCHLAND

Dr. Britta Olrik Frederiksen, Arnamagnaeanske Institut, Njalsgade 136, 2300 Kopenhagen S, DÄNEMARK

Prof. Dr. Tette Hofstra, Universiteit Groningen, Oude-Kijk-in-'t-Jatstraat 26, 9712 EK Groningen, NIEDERLANDE

Dr. Joop van der Horst, Katholieke Universiteit Leuven, Blijde Inkomststraat 21, 3000 Leuven, BELGIEN

Prof. Dr. John M. Jeep, Director, University Teaching and Learning Programs Shilling 102B, Millikin University, 1084 West Main Street, Decatur, Illinois 62522-2084, USA

Dr. Eva Skafte Jensen, Dansk, Hus 3.2.3, Roskilde University, Box 260, 4000 Roskilde, DÄNEMARK

Prof. Dr. Susanne Kramarz-Bein, Institut für Nordische Philologie, Westfälische Wilhelms-Universität, Robert-Koch-Straße 29, 48149 Münster, DEUTSCHLAND

Dr. Coby Kuné, Prof. Pelstraat 31, 2035 CP Haarlem, NIEDERLANDE

Dr. Erika Langbroek, Beethovenstraat 80^{I}, 1077 JM Amsterdam, NIEDERLANDE

Drs. Gea Lindeboom, Algemene Taalwetenschap, Faculteit der Letteren, Vrije Universiteit, p/a Da Costastraat 87bel, 1053 ZH Amsterdam, NIEDERLANDE

Drs. Jan Meijer, Prinses Irenestraat 6, 8019 XC Zwolle, NIEDERLANDE

Drs. Elisabeth Meyer, Vrije Universiteit, Faculteit der Godgeleerdheid, De Boelelaan 1105, 1081 HV Amsterdam, NIEDERLANDE

Dr. Lambertus Okken, Spoorlaan 26, 3721 PC Bilthoven, NIEDERLANDE

Dr. Harry Perridon, Scandinavisch Seminarium, Universiteit van Amsterdam, Spuistraat 134, 1012 VB Amsterdam, NIEDERLANDE

Dr. Arend Quak, Instituut voor Oudgermanistiek/Scandinavisch Seminarium, Universiteit van Amsterdam, Spuistraat 134, 1012 VB Amsterdam, NIEDERLANDE

Dr. Julia Quak-Stoilova, Slavisch Seminarium, Universiteit van Amsterdam, Spuistraat 210, 1012 VT Amsterdam, NIEDERLANDE

Prof. Dr. Rob Rentenaar, Åtoften 28, 2990 Nivå, DÄNEMARK

Drs. K. Samplonius, de Sitterlaan 4, 3572 ZL Utrecht, NIEDERLANDE

Dr. Michael Schulte, Høgskolen I Agder, Instituut for nordisk, Serviceboks 422, 4064 Kristiansand. NORWEGEN

Prof. Dr. Anton Touber, Leeuweriklaan 9, 5561 TP Riethoven, NIEDERLANDE

Dr. Norbert Voorwinden, Rembrandt van Rijnlaan 20, 2343 SV Oegstgeest, NIEDERLANDE

Prof. Dr. Fritz Wagner, Seminar für Mittellateinische Philologie, Freie Universität, Schwendener Straße 1, 14195 Berlin (Dahlem), DEUTSCHLAND

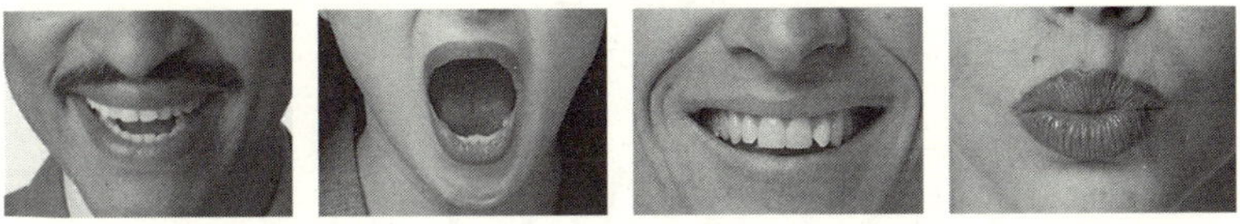

Zeitschrift für Germanistik

Herausgegeben von der Philosophischen Fakultät II / Germanistische Institute der Humboldt-Universität zu Berlin.

Die «Zeitschrift für Germanistik» versteht sich als breites Forum der Internationalen Germanistik. Sie diskutiert u.a. Probleme der Geschichte der deutschsprachigen Literatur und der Gegenwartsliteratur, geht neuen Theorieansätzen nach und verfolgt die Wechselbeziehungen zwischen Sprach- und Literaturwissenschaft. Sie beteiligt sich aktiv an den Diskussionen um die Perspektiven des Faches.

Neben Abhandlungen, Diskussions- und Forschungsbeiträgen, Konferenzberichten, neuen Materialien und Miszellen enthält jede Ausgabe einen ausführlichen Rezensionsteil.

Erscheint 3mal jährlich (ca. 240 Seiten pro Heft) ISSN 0323-7982

Abonnement: sFr. 150.00 / €* 104.00 / €** 97.00 / £ 68.00 / US-$ 116.00

Einzelheft: sFr. 60.00 / €* 41.40 / €** 38.70 / £ 27.00 / US-$ 46.00

Jahresabonnementspreis für Studierende:
sFr. 105.00 / €* 73.00 / €** 68.00 / £ 48.00 / US-$ 81.00
(gegen Kopie der Immatrikulationsbescheinigung)

* inkl. MWSt. – nur gültig für Deutschland und Österreich ** exkl. MWSt.

---

e-JOURNAL

New: This journal is also available electronically.

Please visit our website at **http://peterlang.metapress.com**

One Year Online Subscription for Individuals:	€ 104.00 / US-$ 116.00
One Year Online Subscription for Institutions:	€ 208.00 / US-$ 232.00
Online Single Article Price:	€ 13.00 / US-$ 15.00

Available from volume XVI/2006 onwards.

Bitte senden Sie Ihre Bestellung an:

Peter Lang AG

Internationaler Verlag der Wissenschaften
Moosstrasse 1 · Postfach 350 · CH-2542 Pieterlen · Schweiz
Tel: +41 32 376 17 17 · Fax: +41 32 376 17 27
info@peterlang.com · **www.peterlang.com**

rodopi

Orders@rodopi.nl—www.rodopi.nl

Nicolaas van Wijk (1880-1941)

Slavist, linguist, philanthropist

Jan Paul Hinrichs

Nicolaas van Wijk (1880-1941) was the founder of Slavic studies in the Netherlands and one of the greatest Slavists in general. This book describes for the first time how a scholar of the Dutch language, whose etymological dictionary of the Dutch language is still considered the best of its kind, was appointed in 1913 to the newly created Chair in Slavic languages at Leiden University and built up a tremendous reputation for himself in Eastern Europe. Van Wijk's relations with his famous teacher, the linguist C.C. Uhlenbeck, are followed attentively, as is his postgraduate apprenticeship in Leipzig (1902-1903), where he followed August Leskien's lectures in Slavic studies. Attention is also paid to the various aspects of Van Wijk's enormous oeuvre covering the whole field of Slavic studies and of phonology, of which he was one of the pioneers. Van Wijk did not, however, follow the lines approved for the social conduct of a Leiden professor and was at one time suspected by the police of communist activities. His commitment to materially helping all he could from an Eastern Europe torn apart by the First World War and its aftermath was exceptional. His fascination with all things Russian is a background theme that played throughout his life and even at his death: son of a Dutch Reformed minister, the bachelor Van Wijk was buried in a grave surmounted by a Russian Orthodox cross beside his Russian foster son, who died young. This book is of interest to Slavists, linguists and cultural historians.

Amsterdam/New York, NY,
2006, 341 pp.
(Studies in Slavic and General Linguistics 31)
Bound € 68 / US$ 92
ISBN-10: 9042020237
ISBN-13: 9789042020238

rodopi

Orders@rodopi.nl—www.rodopi.nl

Boccaccio und die deutsche Novellistik

Formen der Transposition italienischer 'novelle' im 15. und 16. Jahrhundert

Ursula Kocher

Im allgemeinen gilt Goethe für den deutschen Sprachraum nach wie vor als der Begründer einer deutschen Novellistik, obwohl vermehrt darauf hingewiesen wird, daß es bereits vor ihm Erzähltexte gab, die als Novellen eingestuft werden können. Was theoretisch nicht reflektiert oder zumindest nicht als Phänomen erkannt wurde, wird suggeriert, gab es im deutschsprachigen Raum nicht. Diese Arbeit zeigt, daß in der großen Lücke zwischen 1353, dem Jahr, in dem Boccaccio sein *Decameron* und damit die erste große nachantike europäische Novellensammlung vollendete, und 1795, dem Erscheinungsjahr von Goethes *Unterhaltungen deutscher Ausgewanderten*, in der Tat produktive Auseinandersetzungen mit der novellistischen Art des Erzählens nach dem italienischen Muster entstanden. Untersucht und analysiert werden deutschsprachige Transpositionsformen italienischer Novellistik. Die narratologischen Analysen von Texten des 15. und 16. Jahrhunderts machen deutlich, daß die Gattung Novelle nicht über genaue Textmerkmale bestimmbar, sondern mit einer bestimmten Erzählweise verknüpft ist. Damit wird in dieser Abhandlung der Versuch unternommen, eine Textsorte als spezifische, in Diskurse eingebundene Kommunikationsform wahrzunehmen.

Amsterdam/New York, NY,
2005 573 pp.
(Chloe 38)
Bound € 120 / US$ 156
ISBN-10: 904201976X
ISBN-13: 9789042019768

USA/Canada:
295 North Michigan Avenue - Suite 1B, Kenilworth, NJ 07033,
USA. Call Toll-free (US only): 1-800-225-3998
All other countries:
Tijnmuiden 7, 1046 AK Amsterdam, The Netherlands
Tel. +31-20-611 48 21 Fax +31-20-447 29 79
Please note that the exchange rate is subject to fluctuations

Rodopi

Alasdair Gray

The Fiction of Communion

Gavin Miller

Alasdair Gray's writing, and in particular his great novel *Lanark: A Life in Four Books* (1981), is often read as a paradigm of postmodern practice. This study challenges that view by presenting an analysis that is at once more conventional and more strongly radical. By reading Gray in his cultural and intellectual context, and by placing him within the tradition of a Scottish history of ideas that has been largely neglected in contemporary critical writing, Gavin Miller re-opens contact between this highly individualistic artist and those Scottish and European philosophers and psychologists who helped shape his literary vision of personal and national identity. Scottish social anthropology and psychiatry (including the work of W. Robertson Smith, J.G. Frazer and R.D. Laing) can be seen as formative influences on Gray's anti-essentialist vision of Scotland as a mosaic of communities, and of our social need for recognition, acknowledgement and the common life.

Contents:

Amsterdam/New York, NY,
2005 144 pp. (Scroll 4)
Paper € 30 / US$ 39
ISBN-10: 9042017570
ISBN-13: 9789042017573

USA/Canada:
295 North Michigan Avenue - Suite 1B, Kenilworth, NJ 07033,
USA. Call Toll-free (US only): 1-800-225-3998
All other countries:
Tijnmuiden 7, 1046 AK Amsterdam, The Netherlands
Tel. +31-20-611 48 21 Fax +31-20-447 29 79

Please note that the exchange rate is subject to fluctuations

www.rodopi.nl

Baroque Fictions

Revisioning the Classical in Marguerite Yourcenar

Margaret Elizabeth Colvin

Amsterdam/New York, NY, 2005 177 pp.
(Faux Titre 271)
Paper € 36 / US$ 45
ISBN-10: 9042018380
ISBN-13: 9789042018389

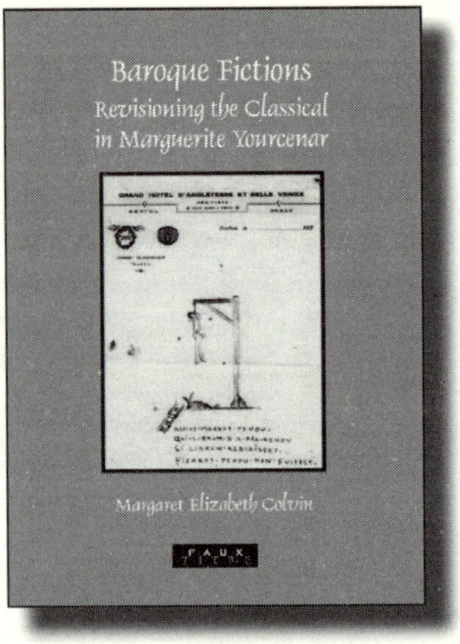

This volume is the first in-depth study of the French novelist Marguerite Yourcenar's fiction to contend that the author's texts exhibit in unexpected ways numerous characteristics of the neobaroque. This subversive, postmodern aesthetic privileges extravagant artistic play, flux, and heterogeneity. In demonstrating the affinity of Yourcenar's texts with the neobaroque, the author of this study casts doubt on their presumed transparency and stability, qualities associated with the French neoclassical tradition of the past century, where the Yourcenarian œuvre is most often placed.

Yourcenar's election to the prestigious, tradition-bound French Academy in 1981 as its first female "immortal" cemented her already well-established niche in the twentieth-century French literary pantheon. A self-taught classicist, historian, and modern-day French moralist, Yourcenar has been praised for her polished, "classical" style and analyzed for her use of myth and universal themes.

While those factors at first seem to justify amply the neoclassical label by which Yourcenar is most widely recognized, this study's close reading of four of her fictions reveals instead the texts' opacity and subversive resistance to closure, their rejection of stable interpretations, and their deconstruction of postmodern Grand Narratives. Theirs is a neobaroque "logic," which stresses the absence of theoretical assurances and the limitations of reason.

The coincidence of the new millennium – which in so many ways reflects Yourcenar's disquieting vision – and her centenary in 2003 affords not so much an excuse to reject the author's neoclassical label, but rather the *obligation* to reassess it in light of contemporary discourses. This study will be of interest to students of twentieth-century French fiction and comparative literature, especially that of the latter half of the twentieth century.

USA/Canada:
295 North Michigan Avenue - Suite 1B Kenilworth, NJ 07033,
USA. Call Toll-free (US only): 1-800-225-3998
All other countries:
Tijnmuiden 7, 1046 AK Amsterdam, The Netherlands
Tel. +31-20-611 48 21 Fax +31-20-447 29 79

Rodopi

Please note that the exchange rate is subject to fluctuations